邓小平评点古今人物

刘金田　高德宝　著

红旗出版社

图书在版编目（CIP）数据

邓小平评点古今人物/刘金田,高德宝著.
—北京:红旗出版社,2018.6
ISBN 978-7-5051-4722-5
Ⅰ.①邓… Ⅱ.①刘…②高… Ⅲ.①邓小平著作-历史人物-研究
Ⅳ.①A849.169.2

中国版本图书馆CIP数据核字(2018)第125711号

书　　名	邓小平评点古今人物		
编　　著	刘金田　高德宝		
出 品 人	唐中祥	责任编辑	张明林
总 监 制	褚定华	封面设计	李　妍
出版发行	红旗出版社	地　　址	北京市沙滩北街2号
邮政编码	100727	编辑部	010-57274597
E - mail	hongqi1608@126.com		
发 行 部	010-57270296		
印　　刷	北京鑫益晖印刷有限公司		
开　　本	710毫米×1000毫米	1/16	
字　　数	400千字	印　张	26.25
版　　次	2018年8月北京第1版	2019年9月北京第3次印刷	
ISBN 978-7-5051-4722-5		定　价	68.00元

欢迎品牌畅销图书项目合作　联系电话：010-57270270
凡购本书，如有缺页、倒页、脱页，本社发行部负责调换

前　言

邓小平，一代伟人，是中国改革开放的总设计师。对中华民族的振兴和国家的统一做出了巨大的贡献，受世人尊敬。

邓小平自幼酷爱读书，不论是在国内读书时候，还是在海外求学期间，不论战争年代还是和平建设时期，甚至在江西落难改造时，邓小平向中央请示，把他的藏书运到江西。其涉猎较广，既有马列理论著作，也有文史书籍，博览古今中外。

邓小平在他漫长的革命生涯中，对中国的历史、现状和未来，对世界格局的发展变幻，都有着全面的、深刻的和独到的见解。邓小平理论的立场、观点和方法，一代伟人的气魄、胆识和胸怀，不仅见之于他对社会主义建设基本理论的阐述，也见之于他对古今中外各类人物的诸多评点中。

邓小平评点人物众多，内容丰富，语言简洁明快。辛辣老到，往往三言两语，一针见血；既充分展现了他的性格特征，又体现了他的价值观、是非观，也表明了他的爱与憎，他的推崇与贬抑。这些评点，抓住了人物特征，切中了要害，鞭辟入里，妙语惊人。可从邓小平对人物的评点中，得到熏陶，得到感染，得到启迪，学习他看人看事的立场、观点和方法，受益无穷。

为缅怀邓小平同志的丰功伟绩，学习邓小平同志的卓越思想理论，继承邓小平同志的遗志，建设现代化国家，我们怀着敬仰的心情，研读了邓小平同志的论著和有关书籍，精心选取了比较突出的六十多位人物，特编辑了这部《邓小平评点古今人物》。

本书对邓小平所评点的人物进行了合理的分类，古、近代人物、中共早期领导人、现当代党和国家领导人、中共将帅、国民党人、新中国成立以来反面人物、外国政治家、其他名人等八个板块，给人脉络清晰之感。每个板块人物次序的排列，以出生先后为序。每位评点人物，分为三部分，第一部分"邓小平评点原文"，评点原文取自公开出版的《邓小平文选》（1—3卷）等权威书籍以及公开出版的较高层次的回忆、研究邓小平的论著，来源可靠，有据可查，具有严肃性、准确性、权威性。第二部分"人物简介"，即对邓小平评点的人物做必要的介绍，内容全面，突出重点情节。第三部分"逸闻趣事"即是邓小平评点人物的趣闻轶事，以及邓小平与评点人物的交往、情谊或斗争，使本书具有一定的可读性。

本书权威可靠、体例新颖、选题独到、内容全面，是一部缅怀邓小平、纪念邓小平、研究邓小平的新著。

目 录

第一章
邓小平评点古、近代人物

一、不习水性　失败之因——邓小平评点曹操 ………………… 1

二、被后人唾弃——邓小平评点秦桧 …………………………… 4

三、尽忠保国　后人永记——邓小平评点岳飞 ………………… 7

四、开放多元——邓小平评点明成祖朱棣 ……………………… 10

五、闭关锁国——邓小平评点康熙、乾隆 ……………………… 13

六、丧权辱国——邓小平评点李鸿章 …………………………… 20

第二章
邓小平评点中共早期领导人

一、功绩是第一位的，错误是第二位的——邓小平评点毛泽东 …… 24

二、其党内地位是历史形成的——邓小平评点刘少奇 ……………… 39

三、勤勤恳恳　任劳任怨——邓小平评点周恩来 ………………… 44

四、机会主义　断送革命——邓小平评点陈独秀 ………………… 53

五、冒险主义错误——邓小平评点李立三 ………………………… 57

六、右倾投降主义错误——邓小平评点王明 ……………………… 62

七、能够团结同志——邓小平评点张闻天 ………………………… 66

八、马克思主义水平高——邓小平评点王稼祥 …………………… 71

九、搞阴谋诡计　乱杀人——邓小平评点张国焘 ………………… 76

第三章

邓小平评点现当代党和国家领导人

一、治国理财能人——邓小平评点陈云 …………………………… 83

二、是一个过渡，说不上一代——邓小平评点华国锋 …………… 91

三、犯了原则性错误——邓小平评点胡耀邦 ……………………… 104

四、理财能手——邓小平评点李先念 ……………………………… 112

五、注重调查研究——邓小平评点彭真 …………………………… 120

六、带头改革——邓小平评点万里 ………………………………… 129

七、杀出一条血路来——邓小平评点习仲勋 ……………………… 133

八、有本领、有知识——邓小平评点荣毅仁 ……………………… 136

九、工作认真　公道能干——邓小平评点薄一波 ………………… 139

十、热爱祖国　立场坚定——邓小平评点阿沛·阿旺晋美 ……… 149

第四章
邓小平评点中共将帅

一、为毛泽东思想作出了贡献——邓小平评点朱德 …………… 156

二、历史上是有功劳的——邓小平评点彭德怀 ………………… 161

三、阴谋篡党夺权——邓小平评点林彪 ………………………… 168

四、中国布尔什维克——邓小平评点刘伯承 …………………… 175

五、所见高明　完全赞成——邓小平评点贺龙 ………………… 183

六、态度积极　工作认真——邓小平评点陈毅 ………………… 188

七、为人朴实　诚恳厚道——邓小平评点罗荣桓 ……………… 193

八、出奇制胜的高手——邓小平评点徐向前 …………………… 198

九、狠抓科研　攻坚克难——邓小平评点聂荣臻 ……………… 204

十、足智多谋——邓小平评点叶剑英 …………………………… 212

十一、真正的将才——邓小平评点陈赓 ………………………… 215

十二、考虑周到　处理得当——邓小平评点罗瑞卿 …………… 220

十三、剿匪工作　干得不错——邓小平评点王震 ……………… 224

十四、胸襟开阔　能打仗——邓小平评点陈锡联 ……………… 227

第五章
邓小平评点国民党人

一、以俄为师　寻求出路——邓小平评点孙中山 ……………… 232

二、态度温和　礼送出境——邓小平评点冯玉祥 …………… 239

三、望以祖国统　大业为重——邓小平评点蒋介石 …………… 243

四、以谈判对象视之——邓小平评点蒋经国 …………………… 246

第六章
邓小平评点新中国成立以来反面人物

一、这个人"不行"——邓小平评点康生 ……………………… 251

二、很自负、很虚伪——邓小平评点陈伯达 …………………… 254

三、零分以下——邓小平评点江青 ……………………………… 256

四、歪曲、篡改毛泽东思想——邓小平评点张春桥 …………… 263

五、迫害知识分子——邓小平评点姚文元 ……………………… 269

六、遇机会就折腾——邓小平评点王洪文 ……………………… 271

第七章
邓小平评点外国政治家

一、伟大的马克思主义者——邓小平评点列宁 ………………… 275

二、严重破坏社会主义法制——邓小平评点斯大林 …………… 281

三、打开两党关系新局面——邓小平评点铁托 ………………… 287

四、陈兵边境　威胁我国——邓小平评点赫鲁晓夫 …………… 290

五、中美关系发展有所作为——邓小平评点里根 ……………… 294

六、朝鲜无产阶级革命家的杰出代表——邓小平评点金日成 …… 299

七、明智勇敢　胸襟开阔——邓小平评点尼克松……………… 308

八、重新打开中美友好之门——邓小平评点基辛格……………… 310

九、中国的真正的朋友——邓小平评点李光耀…………………… 318

十、比较了解中国的——邓小平评点布什………………………… 325

十一、为两国关系正常化作出贡献——邓小平评点卡特………… 329

十二、锋芒毕露　立场强硬——邓小平评点撒切尔夫人………… 336

十三、中国的老朋友——邓小平评点穆巴拉克…………………… 346

十四、使国家由动乱走向稳定——邓小平评点科拉松·阿基诺…… 352

第八章

邓小平评点其他名人

一、文章写得很好——邓小平评点胡乔木………………………… 356

二、有影响　应珍视——邓小平评点老舍………………………… 360

三、书写得很好——邓小平评点姚雪垠…………………………… 363

四、真正的共产主义者——邓小平评点雷锋……………………… 367

五、哀兵必胜——邓小平评点聂卫平……………………………… 370

第九章

我是实事求是派——邓小平评价邓小平

邓小平评点原文及解析

一、邓小平晚年对自己的十次评价………………………………… 375

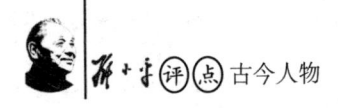

二、邓小平历史客观评价 …………………………………………… 379

逸闻趣事

毛泽东"看邓小平的报告好像吃冰糖葫芦" …………………… 397

能作宣传及组织工作——邓小平一个鲜为人知的自我评价 …… 400

伟人的嘱托：习近平引用的40句邓小平经典论述 ……………… 406

第一章
邓小平评点古、近代人物

一、不习水性　失败之因——邓小平评点曹操

邓小平评点原文

渡江使用的船有一万只左右，所以我百万大军能够渡过长江。再就是我们的人是北方人，北方人怕水。曹操吃亏就在这个地方。为了在水中不发晕，为了能应付各种情况，我们在巢湖北部做了多方面的准备，白天夜晚进行演习。

——《邓小平文选》第 1 卷第 137 页《从渡江到占领上海》，1949.8.4

曹操人物简介

曹操（155—220），即魏武帝。三国时政治家、军事家，诗人。字孟德，小名阿瞒，谯（今安徽亳县人）。东汉末年，在镇压黄巾起义军中，逐步扩充军事力量。初平三年（公元 192 年）占据兖州，分化、诱降青州黄巾军的一部分，编为"青州兵"。建安元年（196 年）迎献

帝都许（今河南许昌东）。挟天子以令诸侯，先后削平吕布等割据势力。官渡之战大破军阀袁绍后，逐渐统一了中国北部。建安十三年，进位为丞相，率军南下，被孙权和刘备的联军击败于赤壁。后封魏王。子曹丕称帝，追尊为武帝。

他在北方屯田，兴修水利，解决了军粮缺乏的问题，对农业生产的恢复有一定作用；用人唯才，打破世族门第观念，罗致地主阶级中下层人物，抑制豪强，加强集权。所统治的地区社会经济得到恢复和发展。精于兵法，著《孙子略解》、《兵书接要》等书。善诗歌，《蒿里行》、《观沧海》等篇抒发自己的政治抱负，并反映汉末人民的苦难生活，气魄雄伟，慷慨悲凉。散文亦清峻整洁。著作有《魏武帝集》，已佚，有明人本。今有整理排印本《曹操集》。

曹操

逸闻趣事

幼子之死

曹冲自幼聪明仁爱，与众不同，深受曹操喜爱。曹操也多次在群臣面前夸耀他，有让他继嗣之意。然而，曹冲还未成年就病逝，年仅13岁。曹冲的死，无疑对曹操打击巨大。

据说，当时曹丕在一边劝父亲节哀，曹操脱口说道："这是我的不幸，你的大幸。"曹丕做皇帝后有一次仍心有余悸地承认："假使曹冲还在的话，这皇位就轮不到我来坐了。"

第一章
邓小平评点古、近代人物

被骂祖宗三代

官渡之战前,陈琳奉命为袁绍写讨伐曹操的檄文,文章写得十分激进,从曹操的祖父一直骂到曹操本人。据说曹操当时正犯头痛病,听到此文后不禁厉声大叫,吓出了一身冷汗,头竟然不疼了。

袁绍战败后,陈琳转投曹操。曹操仍然对檄文一事耿耿于怀,便问陈琳:"你骂我就骂我吧,为何要牵累我的祖宗三代呢?"陈琳的回答言简意赅:"箭在弦上,不得不发耳!"曹操知道陈琳是个人才,于是一笑而过,不计前嫌。

宁教我负天下人,休教天下人负我

生性多疑的曹操曾经被人追杀,情况危急之际被友人陈宫所救。在逃跑的路上经过一座田庄,恰巧曹操父亲的结拜兄弟吕伯奢的家就在这庄上。

主人得知缘由之后,热情地招待了他们,并让他们躲起来。晚上,曹操突然听到房后有人说"最好把他(它)绑起来杀掉?",疑心太重的曹操担心遭人暗算,于是冲出去把几个人都杀掉了。

吕伯奢家人气喘吁吁地跑来,看到眼前的惨像失声痛哭,原来,被杀的是吕伯奢的家丁,他们正准备杀猪款待曹操。然而,已经犯了大错的曹操索性一不做二不休,竟然把吕伯奢的家人也杀了,然后和陈宫连夜逃跑,路上遇到了为曹操出门打酒的吕伯奢,结果一并杀掉。

陈宫责难曹操不该下如此狠手,曹操却答说:"宁教我负天下人,休教天下人负我。"

二、被后人唾弃——邓小平评点秦桧

邓小平评点原文

英雄总为后人所纪念，坏人（指秦桧，编者注）为后人所唾弃。

——中共中央文献研究室编：《回忆邓小平》（下），159—160 页

秦桧人物简介

秦桧（1090—1155），字会之，南宋江宁人（今江苏南京人）。秦桧是南宋期间的一个传奇人物，又是被人唾骂的人物，是历史上有名的奸臣，独揽大权，制造冤案，迫害忠臣，实行不抵抗的政策。他本来是抗金义士，后来随同徽、钦二宗被掳到金国。建炎四年（1130 年）南返南宋。此后，辅佐宋高宗，官至宰相，是不折不扣的汉奸卖国贼。在南宋朝廷内属于主和派，反对国内主战派的势力，奉行称臣、割地、纳贡的求和政策，是

秦桧

位民族罪人。当中最为世人所知"十二金牌召岳飞"的故事就是由他一手通敌策划的。金人规定宋高宗不许以无罪罢宰相。秦桧再次任相 18 年，兴文字狱，极力贬斥主张抗金的官员，压制抗金舆论，篡改官史。他还任用李椿年等推行经界法，丈量土地，重定两税等税额，又密令各地暗增民税十分之七八，使很多贫民下户因横征暴敛而家破人亡。

绍兴二十五年（1155 年），秦桧病死，被封申王，谥号忠献。其子

秦熺力图继承相位，被宋高宗拒绝。秦家从此失势，使长期被压抑的抗战派感到为岳飞平反昭雪有了希望，要求给岳飞恢复名誉。后来宋孝宗为鼓励抗金斗志，给岳飞平反，将秦桧列为致使岳飞之死的罪魁祸首，秦桧后被褫夺王爵，改谥缪丑。

逸闻趣事

神秘的秦桧南归

南宋权臣秦桧在后人的印象中，无疑是个奸臣、卖国贼。他对金朝奴颜婢膝，一味求和；对抗金将领横加陷害，杀害了岳飞，干尽了毁我长城的坏事。他的所作所为，使人怀疑他是金人安插在宋廷的内奸，而这一怀疑，并非捕风捉影。他在被金人拘留四年以后突然南归，神秘莫测，使人感到疑云难消，自南宋以来，一直是人们探究的话题。

据宋徐梦莘《三朝北盟会编》和李心传《建炎以来系年要录》记载，秦桧与宋徽宗被金人掳至燕山后，曾代徽宗修和书。又厚贿金人，以此获得金人欢心，成为金主之弟挞赖的心腹亲信。建炎四年（1130），金兵南征，以秦桧为任用（执事）同行，随军伐宋。秦桧担心夫人王氏不被允许随行，精心设计了一场夫妻争吵。王氏大骂道：我家翁父使我嫁汝时，有赀财二十万贯，欲使我与汝同甘苦，尽此平生。今大金国以汝为任用，而乃弃我于途中耶？她叫骂不休，反复哭诉，果然有人将此话传告于挞赖，挞赖即批准秦桧夫妇同行。金兵攻破楚州后，一心抢劫财物，兵营空虚，秦桧乘乱登舟而去。途中被宋将丁祀水寨的巡逻兵捕获，秦桧匆忙告之曰：我御史中丞秦桧也。可是那些兵士都是乡民出身，谁也不认识他，把他作为金军奸细，拷问凌辱了一番。秦桧大叫：这儿有士人吗？士人该知我姓名。恰巧有个卖酒的秀才王安道在附近，被唤来辨认。这王安道其实并不认识秦桧。却长揖道：中丞辛苦了。众人信以为真,也就将秦桧放行。

对这段经历,秦桧自己也有一番描述。他在《北征纪实》中说,他原打算深夜骑马出逃,不料金人四处设有埋伏,才"定计于食顷之间,乘舟而逃"。途经丁家寨曾数次拜访丁祀,均被拒绝,丁祀副将刘靖却欲谋财害命,幸而他识破阴谋,方得脱身。

秦桧对南归的解释,当时就有不少人表示怀疑。史学家李心传指出下列疑点:一、秦桧与何栗、张叔夜等官员一同被拘,为什么唯独他能逃归?二、燕山至楚州二千五百里,楚州至京又有千里之遥,途中逾河越海,难道无防禁之人?三、如金人只令秦桧随军,必留其妻子为人质,怎么可能让他夫妇同行?四、刘靖既欲图其包裹等物,说明必有可观的随身之物,这哪会是"定计于食顷之间"的仓猝出逃?还指出,如果丁祀果真数次不见秦桧,那么秦桧得势后必定会加以报复。但事实是,秦桧为相,丁祀即得提升,而且官运亨通,权倾一时。秦桧是如此宽宏大量的人吗?这只能说明他的"脱险记"是不可信的。

秦桧的南归实有可疑之处,再加上他专权后力主议和,提出"南自南,北自北"的主张,签订了丧权辱国的绍兴和议,向金纳币称臣,完全不以国家、民族利益为重。因此,包括《宋史》在内的许多史籍,都认为秦桧是"挞赖纵之使归","俾得和议为内助"的。

秦桧真是金人放归做内奸的?此说虽能言之成理,却查无实据。因此,秦桧神秘的南归,仍是一个谜。

秦桧冷客示考题

太子中舍程厚跟秦桧很要好,有一天被邀请到秦桧府第的内阁,见室内十分冷落,只有几案上有一册紫绫缥作封面的书,其中写的是圣人以记载太阳、星辰为内容所作的赋,这篇文章写得文采十分艳丽。程厚独自一人坐在几案前默默地翻阅着,由于反复地看,几乎能背出来了。

在他翻看的时候，不断有人送上酒肴，不断有人前来问候。但一直到天色很晚，秦桧竟然没有出来接见他。于是他便回去了，心中猜不透秦桧是什么意思。几天以后，听说要选考官员进入枢密院，考试时，程厚以在秦桧家中看到的那篇赋来应试。这篇赋在这次考试中文词高超出众，居第一名。程厚此时此刻才知秦桧的用意。

三、尽忠保国　后人永记——邓小平评点岳飞

邓小平评点原文

我小时就会唱《满江红》。

——中共中央文献研究室编：《回忆邓小平》（下），第159页

英雄（指岳飞，编者注）总为后人所纪念，坏人为后人所唾弃。"青山有幸埋忠骨，白铁无辜铸佞臣。"很对呀！你们要像岳飞一样尽忠报国才是。

——中共中央文献研究室编：《回忆邓小平》（下），第159—160页

岳飞人物简介

岳飞（1103—1142），岳飞字鹏举，今河南相州汤阴（今河南安阳市汤阴县）永和乡孝悌里人，汉族民族英雄，精忠报国之人，南宋中兴四将（岳飞、韩世忠、张俊、刘光世）之一。中国历史上著名战略家、军事家、民族英雄、南宋时期的抗金名将。岳飞在军事方面的才能则被誉为宋、辽、金、西夏时期最为杰出的军事统帅、连结河朔之谋的缔造者。同时又是两宋以来最年轻的建节封侯者。岳飞一生与中国北方

女真族建立的金国作战，为宋王朝抵御异族侵略，岳飞20岁投军抗金。绍兴十一年（1141年）十二月二十九日（阳历1142年1月），秦桧以"其事莫须有"（难道没有这样的事吗）的罪名将岳飞治罪，在临安大理寺狱中被狱卒拉肋（猛击胸肋）而死，还有两种说法为"赐毒酒"而死和被吊死。正史中对岳飞之死没有详细记载。时年三十九岁。岳飞作为我国历史上的抗金民族英雄，其精忠报国的精神深受中国各族人民的敬佩。留有《岳武穆集》。存词3首。其率领的军队被称为"岳家军"，金人流传着"撼山易，撼岳家军难"的名句，岳飞被诬害后金国人举国喝酒庆祝，表示对失去"岳家军"这样强大的对手而额手相庆。

岳飞

逸闻趣事

千古奇冤风波亭

宋高宗赵构为了自己能够坐稳偏安于江南的皇帝宝座，不惜出卖领土和百姓的利益，向金国哀求投降。自从秦桧拜相以后，他更加一意求和。绍兴八年（1138），秦桧第二次拜相，宋、金开始议和谈判。岳飞对于这种屈辱的求和不胜愤懑，向皇帝上书说：金人是不值得信任的，他们所提出的和好也不可靠。但是和议仍于绍兴九年（1139）达成。对此，岳飞上了一道《谢讲和赦表》。名为"谢表"，实为抗议书，惹得秦桧、赵构等人对他更加切齿痛恨。

议和不到一年，金兀术就毁约南侵，河南各地再次沦陷。朝廷不得不派岳家军去抵御金军的南下。绍兴十年（1140）六月，岳飞从鄂州

(今湖北武昌）出兵北伐，主力进抵河南心腹地带，克复了颖昌（今河南许昌）、陈州（河南淮阳）、郑州、洛阳等地，兵临朱仙镇（今河南开封南四十里），直逼金国首府汴京。岳家军士气高昂，高喊"直捣黄龙"。岳飞也认为只要一鼓作气，多年来恢复旧土的宿愿便可实现了，他向南宋王朝紧急呼吁，要求速赐指挥，诸路大军并进。

然而，赵构与秦桧却害怕岳飞威望过重，"尾大不掉"，更怕迎回钦宗，帝位不保。出于这种卑鄙、自私的心理，正当岳家军奋勇鏖战、待命强渡之时，赵构竟下令各路军队不可轻动，甚至撤退了防守淮河的张俊、杨沂中等人，使岳飞处于孤军深入、没有援助的危险境地。秦桧还向赵构献计，连发十二道金牌召回岳飞。

岳家军班师以后，岳飞被解除了兵权任枢密副使。

不久，秦桧就指使岳飞的部下诬告他谋反，将他逮捕下狱。在审讯时，岳飞愤怒地撕裂衣裳，露出了昔日刺在背上的"尽忠报国"四个字，以示对卖国贼的强烈抗议，任凭严刑拷打，坚强不屈。绍兴十一年（1142）腊月二十九日，秦桧以"莫须有"的罪名，将岳飞毒死在临安（今杭州）大理寺风波亭。这位在抗金战场上叱咤风云、身经大小二百余战的民族英雄，在临刑前无限悲痛地仰视天空，在"供状"上写下了"天日昭昭！天日昭昭！"八个大字。这一年岳飞39岁，其子岳云、部将张宪同时遇害，绍兴三十二年（1153），宋孝宗即位，准备北伐，这才下诏平反岳飞，追封他为鄂王，改葬在西湖栖霞岭，并立岙祀于湖北鄂州。

岳飞是中国古代著名的民族英雄、南宋最杰出的将帅，他的故事广为传扬，他的精忠报国已经成为中国人民在危亡之时激发爱国精神的力量。

四、开放多元——邓小平评点明成祖朱棣

邓小平评点原文

因为现在任何国家要发达起来,闭关自守都不可能。我们吃过这个苦头,我们的老祖宗吃过这个苦头。恐怕明朝明成祖时候,郑和下西洋还算是开放的。明成祖死后,明朝逐渐衰落。

——《邓小平文选》第3卷,第90页,《在中央顾问委员会第三次全体会议上的讲话》,1984.10.22

朱棣人物简介

明成祖朱棣(1360—1424年),明朝第三位皇帝。明太祖朱元璋第四子,生于应天(今江苏南京),时事征伐,受封为燕王,后发动靖难之变,起兵攻打侄儿建文帝,夺位登基。原庙号为"太宗",百多年后由明世宗朱厚熜改为"成祖",他统治期间社会安定、国家富强,后世称这一时期为"永乐盛世",明成祖也被后世称为永乐大帝。

洪武三年(1370年),朱棣受封燕王。曾居凤阳,十三年就藩北平(今北京),多次受命参与北方军事活动,两次率师北征,提高了他在北方军队中的影响力。朱元璋晚年,太子朱标、秦王朱樉、晋王朱棡先后死去,朱棣不仅在军事实力上,而且在家族尊序上都成为诸

朱棣

第一章

邓小平评点古、近代人物

王之首。朱元璋去世后，继位的建文帝朱允炆实行削藩，朱棣遂于建文元年（1399年）七月发动靖难之役，四年六月攻入南京，夺取了皇位，次年改元永乐（1403—1424年）。永乐初年，为清除建文余党，朱棣采取了血腥的政策，"瓜蔓抄、诛十族"都是在这一时期产生的，有的文人犯了罪，不光他的亲戚九族，而且他的朋友、学生也要被株连处死，这就叫诛十族。朱棣在靖难之役后将齐泰、黄子澄、方孝孺等建文帝亲信大臣诛杀并灭门，耿炳文、盛庸、平安、铁铉、何福、梅殷、卓敬、练子宁、陈迪等众多建文旧臣旧将被处死或受到迫害而自杀身亡，后来又杀了解缙、景清等大臣。朱棣通过派遣郑和下西洋和设立东厂，使宦官的地位开始得到提升，但也由此埋下了明朝宦官专政的祸根。去世后有16妃和数百宫女生殉。

朱棣十一岁就被父亲朱元璋封为燕王，并于二十一岁就藩北平，当时元朝的残余势力虽然已经被赶到了大草原上，但还具有相当强的军事实力，并不断骚扰明朝的北部边境。因此北平并不安宁，他是作为一个军事重镇而存在的。朱元璋将朱棣分封在北平，就是希望自己的儿子能代替功臣宿将掌握兵权，从而使明朝的政权更加稳固。可谁知就是这个四皇子，竟利用手中的兵权最终夺取了皇帝的位子，这是当初朱元璋无法预料到的。

朱棣在北平期间，在众多功臣猛将的指导下，迅速成长为了一位合格的军事指挥家，并在对元朝残余势力的作战中取得了重大的胜利，自己的军事实力也由此得到了加强，在洪武末年已经成为北方最强的一镇诸侯。朱元璋去世后，皇太孙朱允炆即位，年号建文。

建文帝即位之初除了进行一系列的必要的改革之外，便在齐泰等人的提议下开始削藩。在先后削夺了五位藩王后，建文帝的矛头直指燕王朱棣。在朝廷大军压境下，仅有800士兵的朱棣只好立即采取行动，杀死了朝廷派到北平的驻守大臣，发动靖难之役。

洪武时期的功臣只剩下了没有败绩的老将郭英、耿炳文，但不得朝廷信任，因此朝廷派一些年轻将领挂帅。此时建文帝的软弱就暴露了出来，由于他的一系列决策错误，加之朱棣直捣南京策略的明智，建文四年（1402年），朱棣占领了南京，建文帝不知所终。朱棣在南京即位，年号永乐。即位后先是派兵出击安南，将安南纳入明朝版图之内，设立交趾布政司。之后又五次北征蒙古，打击蒙古残部，缓解其对明朝的威胁；疏通大运河；迁都并营建北京，奠定了北京此后500余年的首都地位；组织学者编撰长达3.7亿字的百科全书《永乐大典》；设立奴儿干都司，以招抚为主要手段管辖东北少数民族。更令他闻名世界的是郑和下西洋，前后七次，最远到达非洲东海岸，沟通了中国同东南亚和印度洋沿岸国家。明成祖可谓功绩累累的一代雄主。

永乐十九年（1421年），明成祖迁都北京，以南京为留都。极力肃整内政，巩固边防，政绩颇著。在文化事业上，加强儒家文化思想的统治，大力扩充国家藏书。永乐四年（1406年），至御殿观览图书，问大学士解缙："文渊阁内经史子集全备否？"解缙回答："经史粗备，子集尚多阙。"他又说，士人家稍有余资，便欲购书，况于朝廷？遂召礼部尚书郑赐遣使购访天下遗书。又指示购奇书要不惜代价，"书值不可计价值，唯其所欲与之，庶奇书可得"。永乐元年（1403年）命解缙等人编纂"凡书契以来经史子集百家之书，至于天文、地志、阴阳、医卜、技艺之言，各辑为一书，毋厌浩繁"。动用文人儒臣3000余人，辑古今图书8000余种，谓"纂集四库之书，及购天下遗籍，上自古初，迄于当世"。于永乐六年（1408年）编成，共22877卷，装成11095册，定名为《永乐大典》。藏于"文渊阁"中，对保存古代文化典籍，有重要贡献。迁都后，在宫内东庑南，又建"文渊阁"，南京之书，大量北运，把《永乐大典》运至北京后，专贮于"文楼"。使明代国家藏书建设发展迅速。收录入永乐大典的图书，均未删未改，实为中华文化的一大贡献。现仅存世3%。

逸闻趣事

南京称帝

朱棣进入南京之后，出榜安民，成了明朝实际上的最高统治者。朱棣进城之时，翰林院编修杨荣迎于马首，说："殿下先谒陵乎？先即位乎？"一语点醒朱棣。次日（建文四年6月14日）起，诸王及文武群臣多次上表劝进，朱棣不允。

数日后（7月17日），朱棣谒孝陵，并于当日即皇帝位，是为明成祖。明成祖重建奉天殿（旧殿被朱允炆所焚），刻玉玺。同年11月13日，封王妃徐氏为皇后。

残酷杀戮

建文四年6月25日，明成祖诛杀齐泰、黄子澄、方孝孺等建文帝大臣，灭其族。据记载，方孝孺被诛十族（九族加朋友门生）（无论是原本还是四库本的《明史》，都没有明成祖夷方孝孺十族的记载，最早关于此的记载见于在靖难发生100多年后的正德年间，由祝枝山所著的《野记》），受牵连而死者共873人，充军等罪者千余人，不过对于方孝孺是否被诛十族，在清朝所修《明史》以外的正史和一些考证严密的私史中并无记载。因黄子澄受牵连的有345人。景清降后密谋行刺，事败，8月12被杀，灭九族。

五、闭关锁国——邓小平评点康熙、乾隆

邓小平评点原文

以后清朝康乾时代，不能说是开放。如果从明朝中叶算起鸦片战

争，有三百多年的闭关自守，如果从康熙算起，也有近二百年。长期闭关自守，把中国搞得贫穷落后，愚昧无知。

——《邓小平文选》第3卷，第90页，《在中央顾问委员会第三次全体会议上的讲话》，1984.10.22

康熙人物简介

康熙（1654—1722年），名爱新觉罗·玄烨，清朝第二代皇帝。在位时间是（1661—1722年）。顺治十一年（1654年）生于紫禁城景仁宫，为清世祖顺治帝第三子。顺治十八年（1661年）即位，时年八岁，由索尼、苏克萨哈、遏必隆、鳌拜四大臣共辅政，年号康熙。

康熙六年（1667年）亲政。八年，年仅十六岁的康熙暗结内大臣索额图等人智捕鳌拜，夺回大权。亲政后，宣诏永停圈地，准许壮丁"出旗为民"，又奖励垦荒，蠲免钱粮，任用靳辅、陈潢治理黄河，规定"额外添丁，永不加赋"；设立南书房大臣票拟圣旨，加强皇权；又平定平西王吴三桂、平南王尚可喜之子尚之信、靖南王耿继茂之子耿精忠长达八年的三藩之乱，派兵攻入台湾；平定蒙疆准噶尔部噶尔丹叛乱，巩固了国家统一；又巡行东北，亲自组织两次发起雅克萨反击战，沉重打击了沙俄势力，派索额图、佟国纲赴尼布楚与沙俄谈判侵略边境问题，先行确定黑龙江流域的广大领土"皆我所属之地，不可弃之于俄罗斯"的原则，签订《尼布楚条约》，划定中俄东段边界，使多民族国家的统一得到巩固发展。他一生苦研儒学，提倡程朱理学、开博学鸿词科，设馆纂修《明史》，编纂《古今图

康熙

书集成》、《全唐诗》、《佩文韵府》、《康熙字典》等。同时，屡兴文字狱，残酷镇压反清思想。康熙六十一年（1722年）死于畅春园，葬于清东陵之景陵。享年六十九岁，在位六十一年，庙号清圣祖。

康熙自幼勤奋好学，文韬武略样样精通，在清除鳌拜，撤除三藩，统一台湾，平定准噶尔叛乱等一系列军事行动中或御驾亲征，或决胜千里，充分显示了他的军事才能。慎选人才，表彰清官，修治河道，笼络汉族知识分子等行为，又反映了康熙是一个出色的政治家和睿智的君主。

康熙皇帝在清朝十二帝（包括入关前的清太祖努尔哈赤与清太宗皇太极）中子女最多，子35人、女20人，共计55人。和玄烨的政治生活相比，他的家庭生活并不美满，诸皇子夺储之争，使他心力憔悴。从历史的角度而言，康熙帝是一位励精图治、关心民生的好皇帝。

逸闻趣事

安定民生　治理黄河

清初由于长期战乱，社会极其凋敝，广大人民流离失所。尤其是满洲贵族的圈地运动，使百姓"田地被占，妇子流离，哭声满路"。康熙亲政以后，十分关心社会的安定和生产的发展。康熙八年（1669年）六月，十六岁的玄烨颁布谕旨，命令永远停止圈地，以安定民生。此后，他又号召农民开垦荒地，将明代藩王的土地分给原耕种的农民（当时号为"更名田"），免征荒地田赋，永不加赋。这些措施减轻了广大农民的负担，促进了社会安定和立国之本——农业生产的发展。其中，最为重大的举措就是治理黄河。

查史料可知，仅康熙元年到康熙十六年间，在江苏淮阴（当时黄河在此与淮河、运河交汇）一带，黄河大决口就有六十七次之多。这不仅使河南、苏北等广大地区深受水患之苦，也严重影响了当时南北交通大动脉运河的粮食运输——漕运（当时北方尤其是北京粮食大部分依靠漕运）。所以在平定"三藩"、统一台湾之后，康熙立即着手治理黄河。他亲自研读有关治理黄河的各种专业书籍，先后六次视察黄河。尤其对河防要地高家堰，康熙带亲随数十人，冒着刺骨寒风，沿堤巡察，往返百余里，终于提出了"以水攻沙"的治河方略，在治河史上留下了光辉的一笔。最令人敬佩的是，康熙还能把平时所学的西方科学知识用于治理黄河。康熙三十八年（1699年），他第三次视察黄河，竟然用水平仪测量出黄河高于两岸农田是决堤泛滥的主要原因，提出治河上策惟以深浚河道为主的科学论断；又用所学的数学知识计算出黄河的流量，于是指派施工，命著名的治黄专家于成龙绘图呈览。康熙朝后期，黄河的治理取得了显著的成就，玄烨功不可没。

乾隆人物简介

爱新觉罗·弘历（1735—1795）是雍正帝第四子，生于康熙五十年（1711年）。雍正元年（1723年）被密立为太子，十一年封为和硕宝亲王，开始参与军国要务。雍正十三年（1735年），雍正帝去世，弘历即位。

乾隆帝即位后，在政治上矫其祖宽父严之弊，实行"宽严相济"之策，整顿吏治，厘定各项典章制度；优待士人，安抚起复雍正朝受打击之宗室；经济上奖励垦荒，兴修水利，蠲免钱粮，促进了封建经济的繁荣；军事上多次平定西部少数民族贵族叛乱，反

乾隆

| 第一章 |
邓小平评点古、近代人物

击廓尔喀对西藏的入侵，完善了清朝对新疆和西藏等地区的管理，进一步巩固了多民族封建国家的统一，奠定了今日中国的版图；文化上编修了《四库全书》等大型文化典籍；外交上乾隆时清朝继续以"天朝上国"自居，和周边属国友好往来，而对西方则坚持"闭关锁国"。他六下江南，大修宫殿、园林；大兴文字狱加强思想统治。后期宠信大贪官和珅，加之乾隆帝年事已高，吏治败坏，弊政丛出，激化了社会矛盾。

乾隆六十年（1795年）宣布于次年将皇位禅让给皇十五子永琰，改元嘉庆，自己称太上皇帝，后仍掌握实权。

嘉庆四年（1799年）正月初三，乾隆病逝，终年八十九岁。谥"法天隆运至诚先觉体元立极敷文奋武孝慈神圣纯皇帝"，庙号高宗，葬河北遵化清东陵马兰峪裕陵。

乾隆效法康熙帝，积极笼络汉族知识分子。乾隆元年就模仿康熙举行了一次博学鸿词科考试。南巡时利用机会接见汉族知识分子。乾隆巡幸12次，途中召试士子，试以一一赋，一论或一策。进入高等的，授予进士、举人，马上任为中书；是生员，就赏给举人，准予会试。

乾隆帝汉文水平很高，能诗善画，精于骑射。清朝皇帝中对文化事业的重视和功绩当以他为最。在他统治期间，各种官修书籍达100余种，完成了顺治朝开始编撰的《明史》和康熙下令开始编写的《大清一统志》，他又令臣下编成《续文献通考》、《皇朝文献通考》、《大清会典》。除了这些历史、制度方面的著作外，其他类别的著作，著名的有文字音韵《清文鉴》、文学《唐宋诗醇》、乾隆大阅图地理《大清一统志》、农家《授时统考》、医学《医宗金鉴》、天文历法《历象考成后编》等重要文献。图书编撰方面的最大成就是亲自倡导并编成了大型文献丛书《四库全书》，共收录古籍三千五百零三种、七万九千三百三十七卷、装订成三万六千余册，保存了大量古典文献，是中国古代最大的一部官修书，也是中国古代最大的一部丛书。然而，乾隆毁书多，则

17

是他的一大罪过。

由于乾隆帝对文化事业的热心，汉学从乾隆朝愈益兴盛，至嘉庆朝，形成了著名的"乾嘉学派"。

在建筑艺术方面，乾隆在北京及京畿保护、扩修、兴建的皇家宫殿园林，如皇宫的宁寿宫及其花园、天坛祈年殿（换成蓝色琉璃瓦）、清漪园（颐和园）、圆明园三园、静宜园（香山）、静明园（玉泉山）、避暑山庄暨外八庙和木兰围场等，其中清漪园改瓮山为万寿山，上建大报恩延寿寺（排云殿），又建佛香阁。这些皇家园林，无不体现着清代园林文化的辉煌，是园林艺术史上的一串串璀璨的明珠。除圆明园被英法联军焚毁外，多成为世界文化遗产。

此外，乾隆时期中国的民间艺术有很大发展。乾隆帝八十大寿时，徽班进京，中国的国粹京剧开始形成。

逸闻趣事

诗词文句　欲加之罪

乾隆帝是个业余诗人，诗作之多，在中国历代皇帝中首屈一指。他说："几务之暇，无他可娱，往往作诗。"又说："每天余时，或作书，或作画，而作诗最为常事，每天必作数首。"喜欢作诗的乾隆皇帝也喜欢读诗，一读到"华夷"、"明"、"清"等字句便细加捉摸，非追出个谋逆之罪不可。

胡中藻是满洲大学士鄂尔泰的得意门生，与张廷玉为首的一派官僚相仇。鄂尔泰去世后，遭到张派打压。于是胡中藻心中愤愤不平，写了诗集《坚磨生诗钞》。乾隆二十年（1755年）三月，乾隆帝召集群臣，摘列胡中藻《坚磨生诗钞》中的诗句，如"一把心肠论浊清"、"无非开清泰"、"斯文欲被蛮"、"与一世争在丑夷"、"南斗送我南，北斗送

| 第一章 |
邓小平评点古、近代人物

我北。南北斗中间,不能一黍阔"、"虽然北风好,难用可如何"等。乾隆帝亲自批驳:"'一把心肠论浊清',加'浊'字于国号之上,是何肺腑?"认为这些诗句都是讥贬仇视满清,于是他宣布要"申我国法,正尔嚣风",命将胡中藻捉拿归案,将其家属全部监禁,家产全部抄没。最后颁谕:胡中藻以凌迟酷刑处死,死去的鄂尔泰以"私立朋党"罪名撤出贤良祠。

江苏东台的举人徐述夔去世后,其子为纪念亡父而刊印《一柱楼诗集》。集中有诗句"举杯忽见明天子,且把壶儿抛半边",被指用"壶儿",喻"胡儿",暗指满清;还有"明朝期振翮,一举去清都",后来乾隆帝称"用朝夕之朝为朝代之朝,不用上清都、到清都,而用去清都",因此是"显有兴明灭清之意"。于是酿成大案,徐述夔及其子已死,也开棺枭首示众,两个孙子虽携书自首,仍以收藏逆诗罪处斩。牵连的人很多,只要是涉及"一柱楼"诗者,均一个不漏地查过去。连乾隆帝的宠臣沈德潜因为给徐述夔写过传记,又兼写过《咏黑牡丹》诗句"夺朱非正色,异种也称王",尽管已死去多年,也被"革其职,夺其名,扑其碑,毁其祠,碎其尸"。

乾隆四十八年(1783年),李一《糊涂词》有语"天糊涂,地糊涂,帝王帅相,无非糊涂",被河南登封人乔廷英告发,经查发现举报人乔廷英的诗稿也有"千秋臣子心,一朝日月天"句,日月二字合为明,不是谋反又是什么?检举人和被检举人皆凌迟处死,两家子孙均坐斩,妻媳为奴。

其他涉及"华夷"、"明"、"清"字句的文字狱俯拾皆是。

江苏兴化人李驎《虬蜂集》中有"杞人忧转切,翘首待重明"、"日有明兮,自东方兮,照八荒兮,我思孔长兮,夜未央兮"句,被认为故意影射,定为叛逆大罪。杭州卓长龄著《忆鸣诗集》,"鸣"与"明"谐音,被指为忆念明朝,图谋不轨;乾隆帝对卓氏一家深恶痛

绝,称他们"丧尽天良,灭绝天理,真为复载所不容"。安徽歙县生员方国泰收藏的其祖方芬《涛浣亭诗集》内有"征衣泪积燕云恨,林泉不共马蹄新"、"乱剩有身随俗隐,问谁壮志足澄清"、"蒹葭欲白露华清,梦里哀鸿听转明",乾隆帝认为有反清复明之心,罗织成罪。

诗人写诗,未必故意;欲加之罪,何患无辞。

六、丧权辱国——邓小平评点李鸿章

邓小平评点原文

如果中国在一九九七年,也就是中华人民共和国成立四十八年后还不把香港收回,任何一个中国领导人和政府都不能向中国人民交代,甚至也不能向世界人民交代。如果不收回,就意味着中国政府是晚清政府,中国领导人是李鸿章!

——《邓小平文选》第3卷,第12页,《我们对香港问题的基本立场》,1982.9.24

李鸿章人物简介

李鸿章(1823—1901)晚清军政重臣,淮军创始人和统帅,洋务运动的主要倡导者。字子黻、渐甫,号少荃、仪叟。安徽合肥人。道光二十七年(1847)中进士。同时,受业曾国藩门下,讲求经世之学。咸丰三年(1853)受命回籍办团练,多次领兵与太平军作战。1858年冬,入曾国藩幕府襄办营务。1860年,统带淮扬水师。湘军占领安庆后,被曾国藩奏荐"才可大用",命回合肥一带募勇。同治元年(1862),编成淮勇五营,曾国藩以上海系"筹饷膏腴之地",命淮勇乘

第一章
邓小平评点古、近代人物

英国轮船抵沪，自成一军，是为淮军。旋经曾国藩推荐任江苏巡抚。地方实权既握，又于江苏大力扩军，采用西方新式枪炮，使淮军在两年内由6000多人增至六、七万人，成为清军中装备精良、战斗力较强的一支地方武装。后淮系军阀集团在此基础上逐渐形成。李鸿章到上海后，同外国雇佣军（后组建为常胜军）出犯太平军。1863年和1864年他率淮军攻陷苏州、常州等地，和湘军一起镇压了太平天国。

李鸿章

从60年代起，李鸿章积极筹建新式军事工业，仿造外国船、炮，开始从事标榜"自强"的洋务事业。1865年分别在上海和江宁（今江苏南京）创立江南机器制造总局和金陵机器制造局。同年，署理两江总督，调集淮军数万人赴中原对捻军作战。1866年，继曾国藩署钦差大臣，专办镇压捻军事务。次年，授湖广总督。其后，采取"就地圈围"、"坚壁清野"等战略，相继在山东、江苏间和直隶（约今河北）、山东间剿灭东、西捻军。1870年，继曾国藩任直隶总督兼北洋通商大臣，从此控制北洋达25年之久，并参与掌管清政府外交、军事、经济大权，成为清末权势最为显赫的封疆大吏。

李鸿章从19世纪70年代起，进一步扩大洋务事业，因标榜"自强"进而"求富"，主要以"官督商办"的形式创办了一系列民用企业。同时，又著手筹办北洋海防，以外购为主、自造为辅，于光绪十四年（1888）建成北洋海军。为培养"自强""求富"所需人才，还创办各类新式学堂，并派人赴欧美留学。所有这些洋务事业，对近代中国社会的发展产生了深远的影响。中外力量对比悬殊的格局，使李鸿章产生了严重的"惧外"思想，在对外交涉中始终坚持"委曲求全"的方针。1901年11月去世。谥文忠，晋封一等侯。著有《李文忠公全集》。

逸闻趣事

李鸿章受窘

李鸿章在清末，功业不可一世，平时对僚属，颇为倨傲。

他任两广总督时，有一县官某进谒。行过跪礼，李仰天拈髭，若未之见。

县官心里很不痛快。坐既定，李问："何事进见？"

"听说中堂政躬欠豫，特来省疾。"县官答。

"没有的事，或系外间误传。"

"否！否！卑职知中堂实患目疾！"

"是哪里的话？"

"卑职向中堂请安，中堂未见，恐目疾深，中堂反不自觉。"

县令率直而言。李知方才失礼，亟举身谢过。

李鸿章在伦敦闹笑话

李鸿章出使伦敦时，曾至英故将军戈登之纪念碑下致敬。

戈登之遗族乃以一头名犬为赠，这头犬曾于竞赛中得一等奖，以此赠之，所以表示非常感谢之意。

不料没有几天，得李谢柬，略谓：

厚意投下，感激之至，惟是老夫耄矣，于饮食不能多进，所赏珍味，感欣得沾奇珍，朵颐有幸。

戈登之遗族得柬大诧。报纸喧腾，传为笑柄。

第一章
邓小平评点古、近代人物

李鸿章被赠四百多年古酒

　　李鸿章任北洋大臣时，有德国海军大臣到天津拜访他。和李氏说："我所乘坐的军舰，是世界上最负盛名的，你是手创中国海军的人，欢迎你到我舰上来参观。"李一口应允。

　　到了那天，刚巧遇到飓风，继以豪雨。德舰停泊处离大沽口还有二十多里，李氏到大沽，阻于风，船只无法靠近德舰，用无线电告德帅，德帅电复已派舢板奉迓，但中堂高年耆位，如怕危险此行可作罢。幕府诸人都阻挡李氏，而李殊不愿外国人笑他胆怯，便偕同翻译一员，毅然登舟。水兵八人划桨，一人把舵，在大风浪中到达德舰。

　　舰中鸣炮奏乐相迎，德帅紧握李氏右手说："中堂真是守信君子，以这样耆年重镇。而冒险精神，超越青年，实在可敬可佩！"

　　李逊谢。坐既定，德帅执瓶亲自注酒于杯，向李氏致颂词。随将余酒放在李氏面前说："谨以此酒奉赠，祝中堂归途余福！"

　　李很诧异，德帅何以将此残酒相赠？及归，叫人将颂词译成中文，这才知道这一瓶酒，酿制于十五世纪，已有四百多年，当时值英金二百镑，约合我国银币二千余元，原来是世界第一古酒。

　　这件事载《清稗类钞》，是外交史上一段逸闻，也是酒史上一段佳话。

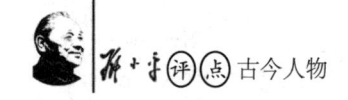

第二章
邓小平评点中共早期领导人

一、功绩是第一位的,错误是第二位的——邓小平评点毛泽东

邓小平评点原文

我党自从一九三五年一月遵义会议之后,在以毛泽东为首的党中央领导之下,彻底克服了党内"左"右倾机会主义,一扫主观主义、宗派主义和党八股的气氛,把党的事业完全放在中国化的马列主义,即毛泽东思想的指导之下,直到现在已经九年的时间,不但没有犯过错误,而且一直是胜利地发展着。

——《邓小平文选》第1卷,第88页,《在北方局党校整风动员会上的讲话》,1943.11.10

现在我们有了这样好的党中央,有了这样英明的领袖毛泽东同志,这对于我们党是太重要了。

——《邓小平文选》第1卷,第88页,《在北方局党校整风动员会上的讲话》,1943.11.10

第二章
邓小平评点中共早期领导人

我们党是集体领导，毛泽东同志是这个集体领导的代表人，是我们党的领袖，他的地位和作用同一般的集体领导成员是不同的。但是，切不可因此把毛泽东同志和党中央分开，应该把毛泽东同志看作是党的集体领导中的一个成员，把他在我们党里头的作用说得合乎实际。毛泽东同志是尊重集体领导的。他昨天讲，提法要合乎实际，不合实际就站不住脚。我们应该本着这种精神，去做好毛泽东思想的宣传工作。

——《邓小平文选》第1卷，第284页，《正确地宣传毛泽东思想》，1960.3.25

长征的前一段，因为没有毛泽东同志的指挥，所以就犯错误，使红一方面军由八万人减少到三万人。到了遵义，王明、博古路线不能继续下去了，怎么办？就开中央政治局扩大会议，即遵义会议，才开始了毛泽东同志的领导。当时，毛泽东同志在遵义会议上采取了正确的方针，只是提出军事路线的错误，还不提政治路线错误。毛泽东同志在那时候没有当总书记，博古的总书记当然当不成了，但还是由曾经站在王明路线一边的洛甫当总书记。为什么这样呢？就是要把犯错误的同志团结起来，特别是在困难的时候。毛泽东同志正确处理党内问题的政策，使大家团结起来了，渡过了最困难的时刻，完成了长征。长征结束以后，毛泽东同志还没有当总书记。当然，遵义会议以后，毛泽东同志就是我们党的领导核心了。在抗日战争期间，我们党采取总结经验的方法，用整风的方法，把历史上两条路线的斗争搞清楚了，一直到一九四五年我们党的第七次全国代表大会，才得出最后的结论，并在组织上把毛泽东同志选为中央委员会的主席（那时候改变了形式，不叫总书记了）。

——《邓小平文选》第1卷，第338—339页，《建设一个成熟的有战斗力的党》，1965.6

毛泽东同志是彻底的唯物主义者，他充分信任群众，历来反对不信任群众、不依靠群众。对群众的议论，毛泽东同志是非常注意的。同志们总记得，在延安的时候，生产运动是怎么搞起来的。为什么提倡生产运动呢？原因之一就是当时征粮征多了，群众有怨言。我们好多共产党员听了心里非常不舒服。毛泽东同志看法不同，他说，讲得有道理，群众的呼声嘛！毛泽东同志就是伟大，就是同我们不同，他善于从群众这样的议论当中，发现问题，提出解决问题的方针和政策。毛泽东同志一向非常注意群众的议论，群众的思想，群众的问题。

——《邓小平文选》第2卷，第46页，《完整地准确地理解毛泽东思想》，1977.7.21

我个人认为，毛泽东同志在文化大革命以前的大部分时间里，对科学研究工作、文化教育工作的一系列指示，基本精神是鼓励，是提倡，是估计到我们知识分子中的绝大多数是好的，是为社会主义服务或者愿意为社会主义服务的。在一九五七年以后讲过一些过头话，但在六十年代初期，他还是支持科学十四条、高等学校六十条这些的。

——《邓小平文选》第2卷，第48—49页，《关于科学和教育工作的几点意见》，1977.8.8

毛泽东同志不赞成"天才论"，但不是反对尊重人才。他对我评价时就讲过"人才难得"。扪心自问，这个评价过高。但这句话也说明人才是重要的，毛泽东同志是尊重人才的。

——《邓小平文选》第2卷，第48—49页，《关于科学和教育工作的几点意见》，1977.8.8

毛泽东同志从参加共产主义运动、缔造我们党的最初年代开始，就一直提倡和实行对于社会客观情况的调查研究，就一直同理论脱离实

第二章
邓小平评点中共早期领导人

际、一切只从主观愿望出发、一切只从本本和上级指示出发而不联系具体实际的错误倾向作坚决的斗争

——《邓小平文选》第 2 卷，第 115 页，《在全军政治工作会议上的讲话》，1978.6.2

毛泽东同志历来坚持要用马列主义的立场、观点、方法来提出问题，分析问题，解决问题。他历来是按照不同的时间、地点、条件讲问题的。

——《邓小平文选》第 2 卷，第 115 页，《在全军政治工作会议上的讲话》，1978.6.2

毛泽东思想的基本点就是实事求是，就是把马列主义的普遍原理同中国革命的具体实践相结合。毛泽东同志在延安为中央党校题了"实事求是"四个大字，毛泽东思想的精髓就是这四个字。毛泽东同志所以伟大，能把中国革命引导到胜利，归根到底，就是靠这个。

——《邓小平文选》第 2 卷，第 126 页，《高举毛泽东思想旗帜，坚持实事求是的原则》1978.9.16

毛泽东同志在长期革命斗争中立下的伟大功勋是永远不可磨灭的。回想在一九二七年革命失败以后，如果没有毛泽东同志的卓越领导，中国革命有极大的可能到现在还没有胜利，那样，中国各族人民就还处在帝国主义、封建主义、官僚资本主义的反动统治之下，我们党就还在黑暗中苦斗。所以说没有毛主席就没有新中国，这丝毫不是什么夸张。毛泽东思想培育了我们整整一代人。我们在座的同志，可以说都是毛泽东思想教导出来的。没有毛泽东思想，就没有今天的中国共产党，这也丝毫不是什么夸张。

——《邓小平文选》第 2 卷，第 148 页，《解放思想，实事求是，团结一致向前看》，1978.12.13

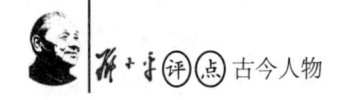

当然，毛泽东同志不是没有缺点、错误的，要求一个革命领袖没有缺点、错误，那不是马克思主义。

——《邓小平文选》第2卷，第148页，《解放思想，实事求是，团结一致向前看》，1978.12.13

毛泽东同志在他晚年为我们制定的关于划分三个世界的战略，关于中国站在第三世界一边，加强同第三世界国家的团结，争取第二世界国家共同反霸，并且同美国、日本建立正常外交关系的决策，是多么英明，多么富有远见。这一国际战略原则，对于团结世界人民反对霸权主义，改变世界政治力量对比，对于打破苏联霸权主义企图在国际上孤立我们的狂妄计划，改善我们的国际环境，提高我国的国际威望，起了不可估量的作用。

——《邓小平文选》第2卷，第160页，《坚持四项基本原则》，1979.3.30

毛泽东同志同任何别人一样，也有他的缺点和错误。但是，在他的伟大的一生中的这些错误，怎么能够同他对人民的不朽贡献相比拟呢？在分析他的缺点和错误的时候，我们当然要承认个人的责任，但是更重要的是要分析历史的复杂的背景。

——《邓小平文选》第2卷，第172页，《坚持四项基本原则》，1979.3.30

"文化大革命"的十年，毛泽东同志是犯了错误的。

——《邓小平文选》第2卷，第292页，《对起草〈关于建国以来党的若干历史问题的决议〉的意见》，1980.3.19

总起来说，一九五七年以前，毛泽东同志的领导是正确的，一九五七年反右派斗争以后，错误就越来越多了。

——《邓小平文选》第 2 卷，第 295 页，《对起草〈关于建国以来党的若干历史问题的决议〉的意见》，1980.4.1

社会主义革命搞得好，转入社会主义建设以后，毛泽东同志也有好文章、好思想。讲错误，不应该只讲毛泽东同志，中央许多负责同志都有错误。

——《邓小平文选》第 2 卷，第 296 页，《对起草〈关于建国以来党的若干历史问题的决议〉的意见》，1980.4.1

没有中国共产党，不进行新民主主义革命和社会主义革命，不建立社会主义制度，今天我们的国家还会是旧中国的样子。我们能够取得现在这样的成就，都是同中国共产党的领导、同毛泽东同志的领导分不开的。

——《邓小平文选》第 2 卷，第 299 页，《对起草〈关于建国以来党的若干历史问题的决议〉的意见》，1980.4.1

毛泽东同志在"文化大革命"中也不是想把所有老干部都整倒。如对贺龙同志，林彪从一开头就是要整的，毛泽东同志确实想过要保。虽然谁不听他的话，他就想整一下，但是整到什么程度，他还是有考虑的。至于后来愈整愈厉害，不能说他没有责任，不过也不能由他一个人负责。有些是林彪、"四人帮"已经造成既成事实，有些是背着他干的。不管怎样，一大批干部被打倒，不能不说是毛泽东同志晚年的一个最大悲剧。

——《邓小平文选》第 2 卷，第 301 页，《对起草〈关于建国以来党的若干历史问题的决议〉的意见》，1980.10.25

毛泽东同志到了晚年，确实是思想不那么一贯了，有些话是互相矛盾的。

——《邓小平文选》第 2 卷，第 301 页，《对起草〈关于建国以来党的若干历史问题的决议〉的意见》，1980.10.25

毛泽东同志犯了错误，这是一个伟大的革命家犯错误，是一个伟大的马克思主义者犯错误。

——《邓小平文选》第 2 卷，第 301 页，《对起草〈关于建国以来党的若干历史问题的决议〉的意见》，1981.5.19

我们过去发生的各种错误，固然与某些领导人的思想、作风有关，但是组织制度、工作制度方面的问题更重要。这些方面的制度好可以使坏人无法任意横行，制度不好可以使好人无法充分做好事，甚至会走向反面。即使像毛泽东同志这样伟大的人物，也受到一些不好的制度的严重影响，以至对党对国家对他个人都造成了很大的不幸。

——《邓小平文选》第 2 卷，第 333 页，《党和国家领导制度的改革》，1980.8.18

斯大林严重破坏社会主义法制，毛泽东同志就说过，这样的事件在英、法、美这样的西方国家不可能发生。他虽然认识到这一点，但是由于没有在实际上解决领导制度问题以及其他一些原因，仍然导致了"文化大革命"的十年浩劫。这个教训是极其深刻的。不是说个人没有责任，而是说领导制度、组织制度问题更带有根本性、全局性、稳定性和长期性。这种制度问题，关系到党和国家是否改变颜色，必须引起全党的高度重视。

——《邓小平文选》第 2 卷，第 333 页，《党和国家领导制度的改革》，1980.8.18

第二章
邓小平评点中共早期领导人

毛泽东同志在他的一生中，为我们的党、国家和人民建立了不朽的功勋。他的功绩是第一位的，他的错误是第二位的。因为他的功绩而讳言他的错误，这不是唯物主义的态度。因为他的错误而否定他的功绩，同样不是唯物主义的态度。

——《邓小平文选》第2卷，第334页，《党和国家领导制度的改革》，1980.8.18

尽管毛主席过去有段时间也犯了错误，但他终究是中国共产党、中华人民共和国的主要缔造者。拿他的功和过来说，错误毕竟是第二位的。他为中国人民做的事情是不能抹杀的。从我们中国人民的感情来说，我们永远把他作为我们党和国家的缔造者来纪念。

——《邓小平文选》第2卷，第344页，《答意大利记者奥琳埃娜·法拉奇问》，1980.8.21、8.23

毛主席的错误和林彪、"四人帮"问题的性质是不同的。毛主席一生中大部分时间是做了非常好的事情的，他多次从危机中把党和国家挽救过来。没有毛主席，至少我们中国人民还要在黑暗中摸索更长的时间。毛主席最伟大的功绩是把马列主义的原理同中国革命的实际结合起来，指出了中国夺取革命胜利的道路。应该说，在六十年代以前或五十年代后期以前，他的许多思想给我们带来了胜利，他提出的一些根本的原理是非常正确的。他创造性地把马列主义运用到中国革命的各个方面，包括哲学、政治、军事、文艺和其他领域，都有创造性的见解。但是很不幸，他在一生的后期，特别在"文化大革命"中是犯了错误的，而且错误不小，给我们党、国家和人民带来许多不幸。你知道，我们党在延安时期，把毛主席各方面的思想概括为毛泽东思想，把它作为我们党的指导思想。正是因为我们遵循毛泽东思想，才取得了革命的伟大胜

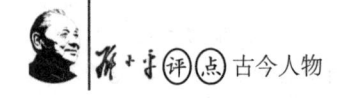

利。当然，毛泽东思想不是毛泽东同志一个人的创造，包括老一辈革命家都参与了毛泽东思想的建立和发展。主要是毛泽东同志的思想。但是，由于胜利，他不够谨慎了，在他晚年有些不健康的因素、不健康的思想逐渐露头，主要是一些"左"的思想。有相当部分违背了他原来的思想，违背了他原来十分好的正确主张，包括他的工作作风。这时，他接触实际少了。他在生前没有把过去良好的作风，比如说民主集中制、群众路线，很好地贯彻下去，没有制定也没有形成良好的制度。这不仅是毛泽东同志本人的缺点，我们这些老一辈的革命家，包括我，也是有责任的。我们党的政治生活、国家的政治生活有些不正常了，家长制或家长作风发展起来了，颂扬个人的东西多了，整个政治生活不那么健康，以至最后导致了"文化大革命"。"文化大革命"是错误的。

——《邓小平文选》第 2 卷，第 344 页，《答意大利记者奥琳埃娜·法拉奇问》，1980. 8. 21、8. 23

毛主席说我不听他的话是有过的。但也不是只指我一个人，对其他领导人也有这样的情况。这也反映毛主席后期有些不健康的思想，就是说，有家长制这些封建主义性质的东西。他不容易听进不同的意见。毛主席批评的事不能说都是不对的。但有不少正确的意见，不仅是我的，其他同志的在内，他不大听得进了。民主集中制被破坏了，集体领导被破坏了。

——《邓小平文选》第 2 卷，第 344 页，《答意大利记者奥琳埃娜·法拉奇问》，1980. 8. 21、8. 23

五十年代，毛主席提议所有的人身后都火化，只留骨灰，不留遗体，并且不建坟墓。毛主席是第一个签名的。

——《邓小平文选》第 2 卷，第 344 页，《答意大利记者奥琳埃娜·法拉奇问》，1980. 8. 21、8. 23

第二章
邓小平评点中共早期领导人

任何一个领导集体都要有一个核心,没有核心的领导是靠不住的。第一代领导集体的核心是毛主席。因为有毛主席作领导核心,"文化大革命"就没有把共产党打倒。

——《邓小平文选》第3卷,第310页,《第三代领导集体的当务之急》,1989.6.16

毛泽东人物简介

毛泽东(1893—1976),字润之,笔名子任。1893年12月26日生于湖南湘潭韶山冲一个农民家庭。1976年9月9日在北京逝世。中国人民的领袖,马克思主义者,伟大的无产阶级革命家、战略家和理论家,中国共产党、中国人民解放军和中华人民共和国的主要缔造者和领导人,诗人,书法家。中国共产党中央军事委员会主席(1936—1976),中国共产党中央政治局主席(1943—1945)和中央委员会主席(1945—1976),中华人民共和国中央人民政府主席(1949—1954)和中华人民共和国主席(1954—1959)。

毛泽东

早期革命活动

1911年辛亥革命爆发后,毛泽东加入湖南起义的新军。1913—1918年在湖南第一师范学校学习。1919年在长沙创办《湘江评论》。1920年发起组织新民学会和俄罗斯研究会,积极宣传马克思主义。同年在湖南创建共产主义组织。1921年7月,出席中国共产党第一次全国代表大会。后任中共湘区委员会书记,中国劳动组合书记部湖南分部主任和湖南省工团联合会总干事,领导长沙、安源等地工人运动。

国共第一次合作时期

1923年6月,毛泽东出席中共三大,当选为中央执行委员,参加中央领导工作。1924年参与中共帮助孙中山改组国民党的活动。在国民党一大、二大上当选为中央候补执行委员,任宣传部代理部长。1926年主办第六届广州农民运动讲习所。11月到上海担任中共中央农民运动委员会书记。1927年到武汉任全国农民协会总干事,主持中央农民运动讲习所。在此期间先后发表《中国社会各阶级的分析》和《湖南农民运动考察报告》,明确提出无产阶级领导权和依靠农民同盟进行革命的主张,批评了陈独秀的右倾投降主义,标志着毛泽东思想的萌芽。

建立革命武装和发展农村革命根据地

国共合作全面破裂后,中共中央于1927年8月7日在汉口召开紧急会议,毛泽东在会上提出"枪杆子里面出政权"的著名论断,当选为临时中央政治局候补委员。会后到湘赣边发动和领导秋收起义,建立工农革命军第1师,后率部上井冈山,发动土地革命,建立第一个农村革命根据地。

1928年4月,率部与朱德、陈毅率领的南昌起义余部会师后,组成中国工农红军第四军,任党代表。5月,在中共湘赣边界第一次代表大会上当选为特委书记,后任中共第四军前敌委员会书记。6月,在中共六大上被选为中央委员。在此期间的革命实践中,毛泽东认真总结经验,先后写了《中国的红色政权为什么能够存在》、《井冈山的斗争》、《星星之火,可以燎原》等著作,创造性地提出了农村包围城市,武装夺取政权的战略思想,开辟了一条具有中国特色的新民主主义革命取得胜利的唯一正确的道路,标志着毛泽东思想开始形成。

1930年8月,任中国工农红军第一方面军前委书记兼总政治委员。1931年任中共中央苏区中央局委员,代理书记,中央革命军事委员会副主席兼总政治部主任。同年11月,中华苏维埃共和国临时中央政府

第二章
邓小平评点中共早期领导人

在江西瑞金成立，被选为主席。从 1930 年 12 月到 1933 年 2 月，同朱德领导红一方面军先后粉碎了国民党的四次大规模的军事"围剿"。1933 年被补选为中共中央政治局委员。以王明为代表的"左"倾冒险主义反对毛泽东关于中国革命和中国革命战争的指导方针，在他们进入中央革命根据地以后，就把毛泽东排斥于党和红军的领导之外，执行不同的战略和政策，从而导致第五次反"围剿"的失败。

1934 年 10 月，中共中央和红一方面军不得不退出苏区，开始长征。1935 年 1 月，长征途中，在贵州遵义召开中共中央政治局扩大会议（见遵义会议），确立了毛泽东的领导地位，结束了王明"左"倾路线的统治。随后又粉碎了张国焘的右倾分裂主义，胜利完成长征。红一、二、四方面军三大主力红军在陕北会师，开创了抗日救亡的新局面。1935 年 12 月，针对日本帝国主义加紧侵华造成的危机，毛泽东在瓦窑堡会议后作《论反对日本帝国主义策略》的报告，阐明建立抗日民族统一战线的理论和政策。

1936 年任中央军事委员会主席，担任这一职务直至逝世。为了迎接抗日战争，提高干部水平，克服教条主义，1937 年写了《实践论》、《矛盾论》哲学著作，丰富和发展了马克思主义的认识论和辩证法。

指导开展敌后游击战争，建立抗日根据地

1937 年 7 月，抗日战争全面爆发后，毛泽东领导人民开展敌后游击战争，建立抗日根据地。写了《抗日游击战争的战略问题》、《论持久战》等著作，批判了亡国论、速胜论的错误思想，指明了争取抗日战争胜利的途径。1938 年 11 月，为了克服王明的右倾投降主义的错误，在中共六届六中全会上发表《统一战线中的独立自主问题》的讲话。

1942 年号召全党开展整风运动，使中共在思想上、政治上、组织上达到高度的统一，为战胜困难和取得抗日战争的胜利奠定了基础。

1943年3月，当选为中共中央政治局主席、中央书记处主席，以后在历届中央委员会都连续当选为主席直到逝世。抗日战争时期，先后发表了《中国革命和中国共产党》、《新民主主义论》、《论联合政府》等重要著作，阐明了中国新民主主义革命的理论、政策和政治、经济、文化纲领，标志着毛泽东思想的成熟。

领导人民解放战争

抗日胜利后，毛泽东针对蒋介石企图消灭共产党及其武装力量的现实，提出"针锋相对"的斗争方针。1945年8月，毛泽东亲赴重庆与蒋介石谈判，签订《双十协定》。1946年夏，蒋介石发动全面内战。毛泽东分析了双方力量对比，提出了战略上藐视敌人，战术上重视敌人和打败蒋介石的政治方针与军事原则，在粉碎蒋介石全面进攻、重点进攻后立即转入战略反攻。1948年9月—1949年1月，指挥辽沈战役、淮海战役、平津战役三大战役，取得了战略决战的胜利。接着，号召"将革命进行到底"，发动渡江战役，命令中国人民解放军进军大西南、大西北，推翻了国民党政府。1949年3月，主持召开中共七届二中全会，并作重要报告，决定把党的工作重心从农村转向城市，规定了党在全中国胜利以后的各项基本政策。同年6月，发表《论人民民主专政》，阐明中华人民共和国政权的性质及其内外政策。9月，主持召开中国人民政治协商会议第一届全体会议，制定并通过了《中国人民政治协商会议共同纲领》，选举产生了中央人民政府，当选为主席。10月1日，在北京天安门向全世界庄严宣告中华人民共和国成立。

中华人民共和国建立后的功绩与过失

中华人民共和国建立后的头三年，以他为首的中共中央和中央人民政府领导全国人民一面在国内完成了繁重的土地制度改革和其他民主改革任务，一面迫于美国军队攻入北朝鲜、威胁中国东北部的形势，进行了抗美援朝战争，同时迅速恢复了国民经济。

第二章
邓小平评点中共早期领导人

　　1953年,按照他的建议,中共中央宣布了党在过渡时期的总路线,开始有系统地实行社会主义工业化和对生产资料私有制的社会主义改造。1954年,第一届全国人民代表大会第一次会议通过了由他主持起草的《中华人民共和国宪法》,并选举他为中华人民共和国第一任主席,任职到1959年。1956年4月作《论十大关系》的讲话,对适合中国国情的建设社会主义的道路进行了一些初步的探索。同年9月,生产资料私有制的社会主义改造基本完成,中共召开第八次全国代表大会,指出全国人民的主要任务已经转变为集中力量发展社会生产力。但是这个方针并没有得到认真的执行,因而导致了以后的一系列指导工作上的错误和挫折。1957年2月,他作《关于正确处理人民内部矛盾的问题》的讲话,提出正确区分和处理社会主义社会中人民内部和敌我两类不同性质矛盾的学说,这个学说在他以后的活动中也没有得到真正的实行。

　　1958年,他发动大跃进和农村人民公社化运动。从1960年冬到1965年,在中共中央的领导下,对国民经济实行"调整、巩固、充实、提高"的方针,初步纠正"大跃进"和人民公社化运动中的错误,使国民经济得到比较迅速的恢复和发展。在这期间,他提出了一系列措施,初步纠正了农村工作中和其他方面的"左"的错误。但不久,他又把主要的注意力转向了他所认为已经再次成为国内主要矛盾的新的阶级斗争。

　　从50年代末开始,他领导中共同苏共领导人奉行的大国主义和干涉、控制中国的企图进行了坚决斗争。70年代,提出三个世界划分的战略思想(见三个世界理论),并且开始打开了对外工作的新局面,为中国进行现代化建设创造了有利的国际条件。1966年由于对国内国外形势作出了极端的估计,他错误发动了文化大革命,被林彪、江青两个反革命集团操纵和利用,造成10年之久的全国大动乱,使中国的许多方面受到严重的破坏和损失。

毛泽东始终坚持反对帝国主义、霸权主义，维护民族的独立和国家的主权，维护世界和平。就他一生来看，他对中国革命建立的不可磨灭的巨大功绩，远远大于他的过失，他仍然受到中国人民的崇高尊敬。1981年6月，中共中央十一届六中全会通过的《关于建国以来党的若干历史问题的决议》，对毛泽东的历史地位作出全面、公正、实事求是的科学结论。毛泽东思想作为马克思主义在中国的发展，仍然是中国共产党的指导思想，是中国人民宝贵的精神财富。其主要著作收入《毛泽东选集》，其他已公开发行的著作有《毛泽东书信选集》、《毛泽东农村调查文集》、《毛泽东新闻工作文选》和《毛泽东诗词选》等。

逸闻趣事

国民革命的"农民王"

1924年12月，毛泽东在韶山办了农民夜校，建立了秘密的农民协会和中共韶山支部，开始领导农民运动。1926年5月，他在广州主办第六届农民运动讲习所，引导学员养成理论联系实际的学风，并重视对学员进行军事训练，为全国农民运动的蓬勃发展准备了干部。10月，他被任命为中共中央农民运动委员会书记，领导全国农民运动。1927年初，他带着"农民运动是否过火"的问题到湖南5个县进行32天考察，发表了著名的《湖南农民运动考察报告》，指出农民问题在中国革命中的重要地位和无产阶级领导农民斗争的极端重要性，主张开展土地革命，被誉为中国国民革命的"农民王"。

工农武装割据的"山大王"

蒋介石发动"四一二"反革命政变后，毛泽东深感保存革命武力

第二章
邓小平评点中共早期领导人

以应付反革命事变的紧迫性,他指出:"不保存武力,则将来一到事变,我们即无办法",主张"上山"以造成军事势力的基础。他在"八七"会议上提出了"政权是由枪杆子中取得的"的著名论断,领导了湘赣边界的秋收起义。在敌强我弱的形势下,他放弃了原定攻打长沙的计划,沿罗霄山脉向南转移,上井冈山做"山大王",领导创建第一个农村革命根据地,点燃了工农武装割据的星星之火,实现了中国革命的重点由城市转向农村的伟大转折。他与朱德总结出"敌进我退,敌驻我扰,敌疲我打,敌退我追"的游击战基本原则,开创了以农村包围城市、最后夺取城市和全国政权的道路。他先后撰写了《中国的红色政权为什么能够存在》、《井冈山的斗争》、《星星之火,可以燎原》等著作,提出并阐发了"工农武装割据"思想。

二、其党内地位是历史形成的——邓小平评点刘少奇

邓小平评点原文

我完全同意刘少奇同志的报告,报告对三中全会以来中央政治局工作的估计是恰当的。我完全同意这次会议根据毛泽东同志的提议所提出的关于增强党的团结的决议草案,并完全同意少奇同志对这个草案的解释,这个解释是明确的详尽的。

——《邓小平文选》第1卷,第201页,《骄傲自满是团结的大敌》,1954.2.6

我们常常遇到,某些同志对中央几个主要负责同志的不正确的言论,常常是不经过组织、不合乎组织原则的。全国财经会议以来,对少奇同志的言论较多,有些是很不适当的。我认为少奇同志在这次会议上

的自我批评是实事求是的，是恰当的。而我所听到的一些传说，就不大像是批评，有些是与事实不相符合的，或者是夸大其词的，有的简直是一些流言蜚语，无稽之谈。比如今天少奇同志在自我批评里讲到的对资产阶级的问题，就与我所听到的那些流言不同。对资产阶级问题，虽然我没有见到一九四九年初少奇同志在天津讲话的原文，但是据我所听到的，我认为少奇同志的那些讲话是根据党中央的精神来讲的。那些讲话对我们当时渡江南下解放全中国的时候不犯错误是起了很大很好的作用的。虽然在讲话当中个别词句有毛病，但主要是起了好作用的。

——《邓小平文选》第1卷，第205页，《骄傲自满是团结的大敌》，1954.2.6

为少奇同志平反的决议讲，文化大革命前，党犯过一些错误，少奇同志和其他同志一样，也犯过一些错误。我看这样讲好，符合实际。不要造成一个印象，好像别人都完全正确，唯独一个人不正确。

——《邓小平文选》第2卷，第277页，《坚持党的路线，改进工作方法》，1980.2.29

我明确表示态度，说刘少奇同志在党内的地位是历史形成的，从总的方面讲，刘少奇同志是好的，改变这样一种历史形成的地位不适当。

——《邓小平文选》第2卷，第293页，《对起草〈关于建国以来党的若干历史问题的决议〉的意见》，1980.3.19

讲错误，不应该只讲毛泽东同志，中央许多负责同志都有错误。"大跃进"，毛泽东同志头脑发热，我们不发热？刘少奇同志、周恩来同志和我都没有反对，陈云同志没有说话。在这些问题上要公正，不要造成一种印象，别的人都正确，只有一个人犯错误。这不符合事实。

——《邓小平文选》第2卷，第296页，《对起草〈关于建国

| 第二章 |
邓小平评点中共早期领导人

以来党的若干历史问题的决议〉的意见》，1980.6.27

  过去我们讲党的历史上多少次路线斗争，现在看，明显地不能成立，应该根本推翻的，就有刘少奇、彭、罗、陆、杨这一次和彭、黄、张、周这一次，一共两次。

——《邓小平文选》第 2 卷，第 307 页，《对起草〈关于建国以来党的若干历史问题的决议〉的意见》，1980.6.22

刘少奇人物简介

  刘少奇（1898—1969），湖南省宁乡人。少年时期上过私塾（中国旧式初级学校），1919 年中学毕业。1920 年加入中国社会主义青年团。

  1921 年到苏联莫斯科东方共产主义劳动大学学习，同年加入中国共产党。1922 年从莫斯科回国，在中国劳动组合书记部工作。不久到江西省西北部的安源煤矿同李立三等领导安源路矿工人大罢工，随后任安源路矿工人俱乐部代主任、主任。1925 年在第二次

刘少奇

全国劳动大会上当选为全国总工会副委员长。此后在上海、广州、武汉参加五卅运动、省港大罢工和武汉工人群众收回汉口英租界的斗争。1927 年在中共第五次全国代表大会上当选为中央委员。大革命失败后，他先后在河北、上海、东北从事党的秘密工作。1930 年夏出席在莫斯科召开的赤色职工国际第五次代表大会，当选为执行局委员，留在赤色职工国际工作。1931 年 1 月在中共六届四中全会上当选为政治局候补委员。同年秋回国，任中共中央职工部部长、全国总工会党团书记。他

在长期工作中逐渐认识到党在国民党统治区的工作应该实行深入群众、长期隐藏、积蓄力量的方针，并曾对当时中共党内关门主义和冒险主义的"左"倾错误进行过某些抵制。1932年冬进入位于江西省南部和福建省西部的中央革命根据地，领导职工运动，后任中共福建省委书记。1934年10月参加长征。1935年1月在贵州省遵义县城召开的中央政治局扩大会议上，他支持毛泽东的正确主张。1936年春赴华北，先后任中共中央代表、北方局书记、坚定地执行了中共中央关于建立抗日民族统一战线的新政策，并对过去党的秘密工作中的错误——关门主义和冒险主义进行了系统的批评。

1937年抗日战争爆发后，他坚持中共中央的深入敌后、发动群众、开展游击战争的方针，领导了开创华北敌后抗日根据地的工作。1938年11月任中共中原局书记，随后组织力量深入华中敌后，开展游击战争。1941年国民党阴谋制造的皖南事变，使新四军蒙受惨重损失。他在这时被任命为新四军政治委员和华中局书记，同陈毅等一起扭转了新四军的困难处境，恢复和发展了长江中下游地区的抗日武装力量，扩建了华中抗日根据地。1939年至1941年作了《论共产党的修养》等著名演讲，丰富了党的建设的理论。1943年回到延安，任中共中央书记处书记和中央革命军事委员会副主席。1945年在中共第七次全国代表大会上作修改党章的报告，对毛泽东思想作了完整概括和系统的论述。同年8月，日本宣布投降，毛泽东赴重庆同蒋介石谈判。在此期间，他代理中共中央主席职务。1947年3月，国民党军队攻占延安，毛泽东、周恩来、任弼时等留在陕北指挥全国解放战争，刘少奇任中共中央委员会书记，转移到华北，和朱德一起负责中共中央委托的工作。同年7月至9月，在河北省平山县主持召开全国土地工作会议，这次会议确定的方针，进一步推动了解放区土地改革运动的发展。

中华人民共和国成立后，刘少奇当选为中央人民政府副主席。他在制定国家政治、经济、文化、教育、外交等方针政策方面发挥了重要作用。1950年在中国人民政治协商会议第一届全国委员会第二次会议上作了《关于土地改革问题的报告》。1954年在第一届全国人民代表大会第一次会议上作了《关于中华人民共和国宪法草案的报告》，并当选为全国人民代表大会常务委员会委员长。1956年9月，在中共第八次全国代表大会上代表中共中央作政治报告，为新时期社会主义事业的发展和党的建设规定了方向。在八届一中全会上当选为中共中央副主席。1959年4月，在第二届全国人民代表大会第一次会议上当选为中华人民共和国主席、国防委员会主席。六十年代初期，中国的经济发生了严重的困难，刘少奇进行了大量的调查研究，参与制定了一系列重要的政策措施，使国民经济得到了恢复和发展。从1963年到1966年，他先后到印度尼西亚、缅甸、柬埔寨、越南、朝鲜、巴基斯坦、阿富汗等国进行了友好访问。

1966年"文化大革命"开始后，他受到错误的批判，并遭到林彪、江青反革命集团的政治陷害和人身摧残，于1969年11月12日病逝。1980年中共十一届五中全会为恢复他的名誉作了专门的决定。他的主要著作收入了《刘少奇选集》。

逸闻趣事

党的建设理论的系统阐述者

1939年4月，刘少奇任中共中央职工运动委员会书记，在延安马列学院先后作了《论共产党员的修养》、《论党内斗争》的讲演，撰写了《做一个好党员，建设一个好的党》，系统阐述了共产党员修养问题，丰富了党的建设的理论。他在中共"七大"上作了《关于修改党的章程的报告》，第一次对毛泽东思想作了全面、系统、科学的概括和论述，提出要以马克思列宁主义的理论与中国革命实践相结合的毛泽东

思想为全党一切工作的指导方针,会上当选为中央政治局委员和中央书记处书记,成为党的第一代领导核心的主要成员。为加强执政党建设,刘少奇随后提出了共产党员标准的八项条件,主持召开第一次全国组织工作会议,制定《关于整顿党的基层组织的决议》,在党的理论建设和组织建设方面做出了突出贡献。

"左"倾错误的大胆纠正者

"大跃进"运动使国民经济遭受挫折,刘少奇集中精力阅读、研究苏联《政治经济学教科书》,结合实际,对经济建设提出了许多真知灼见。1961年1月,中共八届九中全会正式通过对国民经济实行"调整、巩固、充实、提高"的八字方针。4月,刘少奇到湖南农村调查,针对种种困难情况寻根溯源,认识到出现困难的主要原因是工作中的缺点错误,并将其归纳为"三分天灾,七分人祸"。在1962年1月召开的"七千人大会"上,刘少奇除提交书面报告外,还作了精彩的重要讲话,总结了"大跃进"以来经济建设的经验教训,要求全党纠正工作中的缺点错误,克服困难,做好国民经济调整工作。此后,他主持一系列会议继续贯彻落实国民经济调整政策,使国民经济调整很快取得成效。

三、勤勤恳恳 任劳任怨——邓小平评点周恩来

邓小平评点原文

一九七一年全教会时,周恩来同志处境很困难。一九七二年,他和一位美籍中国物理学家谈话时,讲要从应届高中毕业生中直接招收大学生。在当时的情况下,提出这个问题是很勇敢的。

——《邓小平文选》第2卷,第67页,《教育战线的

第二章
邓小平评点中共早期领导人

拨乱反正问题》，1977.9.19

我们的……周恩来同志以身作则，严于律己，艰苦奋斗，几十年如一日，成为我党我军优良传统和作风的化身。他们的感人事迹在全党、全军、全国人民中，发生了多么巨大和深远的影响！不仅影响到我们这一代，而且影响到子孙后代。

——《邓小平文选》第2卷，第125页，《在全军政治工作会议上的讲话》，1978.6.2

讲错误，不应该只讲毛泽东同志，中央许多负责同志都有错误。"大跃进"，毛泽东同志头脑发热，我们不发热？刘少奇同志、周恩来同志和我都没有反对，陈云同志没有说话。在这些问题上要公正，不要造成一种印象，别的人都正确，只有一个人犯错误。这不符合事实。

——《邓小平文选》第2卷，第296页，《对起草〈关于建国以来党的若干历史问题的决议〉的意见》，1980.6.27

奥：在中国有这么一个人，他在任何时候都没有被碰到过，这就是周恩来总理。这个情况如何解释？

邓：周总理是一生勤勤恳恳、任劳任怨工作的人。他一天的工作时间总超过十二小时，有时在十六小时以上，一生如此。我们认识很早，在法国勤工俭学时就住在一起。对我来说他始终是一个兄长。我们差不多同时期走上了革命的道路。他是同志们和人民很尊敬的人。"文化大革命"时，我们这些人都下去了，幸好保住了他。在"文化大革命"中，他所处的地位十分困难，也说了好多违心的话，做了好多违心的事。但人民原谅他。因为他不做这些事，不说这些话，他自己也保不住，也不能在其中起中和作用，起减少损失的作用。他保护了相当一批人。

——《邓小平文选》第 2 卷，第 348 页，《答意大利记者奥琳埃娜·法拉奇问》，1980.8.21

周恩来人物简介

周恩来（1898—1976），字翔宇，曾用名飞飞、伍豪等。生于江苏省淮安府山阳县（今淮安市）。原籍浙江省绍兴县（今绍兴市）。1910 年春，随伯父离开淮安，先后在奉天省银州（今辽宁铁岭市）银岗书院和奉天（今沈阳市）东关模范学校读书。1913 年 8 月，考入天津南开学校。1917 年 6 月，在天津南开学校毕业。9 月，赴日本留学。

1919 年 4 月，离开日本回国。参加并领导天津爱国学生运动，参与发起成立觉悟社。1920 年 1 月，领导天津学生运动。11 月，赴法国勤工俭学。

周恩来

1921 年春，加入巴黎共产主义小组（中国共产党八个发起组之一）。1922 年，参与组织旅欧中国少年共产党。1923 年 2 月，担任中国共产主义青年团"旅欧支部"书记。

1924 年 9 月，奉调回国抵广州。后任中共两广区委员会委员长、黄埔军校政治部主任。1925 年 2 月和 10 月，先后参与两次东征的领导工作。8 月，与邓颖超结婚。1927 年 3 月，领导上海工人第三次武装起义。"四一二"反革命政变后，力主出师讨伐蒋介石。7 月，任中共临时中央常委。8 月 1 日，领导南昌起义。

1928 年夏，出席在莫斯科召开的中共六大，当选中共中央委员、政治局常委，任常委秘书长兼中央组织部部长。11 月，回调上海实际

| 第二章 |

邓小平评点中共早期领导人

主持中央工作。1930年9月，同瞿秋白等纠正李立三"左"倾冒险主义错误，主持召开中共六届三中全会。

1931年12月，进入江西中央苏区，任中共苏区中央局书记。1932年10月，任红一方面军总政委。1933年春，和朱德等领导红军粉碎国民党军队对中央苏区的第四次"围剿"。5月，任中国工农红军总政委。1934年10月，参与领导中央红军长征。1935年1月，出席在贵州遵义召开的中央政治局扩大会议，支持毛泽东的正确意见。此后，与毛泽东等率红一方面军西进、北上，于10月到达陕北。

1936年12月，张学良、杨虎城发动"西安事变"。周恩来作为中共代表出使西安，与张、杨二人迫使蒋介石接受停止内战、一致抗日的主张。

1937年7月，起草《中共中央为公布国共合作宣言》。12月到武汉，任中共中央长江局副书记。1938年，任国民政府军事委员会政治部副部长。1939年1月，任中共中央南方局书记。8月，赴苏联疗伤，翌年3月回延安。1941年1月，在《新华日报》上为皖南事变题词，怒斥国民党反动当局。1944年11月，到重庆同国民党谈判。1945年4月至6月，出席中共七大，当选为中央委员、政治局委员、书记处书记。8月，和毛泽东等赴重庆同国民党谈判。10月，和王若飞代表中共在《会议纪要》上签字。1946年1月，同马歇尔、张群谈判达成停战协议。率中共代表团参加国民党在重庆召开的政治协商会议。

1947年3月，和毛泽东、任弼时等撤离延安，转战陕北。8月，为中央军委副主席，兼代中央军委总参谋长。1948年9月起，协助毛泽东指挥辽沈、淮海、平津三大战役。

1949年3月，和毛泽东等率中共中央机关进入北平。4月，率中共代表团同国民党政府代表团在北平谈判。6月，主持进行新政治协商会议筹备工作。9月，出席中国人民政治协商会议第一届全体会议，作关于《共同纲领》问题报告，当选为中国人民政治协商会议全国委员会

47

委员、中央人民政府委员。10月1日，出席开国大典，被任命为政务院总理兼外交部长。随后又担任全国政协副主席、中国人民革命军事委员会副主席等职。

1950年1月、2月，和毛泽东在莫斯科与苏联领导人会谈，签署《中苏友好同盟互助条约》。10月，协助毛泽东组织领导抗美援朝战争。1951年，和陈云等领导人开始主持编制第一个五年计划。1953年1月，参与中华人民共和国宪法、选举法起草工作。

1954年4月，率中国代表团出席日内瓦会议。6月，访问印度、缅甸，同印、缅政府总理共同倡导和平共处五项原则。9月，出席全国人大一届一次会议，作《政府工作报告》，被任命为国务院总理兼外交部长。12月，当选政协第二届全国委员会主席。1955年4月，率中国代表团出席万隆会议。

1956年1月，在中共中央召开的知识分子工作会议上作《关于知识分子问题》的报告，阐明知识分子是工人阶级的一部分。9月，出席中共八大，作关于第二个五年计划建议的报告，当选中央委员、政治局常委和副主席。12月至次年2月，出访亚、欧十一国。

1957年8月，在民族工作座谈会上提出党关于民族工作的理论和政策。1958年3月，勘察三峡大坝坝址。1959年4月，在全国人大二届一次会议上作《政府工作报告》，继续担任国务院总理。1960年4月、5月，访问亚洲六国。8月，主持制定对国民经济"调整、巩固、充实、提高"的方针。1962年1月、2月，出席七千人大会，讲话强调实事求是的思想工作作风。11月，主持领导发展尖端科技的中央专委会工作。1963年1月，在上海科技工作会议上指出，建设现代化强国的关键是科技现代化。12月至翌年2月，访问亚非欧14国，提出中国与阿拉伯国家关系五项原则和中国对外经济技术援助八项原则。1964年10月，第一颗原子弹爆炸成功后，宣布中国政府关于核武器问题的承诺和建议。12月至翌年1月,出席全国人大三届一次会议,在《政府工作报告》中完整提出"四个现代化"目标和"两步走"战略。再次被任命为国务院总理。1965年3月至7月,先后率中国党政代表团访问欧洲、亚洲、非洲八国。1966年春,担任北方八省、市、区农业小组组长。3月、4月赴河北邢台地震灾区视察并指导华北抗旱。8月,出席中共八届十一中全会,会后实际主持中央日常工作。1969年4月,出席中共九大,当选为中央委员、政治局委员、常委。9月,在北京与苏联部长会议主席柯西金会谈。

1971年4月,会见应邀来华的美国乒乓球代表团。7月、10月,两次会见美国总统特使基辛格。9月,和毛泽东一起领导粉碎林彪反革命集团的政变阴谋。林彪事件后,主持中央日常工作。1972年2月,同美国总统尼克松会谈,中美发表《联合公报》。9月,同日本首相田中角荣会谈,中日发表《联合声明》。

1973年3月,主持中央政治局会议,讨论通过恢复邓小平党的组织生活和国务院副总理职务决定。8月,出席中共十大,当选中央委员、中央政治局常委、副主席。1975年1月,出席四届人大一次会议,作《政府工作报告》,重申"四个现代化"目标。四届人大确定以周恩来、邓小平为核心的国务院领导班子。

1976年1月8日,在北京逝世。

逸闻趣事

周恩来为中华崛起而读书

1910年夏,12岁的周恩来随伯父来到东北,进沈阳东关模范学堂读书。有一次,校长把学生召集起来,问大家:"读书为了什么?"有的回答说,为了寻求出路;有的回答说,为了发财致富。周恩来则响亮地回答:"为了中华之崛起。"1917年6月,19岁的周恩来以高材生毕业于天津南开学校,当年秋东渡日本留学。临行前,他写了一首气势磅礴的诗篇,"大江歌罢掉头东,邃密群科济世穷;面壁十年图破壁,难酬蹈海亦英雄。"表达了他青年时代的远大抱负。

周恩来与邓小平在法国

本世纪20年代,周恩来先于邓小平到达法国,并在李大钊、陈独秀的影响下,率先接受了马克思主义。周恩来、赵世炎是旅欧支部的创立者和负责人,而邓小平刚到法国,是年龄最小的、尚未完全成熟的青年。但他那时年轻、热情、活跃、向上,在周恩来等先进知识青年的影响下和周恩来的亲自领导下,开始了他作为一个职业革命家的终身事业。

邓小平在法国留学期间,第一次直接参与革命工作,负责《赤光》杂志出版的刻写、油印和装订。当邓小平以这项职业作为他革命生涯的开端时,就得到了比他年长六岁的周恩来的直接帮助和指点。

《赤光》编辑部设在一间狭小的房间里,邓小平白天做工,晚上下班回来到这里和周恩来一起从事刊物的编辑、出版工作。

周恩来将写好的稿子或经他修改过的稿件交给邓小平。由邓小平一笔一划地刻在腊纸上,然后用一台简陋的印刷机印好,再装订起来。周恩来的工作十分繁忙,有时要开会研究问题,有时要接待各种来访,有时去德国和比利时进行革命活动。所以他常常是在出门之前、开会之后或客人走后,即伏案撰写文章或改稿。而邓小平则等在一旁,改好一篇,刻写一篇,小屋的灯光时常彻夜不熄。在这里,他们两人一同忘我地工作,度过暮色苍茫的夜晚。迎来薄雾蒙蒙的黎明。由于晚上工作的时间很长,邓小平和周恩来就索性在这间小屋里打上地铺住在一起。

在一起工作、一起生活的这段时间里,两人的思想感情十分接近,

第二章
邓小平评点中共早期领导人

工作态度和工作方式以及工作作风也基本相同。周恩来身上那种坚定的信仰，对现实问题的清晰分析与把握和英姿勃勃、思维敏捷、谈吐文雅、彬彬有礼的风度吸引着邓小平，使他从中学到了许多东西。在耳濡目染中，邓小平长了见识，增了才干，锻炼了能力。邓小平从那时起就把周恩来作为兄长和领导加以敬重。

周恩来在法国也十分喜欢邓小平这位年轻的伙伴。邓小平严肃认真的工作态度和工作干劲、工作能力以及好学上进的精神，给周恩来留下了深刻印象。周恩来对精神饱满、谈吐直率、办事沉稳、工作效率高的邓小平，给予了很多的鼓励、关心和爱护。

周恩来的大智大勇和各方面表现出来的以身作则，使邓小平不断受到革命思想和高尚品质的熏陶，促使着邓小平一步一步地接近马克思主义。

1922年，中国国内的革命形势发展迅速，孙中山几经波折和失败后，终于选择了改组国民党的道路。他邀请陈独秀、李大钊等共产党人指导改组工作，并确定了联俄、联共、扶助农工的三大政策。1923年6月，中国共产党在广州召开的第三次代表大会上，决定全体共产党员以个人名义加入国民党，以建立统一战线。这时，孙中山派王京歧到法国筹建国民党支部。

王京歧奉孙中山之命到法国后，立即与周恩来等取得联系。

同年6月16日，周恩来等与王京歧达成协议：旅欧中国共产主义青年团团员全部以个人名义加入国民党。邓小平和其他青年团员一道，也以个人名义加入了国民党。从此，旅欧国共两党统一战线工作出现了生气勃勃的大好形势。面对这种情况，国民党右派分子极端恐惧，大肆攻击我们党。因为周恩来领导中共和共青团员对他们进行了针锋相对的斗争，国民党右派对周恩来恨之入骨。在一次会议上，右派分子竟拿出枪对准周恩来，幸亏我们的同志马上把枪夺过来，使他们的刺杀阴谋未

能得逞。

周恩来并不因此惧怕敌人而放弃革命斗争。1923年7月，旅欧中共支部和青年团，还领导旅法勤工俭学学生和华工开展了一场反对帝国主义列强企图"共同管理"中国铁路的斗争。7月15日。旅法华人大会在巴黎举行，600余人到会。周恩来在大会上发表了联合起来，推翻国内军阀，一起打倒国际帝国主义的演说，会后成立了中国旅法各团体联合会。旅欧中共支部和青年团的斗争，进一步联合了旅法华人、华工，进一步与国内反封建、反殖民主义的政治斗争相结合。周恩来在法国曾多次发动和领导过这种革命运动。邓小平从周恩来身上，逐渐接受了社会主义革命的思想，并总是坚定地站在周恩来等"已觉悟分子"所倡导的社会主义革命运动这一边。

邓小平从16岁到21岁，在法国生活了五年多的时间，他结识了周恩来、赵世炎、李富春、李维汉、李立三、蔡和森等大批先进知识分子。在他们的帮助、支持下，特别是在亲自受到周恩来的直接影响和具体指导下，他参加了勤工俭学学生组织的各种斗争，经历了艰难困苦，锻炼了身体，磨炼了意志，坚定了信仰。增长了政治才干和经验，确立了科学世界观，成为一名坚定的共产主义者，从"油印博士"逐渐成为中共旅欧支部的领导人。成为年轻而又出色的政治家。

周恩来提出和平共处五项原则

1953年12月31日，周恩来在同印度政府代表团谈话时，提出了国家之间和平共处的五项原则，即互相尊重主权和领土完整、互不侵犯、互不干涉内政、平等互利、和平共处。这五项原则写入了1954年4月双方达成的《关于中国西藏地方和印度之间的通商和交通协定》的序言中。1954年6月25日，周恩来总理访问印度；28日两国总理发表联合声明，重申了指导两国关系的和平共处五项原则。

| 第二章 |
邓小平评点中共早期领导人

四、机会主义　断送革命——邓小平评点陈独秀

🔑 邓小平评点原文

第一次大革命是我党积蓄了力量干出的一个轰轰烈烈的大革命，可是被大革命后期不长时间的陈独秀机会主义领导断送了。

——《邓小平文选》第 1 卷，第 87 页，《在北方局党校
整风动员会上的讲话》，1943.11.10

陈独秀，还有瞿秋白同志、李立三同志这三个人，不是搞阴谋诡计的。

——《邓小平文选》第 2 卷，第 293 页，《对起草〈关于建国
以来党的若干历史问题的决议〉的意见》，1980.3.19

革命队伍内的家长制作风，除了使个人高度集权以外，还使个人凌驾于组织之上，组织成为个人的工具。家长制是历史非常悠久的一种陈旧社会现象，它的影响在党的历史上产生过很大危害。陈独秀、王明、张国焘等人都是搞家长制的。

——《邓小平文选》第 2 卷，第 330 页，《党和国家
领导制度的改革》，1980.8.18

我们党的发展，走过了曲折道路。很长时期比较顺利，但也犯过这样那样的错误。一九二五年至一九二七年大革命，这个时期的后期有陈独秀右倾机会主义，那个错误导致中国大革命的失败。我们党被打入地下，被迫同蒋介石进行了长期的战争。

53

——《邓小平文选》第3卷，第234页，《改革开放使中国真正活跃起来》，1987.5.12

从毛刘周朱开始，中国共产党才真正形成了一个稳定的成熟的领导集体。以前的领导都是很不稳定，也很不成熟的。从陈独秀起，一直到遵义会议，没有一届是真正成熟的。

——《邓小平文选》第3卷，第298页，《组成一个实行改革的有希望的领导集体》，1989.5.31

陈独秀人物简介

陈独秀（1879—1942），原名庆同、官名乾生、字仲甫、号实庵，安徽怀宁人。189年考中秀才。1897年入杭州中西求是书院学习，开始接受近代西方思想文化。1899年因有反清言论被书院开除。

1901年因为进行反清宣传活动，受清政府通缉，从安庆逃亡日本，入东京高等师范学校速成科学习。1903年7月在上海协助章士钊主编《国民日报》。1904年初在芜湖创办《安徽俗话报》，宣传革命思想。1905年组织反清秘密革命组织岳王会，任总会长。1907年入东京正则英语学校，后转入早稻田大学。1909年冬去浙江陆军学堂任教。1911年辛亥革命后不久，任安徽省都督府秘书长。1913年参加讨伐袁世凯的"二次革命"，失败后被捕入狱，出狱后于1914年到日本，帮助章士钊创办《甲寅》杂志。1915年9月，在上海创办并主编《青年》杂志（一年后改名《新青年》）。1917年初受聘为北京大学文科学长（北京大学当

陈独秀

第二章
邓小平评点中共早期领导人

时有文科、理科、法科，文科是北大三科中最重要的，当时北大不设副校长，在北大，文科学长是仅次于校长的重要职位）。1918年12月与李大钊等创办《每周评论》。这期间，他以《新青年》、《每周评论》和北京大学为主要阵地，积极提倡民主与科学，提倡文学革命，反对封建的旧思想、旧文化、旧礼教，成为新文化运动的倡导者和主要领导人之一。1919年五四运动后期，开始接受和宣传马克思主义。1920年初前往上海，在共产国际的帮助下，首先成立上海的共产党早期组织，同时与其他各地的先进分子联系，发起成立中国共产党，成为主要创始人。1921年7月在上海举行的中国共产党第一次全国代表大会上，他虽然没有出席，但被选为中央局书记；其后在中共二大、中共三大上被选为中共中央执行委员会委员长；在中共四大、中共五大上被选为中共中央委员会总书记，是中国共产党创始人和早期主要负责人，中共一大至五大期间党的最高领袖。

在大革命后期，他的右倾思想发展成为右倾机会主义，1922年陈独秀在共产国际四大上放弃对农民、城市小资产阶级和中等资产阶级的领导权，尤其是放弃对武装力量的领导权，对国民党右派的进攻采取妥协投降的政策。1927年中国大革命遭到失败，除了来自共产国际指导上的原因，他的右倾错误也是重要的原因。1927年7月中旬，中央政治局改组，他离开中央领导岗位。此后，他接受托派观点，以在党内成立小组织的方式进行活动。1929年11月，因为他在中东路问题上发表对中共中央的公开信，而被开除党籍。同年12月发表由81人署名的作为托陈取消派纲领的《我们的政治意见书》。同时，在上海组成托派小组织无产者社，出版刊物《无产者》。1931年5月，出席中国各托派小组织的"统一大会"，被推选为中国托派组织的中央书记。1932年10月，在上海被国民党政府逮捕，判刑后囚禁于南京模范监狱。

抗战爆发后，他于1937年8月出狱，先后住在武汉、重庆，最后

长期居住于四川江津（今重庆市江津区）。1942年5月在贫病交加中逝世。

逸闻趣事

耀眼的思想界明星

1915年9月15日，陈独秀在上海创办《青年》杂志，标志着五四新文化运动的开始。他高举民主与科学两面大旗，对封建制度及其思想作了彻底批判。他说："我们现在认定，只有这两位先生（"民主"和"科学"）可以救治中国政治上、道德上、学术上、思想上一切的黑暗。若因为拥护这两位先生，一切政府的压迫，社会的攻击笑骂，就是断头流血，都不推辞。"他热烈呼唤人的解放，抨击封建纲常名教，倡导独立的人格，使一代青年从封建伦理的桎梏中解放出来。他发表《文学革命论》，旗帜鲜明地提出文学革命的"三大主义"，掀起了文学革命的高潮。陈独秀以其新颖的思想，饱满的热情和才华横溢的文章赢得了青年的尊敬与喝彩，成为中国"思想界的明星"。毛泽东赞叹说："前之谭嗣同，今之陈独秀，其人者魄力雄大，诚非今日俗学可比。"

脍炙人口的佳作

1932年10月，陈独秀在上海被捕。社会各界纷纷要求宽大处理，认为绝无在今日"杀这个中国革命史上光焰万丈的大彗星之理"。1933年2月，陈独秀撰写的《辩护状》，观点鲜明，精悍锋利，气势雄健。他不仅为控他"危害民国"及"叛国"罪予以有力反驳，且反控国民党危害民国，制止人民抗日，"围剿"红军。他说："日本帝国主义方夺取山海关，急攻热河，而国民党之军队，却向江西集中，其对待共产党人，杀之囚之，犹以为未足……此并不能消灭真正共产主义者，只以

第二章
邓小平评点中共早期领导人

破灭廉耻导国人耳。"他最后说："法院若不完全听命于特殊势力,若尚思对内对外维持若干司法独立之颜面,即应毫不犹疑的宣告予之无罪,并判令政府赔偿予在拘押期内之经济上的健康上的损失!"陈独秀的《辩护状》成了脍炙人口的佳作,沪江大学、东吴大学均选为法学系教材。

五、冒险主义错误——邓小平评点李立三

🗝 邓小平评点原文

党在克服陈独秀机会主义之后所积蓄起来的力量,又在李立三同志冒险主义的领导之下,遭受了很大的挫折。

——《邓小平文选》第 1 卷,第 87 页,《在北方局党校整风动员会上的讲话》,1943.11.10

李立三同志不是搞阴谋诡计的。

——《邓小平文选》第 2 卷,第 296 页,《对起草〈关于建国以来党的若干历史问题的决议〉的意见》,1980.3.19

瞿秋白的错误不到半年,李立三只有三个月。

——《邓小平文选》第 2 卷,第 308 页,《对起草〈关于建国以来党的若干历史问题的决议〉的意见》,1981.6.22

在历史上,遵义会议以前,我们的党没有形成过一个成熟的党中央。从陈独秀、瞿秋白、向忠发、李立三到王明,都没有形成过有能力的中央。

——《邓小平文选》第3卷，第309页，《第三代领导集体的当务之急》，1989.6.16

李立三人物简介

李立三（1899—1967），原名李隆郅，湖南省醴陵县（今醴陵市）人。先后就读醴陵渌江中学、长沙长郡中学和广益中学。经罗章龙介绍，响应"二十八画生"征友启事，与毛泽东会见。中学李立三与毛泽东毕业后入程潜护国军中当兵。1919年9月赴法国勤工俭学，积极参加留法学生的爱国运动。1921年春，同赵世炎、陈公培、刘伯坚等酝酿建立共产主义同盟，组织劳动学会和勤工俭学学会，成立华工组合书记部，为华工谋福利。同年10月，参与领导留法学生进驻里昂中法大学的斗争，被法国当局遣送回国。12月中旬，在上海加入中国共产党，随即被派回湖南，从事工人运动。1922年1月，在安源创办平民学校和工人补习学校，发展党员，建立中共安源支部，任书记。5月1日，成立安源路矿工人俱乐部，当选为主任。7月，成立安源路矿工人消费合作社，兼任经理。9月14日，和刘少奇等发动、领导了著名的安源路矿工人大罢工。罢工胜利后，当选为安源路矿工人俱乐部主任，参与创建汉冶萍公司总工会。1923年3月，任中共武汉区委书记。1924年4月，任中共上海区委职工运动委员会书记，负责领导上海地区工人运动。创办了工人补习学校，在小沙渡、杨树浦、吴淞等地成立工人俱乐部和工人进德会。1925年2月，和邓中夏等领导了上海日本纱厂工人大罢工。同年5月在抗议日本资本家枪杀工人顾正红的斗争中，任现场总指挥。五卅惨

李立三

| 第二章 |
邓小平评点中共早期领导人

案发生后,被公推为上海市总工会委员长,参与领导了五卅反帝爱国运动,并一直坚持在斗争的第一线。10月,与蔡和森等赴莫斯科出席共产国际第六次扩大执行委员会会议和赤色职工国际会议。

1926年5月,在第三次全国劳动大会上当选为中华全国总工会执行委员,任总工会组织部长。同年9月北伐军占领武汉后,任中华全国总工会驻汉办事处主任,代理全国总工会领导武汉政府时期的工人运动。1927年1月成功地领导了收回汉口英租界的斗争。在中共五大上当选为中央委员、中央政治局委员,任中央工人部长。6月,在第四次全国劳动大会上继续当选为全国总工会执行委员。7月12日,中央政治局改组,是5名常委之一。

大革命失败后,与谭平山、邓中夏向中共中央提出发动南昌起义的建议。南昌起义中,任中共前敌委员会委员、革命委员会委员和政治保卫处处长。同年12月,广州起义失败后,任广东省委书记,在香港组建省委。1928年6月,出席在莫斯科召开的中共六大,当选为中央委员,在中共六届一中全会上当选为中央政治局候补委员、候补常委,任中央农委书记。1930年6月至9月,在担任中央政治局常委兼秘书长、宣传部长期间,犯了"左"倾冒险主义错误,被称为"立三路线"。在1930年6月11日召开的中央政治局会议上,通过了由他起草的《目前政治任务的决议》(即《新的革命高潮与一省或几省的首先胜利》),制定了组织全国中心城市武装起义和集中全国红军进攻中心城市的冒险主义计划,使革命事业遭到重大损失。9月24日,瞿秋白、周恩来根据共产国际指示,主持召开中共六届三中全会,纠正"立三路线"的错误,结束了他在党中央的领导。他很快认识并检查了错误。1930年12月去苏联向共产国际汇报交代错误,羁旅莫斯科15年,受王明的陷害和苏联肃反扩大化错误的影响,曾坐牢一年多,甚至被共产国际停止党籍。他多次申请回国参加抗日战争,均遭苏联内务部拒绝。1945年在中共七大上重新当选为中央委员。

1946年1月回国，任军事调停处执行部东北3人小组中共方面成员、首席代表，同美蒋反动派发动内战阴谋进行了针锋相对的斗争。后任中共中央东北局敌工部、城工部部长等职，争取了滇军六十三军、九十三军起义，为东北根据地的开辟和解放战争的胜利作出积极贡献。1948年8月，在第六次全国劳动大会上当选为全国总工会副主席。

中华人民共和国成立后，历任中共中央工会委员会书记，中华全国总工会副主席、党组书记，中国人民政治协商会议常务委员，中央人民政府委员、劳动部部长、党组书记，中共中央书记处第三办公室副主任、工业交通工作部副部长。主持制定了《中华人民共和国工会法》。1956年在中共八大上发言，对过去的错误进行了"总清算"，诚恳坦率地解剖自己，进行自我批评，受到好评，继续当选为中央委员。1960年任中共中央华北局书记处书记。"文化大革命"中遭受林彪、江青反革命集团残酷迫害。1967年6月22日蒙冤逝世，终年68岁。1980年3月，中共中央为他平反昭雪，恢复名誉，称他是中国共产党的优秀党员，无产阶级革命家，中国共产党创建时期工人运动的杰出领导人之一。

1999年11月16日，在纪念李立三诞辰百周年座谈会上，尉健行指出：李立三同志的一生是同中国工人运动联系在一起的，始终忠于党，忠于人民。他在长期的白区工作和国外工作中，英勇奋战，探索革命真理；在社会主义革命和社会主义建设中，坚持学习马列著作和毛泽东同志的著作，努力钻研党的方针政策，朝气蓬勃，努力工作，任劳任怨，勤勤恳恳地为人民服务。在"文化大革命"中，他不顾林彪、"四人帮"一伙的诬陷迫害，坚持原则，顾全大局，尊重历史，实事求是，公正地为许多同志的历史作证，坚决抵制对党的老干部进行迫害，表现了一个共产党员的坚强党性。我们要学习他对党对人民忠心耿耿，对敌斗争坚决勇敢、不畏艰险的革命精神；学习他服从真理，谦虚诚恳，勇于自我批评，注意吸取历史经验的高尚品质；学习他顾全大局，坚持原则，为人坦率的优良作风。

为纪念李立三同志，湖南醴陵市将一道主干道命名为"立三大道"。

逸闻趣事

李立三与新的革命高潮

1930年5月，李立三在《布尔什维克》杂志发表《新的革命高潮前面的诸问题》一文。

文中全面阐述他对中国革命形势、党的任务、目前的总战略和斗争策略的看法，认为："现时革命斗争的发展日益接近革命高潮——直接革命的形势"，"革命有在一省与几省首先胜利的可能"，"因此在准备全国革命的胜利的任务之下加紧准备夺取一省与几省政权。建立全国革命政权，已成为党的目前的总的战略。"文章还说，虽然"红军是主要革命力量之一，可是想单凭着红军的力量，来夺取一省与几省的政权，建立全国革命政权，便是一种异常错误的观念"，因为"乡村是统治阶级的四肢，城市才是他们的头脑与心腹"，而"斩断统治阶级的头脑，炸裂他的心腹的残酷的斗争，主要是靠工人阶级的最后的激烈争斗——武装暴动。""所以组织政治罢工扩大到总同盟罢工，加紧工人武装的组织与训练，以创造武装暴动的胜利的基础，是准备一省与几省政权夺取的最主要的策略。"

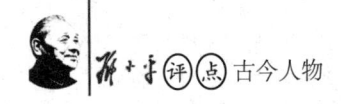

六、右倾投降主义错误——邓小平评点王明

邓小平评点原文

到了遵义，王明、博古路线不能继续下去了，怎么办？就开中央政治局扩大会议，即遵义会议，才开始了毛泽东同志的领导。

——《邓小平文选》第1卷，第338页，《建设一个成熟的有战斗力的党》，1965.6、1965.12

但是在又团结又斗争的问题上，我们党内也有右倾机会主义，这就是王明的右倾投降主义错误。

——《邓小平文选》第1卷，第344页，《建设一个成熟的有战斗力的党》，1965.6、1965.12

王明……等人都是搞家长制的。

——《邓小平文选》第2卷，第307页，《对起草〈关于建国以来党的若干历史问题的决议〉的意见》，1980.3.19

三十年代前期有王明为代表的"左"倾机会主义，那个错误导致我们多数革命根据地受挫折，使三十万革命军队减少到三万。

——《邓小平文选》第3卷，第234页，《改革开放使中国真正活跃起来》，1987.5.12

王明人物简介

王明（1904—1974）原名陈绍禹，安徽金寨县人。早年参加过学

第二章
邓小平评点中共早期领导人

生运动,在五卅运动中加入中国国民党。1925年去莫斯科中山大学学习,并加入中国共产党。同年冬回国。第一次国内革命战争失败后,又随米夫去苏联,在莫斯科孙中山大学任教。在这期间,他在米夫支持下,搞宗派斗争,打击异己,逐渐取得政治上的优势,其思想"左"倾主义、教条主义严重。1929年10月回国后,任《红旗》编辑,发表"左"倾思想的文章。1930年底借批立三

王明

路线,提出一个比立三路线更"左"的政治纲领。1931年中国共产党六届四中全会上,在共产国际代表米夫的支持下,选入中央政治局,很快又补入中央政治局常委会,取得了中央领导权。

1931年6月,总书记向忠发被捕叛变,米夫以国际名义指定由王明为代理书记。党内开始了第三次"左"倾错误的统治。同年9月,党中央机关遇到破坏,王明随米夫去苏联,任中共驻国际代表。王明去苏联前指定中央由博古负责,博古执行的仍是王明的"左"倾冒险主义。在第二次国内革命战争时期,王明的"左"倾冒险主义错误给革命带来很大的危害。

抗日战争开始后,王明又回到国内,犯了右倾投降主义错误,否认抗日统一战线中的独立自主原则,主张抗日民族统一战线中"一切经过统一战线","一切服从统一战线",放弃党对统一战线的领导权。抗战初期在武汉任长江局书记时给党带来很大损失。1941年后王明因病长期休息。1942年延安整风运动王明受到了康生等人的严厉批评。1945年4月中共中央扩大的六届七中全会作出了《关于若干历史问题的决议》,彻底宣判了曾统治党4年之久、影响党达14年之久的王明"左"右倾错误路线的死刑。当时王明给全会写信对决议表示"完全同

63

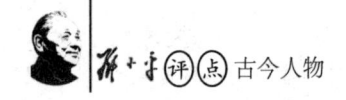

意和拥护"。1942年党整风运动时，王明态度恶劣，拒绝参加整风。

在中共"七大"上，毛泽东亲自提议让王明继续担任中央委员。终于，王明在44名当选中央委员中，以选票倒数第一当选。"七大"之前，王明主要从事妇女和统战工作。"七大"以后，中央决定由王明担任新成立的中共中央政治研究室主任，主要研究党的政策以及起草法律条文。

1946年6月，中央又成立了法制问题研究委员会（1948年12月改为法律委员会），中央仍任命王明为该委员会主任。解放战争时期，王明领导该委员会出色完成了制定陕甘宁边区宪法草案、全国性的宪法草案等工作，还在山西参加过一段时间的土改。

1949年中华人民共和国成立后，王明任政务院政法委员会副主任，后去苏联。1956年9月召开党的"八大"前夕，中央曾于8月上旬致电王明，希望他在身体允许的情况下回国参加会议。9月8日，王明回电表示因病无法回国参加"八大"，向中央和"八大"主席团请假。党中央和毛泽东从党的利益出发，仍提名王明为中共中央委员的候选人。这样，王明在"八大"上仍被选举为中央委员，不过在97名中央委员中，他的得票最少。从此，王明长期留居苏联，以后化名"马马维奇"、"波波维奇"撰文歪曲历史，攻击中国共产党。

1974年3月27日病逝于莫斯科，孤寂地躺在异国他乡的新圣母公墓。

逸闻趣事

王明打击邓小平

王明的中央，是一个比李立三的中央更加"左"倾的中央，他们一方面对前来汇报的红七军政委邓小平不予理睬，另一方面则于1931

年5月14日发出了一封《中共中央给七军前委信》，以高高在上和极其严厉的口吻，对红七军的工作横加批评。

信中以"左"倾的姿态指责七军前委失败的主要原因是阶级路线的缺乏。认为七军的路线，"很明显的是立三主义的盲动冒险路线，但同时又充分的表现出这条路线下所掩盖的右倾机会主义与富农路线"。信中说，七军转战数千里，但从没有做过发动广大群众起来做没收土地与改良他们生活的斗争，对商人、地主都表示出特别的谦让（这主要指的是七军沿路向地主商人礼貌筹款的作法——作者注），而且七军内部充满了失败逃跑的情绪。

"我们认为，立三主义'左'的言词之下，右倾机会主义的本质与富农路线，没有像七军前委的领导表示得明显的了！"

从以上寥寥数语，即可看出，王明中央，是多么的"左"。

多么的咄咄逼人，多么的横不讲理，多么的会用大帽子压人！

信是发往在江西的红七军的，身在上海的红七军政委邓小平早已被"打入冷宫"，根本就不知道中央对红七军工作的如此严厉的批评和对他本人的不满。但是，王明中央对他的那种明显的冷淡，他是心中有数的。

王明作检查

1945年4月20日，王明给任弼时写信并转毛泽东及七中全会各位同志。王明在信中说："我对于七中全会根据毛泽东同志的正确思想和正确路线而作出的对各次尤其是第三次'左'倾路线在政治上、组织上、思想上所犯严重的错误的内容实质与其重大的危害以及产生的此种错误的社会的和历史的根源的分析和估计完全同意和拥护。我之所犯教条主义的'左'倾路线的错误，也不是偶然的，这是由于丝毫不懂马克思主义理论及基础，完全不懂中国社会和中国革命的实际情况，完全不研究中国的政治、军事、文化的历史事实和历史经验，以及完全不懂国际经验和民族传统的结果。尤其是由于没有群众工作经验和没有群众观点。"王明最后说："我郑重声明：决心在党所指定的任何下层工作岗位上，向毛主席和中央各同志学习，向全体干部和党员同志学习，向劳动人民群众学习，一切从头学起，一切重新做起，为党的事业，为中国人民的解放事业，尽一个小勤务员的能力和责任，以多少补偿由于自己错误缺点而造成的党的工作的重大损失于万一！"这是王明第一次公开地系统地检查自己的错误。

七、能够团结同志——邓小平评点张闻天

邓小平评点原文

毛泽东同志在遵义会议上采取了正确的方针，只是提出军事路线的错误，还不提政治路线错误。毛泽东同志在那时候没有当总书记，博古的总书记当然当不成了，但还是由曾经站在王明路线一边的洛甫（张闻天）当总书记。为什么这样呢？就是要把犯错误的同志团结起来，特别是在困难的时候。

——《邓小平文选》第 1 卷，第 3339 页，《建设一个成熟的有战斗力的党》，1965.6

过去我们讲党的历史上多少次路线斗争，现在看，明显地不能成立，应该根本推翻的，就有刘少奇、彭、罗、陆、杨这一次和彭、黄、张（闻天）、周这一次，一共两次。

——《邓小平文选》第 2 卷，第 307 页，《对起草〈关于建国以来党的若干历史问题的决议〉的意见》，1980.6.22

| 第二章 |
邓小平评点中共早期领导人

张闻天人物简介

张闻天（1900—1976），原名"应皋"（也作"荫皋"），字"闻天"，取《诗经》中"鹤鸣于九皋，声闻于天"之意；在中国共产党党史上，张闻天曾在短期内当过党的总负责人（亦称总书记），遵义会议后三年多存在着"洛（张闻天当时笔名为洛甫）毛合作"的领导体制；不过这位被誉为"红色教授"的学者型人物，一向愿意钻研理论而不长于具体事务，曾三次主动"让贤"，被传为佳话。

张闻天

张闻天同志是江苏省南汇县人，祖籍江苏无锡。1919年参加五四运动，1925年加入中国共产党，1933年进入江西中央革命根据地，在中共六届五中全会上当选为中央政治局委员、中央书记处书记；1934年10月参加长征，途中出席遵义会议，对确立毛泽东的领导地位起了重要作用；1945年在中共七届一中全会上当选为中央政治局委员；中华人民共和国成立后，被任命为驻苏联大使及外交部副部长等职，1956年在中共八届一中全会上当选为中央政治局候补委员；1959年在庐山会议上受到错误批判并被撤销所担任的职务；"文化大革命"中遭到严酷迫害，1976年7月1日在江苏无锡病逝。1978年12月中共召开十一届三中全会，纠正了过去对张闻天等所作的错误结论；1979年8月25日，中共中央在北京人民大会堂为张闻天同志召开了隆重的追悼大会，邓小平同志亲自为他的老战友致悼词，赞颂张闻天的一生"是革命的一生，是忠于党、忠于人民的一生"。

张闻天是杰出的无产阶级革命家、政治家和理论家、忠诚的马克思主义者、中国共产党在一个相当长时期的重要领导人之一，他在中国人

民进行新民主主义革命、社会主义革命和建设的半个多世纪中，始终奋斗不息，把整个生命献给了这一壮丽的事业；他的一生是光辉的一生，他无私奉献的精神和坚持真理的优秀品德赢得了广大党员和群众的尊敬和思念。

逸闻趣事

张闻天在庐山会议上

在领略匡庐风光的同时，张闻天同志心中不免有一丝牵挂和忧虑。庐山会议本来的宗旨是继续纠"左"，总结"大跃进"和人民公社的经验。毛泽东同志一上山说了三句话："成绩伟大，问题不少，前途光明。"闻天同志在山上接触了一些同志，觉得不少同志确实感到"问题不少"，但是又感到要在会上真正把问题讲透，也不容易。毛泽东同志号召读书，会上发了苏联政治经济学教科书第三版，闻天同志确实读了。政治经济学的原理，闻天同志本来就很熟悉。他本来就认为问题正在于没有按照经济规律办事。在这一段时间里，关于小高炉炼钢是无效劳动，国民经济比例失调，按劳分配原则不容破坏之类的经济问题，闻天同志同秘书谈过不少。但是他这时所想的，已经远远不仅是个经济规律的问题了。

就在这几天，或稍后几天，闻天同志向秘书讲过骄傲的问题。他说：现在就是骄傲了，这几年搞得不错，就不知自己有多少力量了。就像当年斯大林所说，胜利冲昏头脑，不过不说罢了。闻天同志还谈过集体领导问题。他说，现在有些意见不好提，集体领导搞不起来。这次虽是政治局扩大会议，但是我们这种人也不知道怎样开法。闻天同志在上山前和上山后和彭老总的接触中，也涉及这些问题。在山上，彭老总一次来访闻天同志未遇，见张的秘书独自在看苏联的政治经济学教科书，便问他看书后对国内形势有何感想。秘书答,去年的浮夸比较严重。彭老总沉吟了一会儿说,有人虚报,也有人愿听,听得进。彭老总和闻天同志的忧虑是共同的。

7月10日左右,闻天同志对秘书说,我们来合和,给毛主席写一封信吧。闻天同志就是这样民主的。他不以长者自居。更不摆首长架子,对年龄比他轻三十岁,革命经历更无法相比的小秘书,说话总是这样平等的。他解释说,讲话多一句少一句容易出毛病,还是写成文字好推敲。他交给秘书一个简单的提纲。又伺他谈了谈要写些什么。内容大体上就是后来他在小组会发言中讲的那些,包括对缺点的估计,政治和经济的关系,精神和物质的关系,三种所有制的结合,经济工作中的民主集中制,党的民主作风,等等。闻天同志要秘书写得具体些,才能使问题形象化,使人感到问题的严重性。遵照他的意见,秘书写了一个稿子。但是,以秘书的水平要表达他的深刻思想,显然是力不能胜的。闻天同志觉得,秘书写的稿子太空洞,也许还觉得它没有修改的基础,就把它搁下了。后来在下庐山前夕,闻天同志把它撕毁了。

7月16日,彭老总给毛主席的信印发。围绕着这封信。会上隐约存在的两种意见的对立逐渐尖锐而且强烈起来。对彭老总的批评和非难在逐步升级,形势对彭老总是很不利的。闻天同志和一些同志一样,因为会议中这种不愿讲缺点的空气而感到受压抑。彭老总对此大概也是不满意的。有一天会后饭前。彭老总同闻天同志站在闻天同志的屋外谈话。后来彭老总的声调激昂起来:"……那列宁、斯大林论党就要少一条,毛泽东论党就要少一条!"彭老总大概是在说怎么能没有批评和自我批评。除了和彭老总的接触,闻天同志同周小舟、胡乔木、田家英、吴冷西、李锐等同志也有来往。

彭老总的信印发后两三天,闻天同志下决心在小组会上发言了。这回是他自己动手,写了一个详细提纲。32开的白纸,用圆珠笔密密麻

麻写了五六张。还用红铅笔作了好几种醒目的记号。秘书只帮他从会议文件中找了几个数字。

在闻天同志准备提纲的过程中，田家英同志来了一个电话，秘书请闻天同志接话筒。打完电话后，闻天同志告诉秘书，田家英要他别讲某个问题，因为上面有不同看法。但是，闻天同志却说："不去管它!"说完即匆匆离去，继续准备提纲。身边的秘书也向闻天同志表示了他的担心：从会议的气氛来看，闻天同志这个发言是不合潮流的，后果怕很难说。但是闻天同志还是接他原先准备的发了言。他那些话久已郁结在胸，不能不表而出之了。

7月21日上午，闻天同志把发言提纲最后准备完毕，站起身来对秘书说："我准备的就是这样了。"当天下午，闻天同志毅然而又自信地走向华东组的小组会场，神态却仍像往常一样安详。华东组组长是柯庆施同志，会上已有华东局的两位同志担任记录。但是闻天同志仍要秘书跟去，以便会后能迅速地将他的发言整理成文。

那天下午的会，只有闻天同志一人发言，他足足讲了三个钟头。会上的气氛确实相当紧张。闻天同志的话多次被打断。有几位同志在不同的问题上插话，插话或长或短，都是表示不同意闻天同志的意见。闻天同志毫不让步，只是重复自己的观点，或者就像不曾被打断那样，按照原来的思路继续发言。秘书第一次见到这种场面，不免为闻天同志捏把汗。但是，闻天同志还是一口气把话讲完了。会议最后，柯庆施同志说："洛甫同志把意见都说出来，这是好的。"至于闻天同志所讲意见是否正确，柯庆施同志没有说。但是他在闻天同志发言过程中插过话，其反对闻天同志的立场是很鲜明的。

对闻天同志说来，这篇发言如骨鲠在喉，不吐不快。他坚信自己是正确的，能够站得住的。会开下来，秘书不无忧虑地表示耽心他的发言可能会遭人批评。他说：有可能，但也不一定。他表示，他的发言组织得相当严密，不好攻。那天晚饭以后，他让秘书把他的发言提纲送给彭老总看，彭老总赞扬这篇发言"讲得很全面"。可见彭老总对这篇发言也是有信心的。闻天同志还对秘书说，他这篇发言也许能够导致会议讨论些问题，也就是说，能使会议认真总结"大跃进"、"公社化"运动的经验教训。这正是他发言的初衷。可惜，闻天同志提到的逻辑的严密，以及他不曾提过的事实的确凿和理论的正确，都是按照常理而言的。在不正常的情况下，这篇发言只能得到完全相反的评价。

八、马克思主义水平高——邓小平评点王稼祥

邓小平评点原文

像王稼祥这样马列主义水平高、党性强的同志，希望在党内能多一些就好，这样我们的革命事业就能更快地胜利。

——《邓小平的历程》（上）第132页，
解放军文艺出版社

王稼祥人物简介

王稼祥（1906—1974）原名王嘉祥，又名王稼蔷。安徽省泾县人。1925年加入中国共产主义青年团。同年10月赴苏联，先后在莫斯科中山大学和红色教授学院学习。1928年转入中国共产党。1930年回国。1931年后，任中国工农红军总政治部主任，中央革命军事委员会副主席，参与领导了第二至第四次反"围剿"。1934年1月在中共六届五中全会上被选为中央委员、政治局候补委员。同年2月主持召开中国工农

红军全国政治工作会议，强调政治工作是红军的生命线，把思想教育作为红军政治工作的重要内容，并主持制定了政治工作的若干规章制度。在1935年1月召开的遵义会议上，支持毛泽东的正确主张。会后当选为三人军事小组成员，同张国焘分裂活动进行坚决斗争。抗日战争时期，任中央军委副主席，总政治部主任，协助毛泽东处理有关党、军队和抗日根据地的重大事务，主持创办《八路军军政杂志》、八路军军政学院。1942年在延安参与领导中央军委机关的整风。1943年7月提出和论述"毛泽东思想"的科学概念。1945年6月当选为中共第七届中央候补委员。解放战争时期，历任中共中央东北局委员，城市工作部部长，宣传部代部长。1949年3月中共七届二中全会上递补为中央委员。中华人民共和国成立后，任中国首任驻苏联大使，外交部副部长，中共中央对外联络部部长。中共第八届中央委员、书记处书记，中共第十届中央委员，第四届全国政协常委。1974年1月25日在北京病逝。著有《中国共产党与中国民族解放的道路》等。

王稼祥

逸闻趣事

模范夫妻

王稼祥同志是安徽泾县人，一九〇六年生。中学时代，他带领同学们闹学潮，反对帝国主义的文化侵略。一九二四年，王稼祥考入上海大学，一九二五年参加共产主义青年团，一九二八年加入共产党。不久，他到苏联中山大学学习。一九三一年，稼祥同志到中央苏区工作，担任

第二章
邓小平评点中共早期领导人

中共苏区中央局委员、中国工农红军总政治部主任，以后参加了二万五千里长征。在遵义会议后，他成为新的三人军事小组成员之一，协助毛泽东和周恩来同志指挥全军的军事行动，使红军转危为安，胜利地到达了陕北。长征后，稼祥同志被派到苏联，并治疗病伤。他作为我党驻共产国际代表之一，在莫斯科工作了一个时期。一九三八年王稼祥同志从苏联回国。

朱仲丽同志生于一九一五年。她十二岁时，父亲遭国民党通缉，全家从湖南迁到上海。一九三二年，朱仲丽十七岁时就参加了地下工作，曾被捕关押，因为没有成年而被释放。以后，朱仲丽进了上海东南医学院读书，二十一岁大学毕业。一九三八年朱仲丽辗转到了延安，在边区医院当外科医生。之后她负责中央机关医务所工作，兼任中央领导同志的保健医生，包括毛泽东同志的保健医生。经肖劲光同志介绍，她认识了王稼祥同志。一天王稼祥写了一张纸条给肖劲光同志，并说让他有时间带姨妹子来玩。肖劲光同志高兴地把这件事告诉了朱仲丽。朱仲丽是个活泼爽直的姑娘。她想，稼祥是中央军委副主席兼总政治部主任，地位很高，自己应当尊重他。他们在一起常打网球，还在窑洞里下了围棋。他们常约会在一起玩。除了打球、下棋外，时而稼祥也谈谈政治和自己的病，根本不谈婚事。像这样的会面，朱仲丽是很高兴的。时间过得很快，大约过了半年之久，他们彼此更熟悉，也了解一些。一次，稼祥问她："何时结婚？"仲丽会意地笑了，说："何必这么快呢？"稼祥说："好，只要你同意，什么时候都可以。"一九三九年正月，稼祥便与仲丽结婚。

新婚后，朱仲丽对自己要求得很严，从不以"首长夫人"自居。那时她在延安女子大学卫生课任教，每天都走路上班，从来没有叫人备过马。稼祥也从没有因心疼妻子而让她骑马，并多次告诉仲丽，不要搞特殊化。朱仲丽平日言谈举止很谨慎，唯恐自己做了违背群众利益的

73

事,给党、给稼祥带来不好的影响。那时延安开展大生产运动,各单位轮流去十多里外的地方开荒。朱仲丽每次都和大家一起去劳动。平常,她见到同志们,老远就主动地打招呼。进北京以后,她仍保持着谦虚谨慎、艰苦朴素的作风。在红十字医院工作时,她是中国方面的院长,却坚持中午自己带饭盒。饭盒里装的多半是头天晚上的剩饭、剩菜。有时没有剩菜,就拿一点咸菜。这样的午餐对她不能说不是节俭的。所以,蔡畅和康克清大姐每次见她下班回来,都是以赞许的话语说道:"你又提着饭盒回来了。"稼祥对仲丽这种做法也颇为满意。

在一个家庭里,生儿育女是件大事。但是在稼祥和仲丽看来,却是很平常的事。为了工作,为了共同的革命事业,他们发扬公而忘私的高贵品德,毫不计较个人得失。朱仲丽怀孕以后生理上反应很大,每天呕吐不止。稼祥整天开会,工作非常繁忙,顾不上关照她。仲丽也怕为自己的事影响稼祥的工作,从不吱声。她想,在艰苦的战争年代,生了孩子也是负担,不如结扎输卵管算了。一天晚上,她对稼祥说:"稼祥,我把输卵管结扎上得了,不生孩子了,生了可怎么带呀?"稼祥微微一笑,若无其事地说:"好哇,那就结扎吧!"仲丽怕难为了稼祥,又补充说:"那将来就没有孩子喽!"稼祥似乎不觉得这是个什么了不起的问题,便轻轻地笑了,说:"没有就没有吧!"就这样,一个家庭里面的重大问题,在夫妻谈笑之间就决定下来了。后来,随着时间的流逝,他们的年岁大了,人老了,谁也没有为此事感到遗憾,也没有因这件事有过什么不愉快。

王稼祥对待一些家庭琐事,非原则性的问题,是很谦让的。从不计较;但在原则问题上,却公正无私,分毫不让。一次,稼祥在延安的窑洞和一位高级干部面对面说话,朱仲丽看着稼祥脸上严肃的表情,和那位干部心情沉重、负疚、忏悔、热泪盈眶的神色,就断定是稼祥批评了他。事后,仲丽劝稼祥说:"你是不是太认真、太严格了?"稼祥听了

| 第二章 |
邓小平评点中共早期领导人

说:"这是为了党的利益,为了教育犯错误的干部,为了党纪的执行,应该不讲情面,不怕得罪人,与人为善地认真批评。"

一九四五年秋,抗日战争结束了,王稼祥去苏联治病,仲丽也跟随他一起去了。次年他们又一起回国。稼祥担任东北局城工部长,朱仲丽是哈尔滨市立第一医院院长。新中国诞生后,稼祥首任中国驻苏联大使,仲丽同稼祥到了莫斯科。他们一起出入外交场合,一起出入娱乐场所。稼祥身上穿的不是笔挺讲究的衣料,而是在哈尔滨摊头上买的旧衣,脚上穿着四年前的一双旧皮鞋,吃的、用的都相当简朴。她有时还亲自动手做衣服。一天仲丽穿上自己动手裁剪缝好的夜礼服,稼祥看了,脸上绽出微笑,对仲丽说:"你自己动手做西装,省下了裁缝工钱,很好,看来像俄国高级裁缝做的哩!"

凡是一个家庭,都要有经济上的收入和支出,在他们的家庭里也不例外。稼祥和仲丽每月收入多少,支付又多少,稼祥是从来不过问的,完全由仲丽来支配。有一段时间,仲丽的母亲生活十分困难,哥哥及其三个孩子的生活也无着落。怎么办?仲丽把这件事告诉了稼祥,稼祥说:"我们都管起来!"从此,他们每月要接济亲戚朋友一百多元。稼祥从来不把这些放在心上,平时,他口袋里不揣钱,有时仲丽提示他装五元吧,他才不得不装在口袋里。

"文革"开始了,江青一伙,对稼祥一家进行了残酷的迫害。仲丽被关了八个月,稼祥被关了一年零七个月。一九七〇年稼祥被释放了,全家在河南信阳干休所居住。在稼祥失去自由的几年里,仲丽做饭、买菜、熬药、洗衣……样样事都自己做。

一九七四年一月二十五日,稼祥同志看到《人民日报》转载《北京日报》上一篇批判所谓"三和一少",公开反对总理和攻击稼祥的文章时,心情异常沉重。这天夜里,又接到通知,让他第二次去参加批林批孔大会。稼祥感到"四人帮"在向党发难了,痛苦万分,他的心脏

病骤发不治。

　　稼祥去世后，仲丽异常悲痛。在稼祥逝世八周年之际，她在一篇纪念稼祥的文章中说："思稼祥，自难忘。"是的，仲丽怎么能忘记与自己朝夕相伴近四十年的稼祥呢？仲丽深深地怀念稼祥。同时，她也以实际行动继续走稼祥没有走完的路。从一九七九年始，她已经出版了《江青野史》、《爱与仇》等几部颇有影响的小说，近年又被中国作家协会吸收为作协会员。目前，将出版的有《灿灿红叶》、《黎明与晚霞》和《皎洁的月亮》等。

九、搞阴谋诡计　乱杀人——邓小平评点张国焘

邓小平评点原文

　　过去张国焘就犯了乱杀人的错误。

　　　　　　——《邓小平文选》第1卷，第103页，《跃进中原的
　　　　　　　　胜利形势与今后的政策策略》，1948.4.25

　　张国焘是搞阴谋诡计的。

　　　　　　——《邓小平文选》第2卷，第293页，《对起草〈关于建国
　　　　　　　　以来党的若干历史问题的决议〉的意见》，1980.3.19

张国焘人物简介

　　张国焘（1897—1979），字恺荫，又名特立，出生于江西省萍乡县。少时进私塾读书，1916年秋，考入北京大学理工预科，1919年从预科毕业转入本科。但是张没有读完本科，就成为职业革命家。在校期间参加了五四运动，担任北京学联主席，是北京学生领袖之一。

第二章
邓小平评点中共早期领导人

1920年跟随李大钊参与北京共产主义小组，组建中国共产党，1921年7月下旬在中共一大当选中国共产党中央局三人团成员（任组织主任），是中共党的创始人之一。1921年8月11日隶属于中国共产党的中国劳动组合书记部（中华全国总工会前身）成立，总部设在上海，张特立任首任总主任。1922年二大任中央执行委员会委员、中央组织部长。参加领导二七大罢工。在1923年6月中共三大上，因为反对与国民党合作，被批"判"左倾。1924年曾被捕叛变。1925年1月中共四大为中央执行委员会委员，中央农工部主任。参与领导五卅运动。

张国焘

1927年四月中共五大为中央委员会委员，中央政治局常委。1927年7月为临时中央政治局常务委员会成员、负责人。1927年八七会议为临时中央政治局委员。1928年6月六大为中央政治局委员，并与瞿秋白一起任中共驻共产国际代表团代表。1930年11月回国，进入鄂豫皖根据地，担任中国共产党领导的红四方面军主要领导人。1931年11月中华苏维埃共和国临时中央政府成立时当选为中央执行委员会副主席。

在长征时期，1935年6月，由洛甫（张闻天）、周恩来、毛泽东、朱德等领导的中央红军（红一方面军）与张国焘领导的红四方面军在四川懋功地区会师。当时的红四方面军有近八万人的强大实力，而红一方面军经过前一阶段的长征，只剩近一万人。会师后，张国焘取代周恩来出任红军总政委。因为张国焘坚决南下而中共中央坚持"北上路线"，中央红军与红四方面军再次分裂。1935年10月5日，张国焘在四川马尔康县卓木碉自行成立"中国共产党中央委员会"（史称"第二中央"），张国焘自任中央主席，并单方面宣称开除毛泽东、周恩来、

77

博古、洛甫的党籍。

中央红军在延安建立并巩固了根据地之后，南下期间损兵折将的张国焘被共产国际命令取消其"第二中央"，张被迫带领红四方面军和任弼时领导的红二方面军一同北上，1936年10月在甘肃静宁县将台堡（今属宁夏）与红一方面军会师。会师之后张即被边缘化，被剥夺了军权并遭到批判。

国共第二次合作全面抗日后，1938年4月3日，时任陕甘宁边区政府副主席的张国焘借祭拜黄帝之名逃离延安，遇上蒋鼎文后到了西安，投奔中国国民党。4月11日周恩来到武汉汉口与张多次协商未果之下，4月18日，中共中央开除张的党籍。

张国焘投奔国民党后，蒋中正视其为"对延安的致命打击"，交给军统领导人戴笠"妥善运用"，但此后张国焘对中共（特别是主要以红四方面军为班底组成的八路军一二九师）进行的策反工作收效甚微。

1948年6月，张国焘在上海施高德路创办创进周刊社，出版《创进》周刊。《创进》周刊发表的一些文章，把造成全国危机四伏、民不聊生的原因，归罪于中国共产党，指责中国共产党"为了夺取政权""毫无道德伦理和国家存亡的顾忌""中国共产党无论标尚何种理想目的，他们改采取的手段则是有害而可怕的""假定共党'武装革命'成功，继军事征服力量而起的，必然是一种独裁政治无疑"。

1948年底因政治环境变化，举家迁到台北；1949年冬又移居香港。1949年至1952年10月张国焘任《中国之声》杂志社社长；1966年开始为美国堪萨斯大学撰写《我的回忆》连载文章，并于香港明报月刊刊登中文版。1968年举家飞往加拿大。

张国焘移居加拿大后，1976年突然中风，右半身瘫痪；1979年12月3日在加拿大多伦多一养老院病逝，后葬于多伦多郊外东北方向的松山墓园，终年82岁。

第二章
邓小平评点中共早期领导人

> 逸闻趣事

与红军命运攸关的电报

毛泽东、张闻天、周恩来等人与陈昌浩几经磋商,最后研究出一个以前敌指挥部徐向前、陈昌浩的名义,发出一请示张国焘的电报:

朱总司令、张总政委:

……胡不开岷,目前突击南、岷时间甚易。总的行动究竟如何?一军是否速占罗达?三军是否跟进?敌人是否快打?飞示。

再延实令人痛心。……中政局考虑是否南进。毛、张皆言只南进更有利。可以交换意见;周意北进便有出路;我们意以不分散主力为原则。左路速来北上为上策;右路南去南进为下策。万一左路无法北进,只有实行下策。如能乘敌向北调时取松潘、南坪仍为上策。请即明电中央局商议,我们决执行。

在研究这封电报的内容时,毛泽东、张闻天、周恩来、博古几个人,颇费了一番心思,这恐怕是长征以来措辞极为考究、内容极为丰富、感情极为诚挚的电报。

首先,这封电报说明了包围已打开,北进道路已打通,创造了红军向北突击岷州、南坪的有利条件,告诉张国焘。右路军中的一军,已向甘肃南部的俄界进军。是否继续向甘南部的罗达前进。让三军团跟进,把握时机北进消灭敌人。如果迟疑不决,将贻误战机,令人痛心!但能否如此行动,向张国焘请示,因为他是红军的总政委。言词恳切,态度诚挚,希望北上的心仿佛就在字里行间跳动。

这封电报的又一个意思,就是说中央十分尊重张国焘坚持南下的意

见，毛泽东、张闻天认为只要南进有利，可以交换意见。

这是毛泽东、张闻天采取的一种忍让的策略，现在团结高于一切。红军处于非常时期，这种忍让是必不可少的。

张国焘在接到徐、陈电报的当天，立刻致电徐向前与陈昌浩，以总政委的身份命令他们率右路军南下，措辞相当激烈，没有丝毫考虑的余地。

陈昌浩先看到张国焘的电报，心里暗暗吃惊，感到张国焘南下意志十分坚决，没有任何可以商量的余地，他意识到问题的尖锐性、复杂性和严重性，左右为难，真不知该怎么办才是。

陈昌浩拿着电报找徐向前，看看徐向前如何处置。

徐向前阅罢电报，也大为吃惊，他那颗久经沙场的心，立刻变得沉重起来。他想不到中央的北上方针同张国焘的南下路线会发展到如此针锋相对不可调和的地步，成为牵动全局和影响红军命运、前途的斗争焦点。事情发展得如此严重，徐向前也不知道怎么办。因为他没有思想准备，心想他和陈昌浩给张国焘的电报。总会多少起点作用，张国焘会听众人的规劝，率左路军北上。但是这封电报所告诉的一切和他的预料恰恰相反。事关重大，不可贸然行事。

"这样重大的问题，不向中央报告不行，你还是跑一趟吧！"

徐向前以极其复杂的心情建议道。

陈昌浩犹豫了一下，也就听了徐向前的话，带着这封与红军命运攸关的电报，策马扬鞭，到中央队驻地把电报交给了张闻天。

当天晚上，徐向前就接到陈昌浩的电话，通知他到周恩来住处开会。

徐向前是跑步来到周恩来住处的，一进屋，他借着马灯光，看了一眼在座的人，见毛泽东、张闻天、博古、王稼祥、陈昌浩都在，他们的表情都极为严肃，就连平时比较随便的毛泽东，脸也变得深沉了。

第二章
邓小平评点中共早期领导人

"就等你来了,现在开会。"毛泽东发现徐向前来了,下意识地说道。

"国焘同志来电,叫前敌指挥部率右路军南下,大家看看怎么办?"接着张闻天对大家说。

"北上的方针,国焘同志是同意的,现在又叫南下,是何用意?"博古的话等于白说,现在不是要搞清张国焘南下的用意。

"昌浩同志,你说说看。"毛泽东打断博古的话,让陈昌浩出主意。

"既然是中央的既定方针,还是要说服张政委北上。"陈昌浩心情颇为复杂地回答道。

"向前同志,你的意见呢?"毛泽东问。

"我同意昌浩同志的意见。不过,张政委也下了南下的命令,我们也要想个办法回答他才好。"徐向前回答得更实际一些。

"立刻给国焘同志去一电报,以我们7个人的名义再劝他。"周恩来也是别无办法地说道。

"目前只有这样,别无他法。"王稼祥以一种无可奈何的语气,表示赞同周恩来的提议。

于是,又给张国焘发了一封电报:

朱张刘三同志:

目前红军行动是处在最严重的关头,须要我们慎重而又迅速地考虑与决定这个问题。弟等仔细考虑的结果认为:

(一)左路军如果向前行动,则前途将极端不利,因为:

(甲)地形利于敌封锁,而不利于我攻击,丹巴南千余里,懋功南700里均雪山、老林、隘路。康口、天芦、雅名、邛大直至懋抚一带,敌垒已成,我军绝无攻取可能。

(乙)经济条件,绝不能供养大军,大渡河流域千余里问，亦如毛儿盖者，仅一磨四面而已，绥崇人口8000余，粮本极少，懋抚粮已尽，大军处此有绝粮食之虞。

（丙）阿坝南至冕宁，均少数民族，我军处此区域，有消耗无补充，此事目前已极严重，决难继续下去。

（丁）北面被敌封锁，无战略退路。

（二）因此务望兄等熟思深虑，立下决心，在阿坝、卓克基补充粮食后，改道而行，行军中即有较大之减员，然甘南富庶之区。补充有望。在地形上、经济上、居民上、战略退路上，均有胜利前途。即以往青宁新说，已远胜西康地区。

（三）目前胡敌不敢动，周、王两部到达需时，北面仍空虚，弟等并拟于右路军抽出一部，先行出动，与二十五、二十六军配合行动，吸引敌人追随他们，以村我左路军进入甘肃，开展新局面。

以上所陈，纯从大局前途及利害关系上着想，万望兄等当机立断。则革命之福。

恩来、洛甫、博古、向前、昌浩、泽东、稼祥
九月八日二十二时

给张国焘的电报发出后，毛泽东步出周恩来的住处，迎面是一片漆黑，伸手不见五指，但他已习惯于摸黑，沿着一条隐约可见的路，朝前走着。

第三章
邓小平评点现当代党和国家领导人

一、治国理财能人——邓小平评点陈云

邓小平评点原文

现在中央决定，成立财政经济委员会，由陈云、李先念两同志挂帅，统一管理全国的财政经济工作和目前的调整工作。

——《邓小平文选》第 2 卷，第 162 页，
《坚持四项基本原则》，1979. 3. 30

我提议充分研究一下怎样利用外资的问题。我赞成陈云同志那个分析，外资是两种，一种叫自由外汇，一种叫设备贷款。不管哪一种，我们都要利用，因为这个机会太难得了，这个条件不用太可惜了。

——《邓小平文选》第 2 卷，第 198 页，
《关于经济工作的几点意见》，1979. 10. 4

讲错误，不应该只讲毛泽东同志，中央许多负责同志都有错误。

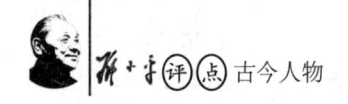

"大跃进",毛泽东同志头脑发热,我们不发热?刘少奇同志、周恩来同志和我都没有反对,陈云同志没有说话。在这些问题上要公正,不要造成一种印象,别的人都正确,只有一个人犯错误。这不符合事实。

——《邓小平文选》第2卷,第296页,《对起草〈关于建国以来党的若干历史问题的决议〉的意见》,1980.6.27

陈云同志建议,要提倡学习,主要是学哲学,学习毛泽东同志的哲学著作,例如《实践论》、《矛盾论》,还有《中国革命战争的战略问题》、《抗日游击战争的战略问题》、《论持久战》等等。这个意见很好。

——《邓小平文选》第2卷,第381页,《关于反对错误思想倾向问题》,1981.3.27

陈云同志这个建议我是双手拥护。现在就是要大家来讨论怎样具体化。不开明可不行呀!我和陈云同志交过心的。

——《邓小平文选》第2卷,第388页,《老干部第一位的任务是选拔中青年干部》,1981.7.2

还是老话,要坚决贯彻陈云同志讲的几条,几种人不能放进去啊!人有的是。进,最关键的问题是选比较年轻的。

——《邓小平文选》第2卷,第400页,《精简机构是一场革命》,1982.1.13

特别是陈云同志讲要选拔三四十岁的年轻人,这个意见很好。

——《邓小平文选》第3卷,第92页,《在中央顾问委员会第三次全体会议上的讲话》,1984.10.22

十三大政治报告是经过党的代表大会通过的,一个字都不能动。这

| 第三章 |
邓小平评点现当代党和国家领导人

个我征求了李先念、陈云同志的意见,他们赞成。

——《邓小平文选》第 3 卷,第 296 页,《组成一个
实行改革的有希望的领导集体》,1989.5.31

前一段我提出党中央的权威必须加强。陈云同志讲,各路诸侯太多,议而不决,决而不行,各自为政。这个批评是正确的。中央的话不听,国务院的话不听,这不行。特别是有困难的时候,没有中央、国务院这个权威,不可能解决问题。

——《邓小平文选》第 3 卷,第 319 页,《改革开放
政策稳定,中国大有希望》,1989.9.4

陈云人物简介

陈云(1905—1995),江苏青浦(今属上海)人。1905 年 6 月 13 日生于贫苦农民家庭。2 岁丧父(陈梅堂)、4 岁丧母(廖顺妹),由裁缝出身的舅父(廖文光)抚养。1919 年高小毕业后,因家贫无法升学,到上海商务印书馆当学徒,后当店员。1925 年参加五卅运动。同年 8 月任商务印书馆发行所罢工委员会(后为职工会)委员长,参加领导商务印书馆大罢工,并取得胜利。随即加

陈云

入中国共产党,开始作为劳工组织者从事共产党的活动。历任中共青浦县委书记、淞浦特委组织部部长,中共江苏省委沪宁巡视员、江苏省委常委兼农委书记,中共上海闸北、法南区委书记和江苏省委组织部部长、省委书记等职。

1930 年和 1931 年先后在中共六届三中、四中全会上当选为中央候

补委员、中央委员。1931年5月担任保卫中共中央机关安全的中央特科书记；9月任临时中央领导成员。1932年担任临时中央常委、全国总工会党团书记。1933年进入中央革命根据地。1934年在中共六届五中全会上被选为中央政治局委员、常委，并任白区工作部部长。随后参加长征，在担负全军后卫任务的红五军团任中央代表，后任军委纵队政委。1935年1月在贵州召开的中共中央政治局扩大会议（即遵义会议）上，支持毛泽东的正确主张。

会后撰写了《遵义政治局扩大会议传达提纲》。同年6月奉命从四川省天全县灵关殿秘密离开长征队伍，经成都、重庆，只身到达上海，从事恢复共产党的秘密工作，随后又由上海抵莫斯科，向共产国际执委会书记处报告了中国工农红军长征和遵义会议的情况，撰写了最早宣传红军长征的《随军西行见闻录》，并参加中共驻共产国际代表团。1937年4月回到新疆迪化（今乌鲁木齐），任中共中央驻新疆代表。5月赴新疆、甘肃交界的星星峡地区，援助接应红军西路军余部400多人进入迪化。11月回到延安后，任中共中央组织部部长，对党的建设和党的干部工作有重要建树。在延安整风期间，他学习马克思主义哲学和总结中国革命经验教训，提出领导者指导工作应该采取"不唯上、不唯书、只唯实"的科学态度，并把它作为自己的行动准则。1944年3月任西北财经办事处副主任兼政治部主任，主持中共中央所在的陕甘宁边区的财政经济工作，有效地执行了发展经济、保障供给的方针。1945年6月中共七届一中全会上继续当选为中央政治局委员；8月任中央书记处候补书记。

抗日战争胜利后，参加领导具有重要战略意义的东北解放战争。转战北满和南满，历任中共中央北满分局书记兼北满军区政委、中共中央东北局副书记兼东北民主联军副政委、中共中央南满分局书记兼辽东军区政委、东北军区副政委、东北财政经济委员会主任、沈阳特别市军事管制委员会主任等职，为东北全境的解放和东北经济的恢复做出了突出贡献。1948年8月在哈尔滨举行的第六次全国劳动大会上作了《当前中国职工运动的总任务》的报告，10月当选为中华全国总工会主席。

中华人民共和国建立后，任中央人民政府委员、政务院副总理兼财政经济委员会主任，主持全国的财政经济工作。1950年10月任中共中央书记处书记。在统一全国财政经济，稳定金融物价，结束国民党政权留下的长达10多年的恶性通货膨胀，调整工商业，恢复国民经济，保障抗美援朝战争胜利，对粮食、棉花等主要农产品实行统购统销等重大决策和活动中，在有步骤地开展对生产资料私有制特别是对私营工商业的社会主义改造中，在制定和实施发展国民经济第一个五年计划、奠定中国社会主义工业化基础的开创性工作中，他从实际情况出发，提出了一系列谨慎而又现实的方针政策和措施，做出了被公认为卓越的贡献。他坚决反对高岗、饶漱石在1953年进行的阴谋分裂党的活动。1954年任国务院副总理。先后兼任过商业部部长、国家基本建设委员会主任。1956年9月，在中共八大上作了《社会主义改造基本完成以后的新问题》的发言。根据当时中国社会经济的实际情况，提出了突破苏联经济模式的新的经济体制构想，即：国家经营和集体经营是工商业的主体，一定数量的个体经营是补充；在生产领域，计划生产是工农业生产的主体，按照市场变化而进行的自由生产是补充；在流通领域，国家掌握的市场是主体，自由市场是补充。在中共八届一中全会上，被选为中央政治局常委和中央委员会副主席。

1957年1月担任中共中央经济工作5人小组组长。对中国的社会主义经济建设，他一贯坚持实事求是的原则，反对不顾现实条件的急于求成的错误倾向；主张建设规模一定要和国力相适应，要在安排好人民生活的基础上扩大建设规模；主张国民经济计划必须坚持综合平衡，实行按比例地发展。50年代末60年代初，当国民经济遭到严重困难时，他受毛泽东委托调整关系经济全局的过高的钢铁生产指标，并同刘少奇、周恩来、邓小平一道，果断地采取了动员城镇2000万人下乡、通过几种高价商品回笼货币等一系列正确的措施，恢复了国民经济。为了解决农业发展中所遇到的困难，他到上海青浦等地调查，建议对农村实行包产到户政策，代表了中国农业改革的先驱思想。他的这一主张和其他切合实际的经济主张，曾被人认为"右倾"，而受到毛泽东的冷遇。"文化大革命"中，他在党内只保留了中央委员的名义，被下放到江西省南昌市的一个化工石油机械厂"蹲点"。1972年4月回到北京，按照周恩来的意见，参加国务院业务组工作，研究国际经济形势和发展对外贸易问题。他提出要很好地研究当代资本主义，以便在世界市场中占有中国应有的地位。1975年被选为第五届全国人大常委会副委员长。1976年参加粉碎"四人帮"的决策过程，曾对叶剑英讲：这场斗争不可避免。

粉碎"四人帮"以后，在1977年3月中央工作会议上，他提出应该让邓小平重新参加党中央的领导工作。在1978年中央工作会议上，他又率先提出平反冤假错案。在接着召开的中共十一届三中全会上，他重新当选为中央委员会副主席和中央政治局常委，并任中央纪律检查委员会第一书记。中共十一届三中全会以后，他作为以邓小平为核心的第二代中央领导集体的重要成员，党和国家的主要决策人之一，与中央领导集体的其他同志一道，为带领全党进行思想路线、政治路线和组织路线的拨乱反正，为制定和执行以经济建设为中心、坚持四项基本原则、坚持改革开放的基本路线，正确解决中华人民共和国建立以来的许多历史遗留问题和现实生活中出现的新问题，成功地开创建设有中国特色的社会主义事业，做出了重大贡献。他大力支持邓小平提出的实事求是地确立毛泽东的历史地位、坚持和发展毛泽东思想的主张。对中国的改革开放和社会主义现代化建设，他提出了一系列具有深刻意义的思想和重大决策。例如，对比例严重失调的国民经济实行全面调整；社会主义时期必须有两种经济，即计划经济和市场调节；改革的步子要稳，要"摸着石头过河"，从试点着手，随时总结经验；强调无农不稳，无粮则乱；指出经济形势的不稳定可以引起政治形势的不稳定，执政党的党风问题是有关党的生死存亡的问题，大量提拔培养德才兼备的中青年干部是当务之急；等等。他还为按照"一国两制"构想，实现对香港、澳门恢复行使主权，实现海峡两岸和平统一，倾注了大量心血。

中共十三大以后，他退出中央领导工作，担任中央顾问委员会主任。在以邓小平为核心的第二代中央领导集体向以江泽民为核心的第三代中央领导集体顺利过渡、保证党和国家稳定的重大决策中，他发挥了十分重要的作用。中共十四大以后，他过着离休生活。1995年4月10日因病在北京逝世。主要著作收入《陈云文选》（3卷）。

逸闻趣事

陈云提出共产党员的六条标准

1939年5月30日，陈云在《怎样做一个共产党员》一文中，根据党的性质和任务，比较完整地提出了共产党员的六条标准：一、终身为共产主义奋斗。二、革命的利益高于一切。三、遵守党的纪律，严守党的秘密。四、百折不挠地执行决议。五、做群众模范。六、学习。

陈云与全国财经工作的初次统一

1950年1月，财政收入没有完成计划，支出超过概算，货币继续大量发行。为了迅速克服财政经济的困难，中央财政经济委员会召开了这次会议。

会议主要讨论了统一财经、紧缩编制、现金管理和物资平衡等4个重大经济问题,并作了具体部署。

陈云在会上作了题为《关于财政工作统一的决定》的报告。

3月,在全国范围内进行了统一全国财政经济工作。到4、5月间,全国财政经济工作实现了统一管理,财政收支接近平衡,通货膨胀停止,物价趋于稳定,全国财政经济状况初步好转。

统一全国财政经济工作的管理,是新中国成立以后中国共产党在财政经济方面采取的一个重大措施,它的迅速实现,为我国民经济的恢复和发展提供了有利条件。同时也逐步形成了中国高度集中的财政经济管理体制。

陈云的"鸟和笼子"

陈云认为"市场调节与计划指导"的关系就像"鸟和笼子"。搞经济"总得有笼子",不然鸟就飞走了。

陈云在五届人大五次会议与上海代表团谈话时,发表了他的这番见解。他说:"搞活经济是在计划指导下搞活,不是离开计划的指导搞活。这就像鸟和笼子的关系一样,鸟不能捏在手里、捏在手里会死,要让它飞,但只能让它在笼子里飞。没有笼子,它就飞跑了。如果说鸟是搞活经济的话,那么,笼子就是国家计划。当然,'笼子'大小要适当,该多大就多大。另外,'笼子'本身也要调整,比如对5年计划进行修改。但无论如何,总得有个笼子。就是说,搞活经济、市场调节,这些只能在计划许可的范围内进行,而不能脱离开计划的宏观指导。"

| 第三章 |
邓小平评点现当代党和国家领导人

二、是一个过渡，说不上一代——邓小平评点华国锋

邓小平评点原文

讨论当中提到粉碎"四人帮"以后头两年的问题，曾经有同志提出，是不是提华国锋同志的名字？后来我们大家斟酌，认为不提名字还是不行。

——《邓小平文选》第2卷，第309页，《对起草〈关于建国以来党的若干历史问题的决议〉的意见》，1981.6.25

大家都知道，现在"四人帮"的残余和一些别有用心的人，打谁的旗帜？过去是打"四人帮"的旗帜，现在打谁的旗帜？就是打华国锋的旗帜，就是拥护华国锋。所以，这种动态很值得注意。当然，我们应该说，我跟好多同志也说过，这些事华国锋同志本人没有责任，他自己并没有搞什么活动。

——《邓小平文选》第2卷，第309—310页，《对起草〈关于建国以来党的若干历史问题的决议〉的意见》，1981.6.22

这次变动，包括华国锋同志不兼任总理。

——《邓小平文选》第2卷，第320页，《党和国家领导制度的改革》，1980.8.18

华国锋只是一个过渡，说不上是一代，他本身没有一个独立的东西，就是"两个凡是"。

——《邓小平文选》第3卷，第298页，《组成一个实行改革的有希望的领导集体》，1989.5.31

华国锋人物简介

华国锋（1921—2008），原名苏铸，字成九，1921年出生于山西省交城县一个制革工人家庭。学生时代，他就关心国家前途和命运。1936年冬，绥远百灵庙抗战爆发后，他参加交城师生发起的演剧运动，筹集资金捐助绥远抗日将士。他还积极参加学校组织的军事训练，动手试制武器，为直接参加对日武装斗争做准备。1937年七七事变后，他耳闻目睹日本军国主义全面侵略中国和日军占领家乡的暴行，毅然投身抗日运动。为了表达做中华民族抗日救国先锋的决心，1938年他改名为华国锋。就在这一年6月，他参加山西牺牲救国同盟会交城抗日游击队，从此走上革命道路，同年10月加入中国共产党。入党以后，他在山西汾阳担任牺盟会工作员、党小组长，执行党的抗日民族统一战线政策，走村串户向群众宣传党的抗日救国主张，同时领导群众与阎锡山顽固势力进行斗争。1939年12月，蒋介石、阎锡山发动企图消灭共产党领导的山西新军（即抗敌决死纵队）的十二月事变后，华国锋同志回到家乡交城，先后担任交城县牺盟会秘书，县抗日救国联合会主任兼分区农民部部长，中共交城县委宣传部部长兼抗日救国联合会主任等职务，承担起发动群众、配合八路军主力消灭日伪军、顽军和抗日动员等重要任务。他深入到煤矿工人和农民、妇女、儿童中，通过创办业余夜校、组织抗日剧团，开展爱国教育，极大地激发了群众抗日热情，把各阶层人士都团结到抗日救亡运动中来。为粉碎日伪军的经济封锁，他依靠群众，开展减租减息，除奸反霸，开展生产运动，自力更生解决粮

食问题,并秘密向吕梁根据地输送了大批物资。他带领精干的武工队到游击区、敌占区活动,运用地雷战等方式有效打击敌人,建立抗日政权。他在极端艰苦的条件下坚持敌后抗战,为发展壮大当地抗日武装力量和开展抗日工作作出了贡献。

抗日战争胜利后,华国锋同志历任中共交城县委书记、晋绥边区第八地委组织部副部长、阳曲县委书记、晋中区第一地委宣传部部长等职。在日本投降后国民党抢夺人民抗战胜利果实的复杂形势下,他遵循党中央制定的"针锋相对,寸土必争"的指示,组织扩充和加强交城县武装力量,发展民兵武装,向广大群众宣传党的方针政策,揭露蒋介石、阎锡山发动内战的阴谋,同国民党反动势力开展坚决斗争。他积极组织民兵开展对阎锡山部队的认真细致的政治工作,吸引不少敌军士兵弃暗投明,加入到人民军队中来。他组织群众搞好生产,加强党的建设和群众工作。解放战争时期,他先后参加了汾孝战役、开栅保卫战、黄崖战斗、古交战斗等。在指挥作战中,他采取武装打击和政治攻势相结合的方式消灭、瓦解敌军,取得显著成绩,被中共中央晋绥分局作为经验推广。他坚决贯彻党中央关于土地问题的指示精神,领导交城、阳曲等地的土地改革,深入到贫雇农中间,了解群众思想动态和切实需要,做好思想政治工作,并注意纠正土改过程中出现的"左"的偏差,极大地调动了广大农民积极性。群众踊跃参军支前,有人出人,有钱出钱,有粮出粮,为解放古交、太原等城市提供了坚实后勤保障。华国锋同志为山西解放战争胜利和人民政权建立与巩固作出了突出贡献。

新中国成立这一年,28岁的华国锋同志南下湖南。从这时到1971年,他长期在湖南工作。

1949年初,华国锋同志任晋中南下支队一地委宣传部部长,随军南下来到湖南省湘阴县,担任解放后第一任湘阴县委书记。刚解放的湘阴,百废待兴。华国锋同志沉着稳健开展工作。他指挥南下工作团和当地地

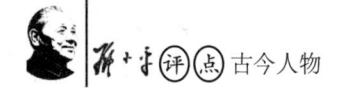

下党组织的同志，分赴全县各乡，放手发动群众，开展调查研究，迅速打开了局面，湘阴的支前、建政、剿匪、救灾、土改、生产等各项工作开展得有声有色。不久，他调往湘潭工作，历任湘潭县委书记，湘潭地委副书记、专员公署专员，湘潭地委书记。当时正值党领导实现从新民主主义向社会主义过渡的时期，他一边学习钻研党在过渡时期总路线，一边深入工厂、农村、街道调查研究。他结合湘潭地区实际，领导开展湘潭地区农业合作化运动，认真总结湘潭地区农业合作化经验，在1955年召开的党的七届六中全会上进行了介绍。1956年后，他先后担任中共湖南省委委员、湖南省人民委员会文教办公室主任、中共湖南省委统战部部长。1958年后，他历任湖南省副省长，中共湖南省委书记处书记兼湖南省副省长、湖南省政协副主席，湖南省革命委员会主任、中共湖南省委第一书记兼湖南省军区第一政治委员、省军区党委第一书记等职务。在湖南省领导岗位上，他为全省多方面建设和发展作出了重大贡献。

华国锋同志重视抓农业生产，特别是搞好农田水利基本建设，主持兴修了洞庭湖排涝、韶山灌区等大型水利工程。在韶山灌区建设过程中，他以对人民群众高度负责的精神，妥善安置拆迁移民，坚持高标准、高质量搞好建设。韶山灌区工程成为湖南省首个灌溉百万亩农田的大工程，竣工投入使用后，对当地工农业生产和经济社会发展发挥了重要作用。特别值得一提的是，华国锋同志十分支持发展杂交水稻。从1964年起，时任湖南安江农校教师的袁隆平同志在国内首次提出利用水稻杂种优势增加粮食产量即进行水稻杂交的设想，并着手进行研究。华国锋同志对袁隆平同志的研究非常支持和重视，请袁隆平同志在湖南省农业科学实验经验交流大会上发言，并将杂交水稻作为全省重点研究项目给以大力支持。调中央工作后，他仍然关心杂交水稻研究。华国锋同志的关心支持对促进杂交水稻研究成功、实现我国水稻生产重大变革发挥了重要作用。

| 第三章 |
邓小平评点现当代党和国家领导人

华国锋同志注意抓工业生产、交通建设。除致力于发展煤炭、钢铁等基础工业外，他积极支持发展地方工业。根据毛泽东同志关于湖南要建成工业省的指示，他组织力量抓重点项目建设和施工，其中包括30套小氮肥设备、10套制糖机、湘江氮肥厂、矿山冶金设备、汽车生产等项目。他大力提倡和支持社队企业发展，组织与兄弟省区协作，扶持少数民族特需商品生产。他领导了湘黔、枝柳铁路在湖南的会战等重点交通建设项目。这一系列努力，使原本基础薄弱的湖南工业生产得到了较大发展，交通建设呈现出崭新面貌。

华国锋同志关注人民群众生活，努力推动医疗卫生事业发展。解放初期刚到湖南时，他就在湘阴领导建立了第一批农村卫生所，培训了湘阴第一代医生，充实发展了县人民医院。他满腔热情推广农村赤脚医生和合作医疗制度，指示培训卫生技术人员，建立和发展医学院校。他特别重视消灭千百年来危害广大人民健康的血吸虫病，亲自负责湖南省血防领导工作，主持修订全省消灭血吸虫病规划，研究建立各级血防领导机构和防治业务机构，下乡深入疫区调查研究，总结推广典型经验。在他直接领导下，湖南省血吸虫病防治取得重大成就，旧社会"千村薜荔人遗矢，万户萧疏鬼唱歌"的一处处荒洲湖汊，逐步变成林茂粮丰、五业兴旺的社会主义新农村。

华国锋同志善于做文化教育和统战工作。他热心与知识分子和民主人士交朋友，经常深入到他们中间听取意见，落实各项统战政策。他鼓励广大文艺工作者要摆脱旧文艺的影响，团结在党的周围，坚持社会主义道路，坚持文艺工作为劳动人民服务的方向。他注意贯彻"百花齐放，百家争鸣"的方针，重视繁荣社会主义文艺创作。他注重保护和发展具有湖南地方特色的湘剧、花鼓戏、祁剧、巴陵戏、皮影、木偶戏等地方剧种，同时强调对旧的文艺形式进行改造和革新，创作出为人民大众服务的新文艺。在他支持下，湖南文化艺术工作在"文化大革命"

期间依然得到一定发展。

华国锋同志坚持实事求是，工作扎实，作风务实。"大跃进"中，面对虚报、浮夸等不良风气和相互攀比、盲目追求高产的做法，他凭自己多年基层工作经验和深入各地实际了解到的情况，于1959年6月当面向毛泽东同志谈了自己对当时形势的看法，说：田瘦了，牛瘦了，人瘦了，产量不可能那么高了。他实事求是反映问题的态度受到毛泽东同志肯定和赞扬。

"文化大革命"开始后，华国锋同志受到冲击并被批斗。在周恩来同志支持和保护下，1967年他恢复工作，不久担任湖南省党政主要领导职务。1969年在党的九大上当选为中央委员。在"文化大革命"的困难复杂环境下，他尽力排除多方面干扰，努力维持全省稳定和生产秩序，保护和解放领导干部、工程技术人员、知识分子，大力抓好农业、工业、财贸、文教等工作，使湖南经济避免了较大波动。

华国锋同志在湖南工作20余年，致力于新湖南建设，为改变湖南面貌、造福三湘人民付出了心血和汗水。他以身作则，深入工农业生产第一线，工作细致认真，与干部群众同甘共苦、艰苦创业，被毛泽东同志评价为"讲老实话，是老实人"。他重视经济建设，关心群众生活，对湖南工农业生产和经济社会发展发挥了重要作用。他对湖南这片土地和湖南各族人民怀有深厚感情，也受到湖南各族人民尊敬和爱戴。

1971年初，华国锋同志调中央工作。从这时到"文化大革命"结束，他先是协助周恩来同志负责国务院有关工作；周恩来同志逝世后，他主持党中央、国务院日常工作，对我国经济建设和社会事业在"文化大革命"的动乱环境下仍然得到一定发展起了积极作用。

1971年1月，华国锋同志调任国务院业务组副组长，之后列席中央政治局会议。"九一三事件"中，他在周恩来同志直接领导下参与了处理林彪集团问题的工作，同年10月兼任广州军区政治委员、军区党

第三章
邓小平评点现当代党和国家领导人

委书记。在国务院工作中，他全力协助周恩来同志，对极左思潮加以纠正，对国民经济进行调整。1972年，他与李先念、余秋里等同志一起向毛泽东、周恩来同志建议引进我国急需的化纤新技术成套设备、化肥设备，并争取扩大对外引进规模，使我国对外经济技术交流工作取得重大成就。在保障市场供应和物价稳定等方面，他做了大量工作。

1973年，华国锋同志在党的十届一中全会上当选为中央政治局委员，协助周恩来同志主抓农业工作。他强调推广农业科技和优良品种，稳定"三级所有，队为基础"的管理体制，使全国粮食生产保持了比较稳定的增长。1975年9月，他主持召开全国农业学大寨会议，对全国农业发展和农村建设作出规划。他强调科学种田的重要性，指示要全面发展群众性的科学实验活动，对推动农业机械化、农业科学技术发展起了重要作用。

华国锋同志十分重视计划生育工作。1973年7月，他担任国务院计划生育领导小组组长后，坚决执行计划生育方针，为控制我国人口过快增长作出了贡献。

1975年1月，华国锋同志任国务院副总理兼公安部部长，同年2月在国务院常务会议上被确定为常务副总理之一。在主管政法和科学等方面工作期间，他认真贯彻中央关于落实干部政策的精神，在分管的部门解放了大批干部，适当安排了工作。他注重科学技术工作和高技术人才培养，并领导和支持高端国防项目研制攻关工作。

1976年1月8日，周恩来同志逝世。2月，根据毛泽东同志提议，中央政治局通过，华国锋同志担任国务院代总理，主持中央日常工作。同年4月，根据毛泽东同志提议，中央政治局通过，华国锋同志任中共中央第一副主席、国务院总理。1976年唐山大地震发生后，他立即组织召开紧急会议，成立中央抗震救灾指挥部，研究实施了一系列抗震救灾措施。8月4日，他率中央慰问团赶赴唐山地震灾区，指导抗震救灾工作，慰问灾区群众，转达党中央对灾区人民的关怀，鼓励灾区人民抗震救灾、重建家园。在这之后，他又多次视察地震灾区，了解灾后居民住房生活等情况，调动各方面因素加快灾后重建步伐。正确的领导，周密的部署，使抗震救灾工作迅速高效进行，在党和国家面临困难的情况下对稳定人心起到了重要作用。

1976年9月9日，毛泽东同志逝世，全国人民沉浸在巨大的悲痛之中。"四人帮"加紧了夺取党和国家最高领导权的阴谋活动。中国向何处去的问题摆在党和人民面前，也摆在主持中央工作的华国锋同志面前。在历史发展的重要关头，华国锋同志同"四人帮"篡党夺权的阴谋活动进行了坚决斗争，并提出要解决"四人帮"的问题，得到了叶剑英、李先念等中央领导同志赞同和支持。同年10月6日，华国锋和叶剑英等同志代表中央政治局，执行党和人民意志，采取断然措施，对王洪文、张春桥、江青、姚文元等人实行隔离审查，一举粉碎"四人帮"，挽救了党，挽救了中国社会主义事业，推动党和国家事业发展翻开了新的一页。华国锋同志在粉碎"四人帮"这场关系党和国家命运的斗争中起了决定性作用。党和人民永远不会忘记他作出的重要贡献。

粉碎"四人帮"后，华国锋同志担任中共中央主席、中央军委主席、国务院总理等职务。在此期间，他先后主持了党的十届三中全会、十一大和十一届三中全会等重要会议。他在老一辈无产阶级革命家的支持下，拨乱反正，恢复党和国家政治生活的正常秩序，动员组织广大干部群众积极投入经济建设等各项工作，揭发批判"四人帮"的罪行，清查他们的帮派体系，取得了很大成绩。他根据广大干部群众的要求，开始复查、平反冤假错案，逐步为一部分干部落实政策。在他主持下，中央决定全部摘掉右派分子帽子，为1976年广大人民群众悼念周总理、反对"四人帮"的天安门事件平反，为"六十一人叛徒集团"等一批重大错案平反。

在稳定全国局势的同时，华国锋同志重视恢复和发展工农业生产，重新发出为建设社会主义现代化强国而奋斗的号召。他提出要千方百计把经济搞上去，多次强调革命就是解放生产力，使工农业生产得到比较快的恢复和发展。他支持经济理论界开展的关于按劳分配问题的讨论，肯定社会主义历史阶段应该实行按劳分配原则。在他推动下，教育科学文化工作开始走向正常，外交工作取得了新的进展。他认为，"一定要学习外国的好经验，其中包括学习科学技术，学习经营管理经验，开展广泛的经济合作"。他还提出，"思想再解放一点，胆子再大一点，办法再多一点，步子再快一点"。华国锋同志在领导揭批"四人帮"和动员全党全国各族人民建设社会主义现代化强国方面作出了很大努力。

1980年9月，华国锋同志不再兼任国务院总理职务。1981年6月，在党的十一届六中全会上，他辞去中共中央主席、中央军委主席职务，至1982年9月担任中央政治局常委、中共中央副主席。从十二大到十五大，他继续当选为中央委员，并且是党的十六大、十七大特邀代表。

从领导岗位上退下来后，华国锋同志仍然关心改革开放和社会主义现代化建设，关心人民群众生产生活，注意调查研究，遵守党的纪律，严格要求自己。他拥护党中央的领导，对建设中国特色社会主义事业充满信心，直到生命最后一息。

华国锋同志是中共第九届、十届、十一届、十二届、十三届、十四届、十五届中央委员，第十届、十一届中央政治局委员、常委，党的第十六次、十七次全国代表大会特邀代表。

逸闻趣事

华国锋开会批判邓小平

已经受命主持中共中央日常工作的华国锋，于1976年2月25日代

表中央在会上讲话。他要求与会的领导干部:"深入揭发批判邓小平同志的修正主义路线错误。"

针对当时与会的许多领导干部,对批判邓小平很不理解,难以接受,思想上转不过来弯子等问题,华国锋要求大家:"在揭发批判过程中转好弯子。"华国锋在讲话中,还要求到会的各省、市、自治区和各大军区负责人:"把反击右倾翻案风的斗争开展起来。"华国锋还说:"毛主席说,错了的,中央负责。政治局认为,主要是邓小平同志负责。"这次会议,实际上是一次"转弯子"会议。目的在于通过学习《毛主席重要指示》,首先排除在党政军高级领导干部中间对于"批邓"的阻力,解决大家的思想问题,排除思想上的"障碍",转好关于"批邓"的思想弯子。

华国锋提出"两个凡是"的错误方针

1976年10月粉碎"四人帮"以后,中国人民的社会主义事业,获得一个极宝贵的历史契机,也面临着严峻的历史抉择:是从"文化大革命"的灾难中走出来,顺应民心,集中精力和智慧,着力把中国建设成一个强大的社会主义现代化国家,在激烈的国际竞争中自立于世界民族之林;还是延续"文化大革命"以及以前的"左"倾错误方针,仍以"阶级斗争为纲",将自己封闭起来而更趋落后?

在历史抉择面前,中国共产党党内及国家领导人之间在一系列原则问题上,存在着严重的分歧。

以叶剑英、李先念、邓小平、陈云为代表的老一辈无产阶级革命家和广大共产党员认为,要从"文化大革命"的灾难中走出来,不但要揭批江青反革命集团的罪行,摧毁其帮派体系。而且要彻底纠正党和毛泽东一段时期所犯的"左"倾错误,认真进行自我批评,恢复和发展党的优良传统。在此基础上,党领导全国人民一心一意进行现代化

第三章
邓小平评点现当代党和国家领导人

建设。

而当时主持党中央、国务院、中央军委工作的华国锋以及中央政治局委员汪东兴等少数领导人，对粉碎"四人帮"以后的形势和一系列重大原则问题缺乏正确的认识，他们以高举毛泽东的旗帜为口号，赞成揭批"四人帮"，但反对纠正"左"倾错误，准备继续沿袭"文化大革命"的错误口号和理论，阻碍拨乱反正和平反冤假错案的工作。这些分歧，不仅是政治路线上的分歧，而且是思想路线上的分歧。随着历史的发展和时间的推移，分歧在思想认识、具体实践和重大原则问题上日益显露出来。这样华国锋等人的错误成为妨碍拨乱反正的阻力，使得新时期的第一阶段党的建设和社会主义事业徘徊不定、步履艰难。

党内及国家领导人之间的分歧，集中反映在是坚持实事求是还是坚持"两个凡是"的尖锐对立和冲突上。

华国锋在粉碎江青反革命集团的斗争中是有功的，其后在领导揭批查斗争和恢复国民经济方面也做了有益的工作。然而，华国锋坚持"左"倾错误。华国锋的这种错误集中表现在粉碎"四人帮"不久，他提出和推行的"两个凡是"的错误方针。

所谓"两个凡是"，即"凡是毛主席作出的决策，我们都坚决维护，凡是毛主席的指示，我们都始终不渝地遵循"。1976年10月26日，华国锋在听取了当时中央宣传工作的汇报后，针对广大干部群众纷纷要求邓小平出来工作和为"天安门事件"平反的情况，提出：一、要集中批"四人帮"，连带批邓。二、"四人帮"的路线是极右的路线。三、凡是毛主席讲过的，点过头的，都不要批评。四、"天安门事件"要避开不说。这里，华国锋第一次提出了"两个凡是"的基本思想。在12月25日的第二次全国农业学大寨会议上，华国锋在报告中，继续坚持毛泽东的错误理论。他在讲话中，为揭批"四人帮"定下了一些框框，指出："王、张、江、姚反党集团是一伙极右派，他们那条反革命的修正主义路线是一条极右路线。"他强调"要保卫和发展无产阶级文化大革命的胜利成果","在两个阶级的激烈斗争中,实现安定团结,巩固无产阶级专政,达到天下大治。"1977年1月21日在华国锋的讲话稿中,已出现"凡是毛主席作出的决策,我们都必须维护,不能违反,凡是损害毛主席的言行,都必须坚决制止,不能容忍"。他强调"要保卫和发展无产阶级文化大革命的胜利成果","在两个阶级的激烈斗争中,实现安定团结,巩固无产阶级专政,达到天下大治。"

1977年1月8日前后,为纪念敬爱的周恩来总理逝世一周年,全国人民自发地举行了各种形式的纪念活动。在纪念活动中,人民群众很自然地提出了为天安门事件平反和让邓小平等老一辈革命家重新出来工作的要求。这些要求通过大字报、大标语的形式,在首都和其他一些地区反映出来。对此,华国锋背离了全国人民的愿望,竭力设置障碍,压制人民群众的要求。

2月7日,《学好文件抓住纲》的社论,经汪东兴决定并由华国锋批准,由《人民日报》、《红旗》杂志、《解放军报》同时发表。这篇社论公开提出了"两个凡是"的错误方针,即"凡是毛主席作出的决策,我们都坚决维护,凡是毛主席的指示,我们都始终不渝地遵循"。"两个凡是"的实质是反对邓小平出来工作和为天安门事件平反,要把毛泽东晚年的"左"的错误继续下来。这就为纠正"文化大革命"的错误和拨乱反正设置了重重障碍。这篇社论一发表,立即遭到党内一些同志的反对。当时尚未恢复工作的邓小平态度鲜明地指出:"'两个凡是'不对。"以后还当面向汪东兴等指出:"两个凡是"提得不对,马恩列斯没有讲过"凡是",毛泽东活着的时候也没有讲过"凡是"。毛泽东思想是个科学体系,我们要高举这个旗帜,就要学习和运用这个思想体系。邓小平对"两个凡是"的批判,成为我们党解放思想的先导。

2月8日,华国锋根据"两个凡是"的错误方针,批发了中共中央

第三章
邓小平评点现当代党和国家领导人

《关于坚决打击政治谣言的通知》。通知指出。"在一些地方,出现了攻击和污蔑中央领导同志的大标语、大字报。现在社会上还流传着不少政治谣言。""政治上十分反动,恶毒攻击一些已经去世的和现在的中央领导同志,妄图蛊惑人心,煽动群众,挑拨离间,分裂以华主席为首的党中央"。"这是国内外阶级敌人在新的形势下向我们党进攻的一种手段"。对于攻击华国锋和中央领导同志的大标语、大字报,"要予以覆盖。对于攻击和分裂党中央的政治谣言,要予以驳斥,对这类大字报和政治谣言要由公安部门进行追查。"《通知》要求:稳准狠地打击政治谣言的制造者,要不听谣不传谣,要健全和改进传达报告制度和情况通报制度。

3月10日,中共中央决定,成立中共中央毛泽东著作编辑出版委员会,由华国锋任主任,叶剑英任副主任,中共中央政治局委员、候补委员任编委会委员。4月14日,《人民日报》发表《中共中央关于学习〈毛泽东选集〉第五卷的决定》。从4月15日起,《毛泽东选集》第五卷在全国发行。首批发行2800万册。第五卷收入了毛泽东在建国以后头八年的一些著作,其中大部分正确地论述了关于社会主义改造和社会主义建设的问题。

3月10日至22日,中共中央在北京召开工作会议。会前文件起草人在为华国锋准备报告的过程中,华国锋亲自召集他们很有系统地讲了对这个报告的想法,从内容和结构都做了布置。中心意思就是要按"两个凡是"的原则来对待邓小平的问题和"天安门事件"的问题,企图扭转人们对于这两个问题的注意力。

阻挠邓小平出来工作和给"天安门事件"平反。报告起草时,叶剑英曾几次提出要改变报告的提法和内容,要求对邓小平的提法写得好一点,以利于他快一点出来工作,天安门事件是个冤案必须平反。华国锋表面上接受叶剑英的意见,但在会上却仍然讲:"批邓、反击右倾翻

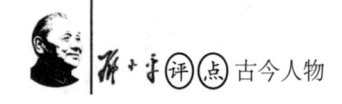

案风"是伟大领袖毛主席决定的,批是必要的。"四人帮"的罪行只是在于他们批邓另搞一套。粉碎"四人帮"后,"中央决定当时要继续提批邓、反击右倾翻案风的口号,这是经过反复考虑的。这样做,就从根本上打掉了'四人帮'及其余党和其他反革命势力利用这个问题进行反革命煽动的任何借口。"他甚至还把邓小平的问题同"四人帮"余党的反革命翻案联系在一起。中央三月工作会议上,华国锋的讲话贯穿"两个凡是"的方针,坚持"以阶级斗争为纲"和无产阶级专政下继续革命的理论指导;要求充分认识"文化大革命"的"完全必要性",要求巩固和发展"文化大革命"的成果;提出"抓纲治国"的战略决策和达到天下大治的八项要求;肯定"天安门事件"是反革命事件;认为"'批邓、反击右倾翻案风'是伟大领袖毛主席定的,批是必要的",并说,粉碎"四人帮"后继续批邓是经中央反复考虑的。他在会上还再次强调了"两个凡是"的方针。这样,中央三月会议成为一次继续"左"倾错误的会议,为拨乱反正设置障碍的会议。

三、犯了原则性错误——邓小平评点胡耀邦

邓小平评点原文

胡耀邦同志对青年团过去几年的工作概括的那几点,也好,赞成。我在中央书记处开会的时候讲过,这几年,总的来说不是路线错误。我们有不少成绩,但是也有大量的缺点,而且教训应该看得严重一点,深刻一点,应该吸取。这几年的毛病、责任不是你们担,耀邦同志讲,你们有份,比如刮"共产风",你们有份。但是,这几年,各级团组织总是在各级党委领导下努力做工作。党也一样,你们也一样,是努力的嘛。这些错误,这些缺点,主要不是团的问题。

第三章
邓小平评点现当代党和国家领导人

——《邓小平文选》第1卷，第285页，《提倡深入细致的工作》，1961.10.23

胡耀邦同志主张决议稿写出后多听听老干部、政治家，包括黄克诚、李维汉等同志的意见，这很对，我赞成。

——《邓小平文选》第2卷，第303页，《对起草〈关于建国以来党的若干历史问题的决议〉的意见》，1981.3.18

我们这次把胡耀邦同志选作党的主席，刚才他作了一个简短的讲话，我想，这一段话也证明，我们这个选择是正确的。

——《邓小平文选》第2卷，第383页，《在党的十一届六中全会闭幕会上的讲话》，1981.6.29

过去两个总书记（胡耀邦、赵紫阳）都没有站住，并不是选的时候不合格。选的时候没有选错，但后来他们在根本问题上，就是在坚持四项基本原则的问题上犯了错误，栽了跟头。

——《邓小平文选》第2卷，第324页，《我们有信心把中国的事情做得更好》，1989.9.16

胡耀邦人物简介

胡耀邦（1915—1989），湖南浏阳人。中国共产党、中国共产主义青年团和中华人民共和国重要领导人之一。1930年加入中国共产主义青年团，同年到湘赣革命根据地工作。1933年初调往中央革命根据地，先后任反帝拥苏总同盟宣传部部长、青年部部长兼宣传部副部长。同年8月转为中国共产党党员。后任少共中央局秘书长。长征中曾在中央工作团和红三军团政治部地方工作部工作。1935年任红三军团第十三团俱乐部主任团总支书记。长征到陕北后,继续担任少共中央局秘书长。1936年4月起,任共青团中央组织部副部长、部长,宣传部部长,组织部部长。1937年4月入抗日军政大学第二期一队学习。同年9月任抗大政治部副主任。1938年任抗大第一大队政委。1939年调任军委总政治部组织部副部长,后兼任军委直属政治部主任。1942年起任军委总政治部组织部部长。

抗日战争胜利后到晋察冀,先后任冀热辽军区代理政治部主任,晋察冀军区野战军第四纵队政委、第三纵队政委。参加了保(定)南、正太、青沧、石家庄、察南绥东等战役。1948年夏任华北野战军第一兵团(后改为第十八兵团)政治部主任。参与组织指挥太原、宝鸡等战役。1949年9月作为中国新民主主义青年团的代表,出席了中国人民政治协商会议第一届全体会议。

胡耀邦

新中国成立后,任中共川北区委员会书记兼川北军区政委、川北行政公署主任。1952年秋任中国新民主主义青年团中央委员会书记处书记。1956年在中共八大上当选为八届中央委员。1957年任中国共产主义青年团中央第一书记。1964年11月起任中共中央西北局第二书记、陕西省委第一书记。

"文化大革命"中受到迫害。1975年重新工作后,任中国科学院党组织负责人。因组织领导对科学院工作进行整顿而再次遭到错误批判。江青反革命集团被粉碎后,于1977年3月起任中共中央党校副校长。同年8月在中共十一大上当选为十一届中央委员,同年底任中共中央组织部部长。

1978年12月在中共十一届三中全会上被选为中央政治局委员、中央纪律检查委员会第三书记,并任中央宣传部部长、中央委员会秘书长等职。曾先后组织推动了关于真理标准问题的讨论;组织领导了平反冤假错案、落实干部政策等工作;主持制定和执行了发展农村经济的一系列方针政策,为实现十一届三中全会以来党的工作重心的转变作出了重大贡献。

1980年2月在中共十一届五中全会上当选为中央政治局常委、中央书记处书记、中央委员会总书记。

1981年6月在中共十一届六中全会上当选为中央委员会主席。1982年9月在中共十二届一中全会上当选为中央政治局常务委员、中央委员会总书记。1987年1月在中共中央政治局扩大会议上辞去党中央总书记职务。同年11月在中共十三届一中全会上被选为中央政治局委员。是一、二、三、五届全国人大常委会委员,二、三届全国政协委员。

1989年4月15日在北京病逝,其骨灰被安葬在江西共青城。

逸闻趣事

胡耀邦发动真理标准问题大讨论

1977年7月15日,中央党校创办了一个内部性的思想理论性质的小刊物,刊名叫《理论动态》。殊不知,《理论动态》这个小刊物,在当时成了思想理论战线拨乱反正、正本清源的阵地,成为解放思想的先锋。

胡耀邦是在1977年3月,被派到中共中央党校任副校长。主持中央党校工作的。同年4月,邓小平给中共中央写信,指出"两个凡是"的方针与毛泽东思想的本义相背离,"我们必须世世代代用准确的完整

的毛泽东思想来指导我们全党、全军和全国人民"。5月3日，中共中央转发了邓小平的来信，肯定了他的正确意见。胡耀邦此时也在考虑如何把"文化大革命"中造成的大颠倒再颠倒过来。也就是把颠倒了的理论是非、思想是非、路线是非再颠倒过来，首先是要把理论、思想上的是非搞清楚。如果说，邓小平是从对待马列主义、毛泽东思想的根本态度上提出问题的话？那么，胡耀邦的做法则有所不同，他是具体从一个问题一个问题入手，搞清是非的。

早在1975年邓小平主持工作时，胡耀邦在中国科学院工作，就曾搞了个著名的《汇报提纲》，在提纲中提出并阐明了科学技术是生产力的重要论断。这个论断不仅与"左"的生产力观点相悖，而且触怒了正在批"唯生产力论"的"四人帮"。但是，这个论断，既可以视为是历史转折前的一次理论较量，也可以看作是中国思想、理论战线拨乱反正的一个序幕。

一到中央党校，胡耀邦就筹备了复校开学工作，并开始了揭批林彪、"四人帮"，力求在思想理论战线上肃清"四人帮"的毒害。为了有一个好的拨乱反正的思想战线的阵地，他主持创办了《理论动态》。

《理论动态》的第一期的题目是《"继续革命"问题的探讨》。我们知道，在"文化大革命"中，所谓"在无产阶级专政下继续革命的理论"，一直被视为是马克思主义发展史上的第三个里程碑，是"无产阶级文化大革命"这场十年之久运动的直接的指导理论。当时可谓是最高的马克思主义，是不容任何怀疑的，人们只能天天学习，活学活用，进行"实践"。严重的是，粉碎"四人帮"后还是这个调子，直到1977年8月党的第十一次全国代表大会，也没有纠正这个调子。而《理论动态》在1977年7月，即在党的十一大前夕，则提出"继续革命"问题的质疑，这使当时的思想理论界，乃至政界的不少人都感到了震惊。而发表这篇文章本身需要多大的勇气，负多大的责任，对于谙熟中国政治的人们来说，是不会不懂的。

然而，国家兴亡，匹夫有责。拨乱反正，正本清源，需要首先从思想理论上突破。只有停止"革命的"理论，才能停止"革命的"运动。

《理论动态》一开始的印数很少。第一期只印了400份。全部是送给了地方和中央的领导同志，也送给部队的一部分领导，以及校内有关人员，但发送范围和领导干部的名单，都是由胡耀邦亲自决定的。

《理论动态》第一期就送到了邓小平手里，并得到了邓小平的首肯。

《"继续革命"问题的探讨》是向"左"倾理论发起进攻而打响的第一枪。也可以说，从此，开始了思想理论战线的拨乱反正。

粉碎"四人帮"后的两年，政治形势的不断发展，广大干部群众通过深入揭批"四人帮"的罪行，围绕"两个凡是"的争论和初步开展的落实政策、拨乱反正的实践，从正反两个方面的历史经验教训中日益感到，在我们国家有必要开展一场对真理标准问题的再认识、大讨论，从而澄清思想上、理论上的混乱，重新确立马克思主义的思想路线。

关于真理标准问题的讨论，可谓理论界的一个公案。从这场讨论发展过程来说，大致是1977年底开始酝酿和萌生的。

1977年底，中共中央党校学员，一千多名高、中级干部在研究"文化大革命"以来的党史问题时，提出了不少难题。对此，在中央党校主持日常工作的副校长胡耀邦表明态度：要研究，不研究怎么行！要解放思想！并根据胡耀邦的意见，明确规定研究党史的两条原则：一条是完整地、准确地理解和运用毛泽东思想；另一条是以实践为检验真理、分辨路线是非的标准，实事求是地研究。大家在讨论中国共产党同林彪、"四人帮"斗争的经验教训时，绝大多数学员同意这两条原则，认为分清路线是非的标准，只能是社会实践。整个党校，在胡耀邦提出

的关于解放思想、实事求是地评价历史问题的思想指导下，思想活跃，大胆发表不同意见。后来，在胡耀邦支持和直接参与下，写成了《实践是检验真理的唯一标准》一文，发表在党校的内刊《理论动态》第60期上，时间是1978年5月10日。这篇文章历时7个多月，先后修改10次，最后由胡耀邦审阅定稿。

5月11日，《实践是检验真理的唯一标准》在《光明日报》第一版位置以特约评论员名义发表了。当天，新华社转发了此文。12日，《人民日报》和《解放军报》同时转载。

这篇文章，明确提出了"实践标准"。文章指出，实践是检验真理的唯一标准，不能有任何其他标准。而且，不论谁的理论、谁说过的话，都必须经受实践标准的检验。

邓小平提出"准确的完整的毛泽东思想"这个概念，是针对"两个凡是"的，而且，"准确的"这个提法就蕴含着要否定错误的意思。邓小平在阐释这个提法时，还特别指出，毛泽东同志本身也有错误。在当时，也只能讲到这个程度。但是，"准确完整的"这个提法毕竟还没有明确指出要区分正确与错误，以及检验的标准。特别是毛泽东同志关于"文化大革命"的大量论述，根本上是错误的，无论怎么完整理解，也是不正确的。

"实践标准"则大大前进了一步。按照马克思主义认识论的这个标准，从前提来说，就不能说任何理论都是正确的，而是，提供了检验理论是否正确的唯一标准。

从"准确、完整"到"实践标准"，这决不是偶然的。它是人们思想认识发展的逻辑，也是拨乱反正的必然逻辑。

《实践是检验真理的唯一标准》一文，击中了"两个凡是"论的要害，得到了广大干部和群众的赞赏和支持。但也遭到了坚持"两个凡是"的人们的激烈反对。5月12日《人民日报》转载这篇文章的当天，就有人给《人民日报》负责人打电话，说这篇文章犯了方向性错误，理论上是错误的，政治上问题更大，很坏很坏，是向马列主义开战，向毛泽东思想开战。我们从坚持"两个凡是"的人的这些指责中，也可看出这篇文章分量之重。5月17日，分管宣传工作的汪东兴同志在《红旗》杂志新老主编交接的会上讲话，说最近发表的《实践是检验真理的唯一标准》和《贯彻推行按劳分配的社会主义原则》两篇文章，不够慎重。首先，发表这两篇文章是哪个中央同意的，要查一下。其实，这后一篇文章也是经邓小平、李先念看过同意的。汪东兴特别指出，《实践是检验真理的唯一标准》这篇文章，是针对毛主席来的。5月18日，全国教育工作会议刚刚开始，中共中央宣传部长张平化就被汪东兴找去。张平化回来后，邀请全国教育工作会议代表团团长到钓鱼台，就这篇《实践是检验真理的唯一标准》文章说，这篇文章，听说有两种意见。一种认为文章很好，另一种意见说很不好。我到现在也还没有完全摸透。大家可以看看。小范围可以议论议论，发表不同意见。不要因为《人民日报》转载了，新华社发了，就定论了，要提高鉴别能力。这实际上代表中宣部表了态，是启发动员大家发表不同意见，也就是来批评这篇文章。7月，汪东兴到山东，在同中共山东省委负责人的谈话中，提出"一不要砍旗，二不要丢刀子，三不要来一百八十度转弯"。华国锋则指示中宣部和一些省、市的负责人，对真理标准问题的讨论"不表态"、"不卷入"，批评了某些省市负责人表了态。直到10月间，汪东兴还对《红旗》杂志负责人说，《红旗》杂志要一花独放，"就是不表态"。当该负责人反映因为《红旗》不表态而受到党内外广大干部群众责难时，他又鼓励说：你不要怕孤立。怕什么！不要怕。《红旗》不参加这场讨论。5个月中，《红旗》没有发表一篇有关真理标准问题的文章。

短时间内，"实践标准"与"两个凡是"的尖锐分歧，迅速由京城

传向了全国。

如果说，这场真理标准大讨论，是中国思想理论战线上燃起的一场熊熊烈火，那么点火者就是胡耀邦。

如果说，《实践是检验真理的唯一标准》是在沉闷的中国思想理论界引爆的第一颗原子弹，那么，引爆者就是胡耀邦。

四、理财能手——邓小平评点李先念

邓小平评点原文

现在中央决定，成立财政经济委员会，由陈云、李先念两同志挂帅，统一管理全国的财政经济工作和目前的调整工作。

——《邓小平文选》第 2 卷，第 162 页，
《坚持四项基本原则》，1979.3.30

十三大政治报告是经过党的代表大会通过的，一个字都不能动。这个我征求了李先念、陈云同志的意见，他们赞成。

——《邓小平文选》第 3 卷，第 296 页，《组成一个
实行改革的有希望的领导集体》，1989.5.31

李先念人物简介

李先念（1909—1992），生于湖北黄安（今红安）李家大屋。9 岁读私塾。12 岁起先后在家乡和汉口学木工。1926 年 10 月参加农民运动，任乡农民协会执行委员。1927 年 11 月率领家乡农民参加黄（安）麻（城）起义，12 月加入中国共产党。

全国抗日战争爆发后到达延安。1938 年任中共河南省委军事部部

第三章
邓小平评点现当代党和国家领导人

长。1939年起历任新四军豫鄂独立游击支队司令员、豫鄂挺进纵队司令员，率部开展敌后游击战争，开辟豫鄂边抗日根据地。1941年皖南事变后，任新四军第5师师长兼政治委员，率部多次挫败日伪军的"扫荡"、"蚕食"和国民党顽固派的军事进攻。1942年兼任中共豫鄂边区委书记，领导军民多次挫败日伪军的进攻，巩固和扩大了抗日根据地。

抗日战争胜利后，中国进入了两种命运、两种前途的决战时期。1945年10月成立了中原军区，李先念任司令员，统帅和指挥作为全国六大作战区域之一的中原军区6万部队，展开了艰苦的斗争。在中原军区组建前后，他指挥部队发起了自卫反击的桐柏战役，歼敌7000余人。1946年1月，为争取国内和平，他率部以宣化店为中心集结待命。他先赴汉口，后在宣化店，协助周恩来等就中原问题同国民党进行谈判，同时，又教育部队要坚决执行中共中央"针锋相对"的方针，从各方面做好应付全面内战的准备。在十个月的战略坚持中，他以无产阶级军事家的大智大勇统帅中原部队牵制国民党军30余万人，有力配合了其他解放区的作战。6月，国民党军队以宣化店为目标，分四路围攻中原解放区，悍然发动对解放区的全面进攻。李先念对突围方向、时机作了全面部署，26日晚，他指挥部队作战略转移，开始中原突围，拉开了解放战争的序幕。他率北路军共1.5万人，以秘密、神速的行动，连夜突破敌人重兵把守的平汉铁路"钢铁防线"，抢在敌军发动总攻击之前，跳出了其内层包围圈，越过天河口和苍苔地区，进入伏牛山南麓。7月11日，他率部到达内乡县师岗地区，为分散追堵敌军的兵力，决定北路军分两个纵队向西转进。他连续组织了突破敌人天然防线的抢渡丹江战斗，打开入陕门

李先念

113

户的南化塘战斗,从敌人重兵追堵的险境中冲出一条通道,直指陕南。与此同时,其他各部也先后完成了突围任务。中原突围战役,充分显示了李先念和中原军区部队高度的全局观念和大无畏的英雄气概,以及他统帅大兵团同强大敌人作战的战略战术和指挥艺术。中央军委和毛泽东主席对中原突围的战略意义和作用给予很高评价。为执行党中央新的战略决策,李先念在敌后发动游击战争,创建豫鄂陕边根据地。在根据地工作全面展开之后,他于9月29日奉命回延安。在延安,他继续指挥中原军区在外线作战的各路部队和在敌后的豫鄂陕、鄂西北根据地的斗争,为战略反攻中原准备条件。1947年5月,李先念任新的中原局第二副书记、晋冀鲁豫野战军副司令员。7月,解放战争转入战略反攻,他率领晋冀鲁豫野战军第十二纵队从晋城出发挥师南下,先后攻克河南通许、扶沟等县城,11月抵达河南光山,同刘邓大军胜利会师,参加重建大别山根据地的斗争。1948年5月,党中央决定重建中原军区,他任第二副司令员。11月,他在开封参与领导淮海战役的后勤保障工作。从土地革命战争到全国解放期间,李先念同志坚定不移地、创造性地贯彻党的战略策略和毛泽东军事思想,在极为艰险复杂的战争进程中,显示了他的灵活斗争艺术和卓越指挥才能。他为中国革命战争的胜利和中华人民共和国的成立,建立了不可磨灭的功勋。1949年5月,李先念任中共湖北省委书记、省政府主席、省军区司令员兼政治委员,主持党、政、军全面工作。新解放的湖北,百孔千疮,万事待兴。他从本地区的实际出发,团结来自四面八方的各级干部,正确地贯彻执行中共中央和中央人民政府的各项方针、政策,在建立各级人民民主政权、支援大军南下作战、剿匪反霸、稳定物价、统一财政经济管理、土地改革、抗美援朝、镇压反革命,以及团结知识分子和各界人士等一系列工作中,取得了显著成绩,使湖北的财政经济状况得到了根本好转。1952年2月,李先念兼任武汉市委书记和市长,与王任重一起正确处理党内

第三章
邓小平评点现当代党和国家领导人

干部中存在的问题,保护并进一步调动了干部的积极性,把武汉市的经济建设推进到一个新的发展阶段。3月,湖北省成立了以李先念为主任委员的荆江分洪委员会,领导30万军民组成的建筑大军,克服重重困难,仅用75天时间就完成了第一期工程。至1953年4月,荆江分洪工程全部竣工。这是新中国建立后建设的第一座最大的防洪工程,在1954年湖北人民战胜近百年来特大洪水的斗争中,发挥了巨大作用。1953年1月,李先念任中南局副书记、中南行政委员会副主席。

1954年夏,李先念调到中央工作。9月,任国务院副总理兼财政部长,协助周恩来、陈云领导经济建设。他还是第二届至第五届全国人大决定的国务院副总理。10月,他兼任国务院财贸办公室主任,负责综合管理财政部、粮食部、商业部、对外贸易部、中国人民银行和指导全国供销合作总社的工作。他主张国家财政必须保证社会主义经济建设,积极提倡增产节约,挖掘资金潜力,提高经济效果,实现财政、信贷的收支平衡,确保包括156项在内的国家重点建设的资金需要。他高度重视发展城乡贸易,扩大商品流通,保护和调动农民的生产积极性,同时保障城市和工矿区的商品供应。在社会主义改造高潮中,他及时提出建议,在工农业产品货源已为国营经济掌握的情况下,城市要允许私营零售商继续经营,农村要发挥小商小贩在流通领域的作用,恢复农村集市贸易,允许农民出售完成统购任务后的多余农产品,以活跃城乡市场,方便人民生活。他还建议改善财务管理,调整国家和企业、中央和地方的关系,改变中央管得过多、过细的作法和过分集中的体制,适当扩大地方财政管理权限,调动各方面的积极性。1956年,他支持周恩来、陈云反对冒进的意见,坚持1957年的经济计划应实行"保证重点,适当收缩"的方针。1957年,在中共八届一中全会上,李先念当选为中央政治局委员,在五中全会上增选为书记处书记。他还是九届至十二届的中央政治局委员。1958年批判反冒进,他也受到了批评。1959年庐山会议期间,他指出经济生活中存在的一些虚假现象和浮夸风,提出了六条具体调整措施,因此被指责为"思想右倾"。在国家三年困难时期。李先念积极参与调整国民经济的领导工作。他负责统一指挥粮油棉的突击调运,采取各种措施加强粮食管理,提出增加粮食进口和减少征购,为安排人民生活,渡过困难,做了大量的紧张的工作。他还就抑制物价上涨、减少财政赤字等问题,提出6条措施。他积极支持刘少奇等提出的克服困难的正确意见,并在他们的支持下,主持起草了控制货币发行和控制财政管理的两个决定,对扭转当时的困难局面起了很好的作用。1962年4月,李先念任中央财经小组副组长。

"文化大革命"期间,李先念同林彪、江青反革命集团进行了坚决斗争。1967年2月,他被诬为"二月逆流"成员,多次受到批判。他在极其困难的环境中,忍辱负重,以坚韧不拔的毅力,尽最大的努力处理国务院的日常经济工作,以减轻周恩来总理的一些负担。1968年他被下放到北京市北郊木材厂劳动。"九一三"事件后,李先念继续担任国务院的领导工作,并任军委办公会议成员。他积极筹划葛洲坝水利枢纽工程、霍林河煤矿、焦枝铁路的建设和武钢一米七轧机的引进。在坚持自力更生方针的同时,他大力支持从外国进口43亿美元的成套设备和单机的方案。他积极支持建设远洋船队。他还参加了中美关系正常化的谈判,接待会见了许多重要外宾,为恢复和发展同各国之间的友好关系,做了卓有成效的工作。"文革"后期,他积极协助主持国务院日常工作的邓小平,落实干部政策,大力整顿社会秩序和生产秩序,维护安定团结,特别是抓紧了对铁路、钢铁、煤炭等战线的整顿,使经济形势日益好转。在所谓"反击右倾翻案风"中,李先念被迫"休息"。1976年,在粉碎江青反革命集团的斗争中,李先念是主要决策人之一,为从危难中挽救党、挽救革命作出了重大贡献。

1977年,在党的十一届一中全会上,李先念当选为中共中央政治

| 第三章 |
邓小平评点现当代党和国家领导人

局常委、副主席、中央军委常委。他主持国务院的日常工作，积极领导国民经济的恢复和发展。他提出要充分重视和正确运用社会主义商品生产和价值规律的力量；在加强综合平衡的前提下，充分发挥部门、地方和企业的积极性；改革计划、财政、物资、内外贸易和企业管理体制，以适应四个现代化的需要；在坚持自力更生的同时，积极大胆地引进外国的先进技术和管理经验。他坚决主张并亲自指导上海宝山钢铁厂项目的建设和技术设备引进工作。他积极支持关于真理标准问题的讨论，强调要恢复党的实事求是，一切从实际出发的优良传统，努力克服"左"的倾向。在党的十一届三中全会期间及其以后，他和其他老同志一起协助邓小平领导全党实现历史性的伟大转折，制定以经济建设为中心，坚持四项基本原则，坚持改革开放的基本路线。他积极推动拨乱反正，平反冤假错案，落实干部政策。1979 年 3 月，李先念任国务院财政经济委员会副主任，参与领导调整国民经济的工作。他完全赞同并一贯支持邓小平提出的坚持四项基本原则，反对资产阶级自由化的方针。他坚决主张充分肯定毛泽东的历史地位和毛泽东思想，正确地评价毛泽东的功过是非。他积极推动改革开放和全面开展社会主义现代化建设的各项工作。1982 年 9 月，他在中共第十二届一中全会上，当选为中央政治局常委。1983 年 6 月，他在第六届全国人民代表大会第一次会议上，当选为中华人民共和国主席。此后，他去许多省市视察工厂、企业、港口、工程项目、经济开发区和农村，了解经济发展和改革开放的情况，指导工作。从 1981 年春到 1988 年，他主持中央外事工作领导小组的工作。他密切注视国际形势的发展变化，参与调整对外政策，及时处理国际上发生的一些重大问题。他会见了许多重要外宾和友好人士，先后出访了亚洲、非洲、欧洲、北美洲等 20 多个国家，向世界各国阐明我国独立自主的和平外交政策，介绍中国社会主义建设的成就和改革开放的方针。1988 年 4 月，在中国人民政治协商会议第七届全国委员会第一

次会议上，李先念当选为主席。

李先念同志是伟大的无产阶级革命家、政治家、军事家，坚定的马克思主义者，党和国家的卓越领导人。他毕生奋斗，为中华民族独立和中国人民解放，为社会主义革命、建设、改革事业，为建设富强民主文明和谐的社会主义现代化国家，作出了不可磨灭的贡献，赢得了全党全军全国各族人民的崇敬和爱戴。

逸闻趣事

李先念的木匠师傅

第三任共和国主席李先念青少年时期也是位木工，正经拜过师，学过艺。

由于家境贫寒，儿时的李先念读了两年半私塾就辍学在家。为了谋一条生路，母亲就让李先念拜师学木匠。李先念前后曾有三位木匠师傅，其中与第三位师傅袁学福的时间最长，关系也最密切。根据武汉地方志的资料，袁学福的情况介绍如下：

袁学福1891年出生，黄陂人。曾是伟大无产阶级革命家、第三任共和国主席李先念青少年时期的木工师傅，革命活动的坚定支持者。

袁学福家居黄陂塔尔叶家田村（袁家湾），祖辈四代是木匠，家庭清贫，为人宽厚。袁学福是李先念的表亲，他见李家处境艰难，就让李先念跟他学木工。袁学福教会了李先念木工手艺、并通过亲戚关系，送李先念到汉口店铺学徒谋生。在汉口学徒期间，李先念受到当时革命思潮的影响，参加了革命。

黄麻起义受挫后，李先念受党组织派遣，回到叶家田袁学福家，以木匠身份作掩护，继续从事革命活动。袁学福不善言语，倾向革命，当得知李先念的使命后，不仅从生活上对李先念更加关心，而且积极支持他的革命活动。袁学福在房里做了夹墙，挖了地洞，敌人突然来搜查时，他就让李先念藏进去。1927年冬，在一次与突然来搜查的敌人的斗争中，为了掩护李先念同志，他年幼的五子惨遭杀害，本人亦投身革命，加入了李先念同志在当地成立的第一个共青团支部。在他的影响、带动下，全家积极支持参加革命。他生有五男二女。除四子成和、小女春蓉年幼外，弟弟学刚、学强、长女先蓉、长子胜安、二子成祥等都参加了革命活动。长子在红军长征途中牺牲，1941年他又毅然送三子成龙（志耀）加入李先念同志领导的新四军第五师。成龙先后任新五师检查会计、军需主任、财政副科长、总务科长等职，由于身体病弱，1946年中原突围时，组织安排他返乡养病。袁胜安1956年被民政部授予革命烈士称号。

新中国成立后，袁学福先后被李先念接到武汉、北京居住。他一直保持劳动人民的阶级本色，曾对当时任湖北省委书记兼省政府主席的李先念说："你当了大官，可别忘本呀！"他本人亦从未为自己、子女向李先念提过任何要求。

1962年2月4日，享年71岁的袁学福同志去世，李先念副总理送棺木安葬，以表达对这位革命老人的敬意。

李先念为经济发展作指示

1979年12月，李先念在全国计划会议上讲话。李先念说，我们要争取国民经济有一个较快的发展速度，但一定要是实实在在的速度，持续发展的速度。必须避免瞎指挥、瞎胡闹的错误，保证在政治上、经济上不再乱折腾。在发展生产的基础上，不断改善人民生活，这是我们党的一贯方针。在国民经济的调整中，我们一定要正确处理生产和生活、积累和消费的关系。为了促进生产的发展，坚持贯彻按劳分配原则，大力提倡艰苦奋斗。对国民经济实行"调整、改革、整顿、提高"的方针,要充分利用外资,善于利用外资,努力引进我们需要的先进技术。立足点放在自己力量的基础上,继续坚持自力更生的方针。

五、注重调查研究——邓小平评点彭真

邓小平评点原文

过去我们讲党的历史上多少次路线斗争,现在看,明显地不能成立,应该根本推翻的,就有刘少奇、彭(真)、罗、陆、杨这一次和彭、黄、张、周这一次,一共两次。

——《邓小平文选》第 2 卷,第 307 页,《对起草〈关于建国以来党的若干历史问题的决议〉的意见》,1980. 6. 22

像彭真同志讲的,找老民警当顾问,调查调查,情况就清楚了,就可以组织战役了。

——《邓小平文选》第 3 卷,第 33 页,《严厉打击刑事犯罪活动》,1983. 7. 19

彭真人物简介

彭真(1902—1997),山西曲沃人。12 岁才开始读私塾。1919 年,考入曲沃县立第二高等小学,受五四运动影响,带领同学进行反帝爱国宣传。1922 年考入山西省立第一中学,寻求救国救民的道路,参加进步组织青年学会,接受了马克思主义。1923 年加入中国社会主义青年团,同年加入中国共产党,是山西省共产党组织的创建人之一。大革命时期,任中共太原支部委员、书记,中国共产主义青年团太原地委书记,中共天津地委二部(区)委、一部(区)委、三部(区)委书记,

第三章
邓小平评点现当代党和国家领导人

中共天津地委组织部部长、职工运动委员，在太原、石家庄、天津、唐山等地组织领导工人运动、学生运动。1923年，在太原主办以工人为主要学员的成人夜校，参与组织反对曹锟贿选的斗争和成立太原民权运动大同盟。1924年，参与筹建国民党山西省党部，开展国共合作工作，同国民党右派排斥共产党员的活动进行斗争，并参加领导成立了太原和山西省的国民会议促成会。1925年，指导成立山西工人联合会和太原总工会，发动工人群众和各界民众反对阎锡山强征房屋估价税的斗争，五卅惨案后发动山西各界声援上海工人、学生的反帝斗争。在石家庄领导恢复正太铁路总工会，任正太铁路总工会秘书。1926年，作为正太铁路总工会代表出席在天津召开的第三次全国铁路工人代表大会。先后组织领导了石家庄和天津的纱厂工人斗争。大革命失败后，任中共天津市委代理书记、书记，中共顺直省委（当时领导北平、河北、山西、山东、察哈尔、河南等省市党的工作）常委、组织部部长、代理书记，是中国共产党在北方地区的主要领导人之一。他在白色恐怖的严酷环境中，深入工人群众，继续坚持斗争，组织领导天津近郊农民开展反霸护佃斗争，在农民中发展党员。1929年由于叛徒出卖，他在天津被捕，遭受酷刑摧残，坚贞不屈，组织被捕同志同叛徒、敌特进行斗争，减少了党的损失。在狱中秘密组织党支部，任书记，组织学习、宣传马列主义，开展各种形式的斗争。1935年刑满出狱后，任中共天津工作组负责人，组织领导天津各界群众开展抗日救亡运动。1936年，任中共北方局代表、组织部部长，并直接领导中华民族解放先锋队总队部。他支持刘少奇同志提出的白区工作基本方针和策略原则，坚持党的

彭真

抗日民族统一战线政策，批评和纠正关门主义、冒险主义及投降主义的错误倾向，为恢复和发展北方地区党的组织，巩固和发展"一二·九"爱国运动的胜利成果，推动抗日民族统一战线的建立，开创白区工作的新局面，发挥了重要作用。1937年5月，作为白区代表团主席参加在延安召开的党的全国代表会议，任大会主席团成员。他在会议上发言强调，党在白区的工作要充分运用统一战线形式，广泛组织发动群众抗日，同时必须坚持党的独立性。接着，又参加了中共中央召开的白区工作会议和中央政治局会议。他在聆听了毛泽东同志对中国革命基本问题和马克思主义哲学思想的深刻论述后，结合中国革命的经验和教训，认定毛泽东同志是中国共产党当之无愧的领袖。

抗日战争爆发后，彭真同志参与部署党在北方地区开展游击战争、创建抗日根据地的工作。1938年他任中共中央晋察冀分局（北方分局）书记，同聂荣臻等同志一起，发展、巩固晋察冀抗日根据地，创造性地执行党中央关于抗日战争的战略方针和基本政策，放手发动群众，壮大人民力量，提出并实施了根据地党的建设、政权建设、武装建设以及土地、经济、劳动、金融等方面的政策，主持制定了《中共中央北方分局关于晋察冀边区目前施政纲领》。他明确提出"要使马克思主义中国化"，在根据地"改造旧社会，建立一个新民主主义社会"。晋察冀边区被党的扩大的六届六中全会主席团誉为"敌后模范的抗日根据地及统一战线的模范区"。1941年，在延安向中央政治局和毛泽东同志汇报晋察冀边区各项具体政策及党的建设经验，分析了边区各阶级、阶层的政治动向，说明了确定边区党的各项基本政策的根据和不同时期执行政策的重点，从理论与实践的结合上全面系统地总结了边区建设的基本经验。这个汇报受到毛泽东同志的高度评价，称它"是马克思主义的"，由中央批转各根据地党委。此后，留在中央，任中央党校教育长、副校长，中共中央组织部部长、城市工作部部长，参加领导了延安整风运

| 第三章 |
邓小平评点现当代党和国家领导人

动。1944年参加扩大的党的六届七中全会,任历史报告委员会成员、组织委员会成员,参与起草《关于若干历史问题的决议》和《关于修改党的章程的报告》。在延安,他为总结党的历史经验,把全党思想统一到以毛泽东同志为代表的正确路线上来,在全党确立毛泽东思想的领导地位,为培养党的领导骨干,为开展敌占区、国统区党的地下工作,作出了重大贡献。1945年,出席党的七大,当选为主席团成员,并任代表资格审查委员会主任。他在会上作了《关于敌占区的城市工作》的发言,总结了我党进行地下斗争的历史经验,阐述了精干隐蔽,利用合法形式,团聚群众,蓄积力量的方针政策和斗争策略。在党的七大和七届一中全会上,当选为中央委员和中央政治局委员,同年8月被增补为中央书记处候补书记。

抗日战争胜利后,为实现党的七大作出的争取东北的战略决策,彭真同志任中共中央东北局书记、东北民主联军政治委员,在矛盾错综复杂、形势变化急剧的情况下,严肃执行中央、中央军委、毛泽东主席的决定、指示、命令,粉碎国民党反动派军事进攻,放手发动群众,壮大人民力量,迅速扩大部队,建立根据地,为最后取得胜利奠定了基础。1947年,回到中央,任中共中央工作委员会常委,并以中央政治局委员身份指导晋察冀工作。1948年任中共中央组织部部长、政策研究室主任,同年12月兼任中共北平市委书记。1949年9月,作为中国共产党的代表之一,参加中国人民政治协商会议第一次全体会议,当选为全国政协委员、中央人民政府委员。他为中国革命的胜利和中华人民共和国的诞生,建立了不朽功勋。

新中国成立后,彭真同志长期担任党和国家的领导职务。建国初任中央人民政府委员、政务院政治法律委员会副主任、党组书记,后任中央政法小组组长。从1954年起,任第一届、第二届、第三届全国人大常委会副委员长和第二届、第三届、第四届全国政协副主席。1956年在党的八大和八届一中全会上，当选为中央委员、中央政治局委员、中央书记处书记，在中央书记处协助邓小平同志负总责。建国后一直兼任中共北京市委书记，从1951年起兼任北京市市长，直至1966年5月。建国后十七年中，他作为以毛泽东为首的党和国家领导集体的成员，为党的建设、政权建设、经济建设、政法工作、统战工作、民族工作、思想理论工作、科学教育文化工作、外事工作，为首都的建设和发展，呕心沥血，作出了重大贡献。

在和平接管北京的过程中，彭真同志善于把原则的坚定性和策略的灵活性结合起来，依靠工人阶级和劳动群众，团结各民主党派、无党派民主人士、知识分子和其他一切可以团结的力量，使北京在很短的时间内，就荡涤了旧社会遗留下来的污泥浊水，建立了新的社会秩序，实现了翻天覆地的伟大社会历史变革。解放前，北京是一个民生凋敝、满目疮痍的消费城市。北京刚一解放，他就强调把恢复、改造与发展生产作为北京市党政军民的中心任务，其他一切工作都应该围绕并服从于这一中心任务；并明确提出，首都建设要为人民大众服务，为发展生产服务，同时又要为党中央和中央人民政府机关服务。到1951年，北京市的国民经济就得到全面恢复，并超过历史最高水平。随着生产资料所有制的社会主义改造，北京市的经济建设持续突飞猛进，由消费城市变成了生产城市。他从进城不久就开始抓首都城市规划，1956年提出"城市规划要有长远考虑，要看到社会主义的远景，要给后人留下发展的余地"的指导方针。1958年，他领导了十大建筑的建设和天安门广场的规划。在社会主义建设中，他既爱护人民群众建设社会主义的积极性，又强调必须也只能实事求是地、老老实实地按照客观规律办事。他提出社会主义建设不犯路线上的错误，根本的问题在于调查研究。他身体力行，深入农村、工厂，直接听取群众意见，进行调查研究。十七年中，他为把首都建设成为社会主义的现代化城市，精心擘划，呕心沥血，作

第三章
邓小平评点当代党和国家领导人

出了卓越贡献。

彭真同志一向尊重知识，尊重人才，对于发展科学教育文化事业给予高度重视。他强调北京是全国的文化中心，又是高等学校集中的地方，努力办好这些高等学校具有十分重要的意义。他主持制定了提高北京市中小学教育质量的决定。他热忱关怀青年的健康成长，连续多年向首都高等院校毕业生讲话，勉励他们自觉地走历史必由之路，同工农相结合，坚决跟共产党走，全心全意为人民服务，为社会主义服务。他提出"发展城市人民大众的文艺"，号召文艺工作者像过去深入农村一样深入到工厂中去，反映我们取得全国胜利的新时代；并提出要"推陈出新"，对旧戏加以改造，从改造中提高。他经常深入教育界、科技界、文艺界，广交朋友，听取意见。他尊重、团结老的知识分子，关心、培养青年知识分子，重视发挥他们在社会主义建设中的作用。1965年，在文化领域中"左"的倾向已经相当严重的情况下，他明确提出：要区别政治问题和学术、艺术问题。真理要受社会实践检验。一切人，不管谁，都应该坚持真理，随时修正错误，在真理面前人人平等。

彭真同志把执政党的建设摆到突出的位置，认为这是关系社会主义各项事业成败的关键。1950年，他把新形势下防止党的腐化问题提到了全党面前，指出：保证党永不腐化，一靠政治上、组织上和思想上的纯洁；二靠跟群众密切联系和广大群众的监督；三靠批评与自我批评；四靠制度、法律和纪律。他强调，保证党在任何情况下都不发生严重问题，很重要的一条就是要靠集体领导，坚持民主集中制。他要求北京市的党组织和广大共产党员"站在革命和建设的最前线"，"以可能达到的最高标准要求我们的工作"。他说：要正视工作中的缺点和错误，老老实实，对就对，错就错，有多少就说多少，这是共产党的本色。不要说瞎话，不要掩盖缺点和错误，更不要文过饰非、讳疾忌医、报喜不报忧。他尖锐地指出，官僚主义害死人，是要亡国的；严肃地告诫广大党

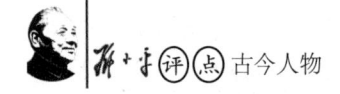

员干部特别是领导干部，必须坚决克服脱离群众的官僚主义作风。

"文化大革命"中，彭真同志受到错误的批判，遭受林彪、江青一伙的残酷迫害，失去党内外一切职务和人身自由。即使在这种情况下，他仍然坚持学习马列主义、毛泽东思想，总结历史经验，关心、思考党和国家的前途、命运，同林彪、江青一伙进行了坚决的斗争。党的十一届三中全会后，中共中央宣布："文化大革命"中"强加给彭真同志的种种罪名和一切诬蔑不实之词，均应予以推倒"。

彭真同志恢复工作后，在1979年4月第一次参加中央工作会议时，就旗帜鲜明地指出：我们必须坚持高举马列主义、毛泽东思想的旗帜。否则，必然造成全党、全军、全国各族人民的思想和整个革命战线的混乱，使亲者痛、仇者快。对自由化思潮必须严重注意。但不能动摇我们扩大党内民主和人民民主的决心，不能动摇我们坚持实事求是，解放思想，用社会实践作为检验真理的标准的正确思想路线的决心。

1979年9月彭真同志在党的十一届四中全会上被补选为中央委员、中央政治局委员，之后连任党的第十二届中央委员、中央政治局委员。1980年任中央政法委员会书记。1979年6月在五届全国人大二次会议上被补选为全国人大常委会副委员长，并兼任全国人大常委会法制委员会主任。1983年6月在六届全国人大一次会议上当选为全国人大常委会委员长。在新的历史时期，彭真同志作为以邓小平同志为核心的党和国家领导集体的重要成员，参与了党和国家一系列重大决策的制定，为拨乱反正，确立和贯彻党的以经济建设为中心，坚持四项基本原则，坚持改革开放的基本路线，建设有中国特色的社会主义，为祖国的统一和各民族的团结，作出了重大贡献。他反复强调：要"把国家的工作重点坚决转移到社会主义现代化经济建设上来。一切工作都要围绕这个重点，为这个重点服务"；"四项基本原则既反映了不以人们的意志为转移的历史发展规律，又是中国亿万人民在长期斗争中作出的决定性选

第三章
邓小平评点现当代党和国家领导人

择"，"在新的历史条件下坚持四项基本原则，必须把马克思主义的普遍真理同中国社会主义建设的具体实践结合起来，走出一条具有中国特色的社会主义建设的道路"；"马列主义、毛泽东思想本质是批判的、革命的，社会主义本质上就是不断改革、发展、完善的"，改革开放"是客观规律的反映，是从总结我国三十多年实践经验中得出的结论"，是不会改变的；"不发展商品经济，我们的经济就搞不活，要从战略上看准这一点，坚决干下去。"他不顾年事已高，经常到全国各地深入基层，调查研究。他十分关心经济特区建设，多次进行实地考察。1987年他到深圳、珠海视察时，指出：特区办得成功，方向对头。应该允许特区先行试验，大胆改革。特区要紧紧抓住大力发展社会生产力和外向型经济，坚持四项基本原则，更加改革，更加开放，更加搞活。

彭真同志长期分管新中国政法战线的工作。他创造性地贯彻党中央关于政法工作的方针政策，为建立和健全政法战线的机构、制度和队伍，为维护国家安全和社会稳定、保障社会主义建设的顺利进行，作出了重大贡献。党的十一届三中全会后，他为消除"文化大革命"中"砸烂公、检、法"所造成的严重恶果，恢复、健全、加强政法工作和政法队伍，殚精竭虑。1980年，他任"两案"审判指导委员会主任，统一领导审判林彪、江青两个反革命集团的工作。他确定了"严格地把党内、人民内部的错误与反革命罪行分开"的根本原则，坚持以事实为根据，以法律为准绳，严格依法办事，从而保证了"两案"审判的巨大成功。他总结政法工作的历史经验，对新时期政法工作的任务、方针、政策和队伍建设作了全面论述，提出：新时期政法工作的根本任务是，在四项基本原则的指导下，为社会主义现代化建设服务；严厉打击严重危害社会治安的犯罪，严厉打击破坏经济的犯罪，坚决同危害社会主义精神文明的犯罪行为作斗争，保障改革开放和四化建设的顺利进行；对严重危害社会治安的刑事犯罪分子，必须依法从重从快处理；对轻微违法犯罪的青少年，则要像父母对待害传染病的孩子、医生对待病人那样，满腔热情、耐心细致地教育、感化、改造他们；政法工作必须紧密依靠党的领导，紧紧依靠群众，实行专门机关与群众路线相结合，反对和克服神秘主义；必须大力提高政法队伍的政治素质和业务素质。

彭真同志代表党和国家，会见过许多国家的朋友和同志，出访过许多国家，多次参加涉及国际共产主义运动重大问题的会议和会谈。在外事活动中，他坚持我们党和国家处理党与党、国与国之间关系的基本原则，坚决维护中国共产党独立自主的原则立场，为维护我们国家和民族的尊严和利益，增进中国人民和世界人民的友谊，推动世界和平与人类进步事业，作出了杰出贡献。

1991年1月，中共中央文献编辑委员会编辑出版了《彭真文选》。他的《论新时期的社会主义民主与法制建设》、《站在革命和建设的最前线》、《论新中国的政法工作》三本文集也已先后出版。

逸闻趣事

彭真禁订姚文元的书

邓拓急如星火地走进北京市委第一书记办公室，里面坐着三四个人。

彭真坐在他那收拾得很整洁的办公桌后边，满面笑容地和刘仁、周扬、胡绳等人谈话。刘仁穿着一身蓝呢制服，看上去轻松自在，并没有多少紧张之感。

"又有什么事。看把你急的！"

"上海出版社出版了姚文元的《评新编历史剧〈海瑞罢官〉》的单行本，新华书店急电北京市各书店，问我们要订购多少。北京新华书店已经送来了请示报告。"邓拓拿着一份文件，对彭真说。

好家伙，来势这么快！在场的人都显然吃了一惊。这说明，上海方面是有计划地加紧了攻势，要把批判吴晗作为一件大事来抓。不然，不会这么快就出来小册子。像这种速度，是历次文艺批评、学术讨论中所没有过的。

"肯定有大人物在幕后指挥。"周扬说。

"我看上海市委没有这么大的胆子。"胡绳也说，"弄不好……"

"他们也太咄咄逼人了，公然摆出了一副决战的架势，连喘息的功夫都不给。"刘仁说。

彭真的大脑飞快地运转着，他感到了一种侮辱，一种从来没有过的羞耻。触动堂堂北京市的一位副市长，连个招呼都不打，未免太嚣张了！他看了刘仁一眼，把脸沉下去，对邓拓说："告诉他们，北京市一本也不订！"等等！刘仁叫住转身要走的邓拓，站起身来从他手里夺过那张征订单，三下五除二地撕了个粉碎："连电报都不需要回，干脆不理他们，看他怎么办！"

邓拓心里很激动，他望了众人一眼，大家眼里都流露出解恨舒心的色彩。

六、带头改革——邓小平评点万里

邓小平评点原文

开始的时候，并不是所有的人都赞成改革。有两个省带头，一个是四川省，那是我的家乡；一个是安徽省，那时候是万里同志主持。我们就是根据这两个省积累的经验，制定了关于改革的方针政策。

——《邓小平文选》第3卷，第238页，
《改革的步子要加快》，1987.6.12

万里人物简介

万里（1916—2015），男，汉族。东平县州城（老县城）西巷棚街人。幼名秀峰，学名万明礼。早年在家乡接受了小学教育和初级中学教育，1933年秋考入设在曲阜的山东省立第二师范。1936年夏在曲阜二师毕业，毕业前，秘密加入中国共产党。受党组织派遣，回故乡撒播革命火种，宣传抗日救亡。在家乡建立了东平县第一个县级中共党组织——东平县工委，被上级党组织任命为书记。县工委发动群众，建立了东汶人民抗日自卫队。1938年5月万里任初建立的中共泰西特委宣传部长。之后，相继担任鲁西区党委宣传部副部长、鲁西区党委第二地委副书记、书记，平原分局第八地委副书记、书记兼军分区政治委员。自1940年春开始，万里参与领导创立、巩固、发展运（河）西抗日根据地。他在根据地建设中致力于开展民主民生运动。运动中，他的《继续贯彻大胆放手的领导方法》一文，影响了整个冀鲁豫边区。到抗日战争后期，运西根据地辖有18个县，是冀鲁豫边区的12个专区中最大的专区。运西的濮县、范县、观城县被称为"钢铁濮范观，边区小延安"。

解放战争时期，万里任冀鲁豫党委第二、第七地委书记兼军分区政治委员，冀鲁豫区党委委员、秘书长，第二野战区第五兵团南下干部支队参谋长。南京解放后，任军管会财委副主任、经济部部长、建设局局长。解放战争前半期，万里领导冀鲁豫区的第二、第七地委军民，一手拿枪，一手分田，全力支援前线，胜利粉碎蒋介石的军事进攻。他与区党委部分领导人一起，倾力支持刘伯承、邓小平领导者的晋冀鲁豫野战

第三章
邓小平评点现当代党和国家领导人

军举行的鲁西南战役；陈毅、粟裕领导的华东野战军西兵团举行的沙土集战役；艰苦开展冀鲁豫区的黄河南地区的游击战争；领导整党。1949年春，万里随军南下，参与接管南京的工作。

新中国建立后，万里初在西南军政委员会工作，任工业部副部长、部长。1953年1月被中央调进京，主管全国城市规划建设，时年37岁。他在领导城市规划建设中，表现出坚定的科学求实的思想作风。1958年，万里改任中共北京市委书记处书记、北京市副市长。自1958年8、9月间开始，万里协助周恩来兴建北京著名的"十大建筑"。仅用10个月就竣工的"十大建筑"，其设计标准、建筑艺术、施工质量都达到了世界先进水平。对于这样快施工进度，毛泽东称赞万里说"别是日行千里，而你是日行万里"。1962年，万里送长子万伯翱到河南省黄泛区农场务农，开风气之先。万伯翱在农场埋头苦干，整整10个春秋，受到周恩来、彭真等中央领导人的称赞和全国媒体的广泛宣传。"文化大革命"前期，万里失去自由，中期复出，先任中共北京市委书记、北京市革命委员会副主任，致力于首都的规划建设与环保工作；后在全国四届人大一次会议上，被任命为国家铁道部部长。

1975年邓小平提出全面整顿，并以铁路整顿为突破口。身为铁道部长的万里，顶风冒险，呕心沥血，使铁路的整顿成为全面整顿的先行官。是年11月，江青反革命集团反击所谓右倾翻案风，批邓（小平）连万（里）。万里第二次被打倒。而此时，铁路职工刷出了"火车正点万里行"的双关语大字标语。粉碎江青反革命集团后，万里任中共安徽省委第一书记、省革命委员会主任、省军区第一政治委员。首先他大刀阔斧，"清帮治皖"；之后，以政治家的胆识推行包产到户、包干到户，进行农村改革，成为中国改革开放之先锋和闯将。1980年万里任中共中央书记处书记、中华人民共和国国务院常务副总理、代总理兼国家农业委员会主任、中央财经领导小组成员、中央外事领导小组副组

长、中央绿化委员会主任、国家人防委员会主任，第七届全国人民代表大会常务委员会委员长。他将双包到户推向全国，并在5年连发5个中央1号文件，指导深化农村改革。他在中国农村改革的功绩，得到了普遍赞誉，人民群众说"要吃米，找万里"。邓小平说，中国的改革始于农村，农村的改革始于安徽，万里同志是有功的。

万里在任第七届全国人大常务委员会委员长的五年间，致力于中国的民主与法制建设。他强调不加强民主与法制建设，就不会长治久安。他抓紧立法工作，特别是经济立法。5年间，全国人大及其常委会制定法律和有关法律问题的决定87个，是此前历届全国人大立法最多的一届。他把法律的制定和法律实施的检查放在同等重要的地位，使全国人大工作有了突破性的进展。

1993年3月，从政60年的万里经多次主动要求，中央批准，走下政坛，开始离休生活。他以身作则，废除实际存在的干部领导职务终身制。离休后的万里，奉行"三不主义"：不参加剪彩、奠基等公务活动，不担任名誉职务，不写序言不题词。但他心系天下，每天通过国内报刊、港台海外报刊、内部参考资料、文件、与前来看望的各级领导人和朋友交谈等5个渠道了解国内外的情况。

他是中共第十一届、第十二届、第十三届中央委员，中共第十二届、第十三届中央政治局委员。

逸闻趣事

万里顶压力推行"包产到户"

1979年，安徽省委第一书记万里根据当地实际情况和广大农民群众的要求，顶住来自各方面的压力，突破"禁区"，公开推行"包产到户"。

第三章
邓小平评点现当代党和国家领导人

当时，中央文件规定：不许包产到户，不许分田单干。《人民日报》也登文章否定"包产到户"。

万里不怕这一套，他在滁县地区全椒县了解生产情况时，说："什么是好办法？能叫农业增产就是好办法，能叫国家、集体和个人都增加收入就是好办法，适应生产力发展，叫农业很快上就是好办法，反之，就是孬办法。谁吹这个风那个风，我们也不动摇，肥西县有的生产队搞了'包产到户'，怎么办？我看既然搞了，就不要动了，一动就乱。"

当天，万里挂长途电话给国家农委主任王任重，汇报说：

"我们已经干开了。不宣传、不推广、不见报，保护群众的积极性。备个案，搞错了省委检查。"王任重说："既然省委做了决定，可以干嘛！"

七、杀出一条血路来——邓小平评点习仲勋

邓小平评点原文

要办特区。中央没有钱。你们自己去搞，杀出一条血路来。

——中共中央文献研究室、中央电视台编：《邓小平》解说词，中央文献出版社，第193页

习仲勋人物简介

习仲勋（1913—2002）陕西富平县人。1926年5月在县立诚中学高小读书时加入中国共产主义青年团。1928年4月转为中国共产党党员。后从事农民运动。1930年1月被派往杨虎城部警备骑兵第三旅开展兵运工作。1932年3月在甘肃两当发动兵变，失败后曾转赴渭北、

133

三原开展革命工作。1933年3月起任陕甘边游击队总指挥部政委、中共陕甘边特委军委书记、陕甘边革命委员会副主席,参与创建以照金为中心的陕甘边革命根据地。

当中共陕西省委书记杜衡(后叛变)执行"左"倾冒险主义,南下渭(南)华(阴)失败后,参与创建以南梁为中心的陕甘边革命根据地。1934年2月起任陕甘边革命委员会主席,中共陕甘边特委代理书记、军委书记,陕甘边苏维埃政府主席。参与领导军队反击国民党军"围剿"。1935年9月在错误的肃反中被关押,红一方面军长征到达陕北后,在中共中央直接过问下获释。1936年1月任中共关中特委常委、苏维埃政府副主席。同年6月参加西征,曾任中共环县县委书记。9月调回关中任中共特委书记、游击队政委。抗日战争爆发后,任中共关中地委书记、专员公署专员、军分区和关中警备区第一旅政委。1942年7月调任中共西北中央局党校校长。1943年2月任中共绥德地委书记兼绥(德)米(脂)警备区和独立第一旅政委。

习仲勋

1945年6月当选为中共七届中央候补委员。同年7月任陕甘宁边区集团军政委,与司令员王世泰率部在淳化爷台山地区反击国民党军进犯。抗日战争胜利后,曾任中共中央组织部副部长。1945年10月任中共中央西北局书记,兼任陕甘宁晋绥联防军政委。1947年起任陕甘宁野战集团军政委、西北野战兵团副政委、西北人民解放军野战军副政委。协助彭德怀指挥青化砭、羊马河、蟠龙战役,三战三捷。继又参与指挥陇东和三边战役。同年7月再次兼任陕甘宁晋绥联防军政委,与司令员贺龙统一领导西北地方武装和后方工作。

1949年2月起任西北军区政委、中共中央西北局书记。中华人民共和国成立后，任中央人民政府委员、人民革命军事委员会委员，西北军政委员会副主席、代主席。1950年9月任中共中央宣传部部长兼政务院文教委员会副主任。1953年9月任政务院秘书长。1956年9月当选为中共八届中央委员。

1959年4月至1962年10月任国务院副总理兼秘书长。1978年3月被选为五届全国政协常委，后任中共广东省委第二书记、第一书记，兼广州军区第二政委。同年12月被增选为中共十一届中央委员。1979年任广东省省长。1980年兼任广州军区第一政委。同年9月被补选为五届全国人大常委会副委员长。1982年9月当选为中共十二届中央政治局委员、书记处书记。1988年4月被选为七届全国人大常委会副委员长。2002年5月22日因病逝世。

逸闻趣事

习仲勋与两当兵变

1932年春，我们在两当县城曾举行过一个营的兵变。这次兵变是在营委领导下进行的。那是陕西警备第三旅唐嗣桐部。习仲勋在第二团（团长曹润华）第一营（营长王德修）工作。起初只有三个共产党员（有李秉荣、李特生同志和习仲勋，李秉荣原是副团长，他们在长武县药王洞开会决定都下各连队开展工作），而且互不联系。后来建立了营委，建立了四个连的支部，每个支部都有二三十个党员，习仲勋当时担任党的营委书记。他们这个营原驻在陕西凤县双石铺、杨家店子一带。1932年春，奉命移防甘肃徽县（团部在徽县）。原计划到徽县后起义，行至两当。

因为士兵革命情绪十分高涨，遂于当晚12时举行兵变。打死三个反动连长，营长王德修越墙逃跑。除机枪连一部分士兵和武器未及带走

外，其余都掌握在他们手中。兵变后习仲勋任队委书记兼第二大队副，陕西省委派刘林圃同志任政治委员，推举原第三连一排长许天洁为指挥，连夜军行三岔，第二天早上过渭河至通洞峪，遇驻在赤沙、香泉、城隍庙等地的三个强力民团激战。将敌人击退，突围前进。辗转十余日，后从朝阳岗、八度镇出山。经千、陇前进。将高崖民团缴枪后至崔木，又与孙蔚如部在蔡家河打了一仗，撤至乾州。原准备在旬邑与陕甘红军刘志丹部会合，因与乾州土匪王结子打了一仗部队溃散（士兵大部分为乾县礼泉人），计划没有实现。这就是1932年两当兵变的大概情形。那时，兵运工作是艰苦的，兵变后游击运动也是艰苦的。既无经验，又是星星之火，很容易失败。

八、有本领、有知识——邓小平评点荣毅仁

邓小平评点原文

荣毅仁同志，你主持的中国国际信托投资公司，要规定一条：给你的任务，你认为合理的就接受，不合理的就拒绝，由你全权负责处理。处理错了也不怪你。要用经济方法管理经济，从商业角度考虑签订合同，有利润、能创汇的就签，否则就不签。应该排除行政干扰。所谓全权负责，包括用人权。只要是把社会主义建设事业搞好，就不要犹豫。

——《邓小平文选》第2卷，第157页，《搞建设要利用外资和发挥原工商业者的作用》，1979.1.17

从历史上讲，你们荣家在发展我国民族工业上是有功的，对中华民族做出了贡献。……你们有本领、有知识，是能够为我们国家做出重要贡献的。

| 第三章 |
邓小平评点现当代党和国家领导人

——《邓小平文选》第3卷，第161页，《争取整个中华民族的大团结》，1986.6.18

荣毅仁人物简介

荣毅仁（1916—2005），江苏无锡人。1937年毕业于上海圣约翰大学历史系。民建成员。

1937年任无锡茂新面粉公司助理经理。1939年兼任上海合丰企业公司董事。1943年兼任上海三新银行董事、经理。1945年任无锡茂新面粉公司经理。

1950年后，历任申新纺织公司总管理处总经理、恒大纺织股份有限公司董事长、上海市面粉工业同业公会主委、华东行政委员会财政经济委员会委员。1957年任上海市副市长、市工商联副主委。1959年任纺织工业部副部长，国家进出口管理委员会顾问，中国和平统一促进会会长。1978年任第五届全国政协副主席。1979年任中国国际信托投资公司董事长兼总经理。1982—2001年3月任宋庆龄基金会副主席。1982年后任香港特别行政区基本法起草委员会委员，暨南大学校董事会董事长。1983年起任第六、七届全国人大常委会副委员长，同年当选为全国工商联第六届执委会主席。1992年12月至1993年任第一届海协会名誉会长。1993年3月至1998年3月任中华人民共和国副主席。1993年3月辞去中国国际信托投资公司董事长的职务。1996年9月9日被推举为中国扶贫基金会第三届理事会荣誉会长。

历任全国工商联第一至五届执委会副主席（副主任委员），第六届主席；民建第一至四届中央常委、副主委。

荣毅仁

是第一、二、三、八届全国人大代表（上海），第四、五届全国人大常委；第二届全国政协委员，第三、四届全国政协常委。

1957年曾被陈毅副总理誉为"红色资本家"。1979年创办中国国际信托投资公司，开创了中国第一个对外开放的窗口。1986年底，被美国《幸福》半月刊评为世界50名知名企业家之一，是建国后国内企业家跻身世界知名企业家行列的第一人。

逸闻趣事

当上国家副主席

1993年，春意盎然的北京，到处充满欢乐祥和的气氛，第八届全国人民代表大会正在召开。

3月27日下午，人民大会堂，一个具有历史意义的时刻，举国关注，世人瞩目。二千九百三十一名人大代表正在履行一项庄严而又神圣的权利，一千二百名中外记者把成千上百个镜头对准了会场，对准了主席台。

18时许，大会主持人胡锦涛郑重宣布：

江泽民当选为中华人民共和国主席，荣毅仁当选为中华人民共和国副主席。

3月28日《光明日报》、《人民日报》等全国各大报以显著位置刊登了荣毅仁的简历，用短短四百字概括了这位已近古稀之年的"红色资本家"漫长的人生历程。

3月30日，日本东京新闻发表评述指出："破天荒地起用一个非共产党员，被称为'红色资本家'的荣毅仁但任国家要职，这就向西方国家发出了希望改善关系的强烈信号。"

荣毅仁，这个响亮的名字，正在对中国经济腾飞和国际来往发挥着愈来愈重要的影响力。

| 第三章 |
邓小平评点现当代党和国家领导人

九、工作认真　公道能干——邓小平评点薄一波

邓小平评点原文

我建议不要建立什么大机构，要简化，几个人就够了。顾问委员会的日常工作，请薄一波同志主持，我想减轻一些负担。

——《邓小平文选》第 3 卷，第 6 页，《在中央顾问委员会第一次全体会议上的讲话》，1982.9.13

薄一波人物简介

薄一波（1908—2007），1908 年 2 月 6 日出生于山西省定襄县蒋村，原名薄书存。他 7 岁入小学，1922 年从定襄第一高小毕业，考进山西省立国民师范学校，开始接受五四运动新思想和马列主义影响。1925 年 5 月，他在大革命的洪流中参加了国民师范学校学生声援太原市民反房税斗争。同年 6 月，又组织国民师范学校学生参加声援五卅爱国运动。在斗争实践中，薄一波同志逐步认定只有马克思主义才能救中国，1925 年秋加入中国共产主义青年团，同年 12 月转为中国共产党党员。入党后，他组建了国民师范学校党支部，任支部书记。1926 年夏，任中共太原地方执委会北部地区委员会副书记，从事党的组织、宣传和群众工作，领导了同山西国民党新右派的斗争。1927 年 4 月 12 日，蒋

薄一波

介石在上海发动反革命政变，4月28日，奉系军阀张作霖在北京杀害了李大钊等一批共产党员和革命青年。5月5日，薄一波同志在白色恐怖下毅然在太原组织李大钊烈士追悼会。6月，阎锡山在山西公开举起反共旗帜，下令通缉薄一波等30多名共产党人。他们转入地下，继续进行革命斗争。

大革命失败后，薄一波同志任中共山西临时省委委员，赴晋北恢复、重建党组织。1929年至1931年，在北平、天津、唐山等地从事兵运工作，先后任中共天津市委士兵工作委员会书记、平汉线北段兵暴委员会书记、顺直省委军委常委，参与组织和领导了唐山兵变和平汉线北段兵变等斗争。由于白区工作环境险恶，斗争复杂，他四次被捕，两次入狱，保持了共产党员的崇高气节。1931年6月，由于省委军委负责人叛变，河北省委及所属许多机关遭到破坏，薄一波同志在北平被捕，被判刑8年，关进"北平军人反省分院"（即草岚子监狱），从此开始了长达5年的监狱生活。在狱中，被关押的共产党员逐步形成了一个以党支部干事会为核心的坚强战斗集体。薄一波同志任党支部干事、书记，同敌人进行了坚决斗争，利用一切可能的机会组织大家学习马列著作和共产国际的刊物及领导人的报告，保持了共产党人的崇高革命气节。1935年5、6月间，薄一波、殷鉴等12名共产党人因拒绝"反省"而被北平国民党军法部门内定处以死刑。由于南京国民党政府的批复尚未下达，负责对监狱政治犯行刑的国民党宪兵第三团根据"何梅协定"立即南撤，这12位同志才幸免于难。1936年6月，中共中央北方局向党中央建议立即采取措施，即按国民党的规定履行出狱手续，营救被关押在草岚子监狱中的同志。党中央批准了北方局的建议。1936年9月，薄一波等54位同志经党组织营救出狱。

毛泽东同志对薄一波同志在草岚子监狱中的英勇斗争给予充分肯定和很高评价，他在延安听取薄一波同志汇报时指出：你们把监狱变成了

第三章
邓小平评点现当代党和国家领导人

学校,通过学习革命理论,武装了自己的头脑,为党保存了一大批革命同志,这就是胜利。1945年党的七大选举中央委员时,毛泽东同志亲自提名薄一波同志为中央委员候选人。1953年夏,当薄一波同志在财政会议上受到错误批判后,毛泽东同志在会议总结中仍然加写了这样的话:"应该指出,薄一波同志过去对敌斗争是勇敢的。"这里指的首先就是草岚子监狱中的斗争。

薄一波同志出狱后,1936年10月下旬被派往山西,组成以他为书记的中共山西省公开工作委员会。他创造性地运用党的统一战线思想,通过公开合法的方式,成功地与国民党地方实力派阎锡山建立了特殊形式的上层统一战线。依据当时抗日救亡的总任务和党的统一战线思想,他提出了"戴阎锡山的'帽子'、说山西话、做中国共产党的抗日救亡工作"三句话方针,卓有成效地开展了一系列工作。特别是接办、改组了山西牺牲救国同盟会,大力发动群众,培养干部,使牺盟会成为中国共产党直接领导的群众抗日团体。仅1936年12月,牺盟会就训练了抗日救亡宣传工作的村政协助员1000多名,3个月发展了20万名牺盟会员。到1939年夏,牺盟会员发展到300万人左右。牺盟会举办的军政训练班和民训干部团中的绝大多数,后来成为山西乃至全国抗战的骨干,实现了对山西旧政权的改造,使山西105个县政权中70余个掌握在坚决抗日的共产党员手中。抗日战争全面爆发后,为了不断扩大党领导的抗日武装力量,薄一波同志向阎锡山建议组建山西新军,1937年8月1日成立了新军部队山西青年抗敌决死队,他先后任总队、第一纵队政治委员。他创造性地制定了《政治委员制度条例》,提出政治委员为部队最高首长的制度,保证了我党对新军的领导权,使这支力量很快由一个总队发展到四个纵队,成为抗战时期我党领导的一支重要武装力量。1937年11月初,他率决死队第一纵队前往晋东南抗日前线,任山西省第三行政区政治主任,领导创建了太岳抗日根据地,配合八路军开展抗日游击战争。以薄一波同志为代表的共产党人与阎锡山成功地建立统一战线，对华北的抗日战争具有重要意义，对全国抗战也产生了积极影响。毛泽东同志关于把山西作为全国抗战的战略支点的伟大构想由此得到实现。毛泽东同志1943年在延安听取薄一波同志汇报后称赞说："你们以少数人团结了多数人，取得了胜利，这是我们党统一战线政策的一个成功的例证"。

1939年底，阎锡山在蒋介石掀起的第一次反共高潮中率先发难，发动了企图消灭新军的12月事变。在八路军的支持和配合下，薄一波同志率新军坚决自卫反击，粉碎了阎锡山的阴谋。此后，新军正式编入八路军序列，他继续担任山西第三专员公署专员、决死队第一纵队纵队长兼政治委员，在党中央、北方局和八路军总部的直接领导下，巩固和扩大敌后根据地。1940年4月，他出席邓小平同志主持召开的冀南、太行、太岳地区军政党委员会高级干部会议，在会上提出安定民生、建立秩序、发扬民力、增加生产四项措施。会后他担任冀南、太行、太岳行政联合办事处副主任，领导太岳抗日根据地的建党、建政、建军工作。1941年1月任八路军太岳军区司令员兼政治委员，8月任八路军太岳纵队政治委员，同年任新成立的晋冀鲁豫边区政府副主席。1942年9月起任中共太行分局委员，中共太岳区委书记。从1942年11月开始，他和陈赓、安子文等同志共同领导了历时两年半的沁源围困战，粉碎了日寇妄图摧毁太岳根据地的阴谋，将敌人赶出沁源，被延安《解放日报》称为"敌后抗战中的模范典型之一"。1943年8月，他赴延安参加党的七大。后由于七大推迟召开，他到中央党校一部学习，并担任第一支部干事。1945年4月至6月，他出席了党的七大，当选为中央委员。

1945年8月日本宣布无条件投降后，党中央决定成立晋冀鲁豫中央局和晋冀鲁豫军区，薄一波同志任中央局副书记和军区副政委，协助

| 第三章 |
邓小平评点现当代党和国家领导人

邓小平同志主持中央局的日常工作。同年8月至11月,薄一波同志协助刘伯承、邓小平同志指挥解放区军民,取得了上党战役和平汉战役的胜利。在平汉战役中他和刘伯承同志一起,亲临前线同国民党将领高树勋会晤,争取了高树勋部的起义。1946年3月,他在晋冀鲁豫边区参议会一届二次会议上当选为议长。同年4月,赴延安汇报工作。随后参加了《中共中央关于土地问题的指示》(通称"五四指示")的起草工作。6月,他领导晋冀鲁豫解放区贯彻"五四指示",开展土地改革运动。1947年夏,他任晋冀鲁豫中央局第一副书记、代理书记。同年7月至9月,他率晋冀鲁豫解放区代表团赴河北平山县西柏坡村,参加全国土地会议,讨论制定《中国土地法大纲》。他在领导晋冀鲁豫解放区的土改复查和基层整党的运动中,坚持从实际出发,纠正"左"的错误,使土地改革运动得以健康发展。他结合解放区的实践,努力贯彻毛泽东同志关于"发展生产,繁荣经济,公私兼顾,劳资两利"的十六字方针,落实工商业政策,推动了晋冀鲁豫解放区经济的恢复和发展。

1948年4月,党中央决定成立华北中央局,薄一波同志任第二书记(后任第一书记)。同时成立华北军区,薄一波同志任政治委员。同年9月,华北人民政府成立,薄一波同志当选为第一副主席,并任政府党组干事会书记。华北局成立伊始,他就提出以经济建设为中心的工作方针,指出在华北大部分地区应即宣布土地改革已经完成,全面转入大生产运动。北平、天津解放后,他又及时将华北局的工作重心从乡村转入城市。1948年11月,中央决定将接管平津的任务交给华北局。12月8日,他被任命为平津卫戍司令部政委。薄一波同志主持起草了《华北局关于进入平津的政策与作风》的文件,部署接管工作。1949年3月,他列席中央书记处会议,参与中央一些重大决策的讨论。7月,中央决定组织新政协筹备会党组干事会,他被指定为党组干事会成员。同月,他担任中央财政经济委员会副主任。他还参与了制定《共同纲领》、并

在周恩来同志领导下参与组建中央人民政府各部委等多项重要工作。9月，他参加了中国人民政治协商会议第一届全体会议，当选为中央人民政府委员。

1949年10月，薄一波同志被任命为政务院政务委员、政务院财政经济委员会副主任、中央人民政府第一任财政部部长。后又担任全国编制委员会主任，仍兼任华北局第一书记。在陈云同志的直接领导下，他和中财委的同志一起，精心组织了稳定物价和统一财经的重大斗争，取得了新中国成立后财经战线上第一个具有重大意义的胜利。

1951年12月，薄一波同志担任中央人民政府节约检查委员会主任，指导全国的"三反"、"五反"斗争。针对上海一度出现斗争过火的严重情况，他亲自前往处理，深入实际，了解情况，宣讲党的政策，纠正斗争面过大和逼供信现象，使上海的"五反"斗争走上了正常的轨道。

1954年10月31日，薄一波同志被任命为国务院第三办公室主任，分管重工业口工作。同月，被任命为国家建设委员会主任。他着重抓了第一个五年计划的156项重点工程。在工作中他注重合理而集中地使用建设资金，大力培养和使用全国的技术人才，加强新老企业间的相互支援和配合，采取积极步骤，推动我国的建筑产业逐步有计划有重点地向工业化过渡。1955年上半年，为发展我国的国防尖端工业，中央决定由陈云、聂荣臻、薄一波同志组成三人小组，负责指导原子能工业的筹建工作，他以极大的精力投入到这项具有战略意义的工作之中。

1956年5月，国家经济委员会成立，薄一波同志任主任。同年9月，在党的八大上他再次当选为中央委员，并在八届一中全会上当选为中央政治局候补委员。11月，在一届全国人大常委会第五十一次会议上，他被任命为国务院副总理。他注重从实际出发，尊重和按照客观经济规律办事。1956年，我国经济建设中出现了冒进的倾向。6月，他在

| 第三章 |
邓小平评点现当代党和国家领导人

一届全国人大二次会议上发言,认为经济工作中出现了急躁冒进的情况,提出必须根据国民经济发展的规律,从全面平衡出发,把计划的主要指标定得准确些和现实些。他因此受到了错误批判。在"大跃进"中,他不赞成违反经济规律的一些做法,曾写信给毛泽东同志反映家乡群众生活问题和农业上的一些浮夸之风,同时强调要注意综合平衡。他的这些意见却被认为是犯了所谓"右倾错误",受到错误批评。1960年2月,中央决定在东北松辽地区进行石油大会战,他作为主管石油部的直接领导,对石油会战的组织工作高度重视。3月,他主持召开国家经委专题会议,讨论大力支援松辽油田(后命名为大庆油田)的勘探和开发问题。其后,他多次到大庆油田作实地考察,现场解决问题。1962年1月,他出席党中央召开的扩大的工作会议(七千人大会),并被中央指定为会议报告起草委员会成员。他赞成在会议报告中对经济困难的形势作充分估计,并对经济建设中"跃进"的提法,提出了自己的不同意见。七千人大会后,根据毛泽东同志的意见,他在邓小平同志和中央书记处的直接领导下,主持起草了"工业七十条(草案)"。这个草案是新中国第一部关于企业管理的章程,在实际工作中发挥了很好的作用。1963年2月,薄一波同志兼任国家计委副主任,参与制定第三个五年计划。他还领导对"大三线"建设中攀枝花地区建设的可行性、厂址的选择等重大问题的论证。他直接组织领导了"试办托拉斯"这一改革我国经济管理体制的重大而有益的试验。还领导了物资管理体制的改革,探索用商品流通的办法组织工业品生产资料的流通。他为探索符合中国国情的社会主义建设道路,作出了不懈努力和重要贡献。

"文化大革命"中,薄一波同志遭受残酷迫害。他刚正不阿,坚持真理,对党的信念毫不动摇。在被关押期间,他仍然孜孜以求地阅读马列、毛泽东著作,同林彪、江青反革命集团的倒行逆施进行不屈不挠的斗争,充分表现了对共产主义事业的崇高信念,对党对人民的赤胆忠心。

1978年12月党中央为薄一波同志彻底平反,恢复了名誉。1979年3月,他被任命为国务院财政经济委员会委员。7月1日,五届全国人大二次会议任命他为国务院副总理。恢复领导职务后,薄一波同志抱着强烈的使命感和紧迫感,全身心地投入社会主义建设的伟大事业。他坚决拥护党的十一届三中全会把党和国家的工作重心转移到经济建设上来的战略方针,坚决支持改革开放的一系列重大决策。他积极参与和领导国务院财经委员会部署的大规模的调查研究,并把调查研究和思考历史上经济工作中正反两方面的经验结合起来,为开辟中国社会主义现代化建设的道路提供历史依据。1980年1月,他在全国党校工作会议上所作的《三十年来经济建设的回顾》的报告,是党内较早总结党领导全国经济建设的历史经验的成果,在全党引起了很大反响。1980年2月,全国人大常委会决定成立国务院机械工业委员会,薄一波同志兼任主任。他以一贯务实的作风,很快组建起机械委的内设机构,迅速开展工作。他把工作重心放在组建大公司上,成功组建了中国汽车工业总公司、中国船舶工业总公司等。1982年5月,薄一波同志兼任国家经济体制改革委员会第一副主任、党组书记。他主持体改委工作后,围绕计划与市场、发展速度、中央与地方的关系,以及财政、外贸、工业体制改革等重大课题,展开深入研究,并且安排在江苏常州、湖北沙市进行综合改革试点。对于邓小平同志倡导创办经济特区,薄一波同志一开始就给予高度关注和大力支持,几年间数次前往深圳、珠海、汕头和厦门经济特区视察,为探索我国社会主义新的经济体制,推进改革开放和现代化建设倾注了大量心血。

1982年9月,党的十二大决定设立中央顾问委员会。薄一波同志在中顾委第一次全体会议上当选为中顾委常务副主任,负责主持日常工作。他主持两届中顾委日常工作10年间,为废除实际存在的领导干部职务终身制，建立和实行领导干部离退休制度，推进领导干部的新老交替，培养选拔优秀中青年干部等，做了大量卓有成效的工作。1983年10月，薄一波同志任中央整党工作指导委员会常务副主任。3年间，他以巨大的精力投入整党指导工作，纯洁党的组织，正确处理整党和改革开放及各项业务工作的关系，使整党工作取得较好的成效。他还协助中央主持了六届全国人大、全国政协六届、中顾委、党的十三大换届人事安排的有关工作，为干部队伍的革命化、年轻化、知识化、专业化作出了重要贡献。

1988年3月，薄一波同志任中央党史领导小组副组长。他积极倡导实事求是的工作作风，科学地总结党的历史经验，弘扬党的优良传统，对党史部门的工作提出了许多重要意见。为了把自己亲身经历的许多重要历史和经验记录下来，经党中央批准，他在耄耋之年又以很大精力亲自组织撰写回忆与研究性的党史著作。从中顾委副主任的岗位上退下来以后，他更是以主要精力潜心于这一工作。他的力作《若干重大决策与事件的回顾》、《领袖元帅与战友》等著作，得到了中央领导同志和学术界、理论界的高度评价。他在晚年为指导研究和科学总结党的历史经验作出了新的贡献。

党的十三届四中全会以后，薄一波同志尽管年事已高，但始终关注并支持以江泽民同志为核心的第三代中央领导集体和以胡锦涛同志为总书记的党中央作出的一系列重大决策，始终关注并支持建设中国特色社会主义的伟大实践。

逸闻趣事

一起轰动全国的重大冤案

1967年3月，中共中央印发《薄一波、刘澜涛、安子文、杨献珍等61人的自首叛变材料》，造成重大冤案。这一印发决定经毛泽东批准。中央在印发材料上加批示说：薄一波等人自首叛变出狱，是刘少奇策划和决定，张闻天同意，背着毛主席干的。

这批人的出狱，决不是象他们自己事后向中央所说的那样，只是履行了一个什么"简单手续"。他们是签字画押，公开发表《反共启事》，举行"自新仪式"后才出来的。

批示还说：这些变节分子出狱后，由于刘少奇等的包庇重用，把他们安插在党、政、军的重要领导岗位上，其中有少数人在抗日战争中牺牲了，许多人在重新混入党内以后，成为刘、邓资产阶级的反动路线的坚决执行者，成为反革命修正主义分子，成为党内走资本主义道路的当权派。批示还指出，这一叛徒集团的揭露，应当引起我们全党极大的警惕。这是一起重大的冤案。事实上，薄一波等同志履行出狱手续，当时是根据中央的指示进行的。后来又经中央多次审查，一直认为没有问题。"文化大革命"中，康生、江青一伙为了把刘少奇打成"叛徒"，从政治上彻底消灭，便歪曲历史事实，制造了这一冤案。此后，全国刮起了抓"叛徒"之风。几乎所有在国民党统治区坚持革命斗争的干部和党员，都遭到了不公正的审查和对待。组织上对白区工作或被捕过的干部所作出的正确结论群众组织可以任意推翻。为了揪出所谓"叛徒"，他们不惜采取刑讯逼供等手段，致使大批党员、干部受到残酷打击和迫害，许多人甚至被逼身亡。1978年12月16日，中共中央批转了中央组织部《关于"六十一人案件"的调查报告》，纠正了这一重大冤案，涉及的人都已彻底平反，恢复了名誉。

第三章
邓小平评点现当代党和国家领导人

十、热爱祖国　立场坚定——邓小平评点阿沛·阿旺晋美

邓小平评点原文

在印度期间，你同他们面对面地展开了针锋相对的斗争。维护祖国统一的立场很坚定，斗争很坚决。

——中共中央文献研究室编：《回忆邓小平》（上）第 81 页

阿沛·阿旺晋美人物简介

阿沛·阿旺晋美（1910—2009），藏族，西藏拉萨人。1910 年 2 月，童年时的阿旺晋美在拉萨一家私塾学习藏文。14 岁时，拜在格西喜饶嘉措门下，学习文法、诗学、历史和哲学。3 年后，又拜三岩地区红教活佛大苍为师，修习佛学经典。格西喜饶嘉措和大苍活佛都是学识渊博、品德高尚的佛学大师，阿旺晋美从他们的言传身教中，不仅学到了知识，更学会了做人。格西喜饶嘉措大师鄙视贵族们尔虞我诈，这对少年时期的阿旺晋美产生了很大的影响。1951

阿沛·阿旺晋美

年他作为西藏地方政府首席全权代表赴北京进行和平谈判途经西安，见到时任西北军政委员会民族事务委员会副主任委员的格西喜饶嘉措大师时，大师对他说的第一句话是："我以有你这样一个学生而高兴！"

17 岁时，阿旺晋美回到加玛庄园。此时他已是一位心胸开阔、藏文水平较高，并有一定历史知识的青年，以庄园主少爷的身份，代替母

149

亲管理庄园。

1935年，阿旺晋美与年方17岁、出生于贵族宇妥家的阿沛·才旦卓嘎结为伉俪。婚后，他以阿沛家族继承人身份向西藏噶厦政府申请出仕获准，正式承袭了阿沛名号，改名为阿沛·阿旺晋美，进入贵族官员行列。他先后担任西藏地方政府昌都粮官、民事法官。1945年，35岁的阿沛被提升为孜本（审计官）。

1950年初，中央人民政府在命令人民解放军进军西藏的同时，通知西藏地方政府派代表到北京同中央人民政府谈判有关和平解放西藏的事宜。

但是，当时西藏地方政权掌握在以摄政达札为核心的少数分裂主义分子手里。他们在帝国主义分子直接策划指使下，蓄意要搞"西藏独立"，并为此连续召开官员大会。阿沛是第一位站出来表示不同意见的。他提出了两点意见：一是西藏自古是中国的一部分，西藏问题只能由中央政府解决。因此，应派一个代表团去北京同中央政府商谈。二是同解放军只能谈判不能打仗。

此后到1951年期间，他曾5次向达赖喇嘛、摄政和噶厦报告促请派代表同中央政府谈判。

1950年年初，中央人民政府宣布了和平解放西藏的方针，号召西藏地方政府派代表到北京同中央人民政府就和平解放西藏事宜进行谈判。摄政达札和噶厦任命阿沛为增额噶伦兼任昌都总管，接替任期已满的前任总管，主持昌都地区的文武事务。阿沛在赴任前，向噶厦和摄政写了报告，请求准许他到昌都后不接任总管职务，而是"一路东去，溯水寻源，找解放军谈判"。但是这个请求没有被批准，阿沛只好去昌都接任总管。

在去昌都的途中，阿沛耳闻目睹了由于扩军备战，动员民兵上前线，极大地加重了老百姓的负担，许多地方的老百姓已经断粮，生活苦不堪言。到达昌都后，阿沛立即向噶厦写报告申述百姓的苦难，提请停止扩军备战。在没有得到批准前，他就下令遣散了已被派往金沙江一线布防的 8000 多名民兵，要他们各自回家种地养畜，恢复生产。10 月中旬，解放军被迫发动昌都战役，击溃金沙江西岸一线的藏军，向昌都镇挺进。此时，阿沛率总管府主要官员离开昌都镇西行，在距昌都一日行程的朱贡寺住下来，等待解放军前来接收。同时他派出官员分三路去寻找解放军接头谈判。解放军进到朱贡寺后，他积极协助解放军遣散了从前线溃退下来的藏军全部士兵。

昌都解放后，回到昌都的阿沛·阿旺晋美受到了解放军的热情欢迎和优待。经阿沛与解放军十八军前线指挥所王其梅将军商谈，达成了解放军暂停西进，争取同西藏地方政府进行和平谈判的临时协议。阿沛和在昌都的西藏地方政府官员 40 人两次联名签署报告，以亲身经历和对共产党解放西藏的方针政策的理解，说明解放军进军西藏是为了保卫国防，帮助西藏发展建设，敦请西藏地方政府指派代表同中央人民政府进行和平谈判。

1951 年 2 月，达赖喇嘛和噶厦任命阿沛·阿旺晋美为西藏地方政府首席全权代表，和另外 4 位全权代表赴北京，同中央人民政府进行和平谈判。阿沛·阿旺晋美出发前，给达赖喇嘛写报告，要求明确承认西藏是中国领土，同意人民解放军进藏，谈判才能成功。

1951 年 4 月初，阿沛·阿旺晋美等 3 位代表抵达重庆，中共中央西南局书记邓小平接见并宴请了阿沛一行。4 月 22 日，阿沛和另外两位西藏代表到达北京，朱德副主席、周恩来总理亲自到火车站迎接。4 月 28 日晚上，周恩来总理、李济深副主席、陈云和黄炎培副总理等宴请西藏和谈代表。5 月 1 日，阿沛·阿旺晋美被邀请参加五一劳动节庆祝活动观礼。毛泽东主席在天安门城楼上接见了他，亲切地说："欢迎你们到北京来，我们是一家人，家里的事情大家商量着办，就能办好。祝你们谈判成功。"毛主席的接见对消除分歧、取得共识、谈判成功起到了关键性的作用。

从4月29日起，以阿沛为首席的西藏地方政府全权代表5人同以李维汉为首席的中央人民政府全权代表4人就和平解放西藏事宜进行谈判。最后双方代表在各项问题上完全达成了一致意见，于1951年5月23日签订了《中央人民政府和西藏地方政府关于和平解放西藏办法的协议》（简称《十七条协议》），西藏获得和平解放。

《十七条协议》签订后，毛泽东主席在5月24日晚举行宴会，隆重热烈地祝贺谈判圆满成功。

随后阿沛·阿旺晋美同进藏解放军主力部队十八军军长张国华将军一道，带着《十七条协议》正式文本，从北京返回西藏。

1951年5月23日，西藏和平解放协议和中国人民解放军进驻西藏若干规定在北京签订。

1952年2月，中国人民解放军西藏军区成立时，中央军委任命阿沛·阿旺晋美为西藏军区第一副司令员。

1954年，阿沛同西藏的其他代表一起，赴北京出席了第一届全国人民代表大会第一次会议。在这次会议上，阿沛当选为国防委员会委员。

1954年11月4日，西藏自治区筹备委员会筹备小组正式成立，阿沛·阿旺晋美成为这个筹备小组的成员之一。经过多次协商讨论，筹备小组于同年年底向国务院提交了成立西藏自治区筹备委员会具体方案的工作报告。

1955年3月9日，周恩来总理主持召开国务院全体会议第七次会议，专题研究成立西藏自治区筹备委员会及西藏有关事宜，通过了《国务院关于成立西藏自治区筹备委员会的决定》。同年9月20日，西藏自治区筹备委员会筹备处在拉萨成立，阿沛·阿旺晋美被推选为处长。经过筹备处全体人员近4个月紧张有序的工作，各方条件均已成熟，中共西藏工委报请中央同意，决定西藏自治区筹备委员会于1956年4月22日成立。

为庆祝西藏自治区筹委会的成立，中央派出以中共中央委员、国务院副总理陈毅为团长的规模庞大的代表团，到西藏进行祝贺和慰问，拉萨僧俗人民3万多人热烈欢迎中央代表团。

自治区筹委会成立后，在用和平方式改革旧制度、改造旧政权，并且推动西藏地方政府和西藏领导人自动地去进行这些改革和改造中，阿沛·阿旺晋美进行了勇敢的尝试。他在筹委会筹备处的工作中处理了大量人事工作，安排旧政权的大批官员在筹委会和直属机构及下属机构中担任各种职务，通过对旧官员的改造达到对旧政权的改造。他还担任学习委员会主任，领导在筹委会系统工作的旧官员学习政治理论和时事政策，参加筹委会派出的各种工作组，接近群众，体验生活，转变作风。经过两年多的努力，许多旧官员的思想和作风有了明显变化，中央坚持和平改造的政策初见成效。

1959年3月，西藏上层反动集团在拉萨发动武装叛乱，阿沛·阿旺晋美设法向达赖喇嘛送去了中央驻藏代理代表谭冠三和他本人的数封信，为争取达赖喇嘛尽了最大努力。同时，他及时安排上层爱国人士搬往机关内部，保护了他们的生命安全。

1959年3月28日，国务院总理周恩来发布命令，宣布解散西藏地方政府，由西藏自治区筹备委员会行使西藏地方政府职权。阿沛·阿旺晋美受命出任筹委会副主任委员兼秘书长。随后，他参与领导了西藏的平叛、民主改革和民主建政，进行社会主义革命和建设的工作，为成立自治区、实施民族区域自治奠定了坚实的政治基础和群众基础。1965年7月24日，阿沛·阿旺晋美以自治区筹委会代理主任委员的名义，主持讨论并通过了向国务院呈送的《关于正式成立西藏自治区的请示报告》。8月25日，第三届全国人大常委会第十五次会议通过决议，批准国务院提出的成立西藏自治区的议案。

1965年9月1至9日，西藏自治区第一届人民代表大会第一次会议在新落成的拉萨劳动人民文化宫隆重召开。大会投票选举产生了西藏自治区人民委员会，阿沛·阿旺晋美当选为自治区人民委员会主席。

阿沛·阿旺晋美长期担任西藏自治区的主要领导职务，还曾任第三、第四、第五、第六、第七届全国人大常委会副委员长。

从1979年在五届全国人大二次会议上重新恢复民族委员会到1993年，阿沛·阿旺晋美兼任了第五、第六和第七届全国人大民族委员会主任委员，参与领导了民族区域自治法的制定。在1984年六届全国人大二次会议上，阿沛·阿旺晋美向大会作了关于民族区域自治法草案的说明。这次会议通过了《中华人民共和国民族区域自治法》。民族区域自治法颁布以后，阿沛·阿旺晋美又多次带队深入到西藏等少数民族地区调查研究，提出了很多具体意见，在协助自治区制定自治条例的工作上倾注了不少心力。20世纪90年代，他还提出了关于如何加快制定自治区自治条例的意见和建议。

早在中国人民政治协商会议成立之时，阿沛·阿旺晋美就成为第一届全国政协委员，并担任了第三、第八、第九、第十届全国政协副主席。他为履行政治协商、民主监督、参政议政的职责尽心竭力，时刻关心着祖国改革开放和社会主义现代化进程，关心着西藏的建设和发展。

逸闻趣事

西藏和谈

昌都解放后，我们不但不以胜利者自居，还仍然坚持和平解放西藏的一贯方针。中央督促西藏当局，周总理直接通过印度给西藏地方政府做工作，我进驻昌都的部队和工作人员大力开展统战宣传工作，以实际行动影响群众,继续争取和谈。阿沛·阿旺晋美和西藏地方政府在昌都的其他官员,在我党我军影响下也两次上书达赖喇嘛力主和平谈判。在政策的感召和从各方面进行大量的工作之后,达赖喇嘛终于面对现实,抛弃了幻想,派出了阿沛·阿旺晋美为首的西藏地方政府和谈代表团。

1951年4月16日,西藏和谈代表阿沛·阿旺晋美一行到达重庆后,受到各方面的代表和群众的热烈欢迎,邓小平同志和贺龙司令员等西南党政军领导于19日接见并宴请了他们。小平同志向他们讲述了我们党争取和平解放西藏的10大政策,一再坦诚而又坚定地表示我们是要认真执行的,还说了争取达赖从亚东回来和和平进军的好处,希望他们消除隔阂和猜疑,使谈判成功。并高度评价阿沛在关键时刻深明大义,从西藏广大人民的利益出发而主张和谈的历史性选择。

5月23日,中央人民政府和西藏地方政府签订了和平解放西藏办法的协议。为了贯彻毛主席关于在西藏"一切工作必须慎重稳进"的方针,邓小平同志言简意赅地向进藏部队提出了具体的要求。如为了防止进藏部队带着阶级斗争的框框,看不惯西藏农奴主对农奴的压迫剥削,犯急性病,违犯政策,他就提出遇到这类问题要睁一只眼闭一只眼。这样就使干部战士很易理解,大大减少了抵触情绪,提高了遵守和执行政策的自觉性。

第四章
邓小平评点中共将帅

一、为毛泽东思想作出了贡献——邓小平评点朱德

邓小平评点原文

奥：你谈到还有其他人对毛泽东思想作出了贡献，这些人是谁？

邓：老一辈的革命家。比如说，周恩来总理、刘少奇同志、朱德同志等等，还有其他许多人都作了贡献。很多老干部都有创造，有见解。

——《邓小平文选》第 2 卷，第 352 页，《答意大利记者奥琳埃娜·法拉奇问》，1980.8.21

朱德人物简介

朱德（1886—1976），字玉阶，原名朱代珍，曾用名朱建德，1886 年 12 月 1 日生于四川省仪陇县一个佃农家庭。1909 年初到昆明考进云南陆军讲武堂，同年加入孙中山领导的革命团体中国同盟会。1911 年 10 月在云南参加辛亥革命武装起义。1915 年 12 月参加反对袁世凯复辟

| 第四章 |
邓小平评点中共将帅

帝制的战争。1917年7月任滇军旅长,在四川参加反对北洋军阀段祺瑞的护法战争。1921年春任云南陆军宪兵司令部司令官,云南省警务处长兼省会警察厅长等职。

在十月革命和五四运动的影响下,他逐渐接受马克思主义。1922年8月为寻求革命真理赴德国,在柏林结识周恩来和其他共产党人,加入中国共产党。曾在德国格丁根市一所大学里留学。1925年年内返回柏林,当选为中国国民党驻德支部执行委员,因积极从事革命活动两次被德国政府逮捕,并被驱逐出境。1925年7月到苏联学习军事。1926年夏回国,受中共中央派遣到四川军队中进行革命工作。1927年初到江西南昌创办国民革命军第三军军官教育团,培训革命军事干部。

朱德

1927年7月第一次国共合作破裂后,参加领导八一南昌起义,任起义军第九军军长。起义军南下广东后,主力在潮汕地区被国民党军队击败,他率领余部转至湖南南部,发动农民起义,建立苏维埃政权。1928年4月率部万余人上井冈山,同毛泽东领导的部队会合;随即成立工农革命军(不久改称红军)第四军,任军长,毛泽东任党代表。他和毛泽东指挥部队多次战胜国民党军的"进剿"、"会剿",创建了井冈山革命根据地。

1929年1月和毛泽东率部向江西南部和福建西部进军,为建立中央革命根据地奠定了基础。1930年8月任中国工农红军第一方面军总司令、中国工农红军总司令。1931年11月中华苏维埃共和国临时中央政府成立,任中央革命军事委员会主席。他先后同毛泽东、周恩来一起指挥红军战胜了国民党军队对中央革命根据地的四次大规模军事

"围剿"。

1934年1月在中共六届五中全会上当选为中央政治局委员。1934年10月参加长征。1935年1月在贵州召开的中共中央政治局扩大会议（即遵义会议）上，支持毛泽东的正确主张。长征途中同红四方面军领导人张国焘分裂共产党和红军的活动进行了坚决的斗争。

1937年7月抗日战争爆发后，任国民革命军第八路军总指挥（不久改称国民革命军第十八集团军总司令），率领八路军开赴华北前线，协同国民党军队对日作战，取得平型关等战斗的胜利，尔后指挥八路军各部深入敌后，开展游击战争，建立和扩大了许多抗日根据地。曾先后兼任第二战区东路军总指挥和第二战区副司令长官，指挥所辖部分国民党军队与八路军共同作战，维护了国共两党合作抗日的局面。1940年5月返回延安，提出"南泥湾政策"，开展大生产运动，以打破国民党对陕甘宁边区的经济封锁。1945年4—6月在中国共产党第七次全国代表大会上作《论解放区战场》的军事报告。在中共七届一中全会上，当选为中央政治局委员，中央书记处书记。

在解放战争中，任中国人民解放军总司令。1947年3月同刘少奇等组成中共中央工作委员会，到华北进行中央委托的工作。他亲临华北前线指导作战，取得了清风店、石家庄战役的胜利，开创了攻克坚固设防城市的先例。在战略决战阶段，他协助毛泽东组织和指挥了辽沈、淮海、平津三大战役。1949年4月和毛泽东一起发布中国人民解放军渡长江南下的作战命令，最后推翻了蒋介石在中国大陆的统治。

他在长期的军事生涯特别是革命战争的实践中，积累了丰富的军事经验，并逐步形成一整套适合人民军队建设和作战需要的关于带兵、练兵、养兵、用兵等重大军事问题的理性认识。在中国红军初创时期，他同毛泽东共同总结了"敌进我退，敌驻我扰，敌疲我打，敌退我追"的十六字诀，成为红军游击战争的基本指导原则。以后又写了许多军事

第四章
邓小平评点中共将帅

论文，论述运动战、山地战、隘路战、遭遇战、追击战、袭击战、攻坚战、歼灭战等战术思想，对毛泽东军事思想的形成和发展作出了杰出的贡献。

1949年10月1日中华人民共和国成立时，任中央人民政府副主席、中国人民解放军总司令，在1954年9月第一届全国人民代表大会上当选为中华人民共和国副主席，在第二、三、四届全国人民代表大会上连续当选为全国人大常务委员会委员长。在1956年9月中共八届一中全会上当选为中央政治局常务委员，并任中共中央副主席、中央军委副主席。1955年9月被授予中华人民共和国元帅军衔。他是以毛泽东为核心的中共第一代领导集体的重要成员。参与制定党的路线、方针和政策。他极其关心并积极主张加强中国人民解放军的现代化、正规化建设，及时提出一系列正确的建军方针和原则，对陆、海、空和装甲兵、炮兵等诸军兵种的建设和发展，对军事院校工作和培养现代军事人才等工作倾注了大量心血。为了探索社会主义建设的规律，他把更多的精力用于调查研究，对发展工业、矿业、农业、商业、外贸、财政、交通等项事业，都提出过不少中肯的意见和重要的主张。他一贯主张发展多种经济形式和实行多种经营方式，主张勤俭建国、勤俭持家。对于经济建设中"左"的错误，提出纠正意见。建国初期，兼任中共中央纪律检查委员会书记，为加强执政党的建设，维护党的组织纪律，克服党内各种不良倾向，保持党的优良作风，进行了大量卓有成效的工作。他还多次出国访问、会见外国领导人，增进了中国人民和各国人民的友谊。在"文化大革命"期间，他曾遭到林彪、江青集团的侮辱和打击，但受到毛泽东的保护。1976年7月6日在北京逝世。主要著作收入《朱德选集》。

逸闻趣事

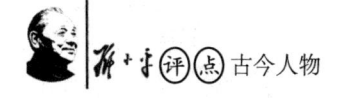

"朱毛"合作的佳话

1927年8月1日,朱德与周恩来等人领导了南昌起义,打响了武装反抗国民党反动派的第一枪,成为新型人民军队的主要缔造者。1928年4月。他与陈毅率领湘南起义后组建的革命武装,与毛泽东领导的秋收起义队伍在井冈山会师,组成了中国工农革命军第四军,朱德任军长,毛泽东任党代表,从此开始了"朱毛"合作,并为扩大革命根据地和壮大红军队伍而斗争。朱毛会师,奠定了井冈山革命根据地的基础。朱德把他从国外学到的先进军事思想、过去带兵打仗的经验与井冈山区革命斗争的实际紧密结合起来,形成了新的游击战原则:"敌进我退,敌驻我扰,敌疲我打,敌退我追。"他深刻领会毛泽东的建军思想和根据地建设思想,二人思想一致,配合默契,创造了中国革命史上"朱毛"合作的佳话。

临大节而不辱的风范

1935年1月,朱德在遵义会议上坚决支持毛泽东的正确意见,批判王明"左"倾路线,赞同毛泽东进入最高军事指挥小组。他协助毛泽东完成了著名的四渡赤水战役的指挥,并亲临前线,指挥战斗,表现得镇定自若。刘伯承称赞他"在任何困难面前,坦然如坐春风"。1935年6月红一、四方面军会师后,他坚决拥护党中央提出的北上陕甘建立革命根据地的方针。但张国焘到达阿坝后生出异心,要朱德与他联名致电中央,反对北上抗日的方针,朱德断然拒绝。张国焘不听劝告,率兵掉头向南退逃并开会围攻朱德,逼他反对毛泽东。朱德警告说,党是一个整体,不能搞分裂。张国焘想把他赶出部队,他坚决留在军中作干部、战士的思想工作,促使受蒙蔽的干部战士觉悟。毛泽东称赞他"斗得有理有节，临大节而不辱"，"度量如大海，意志坚如钢。"

二、历史上是有功劳的——邓小平评点彭德怀

🖊 邓小平评点原文

彭德怀同志说：没有自身参加整风的人，是不会认识整风的重要的。的确，上期党校的经验也证明了这点。许多同志对于整风的认识，都是随着整风的逐步深入而逐步深刻起来的，直到他获得了认识自己、改造自己的效果时，才从切身体验中认识到整风力量的伟大。

——《邓小平文选》第 1 卷，第 88 页，《在北方局党校整风动员会上的讲话》，1943.11.10

过去常说十次路线斗争，现在应该怎么看？彭德怀同志那一次也不能算了。

——《邓小平文选》第 2 卷，第 293 页，《对起草〈关于建国以来党的若干历史问题的决议〉的意见》，1980.3.19

彭德怀同志的意见是正确的，作为政治局委员，向政治局主席写信，也是正常的。尽管彭德怀同志也有缺点，但对彭德怀同志的处理是完全错误的。

——《邓小平文选》第 2 卷，第 295 页，《对起草〈关于建国以来党的若干历史问题的决议〉的意见》，1980.4.1

过去打仗的时候，负领导责任的，一个野战军几个人，一个兵团几

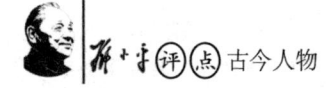

个人，一个军几个人，一个师几个人，有的师还是师长兼政委，有个把副政委，搞得蛮好。一野、三野的司令员和政委都是一个人，彭老总、陈老总，其他野战军都是两个，方便得很嘛！现在是一大堆人。

——《邓小平文选》第2卷，第410页，
《在军委座谈会上讲话》，1982.7.4

彭德怀同志历史上是有功劳的，在平江起义、抗日战争、解放战争和抗美援朝斗争中都有很大的功劳，不论他有什么错误，这些功劳都是应当充分肯定的。

——中共中央文献研究室编：《回忆邓小平》（上），第46页

彭德怀人物简介

彭德怀（1898—1974），原名得华，号石穿；于1898年10月24日出生于湖南省湘潭县石潭镇乌石寨彭家围子，按族谱所排，彭德怀取名清宗，字怀归，号得华；原名得华，号石穿；他幼年读过两年书，因家贫辍学务农，下煤窑做工；15岁时参加饥民闹粜，被官府通缉，逃到洞庭湖当堤工。

1916年入湘军当兵，痛恨帝国主义侵略和军阀黑暗统治，萌发富国强兵思想。1919年在连队秘密组织"救贫会"，后因派会员杀死一恶霸被捕，在押解途中逃脱。

1922年改名彭德怀，考入湖南陆军讲武堂，毕业后回湘军任排长、连长、营长；1926年随部队编入国民革命军，参加北伐战争，结识共产党人段德昌，开始接受共产主义思想。1927年1月于所在营成立士

彭德怀

第四章
邓小平评点中共将帅

兵委员会，订立反对帝国主义、封建军阀和维护士兵权益的会章。1928年1月升任团长，4月在大革命失败的革命低潮时期加入中国共产党；同年7月22日与滕代远、黄公略等领导平江起义，组建中国工农红军第5军，任军长兼第13师师长；率部在湘鄂赣边转战数月，建立三省边界革命根据地，后率5军主力到达井冈山，与毛泽东、朱德领导的第4军会师。

1929年1月为了配合第4军主力向赣南、闽西进军，担负留守井冈山、钳制湘赣敌军的艰巨任务；1930年6月任第3军团总指挥，率部在平江击败国民党军的进攻，乘胜攻入长沙，占领十日。

1931年11月任中华苏维埃共和国中央革命军事委员会副主席；1934年1月补选为中共第六届候补中央委员；在中央苏区历次反"围剿"中，他是前线主要指挥员之一，所率3军团屡建战功。在第五次反"围剿"中，逐渐认识到"左"倾冒险主义的危害，曾对错误的军事指挥提出严肃的批评。

1934年10月率部参加长征，在遵义召开的中共中央政治局扩大会议上，支持毛泽东的主张，会后率3军团积极执行新的作战方针，北渡赤水，回师攻占娄山关，再克遵义城，协同第1军团歼灭大量反扑之敌，取得第一方面军长征后第一个大胜利。

1935年6月第一方面军同第四方面军会合后，他坚决拥护北上方针，反对张国焘的分裂活动。9月，第1、3军合编为陕甘支队，任司令员。10月，与政治委员毛泽东率部到达陕北。在他率领红军勇猛打退敌军骑兵的追击后，毛泽东曾写诗赞扬他："山高路远坑深，大军纵横驰奔，谁敢横刀立马，唯我彭大将军。"同年11月，任西北革命军事委员会副主席、第一方面军司令员。参与指挥直罗镇战役。

1936年1月补选为中共中央政治局委员，2月任中国人民红军抗日先锋军司令员，与毛泽东等指挥部队东渡黄河，挺进山西，宣传抗日，扩大红军；5月任西方野战军司令员兼政治委员，率部西征宁夏、陇东，迎接第二、第四方面军北上会师；10月底任红军前敌总指挥部总指挥，参与指挥山城堡战役。

抗日战争爆发后，任中共中央军委委员、八路军副总指挥（第18集团军副总司令）。与朱德总司令指挥八路军开赴华北前线，配合国民党军作战，取得平型关等战斗的胜利。尔后在华北敌后领导发动群众，扩大抗日武装，建立抗日根据地，指挥部队开展独立自主的游击战争；在与日军进行频繁战斗的同时，并与制造磨擦的国民党顽固派进行了坚决的斗争。1940年，在华北发动大规模的交通破袭战（史称百团大战），沉重地打击了日伪军，使全国军民受到鼓舞。

1942年8月代理中共中央北方局书记，统一领导对敌斗争、整风学习、大生产和减租减息运动，实行精兵简政，领导华北军民渡过抗日战争最艰苦的阶段。

1943年9月回延安参加整风运动。1945年6月当选为中共第七届中央政治局委员，并被任命为中央军委副主席兼总参谋长，协助毛泽东、朱德指挥对日军的大反攻。

解放战争时期，任西北野战军（后为第一野战军）司令员兼政治委员、中国人民解放军副总司令。1947年3月初，国民党军胡宗南等部20多万人重点进攻陕甘宁解放区时，指挥仅2万余人的陕北部队和后勤机关，同十倍于己的敌军作战；在中共中央和解放军总部主动撤出延安后，根据毛泽东提出的作战方针，采取拖疲敌人的"蘑菇战术"，伺机集中优势兵力各个歼灭敌人，在一个半月内连续于青化砭、羊马河、蟠龙镇三战三捷，后又在沙家店歼敌两个旅，挫败国民党军对陕北的重点进攻，扭转了西北战局，有力地配合了人民解放军在其他战场的作战；1948年2、3月间率部在宜川、瓦子街一举歼敌五个旅，于4月22日收复延安。彭德怀出奇制胜，以劣势兵力战胜优势兵力的指挥艺

第四章

邓小平评点中共将帅

术,丰富了毛泽东军事思想。

1949年在解放军向全国进军的形势下,运用军事进攻与和平谈判方式,解放西北五省。任中共中央西北局第一书记、西北军政委员会主席、西北军区司令员。

中华人民共和国成立后,任中央人民政府人民革命军事委员会副主席。

1950年10月,当美帝国主义侵略朝鲜、严重威胁中国边境安全时,他坚决拥护抗美援朝的决策,出任中国人民志愿军司令员兼政治委员,指挥中国人民志愿军,同朝鲜人民军一起,在七个月内连续进行五次战役,把以美国为首的"联合国军"赶回到"三八"线,迫使其转入战略防御,接受停战谈判。经过两年边打边谈,于1953年7月签订停战协定。朝鲜民主主义人民共和国最高人民会议常务委员会授予他"朝鲜人民共和国英雄"称号。1952年4月回国,主持中共中央军委日常工作。从1954年9月起任国务院副总理兼国防部长和国防委员会副主席;他以极大的魄力,领导实行军队组织机构和重大制度的改革,改善武器装备,组建技术兵种,举办各类军事学校和研究机构,实施正规的军政训练,建立第一线国防筑城体系,促进人民解放军在保持优良传统的基础上,实现从单一兵种到诸军兵种合成军队的历史性转变。

1955年被授予中华人民共和国元帅军衔和一级八一勋章、一级独立自由勋章、一级解放勋章;1956年被选为中共第八届中央政治局委员。

1959年7月,彭德怀在中共中央政治局扩大会议(庐山会议)期间,不顾个人安危,为民请命,勇于直言,写信给毛泽东主席,对"大跃进"和人民公社化运动中的错误提出批评,遭到错误的批判,并在中共八届八中全会上被错定为"右倾机会主义反党集团"的首领,免去国防部长等职务。

庐山会议原本是为了"纠左"，但会后却在全国展开了"反右倾运动"（反对以彭德怀为首的"右倾机会主义"错误），上万名党员受到了批判与非人道待遇；其中大部分党员在1962年被平反，恢复了工作；但毛泽东设下了底线："谁都能平反，唯独彭德怀不能平反。"

1962年6月，彭德怀愤然给中共中央和毛泽东写信（八万言书），反驳庐山会议强加给他的不实之词，坚持真理，再次受到错误的批判和审查——贺龙受命成立彭德怀专案组进行审查，但无结果。

1965年9月23日，毛泽东在中南海最后一次接见彭德怀，对其承认"也许真理在你那边"，并对在场的其他中央领导同志称，"我过去反对彭德怀同志是积极的，现在要支持他也是诚心诚意的。对老彭的看法应当是一分为二，我自己也是这样……在我的选集上，还保存你（彭德怀）的名字。为什么一个人犯了错误，一定要否定一切呢？"

彭德怀最终被派往四川担任中共中央西南局"三线"建设委员会第三副主任一职——在另一个特殊的战场上，他顾全大局，忍辱负重，高举真理之旗，进行艰苦卓绝的工作；他正气凛然，威武不屈，用生命做了最后抗争的可歌可泣的悲壮历程。

1966年，"文化大革命"爆发后，彭德怀又遭到林彪、"四人帮"反革命集团的无端诬陷和严重迫害，被红卫兵从成都押回北京，惨遭批斗、关押，他据理斗争，坚贞不屈；由于长期的摧残和折磨，他身患结肠癌，于1974年11月29日14时52分在北京含冤辞世。

1978年12月，中共十一届三中全会为彭德怀同志平反昭雪，恢复名誉；同月24日，中共中央在北京人民大会堂为他与陶铸同志同时举行了隆重的追悼大会，邓小平同志亲致悼词。

第四章
邓小平评点中共将帅

逸闻趣事

横刀立马长征路

在长征途中，彭德怀支持毛泽东的主张，四渡赤水，回师娄山关，再克遵义城，巧渡金沙江。与红四方面军会师后，他危难之中受命，出任陕甘支队司令，北上与陕北红军会师。1935年10月，红军到达吴起镇后，敌骑兵4个团追了上来，毛泽东说："我们打退追敌，不要把敌人带进根据地。"彭德怀立即布置歼敌阵势，一举将追敌击溃。战斗胜利后，毛泽东高兴地赋诗赞扬彭德怀："山高路远坑深，大军纵横驰奔。谁敢横刀立马？唯我彭大将军！"足见毛泽东对彭德怀军事才能和功绩的肯定。但彭德怀不居功自喜，立即把诗的最后一句改为"唯我英勇红军"，将原诗奉还毛泽东。

保家卫国赴朝鲜

1950年秋，美国出兵朝鲜并轰炸中国东北地区，国家面临着再次遭受侵略的威胁。在是否出兵朝鲜的问题上，彭德怀坚决支持毛泽东的出兵主张。中央原定派林彪率兵入朝，但林彪称病推辞。彭德怀临危受命，出任中国人民志愿军司令员兼政治委员，率军入朝作战。他利用美韩军队毫无顾忌地分兵冒进的机会，下令志愿军发起突击，把美韩军队赶回清川江以南，第一次战役初战告捷。11月24日，美军全线进攻，彭德怀诱敌深入，发挥中国军队夜战、近战特长，将美军击退至"三八线"。之后发起第三次战役，突破"三八线"，经过第四次、第五次战役将战线稳定在"三八线"附近。被美国朝野誉为'一代战神'的麦克阿瑟成了彭大将军的手下败将，迫使美国在停战协议上签字。"联合国军"总司令克拉克伤感地说："美国上将在一个没有打胜的停战书上签字，这在美国历史上是第一次。"在这场现代化的战争中，彭德怀

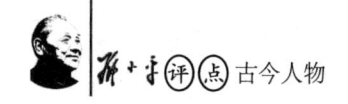

以大无畏的气魄和敢于斗争、敢于胜利的精神，战胜了拥有第一流现代化技术装备之敌，打出了国威军威，取得了抗美援朝、保家卫国的伟大胜利。

三、阴谋篡党夺权——邓小平评点林彪

邓小平评点原文

可是从一九五九年林彪主管军队工作起，特别是在他主管的后期，军队被搞得相当乱。

——《邓小平文选》第 2 卷，第 1 页，
《军队要整顿》，1975.1.25

林彪主张就学"老三篇"（后来加成"老五篇"，是割裂毛泽东思想。

——《邓小平文选》第 2 卷，第 36 页，
《各方面都要整顿》，1975.9.27、10.4

林彪否定毛泽东思想，说"老三篇"就代表了毛泽东思想。林彪还把毛泽东思想同马克思列宁主义割裂开来。这是对毛泽东思想的严重歪曲，极不利于我们的党和社会主义事业，极不利于国际共产主义运动。

——《邓小平文选》第 2 卷，第 42 页，《完整地
准确地理解毛泽东思想》，1977.7.21

林彪、"四人帮"早就勾结在一起，阴谋篡党夺权。林彪对军队毒

第四章
邓小平评点中共将帅

害很大。

——《邓小平文选》第 2 卷，第 122 页，《在全军政治工作会议上的讲话》，1978.6.2

近些年来，林彪、"四人帮"使工会工作完全瘫痪。他们扶植一批坏人，把持一部分工人团体，使它们成为自己篡党夺权的工具。他们在工人中煽动派性，煽动武斗，煽动停工停产，反对各厂矿企业的革命干部、劳动模范和工会积极分子，并加以野蛮的迫害和摧残。他们制造各企业和整个工业、整个国民经济的无政府状态，反对社会主义的计划经济，反对各尽所能、按劳分配的原则，反对一切合理的规章制度，破坏劳动纪律。他们的这一切反革命罪行造成了极为严重的后果。

——《邓小平文选》第 2 卷，第 134 页，《工人阶级要为实现四个现代化作出优异贡献》，1978.10.11

林彪、"四人帮"宣传什么"全面专政"，对人民实行封建法西斯专政，我们已彻底粉碎了这个专政。

——《邓小平文选》第 2 卷，第 168 页，《坚持四项基本原则》，1979.3.30

一九六六年本来是中国经济经过几年调整得到迅速发展的一年，但是林彪、"四人帮"一闹，经济受到了严重破坏。

——《邓小平文选》第 2 卷，第 171 页，《坚持四项基本原则》，1979.3.30

林彪……是反革命集团。

——《邓小平文选》第 2 卷，第 293 页，《对起草〈关于建国以来党的若干历史问题的决议〉的意见》，1980.3.19

林彪人物简介

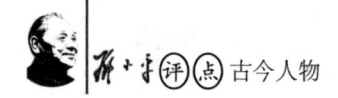

林彪（1907—1971），原名祚大，字阳春，号毓蓉。曾用名育蓉、育荣。生于湖北黄冈林家大湾。曾在武昌共进中学读书，1923年6月加入中国社会主义青年团。1925年在"五卅"反帝运动影响下，参加学生运动，曾出席在上海召开的全国学生联合会第七次代表大会。同年冬，考入黄埔军校第4期，在校转入中国共产党。1926年10月毕业后，被分派到国民革命军第4军独立团（后改编为第25师73团）任见习排长。次年4月，参加武汉国民政府举行的第二次北伐，任连长。

林彪

1927年8月参加南昌起义，任起义军第11军25师73团连长。南昌起义军在广东潮（安）汕（头）地区受挫后，随朱德、陈毅转战闽粤赣湘边界。1928年1月参加湘南起义，任工农革命军第1师1营2连连长。同年4月，随军转到井冈山，先后任中国工农红军（初称工农革命军）第4军28团营长、团长，参加了井冈山革命根据地的反"进剿"、反"会剿"斗争。1929年1月，随朱德、毛泽东挺进赣南、闽西，3月任红4军1纵队纵队长（亦称司令员）。1930年6月任红1军团4军军长，1932年3月任红1军团总指挥（后称军团长），率部参加了文家市、长沙、吉安、赣州、漳州、南雄水口、乐安宜黄、金溪资溪等重要战役和中央苏区第一至第五次反"围剿"，曾多次指挥所部担任战役战斗的主攻任务。先后被选为中共红一方面军总前委委员、中共苏区中央局委员、中华苏维埃共和国第一、二届中央执行委员和中央革命军事委员会委员。1934年10月中央红军开始长征，率部参加突破国民

170

党军第一、第二、第三、第四道封锁线和强渡乌江等作战。1935年1月,参加了中共中央在贵州遵义召开的政治局扩大会议,会后指挥红1军团参加四渡赤水、巧渡金沙江、强渡大渡河、夺占泸定桥等作战。同年7月,红1军团在中央红军与红四方面军会师后改称第1军,任军长。9月,任红军陕甘支队副司令员兼第1纵队司令员。11月,陕甘支队到达陕北恢复第一方面军番号后,仍任红1军团军团长,随后率部参加了直罗镇战役和东征战役。1936年6月,任中国人民抗日红军大学校长,后兼政治委员。1937年1月,红大改称中国人民抗日军政大学,继任校长兼政治委员,并兼任抗大第一分校校长和政治委员。

抗日战争爆发后,任八路军115师师长和该师军政委员会书记,并任中共中央革命军事委员会和军委前方分会委员,率部挺进华北前线,首战平型关,重创日军华北方面军第5师,取得全国抗战开始后第一个大胜利。1938年3月在山西行军途中被晋绥军哨兵开枪误伤,返回延安治疗。同年冬,赴苏联就医。1942年2月回国抵达延安,参加整风运动,任中共中央党校管理委员会成员。同年10月—1943年7月曾赴重庆,与周恩来一起就克服内战危机,继续合作抗日问题同蒋介石谈判。1945年4月,参加中共第七次全国代表大会,当选为中央委员。8月,当选为中共中央军委委员。

抗日战争胜利后被派往山东,拟任山东军区司令员,途中奉命转赴东北,先后任东北人民自治军总司令,东北民主联军总司令兼政治委员,东北军区、东北野战军司令员兼政治委员和中共中央东北局书记,并兼任东北军政大学校长等职。指挥了四平、新开岭、三下江南四保临江和东北1947年夏、秋、冬攻势和辽沈决战等重要战役,解放东北全境。1948年底率部入关,任人民解放军平津前线司令员和中共平津前线总前委书记,与罗荣桓、聂荣臻一起,统一指挥东北野战军和华北军区部队进行平津战役。1949年3月,东北野战军改称第四野战军,任司令员。5月兼任华中军区司令员，并任中共中央华中局第一书记，先后指挥了宜沙、湘赣、衡宝、广东等战役，解放中南广大地区。在解放战争时期，他总结部队的作战经验，提出了"一点两面"、"三三制"、"四组一队"、"四快一慢"等一系列战术原则。他关于战斗作风和战术问题的多次讲话曾印发部队指导作战和训练。

中华人民共和国成立后，任中南军政委员会（后改为中南行政委员会）主席、中南军区兼第四野战军司令员、中共中央中南局第一书记以及第一届全国政协常务委员等职。1951年11月，任中央人民政府人民革命军事委员会副主席。1954年起，任国务院副总理和国防委员会副主席。1955年4月，在中共七届五中全会上被补选为中央政治局委员。9月，曾被授予中华人民共和国元帅军衔和一级八一勋章、一级独立自由勋章、一级解放勋章。1958年5月，在中共八届五中全会上被增选为中央政治局常委和中共中央副主席。1959年9月，兼任国防部长，旋任中共中央军委副主席，主持军委日常工作。1969年4月，在中共九届一中全会上继任中央政治局常委、中共中央副主席和中央军委副主席。"文化大革命"中，他与陈伯达、黄永胜、吴法宪、叶群、李作鹏、邱会作等结成反革命集团，同江青反革命集团互相勾结，有预谋地诬陷迫害党和国家领导人，阴谋夺取党和国家的最高权力。1971年9月8日，他下达反革命武装政变手令，企图谋害毛泽东，另立中央。阴谋败露后，于9月13日乘飞机外逃，在蒙古人民共和国温都尔汗地区机毁身亡。1973年8月20日，中共中央决定开除其党籍。1981年1月25日被中华人民共和国最高人民法院特别法庭确认为反革命集团案主犯。

第四章
邓小平评点中共将帅

📖 逸闻趣事

邓小平同林彪的斗争

1960年3月25日,邓小平在中共中央天津会议上的讲话中尖锐地指出:"现在的主要问题是把毛泽东思想用得庸俗了,什么东西都说成是毛泽东思想。例如,一个商店的营业额多一点就说是毛泽东思想发展了,打乒乓球也说是运用了毛泽东思想。"

他还说:一定要把毛泽东思想这个旗帜掌握好。光讲毛泽东思想。不提马克思列宁主义,看起来好像是把毛泽东思想抬高了,实际上是把毛泽东思想的作用降低了。对待毛泽东思想是一个很严肃的原则性的问题,不能庸俗化,庸俗化对我们不利,对国际共产主义运动也不利。

针对林彪割裂毛泽东思想科学体系内容的做法,邓小平主张历史地、全面地、发展地去理解和运用毛泽东思想。他说:"毛泽东同志在这一个时间,这一个条件,对某一个问题所讲的话是正确的。在另外一个时间,另外一个条件,对同样的问题讲的话也是正确的;但是在不同的时间、条件对同样的问题讲的话,有时分寸不同,着重点不同,甚至一些提法也不同。所以我们不能够只从个别词句来理解毛泽东思想,而必须从毛泽东思想的整个体系去获得正确的理解。"

1975年9月、10月间,邓小平在农村工作座谈会上,认为林彪把毛泽东思想庸俗化的影响和流毒还在起作用,必须把它作为全面整顿的重要内容。他严肃地指出:"我总觉得现在有一个很大的问题,就是怎样宣传毛泽东思想。林彪把毛泽东思想庸俗化的那套做法,罗荣桓同志首先表示不同意,说学习毛主席著作要学精神实质。当时书记处讨论,赞成罗荣桓同志的这个意见。林彪主张就学'老三篇'(后来加成'老五篇'),是割裂毛泽东思想。毛泽东思想有丰富的内容,是完整的一套,怎么能够只把'老三篇'、'老五篇'叫做毛泽东思想,而把毛泽东同志的其他著作都抛开呢？怎么能够抓住一两句话、一两个观点，就片面地进行宣传呢？割裂毛泽东思想这个问题，现在实际上并没有解决。比如文艺方针，毛泽东同志说，要古为今用，洋为中用，百花齐放，推陈出新。这是很完整的。可是，现在百花齐放不提了，没有了，这就是割裂。现在相当多的学校学生不读书，这也不符合毛泽东思想。毛泽东同志反对的是教育脱离实际、脱离群众、脱离劳动，并不是不要读书，而是要读得更好。毛泽东同志给少年儿童的题词是'好好学习，天天向上'嘛。还有，毛泽东同志讲了四个现代化。还讲过阶级斗争、生产斗争、科学实验是三项基本社会实践，现在却把科学实验割裂出来了，而且讲都怕讲，讲了就是罪，这怎么行呢？恐怕在相当多的领域里都存在怎样全面学习、宣传、贯彻毛泽东思想的问题。毛泽东思想紧密联系着各个领域的实践，紧密联系着各个方面工作的方针、政策和方法，我们一定要全面地学习、宣传和实行，不能听到风就是雨。"

邓小平在1977年7月召开的党的十届三中全会上又讲道："林彪否定毛泽东思想，说'老三篇'就代表了毛泽东思想。林彪还把毛泽东思想同马克思列宁主义割裂开来。这是对毛泽东思想的严重歪曲，极不利于我们的党和社会主义事业，极不利于国际共产主义运动。"他要求做理论工作的同志，要花相当多的功夫，从各个领域阐明毛泽东思想的体系，要用毛泽东思想的体系来教育我们的党，来引导我们前进。

正是由于邓小平从60年代初就反对林彪把毛泽东思想庸俗化，并同罗荣桓一起对林彪的错误做法进行过抵制和一针见血的批评，这竟成了邓小平反对毛主席和毛泽东思想的一大罪状，在"文化大革命"中受到批判。林彪不仅不接受党内同志的批评，反而因此对邓小平恨之入骨，在"文革"中，他利用党的"左"倾错误，打着"高举"的旗号，恶毒攻击邓小平，企图将邓小平彻底打倒，并置于死地而后快。

| 第四章 |

邓小平评点中共将帅

四、中国布尔什维克——邓小平评点刘伯承

🔑 邓小平评点原文

我同伯承同志认识，是在一九三一年，那时我们都在江西中央苏区。后来都参加了长征。而我们共事，是在抗战以后。五年来，我们生活在一块，工作在一块。我们之间感情是很融洽的，工作关系是非常协调的。我们偶然也有争论，但从来没有哪个固执己见，哪个意见比较对，就一致地做去。

——《邓小平文选》第1卷，第30页，《庆祝刘伯承同志五十寿辰》，1942.12.15

伯承同志对于自己的使命，是兢兢业业以求实现的。过去的事情不用谈它，单以最近五年来说，奉命坚持敌后抗战，遵行三民主义、抗战建国纲领和党的政策，未尝逾越一步。他对于上级命令和指示，从未粗枝大叶，总是读了又读，研究了又研究，力求适应于自己的工作环境而加以实现，在实行中，且时时注意着检查，务使贯彻到底。"深入海底"，差不多是他日常教导同志的口语。

——《邓小平文选》第1卷，第30页，《庆祝刘伯承同志五十寿辰》，1942.12.15

假如有人问，伯承同志有无缺点呢？我想只有一个，就是他除了读书工作之外，没有一点娱乐的生活。他没有烟酒等不良嗜好，他不会下棋打球，闲时只有散散步，谈谈天。他常常批评自己，对于时间太"势利"了。难道这真是他的缺点吗？这只能说是同志们对他的健康的

关怀罢了。

——《邓小平文选》第1卷,第30页,《庆祝
刘伯承同志五十寿辰》,1942.12.15

伯承早年从军,戎马一生。在辛亥革命后的护国护法战争中,他就是"手执青锋卫共和"的一员猛将。我至今保存着他赠给的一九一五年所摄的照片,那时,他二十二岁,风华正茂,雄姿英发。就在第二年讨袁战争的四川丰都之役,他率部冲锋陷阵,头部连中两弹,失去右眼。他在大半个世纪中,指挥了无数次战役战斗,九处负伤,屡建战功,以足智多谋的"独目将军"闻名于世。

——《邓小平文选》第3卷,第185页,
《悼伯承》,1986.10.21

伯承同志是我党我军的大知识分子,大军事家。他的军事指挥艺术和军事理论造诣,在国内外屈指可数。他熟谙兵法,博采古今中外军事学术精华,运用于中国的革命战争。

——《邓小平文选》第3卷,第185页,
《悼伯承》,1986.10.21

一九四二年冬天,太行山区军民和延安的同志祝贺伯承五十寿辰的时候,他曾说过:离开党,像我们这些人,都不会搞出什么名堂来的。他接着还说了这样一段话:如果我去世的时候,能在我墓上立一块碑,上书中国布尔什维克刘伯承之墓,那就是我莫大的安慰。

回顾伯承为共产主义事业所走过的战斗历程,他的卓越贡献,他的坚强党性,中国布尔什维克——这个意味着真正共产党人的光荣称号,他是受之无愧的。

——《邓小平文选》第3卷,第185页,《悼伯承》,1986.10.21

| 第四章 |

邓小平评点中共将帅

刘伯承人物简介

刘伯承（1892—1986），原名刘明昭，字伯承。1892年12月4日生于四川省开县赵家场。5岁读私塾，12岁开始接受新式教育。15岁时因父病故、家庭困难，被迫辍学务农，饱尝生活艰辛，立志"拯民于水火"。1911年，当辛亥革命的风暴席卷神州大地之际，毅然选择了从军之路。当时，亲朋好友多不赞成此举，他却慨然作答："大丈夫当仗剑拯民于水火，岂顾自己一身之富贵？"他剪掉辫子，怀着富国强兵的强烈信念，投入了

刘伯承

孙中山领导的民主革命。1912年2月考入重庆蜀军政府开办的将校学堂，学习各门近代军事课程，同时熟读中国古代兵书，《孙子》、《吴子》等经典名著的许多章节出口能诵。在将校学堂10个月，他不但学业出众，而且以举止端正、操守有持、恶习不沾闻名全校，被同学们称为军中"菩萨"。1912年底毕业后被分派到川军第5师熊克武部，先后任司务长、排长、连长。1913年参加四川讨袁之役，失败后于1914年在上海加入孙中山领导的中华革命党。1915年底奉命返回四川，拉起400余人的队伍，组成川东护国军第4支队。1916年3月在指挥攻打丰都县城时，右眼中弹致残。在疗伤过程中，他为了不损害脑神经，强忍钻心的疼痛，坚持不施麻药，被为其主刀的德国医生赞叹为"军神"。1917年参加护法战争，任川军第5师第9旅参谋长、四川督军署警卫团团长。1923年参加讨伐北洋军阀吴佩孚的战争，任东路讨贼军第1路指挥官，取得驰援龙泉驿等战斗的胜利。8月在作战中右腿负重伤。在成都治疗期间，结识川籍共产主义者杨闇公、吴玉章，开始接受马克思

主义。

　　1924年10月起，随吴玉章到上海、北京、广州等地考察国民革命形势和中国社会现状，途中所见所闻，使他坚定了共产主义信仰。1926年5月经杨闇公、吴玉章介绍，正式加入中国共产党。12月任中共重庆地委军事委员会委员，奉命与杨闇公、朱德等发动泸（州）顺（庆）起义。由于他熟知川军情况且素负众望，被赋予"国民革命军川军各路总指挥"的重任。在历时167天的起义过程中，他调兵遣将，进退有方，安民治政，措置裕如，有力地策应了北伐战争，实现了中共中央关于抑制四川军阀部队东下威胁武汉的战略目的。1927年4月被武汉国民政府任命为暂编第15军军长，这是中共党员在国民革命军中被任命的第一个军长职务。7月下旬秘密转赴南昌，与周恩来、贺龙、叶挺、朱德等领导了震惊中外的南昌起义，任中共前敌委员会参谋团参谋长。同年底奉派赴苏联学习军事，先入莫斯科高级步兵学校，后转入伏龙芝军事学院。刚到苏联时，为攻克俄文关，他"视文法如钱串，视生字如铜钱，汲汲然日夜积累之；视疑难如敌阵，惶惶然日夜攻占之，不数月已能阅读俄文书籍矣"。

　　1930年夏学成回国，先后任中共中央军事委员会参谋长、长江局军委书记兼参谋长、中央军委委员，协助中央军委书记周恩来处理军委日常工作，举办短期军事训练班，并负责讲授暴动方略、游击战、运动战等课程。1932年1月前往中央苏区首府瑞金，任中央军事政治学校校长兼政治委员。10月任中国工农红军总参谋长，协助朱德、周恩来在前方指挥作战，取得第四次反"围剿"作战的胜利。期间，撰写《现在游击队要解答的问题》、《到敌人后方开展游击战争的几个教训》等，并翻译多篇苏军教材和理论文章，促进了红军干部军事素质的提高。1934年在第五次反"围剿"中，因反对共产国际派来的军事顾问李德在作战指挥上的教条主义和专横作风而被撤销总参谋长职务，降任

| 第四章 |

邓小平评点中共将帅

第 5 军团参谋长。

长征初期,协助军团长董振堂执行后卫任务,掩护中央机关通过国民党军四道封锁线。1934 年底复任红军总参谋长,兼中央纵队司令员。1935 年 1 月指挥先遣部队突破乌江,智取遵义,甩开了敌军主力,使伤亡大半、疲惫不堪的中央红军获得了一次难得的短期休整。遵义会议上,他坚决拥护毛泽东的主张。会后,协助毛泽东等组织指挥了四渡赤水、二进遵义等战役,使部队跳出了敌军包围圈,直插云南北部,并亲率干部团抢占皎平渡,保障全军渡过天险金沙江。5 月兼任红军先遣队司令,同政治委员聂荣臻率部进入大凉山,与彝族首领小叶丹歃血为盟,使全军顺利通过彝族聚居区。继而指挥所部在安顺场强渡大渡河,打开红军北上的通路。红一、红四方面军会合后,坚决执行中共中央关于北上抗日的方针,在逆境中和朱德一起同张国焘的分裂活动进行了斗争,被张国焘撤销总参谋长职务,降为红四方面军红军大学校长。1936 年 10 月红军三大主力会师后,任前敌总指挥部参谋长、红军总参谋长、援西军司令员等职。

抗日战争爆发后,任八路军 129 师师长,和政治委员邓小平一起,率部奋战在太行山上。面对不可一世的日本侵略军,他经常用"勇是男儿头上的桂冠"、"无角绵羊受欺压,有蛰的黄蜂不可侮"等话语来激发将士们的对敌斗争信心。他指挥部队先后进行了夜袭阳明堡、设伏七亘村以及长生口、神头岭、响堂铺、晋东南反"九路围攻"、冀南反十一路"扫荡"、百团大战中的正太榆辽等一系列著名战役战斗,给侵华日军以沉重打击,创建了晋冀鲁豫抗日根据地。他坚决执行中共中央、中央军委的战略方针,积极组织正规军、游击队和民兵相结合的游击集团,并组建大量武装工作队,实行"敌进我进",向敌占区、交通线广泛出击,粉碎了日伪军的频繁"蚕食"和残酷"扫荡"。与此同时,他率部多次反击国民党顽固派对根据地的进犯,牢牢把紧太行山这道华北抗日根据地的"南大门",使"平辽半壁山"得以免遭敌寇的践踏涂炭。1942年,他与邓小平领导根据地军民实行生产自给,减租减息,精兵简政,度过了抗日战争最为艰苦的岁月。1943年9月赴延安参加整风运动。1945年6月当选为中共第七届中央委员。

日本投降后就任晋冀鲁豫军区司令员,于1945年9—11月率部发起上党战役和邯郸战役,歼北犯的国民党军近6万人,并争取其第十一战区副司令长官兼新编第8军军长高树勋率部起义,有力地配合了中共在重庆与国民党的谈判,打破了蒋介石北进的战略企图,为实现党中央"向北发展,向南防御"的方针作出重要贡献。内战全面爆发后,兼任晋冀鲁豫野战军司令员,与邓小平指挥所部以大踏步的运动战,于1946年8月—1947年5月先后取得陇海、定陶、巨野、鄄城、滑县、巨金鱼、豫皖边、豫北等一系列战役的胜利,歼敌数十万,解放大片地区,挫败国民党军的战略进攻,有力配合了其他战场的作战。1947年6月30日,根据中共中央、毛泽东关于"大举出击,经略中原"的战略决策,与邓小平率领晋冀鲁豫野战军主力12万人在300里正面上一举突破国民党军"黄河防线",发起鲁西南战役。他采取"攻其一点,吸其来援,啃其一边,各个击破"战法,指挥部队经过28天连续作战,取得歼敌4个整编师6万余人的重大胜利,揭开了人民解放军战略进攻的序幕。8月,刘邓大军分三路挥师南下,开始了千里跃进大别山、直捣国民党统治腹心的壮举。途经汝河时,在前有阻敌、后有追兵的紧急关头,提出"狭路相逢勇者胜"的响亮口号,并和邓小平亲临前卫团指挥作战,终于杀开一条血路。随后,在远离根据地、无后方作战的困难条件下,粉碎敌人33个旅对大别山的重点进攻。继而与出击陇海线的华东野战军外线兵团、挺进豫西的陈谢集团密切协同,在江淮河汉之间大量歼灭敌人,逐步在鄂豫皖边地区完成战略展开,实现了中央和毛泽东设想的最好前途——站稳脚跟,创建巩固的根据地。经过10个多

第四章

邓小平评点中共将帅

月的艰苦作战，歼敌 30 余万人，解放县城 100 余座，开辟并扩大了中原解放区，形成三路大军互为犄角、机动歼敌、逐鹿中原的大好局面，迫使国民党军陷于被动防御地位，对扭转全国战局起了决定性的作用。毛泽东把以刘邓大军挺进大别山为起点的战略进攻称作中国革命"历史的转折点"。

1948 年 5 月起任中原军区、中原野战军、第二野战军司令员。11月，根据中央军委决定，与邓小平、陈毅、粟裕、谭震林组成总前委，统一指挥中原、华东两大野战军进行淮海战役，同徐淮地区的国民党军主力进行战略决战。他战前提出："我们的打法是夹其额、揪其尾、断其腰，置之于死地而后已。"战役第一阶段，在歼灭黄百韬兵团的同时，他和邓小平、陈毅根据战场实际情况，果断地指挥部队截断徐蚌铁路，使徐州之敌完全陷入孤立。接着他和邓小平指挥中原野战军主力在双堆集地区围歼黄维兵团，成为淮海战役承前启后的关键一仗。整个淮海战役以歼敌 55 万余人的巨大胜利而告终，大大地加速了全国解放战争的胜利进程。1949 年 4 月参与指挥渡江战役，实施京沪杭会战，并亲自指挥第二野战军主力分三路直出浙赣铁路，解放了皖南、浙西、赣东北、闽北广大地区。南京解放后任中共南京市委书记兼市长、南京市军事管制委员会主任。11 月与邓小平率部进军西南，12 月任西南军政委员会主席、中共中央西南局第二书记。他出色地执行了毛泽东提出的远距离迂回包围的作战方针，扼敌侧背，断敌逃路，各个歼敌，同时通过军事打击和政治争取，促成大批国民党上层军政人员率部起义和投诚，在近半年的时间内共歼敌约 90 万人，解放四川、云南、贵州三省和西康省大部，彻底粉碎了蒋介石割据西南、伺机反攻的企图。与此同时，他还领导了剿匪作战和进军西藏的准备工作，为巩固西南边疆作出了开拓性的贡献。

1950 年 11 月建议并受命在南京组建中国人民解放军军事学院，任院长兼政治委员。为了办好这所人民解放军第一个诸军兵种合成的高等学府，他呕心沥血，鞠躬尽瘁，亲自培训师资、撰写审定和翻译教材，常常是"三更灯火五更鸡"，宵衣旰食，手不释卷。他通过在军事学院陆续创立海军、空军、炮兵、装甲兵、防化兵、情报等系，繁衍发展了我军诸军兵种齐全的指挥院校体系，培养了大批德才兼备的中高级军官。他在教育训练军事人才方面所作出的贡献，对国防和军队建设有着深远的影响。1954年起先后任中央人民政府人民革命军事委员会副主席、国防委员会副主席、军委训练总监部部长。1955年9月获一级八一勋章、一级独立自由勋章、一级解放勋章。1957年9月调任高等军事学院院长兼政治委员。1959年任中央军委战略小组组长。1962年参与指挥中印边境自卫反击战。1966年起任中共中央军委副主席。直至耄耋之年，他一如既往地关心国防事业和军队建设，适时为中央军委、总部出谋划策。他提出的许多极富远见卓识的战略性建议，在加强国防建设和保卫边疆的作战中发挥了重要作用。1982年后，由于年龄和健康原因辞去党政军领导职务。1986年10月7日在北京逝世。

逸闻趣事

威震川中的独眼将军

1912年春，刘伯承考入重庆军政府将校学堂，选入速成班学习，毕业后被派到蜀军第5师任排长。1915年底，他奉命组织革命武装，成立川东护国军第4支队，参加护国战争。他作战勇敢，指挥有方，所向披靡，初步展现了杰出的军事才华，被誉为川中名将。1916年3月，他在攻克四川丰都县城的作战中右眼致残，此后被人誉为"独眼将军"。

千里跃进大别山

1947年6月30日，刘伯承率12万大军在濮县至东阿间一举突破黄河防线，发起鲁西南战役，揭开了人民解放军战略进攻的序幕。他随即远离根据地，挺进中原，千里跃进大别山，深入国民党统治的腹心地区，依靠人民群众，立足生根，并多次打破敌重兵围攻，10个月共歼敌34万余人，解放县城一百余座，开辟和扩大了中原解放区，迫使蒋介石从陕北和山东抽调10个旅回援。国民党军由重点进攻转入战略防御，从而使全国战局发生了变化。

五、所见高明　完全赞成——邓小平评点贺龙

邓小平评点原文

团中央和全国体育总会建议请你当主任。我和总理商量了，也感到由你来当最合适。

——《邓小平与二十世纪政治人物》（上），第166页，
北京出版社、团结出版社

贺总所见十分高明，我完全赞成。你们只要坚决地不折不扣地遵照执行，就能胜利。

——《邓小平与共和国将帅》，第172页，解放军文艺出版社

贺龙人物简介

贺龙（1896—1969），原名贺文常，字云卿。1896年3月22日，贺龙出生在湖南省桑植县洪家关一户贫苦农民家庭。由于家境贫寒，念

私塾五年，便辍学务家。少年的贺龙以愤世嫉俗，仗义疏财，敢于同恶势力相抗争而闻名乡里。在辛亥革命的影响下，于1914年参加了孙中山领导的中华革命党，在桑植、石门、沅陵等县从事反帝反封建的武装斗争。曾三度入狱，威武不屈。1916年，他以两把菜刀闹革命，夺取了反动派的武器，组织起一支农民革命武装。这支武装在军阀林立的旧社会，屡遭失败，几经起落，在贺龙的坚强领导下，逐渐发展壮大，在讨袁护国和护法战争中屡建战功。

贺龙

1924年至1927年中国第一次国内革命战争期间，贺龙积极拥护孙中山先生"联俄、联共、扶助农工"的三大政策，高举打倒列强、打倒军阀的旗帜，率部参加北伐战争。1926年夏，他担任国民革命军第九军第一师师长时，已成为北伐军中著名的左派将领。1927年6月，由于战功卓著，升任国民革命军第二十军军长。他不断追求真理，在北伐战争中，逐渐由信仰三民主义转变为信仰共产主义。1927年"四一二"事变后，革命转入低潮，贺龙无所畏惧，坚定地站在共产党和工农大众一边，率部参加并参与领导了南昌起义，担任起义军总指挥。在起义部队南下途中，经周逸群、谭平山介绍，加入中国共产党。

南昌起义后，贺龙根据党中央的指示，于1928年初由上海回到湘鄂西，领导发动荆江两岸年关暴动和湘西起义，与周逸群、段德昌等创建了红二军团和湘鄂西革命根据地。他反对党内"左"倾机会主义路线所搞的肃反扩大化。1934年10月，率部与任弼时、肖克、王震等带领的红六军团在黔川边境会师，由他和任弼时统一指挥，发起湘西攻势，在十万坪、浯溪河重创敌军，兵围常德，有力地策应了红一方面军

第四章

邓小平评点中共将帅

突围长征。1935年2月至8月,他和任弼时指挥红二、六军团反"围剿",在陈家河、桃子溪、忠堡、板栗园连获大捷,歼灭了整师整旅的敌人,粉碎了十万国民党军队的"围剿",开辟了湘鄂川黔边革命根据地。1935年11月,贺龙、任弼时领导红二、六军团开始长征。他们突破国民党军队的重重围追堵截,转战湘鄂川黔滇康青甘。1936年7月,根据中共中央指示,红二、六军团在甘孜组成红二方面军,贺龙任总指挥。与朱德、刘伯承、任弼时、关向应等对张国焘分裂党、分裂红军的阴谋进行了坚决的斗争,维护了党的团结,促进了红军三大主力胜利会师。

抗日战争开始后,红军改编为国民革命军第八路军,贺龙任八路军120师师长。1937年9月,率师主力东渡黄河,挺进敌后,配合国民党军队对日军发起忻口战役,取得了雁门伏击战等胜利。后转入晋西北管涔山区,率部粉碎日军对晋西北的进攻,接连收复岢岚、五寨等七座县城,开辟了晋西北抗日根据地。1938年底奉命率部挺进冀中,任冀中军政委员会书记,指挥120师和八路军第三纵队转战冀中平原,先后在大曹村、曹家庄、邢家庄、黑马张庄,四战四捷。他指挥的河间齐会战斗,是抗日战争中平原歼灭战的范例。在这次战斗中,他身中毒气,仍坚持指挥,为部队作出表率。1939年9月,在晋察冀边区指挥了著名的陈庄战斗。1940年率部返回晋西北,担任晋西北军政委员会书记和晋西北军区司令员,领导晋西北军民粉碎了日军多次"扫荡",指挥晋绥军民"把敌人挤出去",创造了许多光辉战例。他领导晋绥人民进行政权建设和经济建设,使晋绥根据地不断扩大和巩固。1942年6月,他担任陕甘宁和晋绥联防军司令员,为陕甘宁和晋绥两个根据地的建设作出了杰出贡献。在党的第七次全国代表大会上,他当选为中共中央委员。

日军投降后,贺龙率领晋绥部队主力挥师北上,解放了晋中广大地区，并与聂荣臻指挥的晋察冀部队一起进行了绥远战役、晋北战役，协同晋冀鲁豫部队发起了吕梁、汾孝战役，打退了国民党军队向解放区的进攻，歼灭了敌人的有生力量。解放战争开始后，贺龙奉命协助彭德怀组织指挥西北战场部队，并主持后方根据地的建设，负责陕甘宁和晋绥的财经工作。他积极领导根据地人民进行土地改革，集中边区的人力、物力、财力支援前线部队作战，为西北解放战争的胜利作出了重要贡献。

1949年12月，贺龙率华北野战军第十八兵团等部，由陕入川，配合刘伯承、邓小平指挥的第二野战军，歼敌数十万人于成都地区。西南各省解放后，贺龙任西南军政委员会副主席和西南军区司令员、中共西南局第三书记。他与邓小平、刘伯承一起领导了清剿土匪，恢复生产，建设边疆，以及改造起义投诚的原国民党部队等工作，为和平解放西藏，解放大西南，建设大西南，作出了卓越的贡献。

贺龙是中国共产党、中华人民共和国和中国人民解放军的一位卓越领导人。1955年被授予中华人民共和国元帅军衔和一级八一勋章、一级独立自由勋章、一级解放勋章。1954年调中央工作后，一直担任国务院副总理和中央军委副主席等重要职务。在1956年中共八届一中全会上，被选为中央政治局委员。长期以来，他积极参与领导中国社会主义经济建设和国防建设。1959年底，任国防工业委员会主任，同罗瑞卿等领导了我国的国防工作建设。1964年初，主持军委日常工作，与叶剑英、罗瑞卿等组织全军群众性的大练兵运动，有力地推动了人民军队的革命化、现代化、正规化建设。从建国初期开始，他一直兼任国家体委主任，是中国社会主义体育事业的开拓者和奠基人。在国际事务中，他协助周恩来工作，多次出访欧亚各国，为增进中国人民同世界各国人民间的友谊，进行了不懈的努力。

"文化大革命"中，贺龙遭到林彪、江青、康生一伙的残酷迫害。

第四章
邓小平评点中共将帅

他始终坚持党的原则，对林彪、江青、康生一伙进行了坚决的斗争，表现了共产党员坚贞不屈的气节和高尚品德。1969年6月9日，被迫害致死。贺龙含冤而死后，毛泽东曾说过："我看贺龙搞错了，我要负责"。毛泽东、周恩来、邓小平曾多次指示为贺龙平反。1974年9月29日中央发了《关于为贺龙同志恢复名誉的通知》。1982年10月，中共中央又作出了"为贺龙同志彻底平反的决定"。决定中充分肯定了贺龙为中国革命作出的不朽贡献。他的主要著作已收入《贺龙军事文选》。

逸闻趣事

"两把菜刀闹革命"

1916年护国战争爆发后，贺龙得知芭茅溪盐局的税警刚装备了十多支洋枪后，就向别人借了两把菜刀，砸了盐局，夺了枪支，用这十几支枪组织起一支农民武装，被任命为湘西护国军营长。这支武装在军阀林立的旧社会屡遭失败，几经起落，逐渐发展壮大，在讨袁护国和护法战争中屡建战功。"两把菜刀闹革命"的故事从此传扬开来。毛泽东在"三湾改编"中为鼓励起义军曾举此例说："贺龙两把菜刀起家，现在当军长，带出了一个军。我们现在不只两把菜刀，我们已经有了两个营的兵力，还怕干不起来吗？"

神机妙算的"草帽计"

贺龙带领红二方面军从湖南向贵州进军途中，国民党军在后面追赶，并派出飞机轰炸。一天，骄阳似火，贺龙带领军队在山林里行走，国民党飞机在空中盘旋。侦察员报告说："后面有一个团的白匪军向军队追来。"他命令把印有红五星的草帽脱下扔在路旁。顿时，漫山遍野都是草帽。后面的国民党军追了过来，看到这些草帽，立即戴上继续前

进。正在天空盘旋的国民党飞机，将戴有红五星草帽的国民党军误认为是红军，便像饿鹰扑小鸡似的俯冲下来，扔下许多炸弹，国民党军被炸得血肉横飞。红军官兵拍手称赞贺龙神机妙算。

六、态度积极　工作认真——邓小平评点陈毅

邓小平评点原文

因为反动的南京政府拒绝了人民的八项和平条件，人民解放军一部，即由刘伯承同志领导的第二野战军和由陈毅同志领导的第三野战军，奉命渡江作战。在漫长的一千多里的战线上，所有部队都无例外地顺利地完成了渡江任务。

——《邓小平文选》第1卷，第135页，《从渡江到占领上海》，1949.8.4

在上海，陈毅同志几乎每天参加一个会，甚至两个会，来说明我们的态度和政策，要求通力合作。像这样的态度，这样的工作，更增加了各方面的支持。这是接管工作做得好的原因之一。

——《邓小平文选》第1卷，第140页，
《从渡江到占领上海》，1949.8.4

过去打仗的时候，负领导责任的，一个野战军几个人，一个兵团几个人，一个军几个人，一个师几个人，有的师还是师长兼政委，有个把副政委，搞得蛮好。一野、三野的司令员和政委都是一个人，彭老总、陈老总，其他野战军都是两个，方便得很嘛！现在是一大堆人。

——《邓小平文选》第2卷，第410页，
《在军委座谈会上讲话》，1982.7.4

| 第四章 |
邓小平评点中共将帅

陈毅人物简介

陈毅（1901—1972），字仲弘；生于四川乐至复兴场张安井村。1916年就读于四川省立第一甲种工业学校。1919年赴法国勤工俭学。1921年10月因参加中国留法学生的爱国运动，被武装押送回国。1922年回到四川家乡，通过与蔡和森通信，加入中国社会主义青年团。1923年到北京中法大学文学院学习，并经颜昌颐、肖振声介绍加入中国共产党。1927年任武汉中央军事政治学校中共委员会书记。同年参加南昌起义后任国民革命军第11军25师73团政治指导员，率部参加湘南起义。第一次国共内战时期历任：中共工农革命军第1师师党代表；中国工农红军（初称工农革命军）第四军师长、军委书记、政治部主任、前委书记；第6军政治委员；中共赣西南特区委员会书记；第22军军长；江西军区总指挥兼政治委员；西方军总指挥；中共中央苏区分局委员；中华苏维埃共和国中央政府办事处主任。红军长征后，留在江西苏区，领导了南方三年游击战争。

陈毅

中国抗日战争时期历任：中共中央军委新4军分会副书记、新四军副军长、新4军第1支队司令员、江南指挥部指挥、苏北指挥部指挥、华中总指挥部代理总指挥、新4军代军长、新4军军长兼山东军区司令员。1938年被当时的中华民国国民政府授予少将军衔。1940年11月4日由于在黄桥战役中表现优异，成功分化、瓦解国民革命军第八十九军，赢得毛泽东的赞赏。

解放战争时期，历任山东军区司令员，华东军区司令员，华东野战军司令员兼政治委员，中原军区和中原野战军副司令员，第三野战军司令员兼政治委员。

建国后，陈毅任华东军区司令员兼上海市市长，人民革命军事委员会副主席。1954年任国务院副总理。1955年被授予元帅军衔，获一级八一勋章、一级独立自由勋章和一级解放勋章。1958年兼任外交部长。还曾任国务院外事办主任，外交学院院长，中国人民外交学会名誉会长，中共中央军委副主席，第一至三届国防委员会副主席，全国政协第三、四届副主席。是中共第七、九届中央委员，第八届中央政治局委员。1972年1月6日，因患直肠癌在北京逝世，终年71岁。

陈毅兼资文武，博学多才。有多种军事、政治论著和诗词著作，编为《陈毅军事文选》《陈毅诗词选集》和《陈毅诗稿》等。

逸闻趣事

陈毅对邓政委深深一揖

1948年10月，当邓小平政委和陈毅司令员指挥罢郑州战役，来到淮海前线时，淮海战役第一阶段正如火如荼地进行着。

粟裕副司令员、谭震林副政委指挥华东野战军，把黄百韬兵团的12万人马包围在碾庄地区约18平方公里一块荷叶形圆圈里。为了保证东线顺利歼敌，邓政委和陈司令员亲率中原野战军一、三、四、九主力纵队，由商丘附近的朱口、柘城等地，进驻徐州西南的临涣集。11月15日以迅雷不及掩耳之势攻占宿县，切断了徐州同蚌埠的联系。

在部署这次行动时，邓政委和陈司令员把中野一、三、四、九纵队首长找到了自己的驻地，在作战室里开会。

四位纵队首长分坐在两条长凳上，隔着一张条桌，邓政委、陈司令员则坐在对面。邓小平说话逻辑清晰，言简意赅。他说道："切断徐、蚌线，占领宿县，可以北拒徐州，堵住徐州之敌南逃的后路；可以南阻蚌埠，切断南线敌人北援之交通。这样就可以制止孙元良兵团东援，夹住黄维兵团北上，为华野部队歼灭黄百韬兵团创造条件。如黄百韬兵团被歼，蒋介石称为生命线的津浦路，就要切断了！"

杨勇、陈锡联、陈赓、秦基伟等纵队首长们目不转睛地注视着邓小平。他稍稍提高了声音，大声说道："为了这个目的，在淮海战场上，只要能保证东线华野各部队顺利歼敌，我们能歼灭敌人南线主力，中野就是打光了，全国各路解放军还可以取得全国胜利，这个代价是值得的！"

听着邓小平这番充满豪情，又感人肺腑的话语，作为华东野战军司令员兼政委的陈毅，被深深地感动了。为了保证兄弟部队的胜利，而不惜牺牲自己的部队，这是何等高尚的品格啊！陈毅拱起双手，深深地一揖："我要感谢邓政委、感谢各位纵队司令员！"

说着，陈毅司令员跟邓政委一起，把杨勇、陈锡联、陈赓、秦基伟等纵队首长送出作战室。邓政委跟他们一一握手。陈司令员有感于此，大声朗诵了明世宗嘉靖帝《送毛伯温》的名篇："大将南征胆气豪，腰横秋水雁翎刀。"他摸摸要走的同志腰间的枪柄，继续朗诵："风吹鼍鼓山河动，电闪旌旗日月高。天上麒麟原有种，穴中蝼蚁岂能逃。太平待诏归来日，朕与先生解战袍。"

鼍鼓响而山河动，剑器冲而南斗平。11月15日，经过10个小时激战，我中野一、三、四、九纵队在邓政委、陈司令员指挥下，攻克宿县城，歼敌万余，生擒敌津浦路护路总司令张绩武，控制了津浦线190余里，切断了徐蚌之间的铁路联系。为淮海战役下一步作战打下了良好的基础。

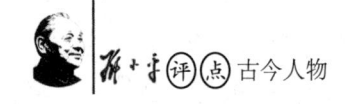

陈毅、邓小平一家亲

解放战争后期,邓小平和陈毅与夫人、子女团聚了,尽管他们仍旧日夜忙碌,但开始有了家庭生活的温馨。陈毅和邓小平呢,回到家里后,有时或两人一起下围棋,或一起在花园散步,或一起陪客人进餐,显得十分融洽。两位大首长住在一个院子,在今天肯定有许多不便,可是邓、陈两家却比一家人还和睦友爱。有一天,他们忽然来了兴致,居然把各自的夫人、子女都找来合影留念,使我们今天有幸重睹当年这十分感人的一幕——陈毅坐在正当中,大腹便便,潇洒倜傥,派头十足,张茜竟是那么年轻漂亮,头上还扎着头绳,一点儿也不像三个孩子的母亲。邓小平和卓琳也显得很是年轻,英姿勃发,而几个孩子也都很小……这是陈、邓两家友谊的真实写照。

整个京沪杭战役胜利结束后,总前委的历史使命胜利完成。

刘、陈、邓根据中央命令各司其职,陈毅留华东任华东军区司令员、上海市市长。邓小平将和刘伯承一起挥戈向大西南进军。

邓小平在离开上海即将和陈毅及其一家分手时,邓小平在小本子上工工整整地记下了陈毅的电话号码:

市长办公室:15630 家中(湖南路262号):79649

1952年,邓小平从西南调到中央工作,任中央政务院副总理。1954年,陈毅从华东调中央工作,任国务院副总理。从此,在长达12年的时间里,他们共同协助周恩来总理工作。1957年,邓小平一家搬进了中南海。在一条胡同里排列着四个四合院:一院为李富春家,二院为谭震林家,三院为邓小平家,四院为陈毅家。从此,邓小平便和陈毅毗邻而居,打开邓小平家的后窗,便是陈毅家的小前院,故而两家来往更多,友谊也与日俱增。

在这里,他们两家共同度过了一些令人难忘的好时光。当时,陈、邓都是中央政治局委员，都是国务院副总理，两人总是一块儿开会，一会儿是中央的会，一会儿是国务院的会，一会儿又是一号（毛泽东）那儿的会，一天到晚总是在工作，总是在开会，总是忙个不停。

七、为人朴实　诚恳厚道——邓小平评点罗荣桓

邓小平评点原文

我总觉得现在有一个很大的问题，就是怎样宣传毛泽东思想。林彪把毛泽东思想庸俗化的那套做法，罗荣桓同志首先表示不同意，说学习毛主席著作要学精神实质。当时书记处讨论，赞成罗荣桓同志的这个意见。

——《邓小平文选》第2卷，第36页，
《各方面都要整顿》，1975.9.27、10.4

毛泽东思想是个思想体系。我和罗荣桓同志曾经同林彪作过斗争，批评他把毛泽东思想庸俗化，而不是把毛泽东思想当作体系来看待。我们要高举旗帜，就是要学习和运用这个思想体系。

——《邓小平文选》第2卷，第39页，《"两个凡是"
不符合马克思主义》，1977.5.24

罗荣桓同志为人朴实、诚恳和厚道，是大家所知道的，罗在干部中是很有威信的。

——薛庆超：《历史转折关头的邓小平》，《"九一三"事件后
邓小平给毛泽东的信》，中原农民出版社1996年8月版

罗荣桓人物简介

罗荣桓（1902—1963），中国军事家，政治家。中华人民共和国元帅，中国人民解放军创建人和领导人之一。1902年11月26日生于湖南省衡山县寒水乡南湾村（今属衡东县）。从1919年起先后在长沙协均中学和青岛大学读书，曾参加反对军阀和帝国主义的爱国活动。1926年秋在青岛大学预科毕业后赴广州，旋回家乡组织农民协会，进行反对土豪劣绅的斗争。

罗荣桓

1927年4月到武昌中山大学读书，加入中国共产主义青年团，随即转入中国共产党。同年7月被派往鄂南通城从事农民运动，参与组织通城、崇阳农民武装，任党代表。这支武装在江西修水编入武昌国民革命军第2方面军总指挥部警卫团，他任特务连党代表，参加湘赣边秋收起义。经三湾改编到井冈山，历任中国工农红军（初称工农革命军）第4军的连、营、纵队党代表。积极建立军队基层的共产党组织，实行民主制度，尊重爱护士兵，反对军阀作风。

1929年底参加中共第四军第九次代表大会（古田会议），被选为4军前敌委员会委员。1930年8月任第4军政治委员。1932年3月任第1军团政治部主任。在第一至第四次反"围剿"斗争中，领导部队的政治工作，同时组织部队发动群众，打土豪、分田地，筹粮款、扩大红军队伍。第四次反"围剿"后，改任江西军区政治部主任，总政治部巡视员、动员部部长，曾兼任扩大红军突击队总队长。领导扩红工作成绩卓著。

1934年1月被选为中华苏维埃共和国中央候补执行委员，获红星

第四章

邓小平评点中共将帅

奖章。同年9月任第8军团政治部主任。长征中8军团撤销，他先后任总政治部巡视员、第1军团政治部副主任。到陕北后，参加了东征战役。1936年6月入中国人民抗日红军大学学习，并兼任培训高级干部的第一科政治委员。1937年1月任军委后方政治部主任，7月任第1军团政治部主任。

抗日战争初期，任八路军第115师政治部主任。1937年9月，率师政治部和少数部队，在晋冀边界的阜平、曲阳、灵寿一带发动群众，组织抗日武装，建立抗日民主政权。1938年到吕梁山地区，与代师长陈光指挥午城、井沟和薛公岭等战斗，保卫了黄河河防。同年秋参加扩大的中共六届六中全会，随后任115师政治委员。1939年3月初与陈光率115师师部和主力一部进入山东，参与指挥樊坝、梁山等战斗，重创日伪军。他坚决执行中共中央关于在统一战线中坚持独立自主的原则，强调团结抗日的友军和爱国进步人士，孤立和打击制造摩擦的国民党顽固派。他率领的115师部队，与山东人民抗日起义武装组成的八路军山东纵队并肩作战，先后在鲁西、鲁南、冀鲁边、鲁中、滨海地区发动群众，建立抗日民主政权，发展人民武装，巩固和扩大抗日根据地。

1941年8月任山东军政委员会书记。同年冬，日伪军5万余人"扫荡"鲁中抗日根据地，中共中央山东分局和115师师部等领导机关被日伪军合围于沂水留田一带。他准确地分析敌情，掌握时机，出敌不意地率部向日军占领区临沂方向转移，跳出敌人重围。后又返回根据地中心地区，领导军民坚持斗争，挫败日军在山东进行的规模最大的一次"扫荡"。1943年3月任山东军区司令员兼政治委员，115师政治委员、代师长，后任中共中央山东分局书记，统一领导山东抗日民主根据地的党政军工作。他重视党的思想建设和组织建设，领导了整风运动。在抗日战争最艰难的岁月，领导山东军民进行精兵简政，实行主力部队地方化，加强连队基层建设，开展分散性、群众性游击战争，针对日军对根据地的"扫荡"和"蚕食",提出"敌人打过来,我们就打过去"的"翻边战术",扭转了山东抗日根据地的被动局面。

1944年开始组织一系列战役,实行局部反攻,巩固、发展了山东抗日根据地。1945年指挥部队在山东进行大反攻,控制山东境内的津浦、胶济、陇海铁路,收复除济南、青岛少数城市之外的山东大部地区。1945年6月,被选为中共第七届中央委员。抗日战争胜利后,率山东主力部队6万余人进军东北,任东北民主联军副政治委员、东北军区第一副政治委员、东北野战军政治委员。他强调打破和平幻想,准备长期作战,积极贯彻中共中央"让开大路、占领两厢"的战略方针,曾提出发动群众,创建东北根据地的建议。他组织领导了东北地区大兵团作战中的政治工作。1947年在部队中推广第3纵队诉苦教育经验,增强指战员的战斗意志,提高部队战斗力。这一经验后经毛泽东批示在全军推广。

在辽沈战役中,他坚决执行中共中央军委关于先打锦州把国民党军封闭在东北予以全歼的战略决策,对夺取战役胜利起了重要作用。他还曾主持组建二线兵团,为主力部队输送了大量兵员。

1949年1月任第四野战军第一政治委员。他作为中共平津前线总前委委员和人民解放军平津前线政治委员,参与指挥平津战役,主持和平解放北平的谈判工作。1949年6月以后被任命为中共中央华中局(后为中南局)第二书记,华中军区(后为中南军区)第一政治委员。

中华人民共和国成立后,任最高人民检察署检察长。1950年4月任人民解放军总政治部主任,同年9月兼任总干部管理部部长,1954年6月任中央人民政府人民革命军事委员会副主席,1955年11月任中共中国人民解放军监察委员会书记。他在领导全军政治工作中,强调发扬人民军队政治工作的优良传统,保证人民解放军的正规化、现代化建设,并主持制定《中国人民解放军政治工作条例(草案)》,领导"向

第四章
邓小平评点中共将帅

文化大进军",提出"系统的、联系实际的、稳步前进的"部队政治理论教育方针。

1952年领导筹建人民解放军政治学院,后兼任院长。他善于团结和使用各方面的干部,领导建立干部工作制度,加强干部工作建设。60年代初,他根据实事求是的原则,强调学习毛泽东思想的立场、观点、方法,反对林彪把学习毛泽东思想庸俗化。从1959年12月起,他在中共中央军委还分管民兵工作,曾任人民武装委员会主任,强调民兵工作要在地方党委领导下,围绕生产,结合中心任务进行,进一步明确了和平时期民兵建设的方向。他是中共第八届中央政治局委员,第一、第二届全国人大常委会副委员长,国防委员会副主席。

1955年被授予中华人民共和国元帅军衔和一级八一勋章,一级独立自由勋章、一级解放勋章。

从1942年起经常带病指挥作战,1946年曾切除一侧肾脏,以后长期抱病工作,1963年12月16日病逝于北京。毛泽东作诗《吊罗荣桓》,给予高度评价。

逸闻趣事

小平一个战壕共生死

1935年底,红军长征到了陕北后,进行了直罗镇战役,邓小平和罗荣桓在一个山头上共同"观战"。就在这时,二人突然遭到一小股敌人袭击,火力密集,子弹嗖嗖地从身旁飞过,情况相当危急。他们身上的大衣,也被敌人的子弹打了几个洞,万幸的是人没有负伤。正在危急之时,原红七军的一个连猛冲上来,解了他们的围。

邓小平拍拍身上的尘土,诙谐地说:"咱们真是一个战壕生死与共啊!"

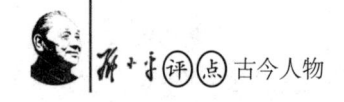

解放战争时期，邓小平和罗荣桓各在一个独立战区或一个方面军担任政治委员，相互接触不多。解放后，他们长期住在北京，一个是中共中央总书记，一个是中共中央政治局委员、总政治部主任，同为国家栋梁，来往自然多起来，两个家庭也产生了亲密的友谊。

八、出奇制胜的高手——邓小平评点徐向前

邓小平评点原文

徐向前同志每次都讲要多办学校，这个意见很好、很对。宁肯少几个兵，少几个机关人员，也要把学校办好，让多一点人进学校。

——《邓小平文选》第 2 卷，第 289 页，《精简军队，提高战斗力》，1980. 3. 12

徐总真是出奇制胜的高手。

——《邓小平与共和国将帅》，第 116 页，解放军文艺出版社

徐向前人物简介

徐向前（1901—1990），中国人民解放军创建人和领导人，军事家。原名徐象谦，字子敬。生于山西五台永安村。1917 年因贫困失学，当过杂货店学徒。1919 年春考入山西国民师范速成班，受五四运动影响，参加进步活动。1921 年毕业后曾在阳曲县和五台县河边村任小学教员，均因向学生宣传爱国主义、反封建思想，被校方辞退。

1924 年 4 月，考入黄埔军校第 1 期。9 月被编入孙中山卫队前往韶关参加北伐誓师。毕业后留校任排长。在校期间，积极参加由共产党员

第四章
邓小平评点中共将帅

组织领导的青年军人联合会活动。1925年春参加讨伐军阀陈炯明的第一次东征。后到国民军第2军第6混成旅任教官、参谋、团副等职。1926年11月到武汉后,任南湖学兵团政治指导员。1927年3月加入中国共产党,4月任武汉中央军事政治学校队长。曾率学生队参加反击叛军夏斗寅部,后被派往国民革命军第二方面军,任司令部参谋。

大革命失败后到上海,被中共中央军委派赴广州,在工人赤卫队中任第6联队队长,

徐向前

秘密进行起义的组织工作和军事训练。广州起义中率队苦战3昼夜,后转往海陆丰地区,先后任工农革命军第4师10团党代表、4师参谋长、师长,与彭湃等领导开展东江武装斗争。

1929年6月,被中共中央军委派往鄂东北,先后任中国工农红军第11军31师副师长,中共鄂豫边特委委员,鄂豫边革命委员会军事委员会主席。指挥弱小的红军挫败国民党军队发动的3次"会剿",歼灭大批地主武装,扩大了武装割据地区。同年11月,与31师党代表戴克敏共同总结鄂豫边斗争的经验,起草《军事问题决议案》,提出领导边区武装斗争的方针,运用集中作战与分散游击、号召群众参加红军作战、敌进我退和敌退我进、采取跑圈的形式等游击战争的原则,使鄂豫边红军的建设和游击战争的发展进入了一个新的发展阶段。1930年春,任红1军副军长兼第1师师长。乘军阀在中原地区混战之机,率部转战于平汉铁路(今北京—汉口)南段,连克云梦、光山、罗田等县城。1931年初,红1军与红15军合编为红4军,任军参谋长。协助军长旷继勋等指挥部队,在地方武装配合下,以避强击弱、声东击西、灵活多变的战法,连续挫败国民党军对鄂豫皖苏区的第一、第二次"围剿"。

199

7月任红4军军长，与政治委员曾中生率部南下，1个月内，连克英山、罗田、浠水、广济四城，歼敌7个多团。11月，当选为中华苏维埃共和国中央革命军事委员会委员，任中国工农红军第四方面军总指挥兼红4军军长。1931年5月，正当国民党军筹划第三次"围剿"时，先敌之机，以"飘忽"战术在外线寻歼敌人，采取围点打援、诱敌深入、击敌一路、各个歼灭的方针，组织指挥了黄安、商潢、苏家埠、潢光4次进攻性战役，歼敌正规部队近40个团6万余人，使国民党军对鄂豫皖苏区的第三次"围剿"计划破产，鄂豫皖红军至此发展到4万余人，根据地也迅速扩大，在26个县建立了苏维埃政权，人口达350万。在此期间，对张国焘军事指导的错误和"肃反"的错误进行了抵制和斗争。

1932年10月，由于敌人强大和张国焘战略指导的错误，红四方面军未能打破国民党军的第四次"围剿"，主力2万多人被迫撤出鄂豫皖苏区。在向西转移中，因敌众我寡，四面受敌，在鄂陕边界漫川关陷入困境。他坚决反对张国焘提出的化整为零、分散打游击的错误主张，果断指挥部队集中突围，转危为安。随后，他指挥部队翻秦岭，涉汉水，越过大巴山，历尽艰苦，行程1500余公里，连续击破国民党军10余万人的围追堵截，胜利地进入四川通江、南江和巴中地区，开辟了川陕苏区。1933年2月起，采取以逐步收紧阵地为特点的运动战战法，取得反"三路围攻"的胜利，随后又指挥仪南、营渠、宣达等战役，并与王维舟率领的川东游击军会合，红军由入川时的1.5万人发展到8万余人，川陕根据地人口达400余万。1933年11月—1934年8月，指挥所部抗击国民党军20多万人的"六路围攻"，采取收紧阵地、节节抗击、待机反攻、重点突破的作战方针，取得歼敌8万余人的重大胜利。1934年2月，被选为中华苏维埃共和国中央执行委员。

在参与领导开创鄂豫皖和川陕苏区的斗争中，徐向前提出了一系列

第四章
邓小平评点中共将帅

建设人民军队的指导思想。他坚持共产党对军队的绝对领导,重视红军的政治建设,主张大力加强对士兵的阶级意识和土地革命教育;倡导红军内部发扬民主精神,发挥士兵委员会的作用;主张从严治军,把爱护士兵与严格管教统一起来,把民主与纪律结合起来。徐向前和红四方面军其他领导人共同制定了不拿穷人一针一线、对穷人态度要和蔼、积极宣传红军主张、获得物资要先顾伤员等10项军纪。并根据各部队的特点,因势利导,培养出一批各具进攻、防御、夜袭、追击等战术特长的"拳头"师团;注重部队的作风建设,并以身作则,严格要求,培养锻炼了红四方面军"狠、硬、快、猛、活"的战斗作风。

1935年春,徐向前指挥广昭、陕南、嘉陵江等战役后,率部长征。6月,红一、四方面军会师后,被任命为红军前敌总指挥部总指挥。参加中共中央在毛儿盖召开的军事工作会议,积极拥护中共中央北上创建川陕甘根据地的战略方针。会议期间,徐向前被增补为中共第六届中央委员,并获中央革命军事委员会授予的金质红星奖章。会后徐向前率右路军北上,指挥包座战斗,全歼国民党军第49师,打开了进军甘南的通道。同年9月,与毛泽东、周恩来、陈昌浩等联名电促张国焘率左路军北进。在中共中央和第1、第3军北上后,积极维护党和红军的团结,和红四方面军广大指战员支持朱德、刘伯承等反对张国焘分裂活动的斗争,推动部队第二次北上。1936年7月,红四方面军与红二方面军会师后,任中共中央西北局委员。8月再次率军北上,指挥了通(渭)庄(浪)静(宁)会(宁)战役。会宁会师后,10月奉中央军委命令,率红四方面军一部西渡黄河,执行宁夏战役计划。11月,奉中央军委命令任西路军军政委员会副主席兼西路军总指挥,率部继续西进,计划在河西走廊创建根据地,待机打开到新疆的通路。西路军浴血奋战4个多月,歼敌约2万人,有力地策应了河东红军的战略行动。但终因敌众我寡,弹尽粮绝而失败。根据西路军军政委员会决定,与陈昌

浩离开部队,去党中央汇报。在途中历经艰险,于1937年6月到达延安。

抗日战争爆发后,出席了中共中央在洛川召开的政治局扩大会议,被选为中共中央革命军事委员会委员。会后同周恩来赴太原与阎锡山谈判,开展抗日民族统一战线工作。8月,任八路军第129师副师长,参与指挥广阳、神头岭、响堂铺等战斗和晋东南反"九路围攻"。1938年4月率第129师和第115师各一部进入河北省南部。提出要在平原地区依靠群众建立"人山",开展游击战争,同时提出具体的战术要求和实施计划,积极组织和发动群众,扩大共产党领导下的抗日武装,建立统一战线和抗日民主政权,采取正确的政策,收编和改造各色旧式武装,反对国民党顽固派挑动的武装磨擦,创建了冀南抗日根据地。1939年1月起,参与组织和指挥冀南春季反"扫荡"。同年6月奉调山东,任八路军第1纵队司令员,统一指挥山东和苏北、皖北八路军部队,开展抗日游击战争,多次挫败日伪军的"扫荡";与此同时,坚持统一战线中独立自主的原则,积极建立抗日民主政权,普遍组织各种群众性抗日救亡团体,并对国民党顽固派进行有理有利有节的斗争。1940年底返回延安。1942年任陕甘宁晋绥联防军副司令员,后任抗日军政大学校长。1945年6月被选为中共第七届中央委员。

解放战争时期,先后任晋冀鲁豫军区副司令员、华北军区副司令员兼第1兵团(后改为人民解放军第18兵团)司令员兼政治委员。1947年6月,晋冀鲁豫军区司令员刘伯承、政治委员邓小平率主力进军大别山后,他负责主持军区的工作,并指挥留下来的少量部队和地方武装,于同年年底进行了运城战役。1948年3—5月指挥临汾战役,针对多数部队刚由各分区地方武装升级编成、新战士多、装备差、缺少攻坚经验等情况,提出"边打边建"的方针,狠抓战前战中的训练和教育,使部队战斗力迅速提高,攻克了设防坚固的临汾城。6—7月指挥晋中战

| 第四章 |

邓小平评点中共将帅

役，以巧妙的战法调动敌人，连续作战，分批歼敌，以6万兵力歼国民党军10万，解放县城14座。1948年10月—1949年4月初，带病组织指挥太原战役，任太原前线司令部司令员兼政治委员、中共太原前线总前委书记。

中华人民共和国成立后，任人民解放军总参谋长，1954年起任中央人民政府人民革命军事委员会副主席，国防委员会副主席。1955年被授予中华人民共和国元帅军衔和一级八一勋章、一级独立自由勋章、一级解放勋章。1965年起任第三、第四届全国人大常委会副委员长。1966—1987年任中共中央军委副主席。曾与刘伯承共同负责战略研究工作，并主管空军、防空军及民兵工作。在人民解放军革命化、现代化、正规化建设和国防建设中，坚持毛泽东建军思想，坚持人民军队的优良传统，重视部队和民兵的政治建设，注重军队中的人才培养、军事科学研究和武器装备的改善。"文化大革命"期间，同林彪、江青反革命集团进行了坚决斗争。1969年夏受毛泽东、周恩来委托，在陈毅主持下，与叶剑英、聂荣臻一起，全面深入研究了国际形势，为打开对外工作的新局面提出了战略性的意见和建议。1978—1980年任国务院副总理兼国防部长。1983—1987年任中华人民共和国中央军事委员会副主席。中共十一届三中全会后，强调要加强共产党对人民军队的绝对领导，国防建设要服从国家建设的大局并坚持自力更生的原则，以及实行积极防御的战略方针。是中共第八至第十二届中央委员，第八届（十一中全会补选）、第十一、第十二届中央政治局委员。1990年9月21日于北京病逝。

在战争时期和建国以后，撰写过多种军事论著。主要著作收入《徐向前军事文选》（1993）；并有回忆录《历史的回顾》，于1984年起出版。

逸闻趣事

徐向前安排邓小平同志住院

1976年,邓小平第二次被打倒,全国人民心系邓小平,徐向前对邓小平也极为关心。1976年底,邓小平患病,虽然此时"四人帮"已粉碎了,但还在继续"批邓、反击右倾翻案风"。

徐向前对此忧心如焚,亲自打电话给主持军委工作的陈锡联:"要马上安排小平同志住院治疗。"陈锡联是徐向前的老部下,对他十分尊重,陈锡联告诉徐帅:"叶帅也来过电话,已经做了安排。"直到这时,徐向前悬着的心才放了下来。

邓小平手术后,徐向前又抱病前去探望。两位老战友的心,经过"文化大革命"的风风雨雨,贴得更近了。徐向前极力支持邓小平重新工作,很赞成叶剑英的话:"邓小平是不授衔的老帅,是老帅的领班。"

九、狠抓科研 攻坚克难——邓小平评点聂荣臻

邓小平评点原文

应当肯定,过去国家科委的工作方针是正确的,是一九六三年毛泽东同志听了聂荣臻同志的汇报后批准了的。就在那次汇报会上,毛泽东同志讲到要打科学技术这一仗,不打好这一仗,生产力无法提高。

——《邓小平文选》第2卷,第52页,《关于科学和教育工作的几点意见》,1977.8.8

原子弹是一九六四年搞成功的。氢弹虽然是一九六七年爆炸的,但也不是一下子就搞出来的。这些都是聂荣臻同志抓那个一九五六年制订

第四章
邓小平评点中共将帅

的十二年科学规划打下的基础。

——《邓小平文选》第 2 卷，第 67 页，《教育战线的
拨乱反正问题》，1977.9.19

聂荣臻同志提出步子要稳当，我赞成。他有一个好意见，就是要结合，老的一下丢手不行。老的要结合中、青。

——《邓小平文选》，第 2 卷，第 411 页，《在军委
座谈会上的讲话》，1982.7.4

怎样打破军民界限、部门地方界限，合理使用，把全国的科技人员使用起来，并且使用得当，是个很大的问题。过去聂荣臻同志管过，那时管得好，人员可以按需要调动，集中使用。要落实知识分子政策，第一位的就是科技队伍的管理使用问题。人才，只有大胆使用，才能培养出来。

——《邓小平文选》第 3 卷，第 17 页，《前十年为
后十年做好准备》，1982.10.14

如果自传只讲功不讲过，本身就变成了歌功颂德，吹嘘自己，那有什么必要？至于一些同志回忆自己的历史，写一些东西，那很有益处。聂荣臻同志写的那一段亲自经历的事，很真实。

——《邓小平文选》第 3 卷，第 317 页，《改革开放
政策稳定，中国大有希望》，1989.9.4

聂荣臻人物简介

聂荣臻（1899—1992），字福骈，生于四川江津吴滩镇。五四运动时参加当地学生爱国斗争。1919 年底赴法国勤工俭学。1922 年夏就读于比利时沙洛瓦劳动大学化学工程系，同年8月参加旅欧中国少年共产党（后改称中国社会主义青年团旅欧支部）。1923年春转入中国共产党。曾任旅欧社会主义青年团执行委员会委员、训练部副主任。第一次国共合作开始后，任国民党驻巴黎通讯处处长。1924年到苏联莫斯科，入东方劳动者共产主义大学学习，1925年2月转入苏联红军学校中国班学习军事。同年9月回国，任黄埔军校政治部秘书兼政治教官，参与创建革命军队的

聂荣臻

政治工作。1926年3月"中山舰事件"发生后，同周恩来等主张针对蒋介石的阴谋进行反击。7月任中共广东区委军委特派员，参加北伐战争。北伐军攻占武昌后任中共湖北省委军委书记。1927年5月，中共湖北省委军委并入中共中央军事部后，参与军事部的领导工作。是较早懂得中国共产党必须直接掌握武装的共产党人之一。

1927年7月中旬，被周恩来指定为中共前敌军委书记，赴九江准备组织武装起义。8月1日在南昌起义中于马回岭地区组织张发奎部第25师两个多团起义，任起义军第11军党代表。起义军在广东潮（安）汕（头）地区失败后，转赴香港。同年12月，参与领导广州起义。在起义军受挫的紧急关头，与叶挺果断决定撤退，保存了部分革命武装力量。1928年后任中共广东省委军委书记，中共顺直省委组织部部长。1930年5月到上海，在中共中央特科和中央军委工作。1931年1月，任中共中央军委参谋长。1931年底进入中央苏区后，任中国工农红军总政治部副主任，曾被选为中华苏维埃共和国中央执行委员。1932年3月任中国工农红军第1军团政治委员。同月21日致电中央革命军事委员会，支持毛泽东关于红军主力向国民党统治薄弱的赣东北地区发展的

| 第四章 |

邓小平评点中共将帅

意见。4月,参与指挥漳州战役,取得重大胜利。在部队驻漳期间,坚决执行毛泽东制订的城市政策和纪律,扩大了红军的政治影响。同年冬起,与军团长林彪率部参加第四、第五次反"围剿"作战,在战斗关键时刻,均到前线指挥。1934年10月参加长征。长征中,在突破敌人第四道封锁线时,与林彪率部顽强抗击优势敌人的轮番进攻,掩护中央军委纵队等部分红军渡过湘江。1935年1月在中共中央政治局扩大会议(遵义会议)上,支持毛泽东的主张。过金沙江后,任中央红军先遣队政治委员,与司令员刘伯承一起,率部通过大凉山彝族聚居区,强渡大渡河,策应西岸红军夺取泸定桥。随后和林彪率红1军团翻雪山,过草地,攻占腊子口,为主力红军打开前进道路。其间,在红一、四方面军会合后,反对张国焘的分裂活动。到陕北后,率部参加直罗镇和东征、西征战役。1936年11月,参与指挥山城堡战役。12月,任中共中央革命军事委员会委员。

抗日战争爆发后,任八路军第115师副师长、政治委员,与师长林彪指挥平型关战斗,歼灭日军华北方面军第5师一部1000余人,取得全国抗战开始后的第一个大胜利。1937年11月,任晋察冀军区司令员兼政治委员,率领115师主力一部和党政干部共约3000人,在晋察冀边区创建敌后抗日根据地,实行党政军一元化领导,放手发动群众,扩大人民武装,开展游击战争。11月下旬起,日军2万余人向晋察冀边区发动八路围攻,他指挥部队采取开展广泛的游击战和集中主力寻机歼敌的方针,消耗、疲惫、打击敌人,在友邻部队积极配合下挫败了日军的围攻,部队发展到2万余人。1938年2—7月,为配合正面战场作战,指挥部队对平汉、平绥、正太铁路进行了三次破袭战。这一时期还派出部队开辟冀东、平西、平北等抗日根据地。由于在根据地的建立、巩固与发展中,正确执行了中共中央关于抗日战争的战略方针和各项政策,同年10月,中共六届六中全会主席团赞誉晋察冀边区是"模范抗日根

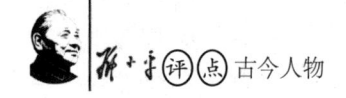

据地和统一战线的模范区"。根据中共中央基本的是游击战,但不放弃在有利条件下的运动战的方针,1938年底起,他抓紧时机整训了一批团一级的作战部队。1939年4月起指挥主力部队,在八路军120师积极配合下,接连取得大龙华、雁宿崖、黄土岭以及晋察冀边区冬季反"扫荡"作战的胜利。其中雁宿崖、黄土岭战斗,歼日军1500余人,击毙独立混成第2旅旅长阿部规秀中将。同年,他撰写了《抗日模范根据地晋察冀边区》一书,叙述了在边区发动群众,依靠群众,开展游击战争的情况,总结了创建根据地的基本经验,宣传了八路军坚持敌后抗战的业绩,产生了重大影响。到1939年,晋察冀边区发展到72个县,人口1200万,部队有31个主力团近10万人,另有民兵等地方武装数十万人。

1940年8月起,奉八路军总部命令率部参加百团大战。先后组织指挥39个团和大批地方武装对正太、津浦、平汉、北宁、沧石、沧保等铁路、公路进行破击战,破坏了日军占据的华北重要燃料基地井陉煤矿,有力地打击了日军推行的"囚笼政策"。1941年秋,在7万余日军对北岳、平西根据地大举"扫荡"时,部署主力相继转至外线,同时率领党政军机关近万人,在只有1个团的兵力掩护下,巧妙跳出合围圈,粉碎了日军围歼晋察冀边区领导机关及主力部队的企图。1942年,在斗争极其残酷,根据地日益缩小的情况下,提出"向敌后之敌后挺进"的斗争方针,组建多支武装工作队,深入敌占区,以打击和瓦解伪军、伪政权为主,相机袭击和夺取日伪军力量薄弱的据点,扩大游击区。至1943年,在敌后6年艰苦卓绝的斗争中,领导晋察冀军民挫败了敌人1万兵力以上的10次"围攻"和"扫荡",以及5次"治安强化运动",从而扭转了晋察冀边区的困难局面。1943年秋到延安参加整风运动。1945年8月11日起,根据中共中央实行全面反攻的指示,部署晋察冀军区部队对日反攻作战,解放了察哈尔(今分属河北和内蒙

第四章
邓小平评点中共将帅

古)、热河省(今分属辽宁、河北和内蒙古)全部,河北省大部,山西、绥远(今属内蒙古)、辽宁省部分地区。

抗日战争胜利后,继续任晋察冀军区司令员兼政治委员,中共晋察冀中央局书记。根据中共中央意图,陆续抽调大量晋察冀的部队和干部支持东北战场。1947年4月,指挥正太战役,置增援之敌于不顾,集中优势兵力,击敌薄弱环节,歼国民党军3.5万余人,攻克正太路沿线7城及井陉等重要矿区,使晋察冀与晋冀鲁豫解放区连成一片。同年11月,在取得清风店战役的重大胜利后,又组织所部乘胜发起石家庄战役,创攻克坚固设防重镇的范例。1948年5月,任华北军区司令员、中共中央华北局第三书记。同年3—9月,先后组织进行了察南、绥东、热西、冀东、保北、绥远等战役,共歼敌5.6万余人,有力地配合了东北人民解放军的作战。平津战役发起后,1949年1月根据中共中央决定,与林彪、罗荣桓组成平津前线总前委,统一指挥东北野战军和华北军区部队作战,取得了歼灭和改编国民党军52万人,基本上解放了华北的重大胜利;在此期间还参与领导和平谈判,推动了北平(今北京)的和平解放。2月兼任平津卫戍司令。9月,任北平市市长兼军事管制委员会主任。迅速整顿了平津地区的社会秩序,完成了和平改编国民党军华北"剿匪"总司令部所属25万人的任务。1949年6月,任人民解放军副总参谋长,主持总参谋部的日常工作。1950年初,任代理总参谋长。在中央军委领导下,负责全军的作战和军事工作,主要是部署人民解放军继续解放西南地区和东南沿海岛屿,肃清国民党残余武装和土匪,参与组织中国人民志愿军抗美援朝,以及主持人民解放军大规模精简整编,参与组建各军种、兵种领导机构和军事院校,制订军事条令、条例等。1954年任中央人民政府人民革命军事委员会副主席,主管军队武器装备工作。1955年被授予中华人民共和国元帅军衔和一级八一勋章、一级独立自由勋章、一级解放勋章。

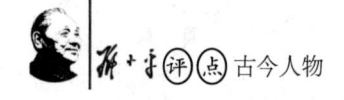

同年7月，被中共中央指定为领导原子能事业的三人小组成员。1956年4月，任国务院航空工业委员会主任。11月任国务院副总理，主管科学技术工作。1958年兼任国防科学技术委员会主任、国家科学技术委员会主任。

1959年任中共中央军事委员会副主席，主管尖端武器的研制工作。在领导国防科学技术工作中，坚持以自力更生为主、争取外援和利用资本主义国家已有的科学成果为辅的方针，贯彻中共中央的知识分子政策，充分调动了广大科技人员的积极性和创造性。1956年，在参与领导制定《1956—1967年科学技术发展远景规划纲要（草案）》的同时，组织草拟了"关于十二年科学规划对国防需要的研究项目"的意见，明确了武器装备科学研究的奋斗目标。同期，积极组建机构，组织队伍，使国防科学研究力量迅速扩大。到1960年陆续建立了导弹、原子弹、飞机、舰船和军用电子设备等研究院，并相应建成了各种尖端和常规武器的试验基地，以及必要的科研服务机构。

60年代初，在国内遇到严重困难，苏联撤走全部专家，停止一切技术援助的情况下，先后于1960年7月3日、1961年8月20日两次向中共中央和毛泽东报告，力主在独立自主、自力更生的基础上，坚持科研攻关，继续研制导弹、原子弹。在毛泽东、周恩来等领导支持下，采取突出重点，任务排队，组织全国大协作，狠攻新型原材料、电子元器件、仪器仪表、精密机械、大型设备等技术难关，进一步调整知识分子政策等一系列措施，仅用5年时间，研制成功多种导弹和原子弹，不久又研制成功氢弹，并为远程火箭、人造地球卫星、核潜艇的研制成功奠定了基础。同时在研制常规武器装备和民用科研项目方面也取得了显著成果。

在"文化大革命"中，同林彪、江青反革命集团进行了坚决斗争，被诬陷为"二月逆流"成员而受到压制和打击。1969年夏，受毛泽东、

| 第四章 |

邓小平评点中共将帅

周恩来委托,在陈毅主持下,与叶剑英、徐向前等一起,全面深入地研究了国内国际形势,为打开对外工作的新局面提出了战略性的意见和建议。中共十一届三中全会后,参与领导了人民解放军和国防事业的现代化建设,在坚持人民战争的战略方针,自力更生实现武器装备现代化,精简和完善军队编制体制,加强思想政治工作等方面做出了重要贡献。

他是中共第七至第十二届中央委员,第八届(十一中全会补选)、第十一届和第十二届中央政治局委员,第四、第五届全国人大常委会副委员长。是第一、第二、第三届国防委员会副主席。1983年6月起任中华人民共和国中央军事委员会副主席。1987年11月,辞去党内外一切职务。1992年5月14日在北京病逝。著有《抗日模范根据地晋察冀边区》(1939)、《聂荣臻回忆录》(1984)等。

逸闻趣事

主管尖端武器的研制

1954年6月,聂荣臻任军委会副主席,主管军队武器的装备工作,开始筹划国防科技战略。1956年后,他历任国务院航空委员会主任、国务院副总理兼任国防科学技术委员会主任、国家科学技术委员会主任、中中央军委副主席,主管尖端武器的研制工作。他积极组建研究机构,组织研究队伍,陆续建立了导弹、原子弹、飞机、舰艇和军用电子设备等研究院,并相应建成了各种尖端和常规武器的实验基地以及必要的科研服务机构,为中国基础理论研究工作和科学技术事业的发展做出了杰出的贡献。

"两弹一星"的幕后总指挥

1960年初,在苏联撤走全部专家和停止一切技术援助的情况下,

211

聂荣臻两次向中共中央和毛泽东报告,力主在独立自主、自力更生的基础上,坚持科研攻关,继续研制导弹和原子弹。他克服重重困难,采取突出重点、任务排队、组织全国大协作。狠攻新型原材料、电子原器件、仪器仪表、精密机械、大型设备等技术难关。仅用5年时间就研制成功了多种导弹和原子弹,不久又研制成功氢弹,并为远程火箭、人造地球卫星、核潜艇的研制成功奠定了基础。他是名副其实的"两弹一星"工程的幕后总指挥,是中国国防科技事业的卓越领导者。

十、足智多谋——邓小平评点叶剑英

邓小平评点原文

我们老干部的责任就是要认真选好接班人。我前不久出去,一路上都谈这个问题。这次叶剑英同志的国庆讲话里面也讲了。这件事要由老同志和高级干部亲自来做,搞调查研究,找人谈话,听群众意见,准备交班。

——《邓小平文选》第2卷,第221页,《高级干部要带头发扬党的优良传统》,1979.11.2

叶剑英同志代表党中央发表的国庆讲话,不单是带有总结文化大革命的意义,实际上总结了、或者说基本上总结了建国以来三十年的经验教训。

——《邓小平文选》第2卷,第244页,《目前的形势和任务》,1980.1.16

| 第四章 |

邓小平评点中共将帅

叶剑英人物简介

叶剑英（1897—1986）字沧白，广东省梅县人。1917年入云南讲武堂学习，毕业后追随孙中山投身民主革命。1927年蒋介石发动反革命政变后，曾通电反蒋，随即奔赴武汉任国民革命军第四军参谋长。同年7月秘密加入中国共产党。为发动南昌起义做了重要工作。随后又与张太雷、叶挺等领导了广州起义，任起义队伍副总指挥。1928年赴苏联入莫斯科东方劳动者共产主义者大学班学

叶剑英

习。1930年回国。1931年进入中央革命根据地，历任中央革命军事委员会委员兼总参谋部部长，中国工农红军学校校长等职，参与指挥第二、第三、第四次反"围剿"战役。1934年参加中国工农红军第一方面军的长征，任中央军委第一纵队司令员。1935年遵义会议后调任三军团参谋长，后任红军前敌总指挥部参谋长，曾及时地向党中央领导机关报告了第四方面军领导人张国焘企图危害党中央的阴谋，为党立了大功。西安事变发生后，协助周恩来同蒋介石谈判，促成了事变的和平解决和国共两党的再度合作，团结抗日。抗日战争爆发后，任改编后的国民革命军第八路军参谋长。1941年任中共中央军事委员会参谋长，协助毛泽东、朱德指挥对日作战。1945年在中共第七次全国代表大会上当选为中央委员。抗日战争胜利后，参加中共代表团，赴重庆同国民党政府代表进行停战谈判，出席政治协商会议。1946年任北平军调处执行部中共代表。为了在国民党统治区宣传中国共产党的方针和政策，领导创办了《解放》报，并与破坏、阻挠《解放》报出版发行的国民党当局作了坚决的斗争。1947年返回延安后，历任中共中央后方委员会

213

书记、军委副总参谋长、中国人民解放军参谋长，参与领导全国范围的人民解放战争。1948年12月，任北平市市长兼军管会主任、北平市军管会物资接管委员会主任。1949年1月，任北平联合办事处主任，为接管北平做了大量的工作。同年参加中共代表团，同南京国民党政府代表团进行和平谈判。后任中共中央华南分局第一书记、广东军区司令员兼政治委员。中华人民共和国成立后，历任中央人民政府委员、广东省人民政府主席、中央人民政府革命军事委员会副主席、中国人民解放军武装力量监察部部长等职。1955年被授予中华人民共和国元帅军衔。1966年任中共中央书记处书记、中央军委副主席兼秘书长，主持中央军委日常工作，在中共八届十一中全会上当选为中央政治局委员。1975年任国防部长。在1976年10月粉碎江青反革命集团的斗争中，起了决定性的作用。随后又排除阻力，坚决主张请邓小平、陈云等人担任党和国家的领导工作，主张为"天安门事件"彻底平反。1977年在中共第十一届一中全会上当选为中共中央副主席、中央军委副主席。1978年当选为第五届全国人民代表大会常务委员会委员长。1983年因年迈辞去全国人大常务委员会委员长职务。1985年同63位中共中央委员一起致函中共十二届四中全会，请求不再担任中央委员，以便进一步实现中央领导机构的新老交替。1986年10月22日在北京逝世。

逸闻趣事

稳定军政大局的中流砥柱

"文化大革命"中，叶剑英任中央军委副主席兼秘书长，主持军委日常工作。他负责主持拟定的一系列命令，经毛泽东批准颁布执行，对稳定当时的局势起到了非常重要的作用。1975年6月，他和邓小平一起，主持召开了具有重要历史意义的军委扩大会议，排除"四人帮"

的干扰，提出了整军备战和军队要整顿的根本任务及要求，强调解决部队的思想作风和组织建设问题，加强军队质量建设。

1976年10月，他在粉碎江青反革命集团的斗争中发挥了重要的作用，为党和人民立下不朽功勋。

为国共第三次合作而呼吁

1979年1月，叶剑英主持全国人大常委会通过发表了《告台湾同胞书》，指出"实现中国的统一，是人心所向，大势所趋"，并提出在海峡两岸"发展贸易，互通有无，进行经济交流"和"双方尽快实现通航通邮"的方针。1981年9月30日，他发表了著名的《关于台湾回归祖国，实现和平统一的方针政策》谈话，提出了实现祖国统一的九项具体政策，建议举行国共两党对等谈判，实现第三次国共合作。这两个文件的发表，对促进祖国和平统一大业产生了巨大影响。

十一、真正的将才——邓小平评点陈赓

邓小平评点原文

应向全军说明，我们有完全胜利的把握。首先是有陈（庚）谢（富治）兵团在伏牛山、豫西、豫南广大地区及山东大军在陇海路南北的互为配合。

——《邓小平文选》第1卷，第94页，《创建巩固的大别山根据地》，1947.8.27

你们可能注意到，从战争一开始，每一次的具体作战，指挥的都是各纵队的头头，刘邓没有亲自到战场上指挥过一个战斗行动。……也有

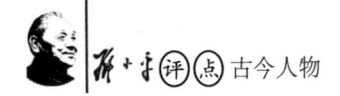

是陈赓……指挥的。我们没有发现过下面有什么不对的，也没有纠正过任何纵队领导同志指挥的战斗。

——《邓小平文选》第 3 卷，第 342 页，《对二野历史的回顾》，1989.11.20

这才是真正的将才。

——《邓小平与共和国将帅》，第 219 页，
解放军文艺出版社

陈赓打仗，越打越精了。

——《邓小平与共和国将帅》，第 226 页，
解放军文艺出版社

陈赓人物简介

陈赓（1903—1961），原名陈庶康，湖南省湘乡市龙洞乡泉湖村人。中国无产阶级革命家、军事家，国家和中国人民解放军的优秀领导者，中国人民解放军大将。

陈赓 1916 年入湘军当兵，1921 年脱离湘军，在长沙的铁路局当办事员，参加爱国运动，得到共产党人何叔衡、郭亮等的帮助，接受了共产主义思想。1922 年加入中国共产党，1924 年 5 月考入黄埔军校第一期，毕业后留校任连长、副队长，参加了平定商团和讨伐陈炯明的东征等战斗。1925 年 10 月，在第二次东征时，在华阳附近战斗失利，叛军追了过来。到前线督战的蒋介石怕被叛军俘虏，拔枪企图自杀，要"杀身成仁"，辛亏陈赓眼明手快下了校长的武器，陈赓不顾个人安危，连背带

陈赓

| 第四章 |
邓小平评点中共将帅

拖,将蒋救了出来。之后,陈赓又不眠不休,长途跋涉找到何应钦和周恩来的第一师,搬来援兵。因为这次救命之恩,1933年,陈赓在上海被捕后,蒋介石最终也睁一只眼闭一只眼地任凭中共将陈赓营救了去。

1926年秋,被派到苏联学习,1927年初回国。8月参加南昌起义,到贺龙部队任营长。失败后,由香港转赴上海。1928年起,主持中共中央特科的情报工作。1931年9月赴鄂豫皖苏区,任中国工农红军第四方面军的团长、师长。1932年因负重伤秘密到上海就医,曾向鲁迅详细介绍鄂豫皖红军的斗争事迹。1933年3月被捕,由上海解往南昌。正在南昌指挥对中央苏区的第四次"围剿"的蒋介石亲自用高官厚禄进行劝降。陈赓大义凛然,严词拒绝。经中共和宋庆龄等营救,脱险后到中央苏区,任彭(湃)杨(殷)步兵学校校长。

长征中任干部团团长,曾率干部团一部强占皎平渡渡口,使第一方面军得以顺利渡过金沙江。到陕北后任第一军团第一师师长,参加了直罗镇、东征、西征、山城堡等战斗。1937年2月入抗日军政大学学习,兼任第一队队长。抗日战争爆发后,任八路军第一二九师第三八六旅旅长,率部开赴太行山区,参与神头岭、响堂铺、长乐村等战斗的指挥,随后又转战于鲁西北、冀南、豫北。1940年任太岳军区司令员,次年任太岳纵队司令员,参与领导创建晋冀豫根据地。

1943年11月赴延安,入中共中央党校学习。1945年6月当选为中共第七届中央候补委员。抗日战争胜利后,率太岳纵队(后来改为晋冀鲁豫军区第四纵队)参加上党战役。1946年初,他作为中共代表参加临汾、太原三人小组,调处国共军事冲突和监督双方执行停战协议。1946年7月,国民党发动全面内战后率第四纵队和太岳军区部队转战晋南,连续进行闻(喜)夏(县)、同蒲、临(汾)浮(山)战役,歼灭国民党军3万人,其中包括号称"天下第一师"的胡宗南的整编第一旅。随后他率部西进,于1946年11月至次年1月协同兄弟部队发起吕梁、汾（阳）孝（义）战役，歼灭国民党军 2 万余人。1947 年 4 月指挥晋南攻势，歼敌 15000 人。8 月与谢富治率晋冀鲁豫野战军主力一部，强渡黄河，挺进豫西，开辟豫陕鄂解放区，配合刘（伯承）邓（小平）和陈（毅）粟（裕）野战军，在中原地区进行战略进攻。在淮海战役中，率第四纵队协同兄弟部队在徐州西南切断津浦铁路，参加围歼黄维兵团。

1949 年任人民解放军第四兵团司令员兼政委，率部横渡长江，解放南昌。执行远距离、大迂回、大包围的战略方针，进军广东追歼逃敌，直插雷州半岛，切断白崇禧部的海上退路，协同兄弟部队进行粤桂边战役，歼敌 4 万余人。1950 年初，指挥所部经 14 昼夜强行军，直抵云南边境，歼灭企图逃往国外的国民党军 2 万余人。1950 年 2 月进驻昆明，任西南军区副司令员、云南省人民政府主席、云南军区司令员。1950 年 7 月应邀至越南，帮助越南军民进行抗法战争，取得边界战役的胜利。

1951 年参加抗美援朝，任中国人民志愿军副司令员兼第三兵团司令员、政委。1952 年 6 月回国，筹办并任人民解放军军事工程学院第一任院长兼政委，培养国防科技人才。1954 年 10 月任人民解放军副总参谋长。1955 年被授予大将军衔。1956 年当选为中共第八届中央委员。1958 年 9 月兼任国防科学技术委员会副主任。1959 年 9 月任国防部副部长。1961 年 3 月 16 日在上海病逝。

逸闻趣事

陈赓就怕邓小平

百团大战第一、二阶段的重大胜利，日军受到沉重打击，恼羞成怒，不得不暂时放弃对正面战场国民党的进攻，集中兵力转向华北各

第四章
邓小平评点中共将帅

抗日根据地进行疯狂的大扫荡。因此，从10月6日起进入了百团大战的第三阶段。一二九师在敌人强大的进攻下处境十分艰难，10月28日，刘、邓率师部人员连夜行进到达宋家庄，在日趋严重的形势面前，给每人发了一支步枪，准备各自为战。29日，陈赓指挥三八六旅以及决死纵队对关家垴实施总攻击。整整一个上午，炮声隆隆不息。中午，刘邓率师部奔赴前线。到达西申坡后，邓小平指示："一切为着前线的胜利！今晚机要科、一科任务特别重，不能睡觉。"当时师部工作人员一个个都疲惫不堪，但坚决执行这一指示，坚守岗位。夜十时许，彭德怀来电，规定次日4时发起总攻，要求不惜一切牺牲坚决消灭关家垴、东庄、中村之敌。从四时开始到中午，战斗一直在激烈地进行着，敌机狂轰滥炸，企图掩护其部队突围，我方的伤亡数字不断增大。

在距关家垴不远的刘邓指挥所内，刘伯承、邓小平守在电话机旁，密切关注前线战况，气氛紧张和静穆。这时，参谋将话筒交给刘伯承。陈赓报告说，因为伤亡太大，有的连队只剩下十余人。已经有些顶不住了。刘伯承对着话筒大声地说："……同志！无产阶级的队伍，难道我不心疼吗！"说完，气冲冲地把话筒一摔。这时，邓小平拿起电话，十分严肃地对陈赓说："同志！全局！全局！要从全局出发！要不惜一切代价坚决拿下来！打大仗不可能无伤亡，问题是把火力组织好，一鼓作气，减少伤亡。"这几句简短有力的话，特别是"全局！全局！"这几个字重于泰山，陈赓表示坚决服从，毫不犹豫地打下去。

这以后，电话一个接一个来往不断。一会儿报告说已歼敌五百余人，还有三百余人钻进了山里的窑洞不肯出来。只听见刘伯承对着话筒怒吼："把手榴弹从烟筒里扔进去，给我炸！用石灰呛死他！"邓小平接过去说："用柴火向洞里烧，熏死他！"就这样，在刘邓指挥下，前线战士努力作战，打得日军丧魂落魄，据被日军抓去的民兵回来说，日

219

军在死人堆里抱头痛哭。这一仗之后，在一二九师参谋人员中有一种说法，说陈赓对谁都不怕就怕邓小平。实际上这是在无可争辩的权威和铁的纪律面前的折服。而这种折服又何止陈赓，整个一二九师，整个晋冀鲁豫军区部队，以至后来整个第二野战军都是如此。

十二、考虑周到　处理得当——邓小平评点罗瑞卿

邓小平评点原文

过去我们讲党的历史上多少次路线斗争，现在看，明显地不能成立，应该根本推翻的，就有刘少奇、彭、罗（瑞卿）、陆、杨这一次和彭、黄、张、周这一次，一共两次。

——《邓小平文选》第2卷，第307页，《对起草〈关于建国以来党的若干历史问题的决议〉的意见》，1980.6.22

（1977）海军出了一件坏事，就是旅顺搞海军大演习，这是坏主意，政治上是错误的，出发点也是不正确的。这一点罗瑞卿同志处理的好。罗瑞卿讲了这个问题，我同意他的意见，制止。

——《邓小平与共和国将帅》，第245页，解放军文艺出版社

罗瑞卿人物简介

罗瑞卿（1906—1978），中国无产阶级革命家、中国人民解放军高级将领，军事家。1906年5月31日生于四川省南充县舞凤乡清泉坝。1924年在张澜创办的南充中学读书时参加爱国学生运动。1926年加入中国共产主义青年团，同年底考入在武汉的中央军事政治学校（即黄埔军校），参加过军校讨伐夏斗寅的战斗。7月15日军校被改编为张发

|第四章|
邓小平评点中共将帅

奎部队的教导团。8月2日，张发奎在九江将教导团缴械。他离队回武汉寻找中共党的组织。患伤寒因无钱被医院推出门外，经历了第一次大难不死。

1928年10月在上海加入中国共产党。1929年春被派往闽西，组建和训练游击队，任闽西红军第五十九团参谋长，率部配合中国工农红军第四军开辟闽西苏区。6月，随部队编入红四军，任支队党代表。年底参加中共第四军第九次代表大会（古田会议）。会后任第二纵队政治部主任，与政委罗荣桓积极贯彻古田会议精神，加强政治工作建设，使部队获得很大进步。1930年6月，任二纵队（后改为十一师）政委。1931年5月，在中央苏区第二次反"围剿"中头部负重伤，并发大叶性肺炎，经历了第二次大难不死。

罗瑞卿

1932年3月任第四军政委，率部参加漳州战役，进驻海边的石码。6月任第一军团政治保卫局局长，曾与参谋长徐彦刚率七师、九师作为一军团的右翼参加第四次反"围剿"中的登仙桥伏击战。1933年8月，获二等红星奖章。长征中曾任红军先遣队参谋长、陕甘支队第二纵队政治部主任。到达陕北后任第一方面军政治保卫局局长。

1936年6月任中国人民抗日红军大学教育长。西安事变后曾赴西安协助周恩来进行统一战线工作。1937年2月回延安后任抗日军政大学教育长、副校长，主持抗大工作。1938年在毛泽东指导下写成《抗日军队的政治工作》一书，向全国介绍人民军队的政治工作经验。1939年7月率抗大总校和延安其他学校数千名教学员工到华北敌后办学，途经陕西、山西、河北三省三十个县，行程三千里，通过同蒲、正太两条铁路封锁线，人称小长征。1940年5月任八路军野战政治部主任，转战太行山区，参与了百团大战的指挥和多次反"扫荡"。在此期间，他总结抗日游击战争政治工作的经验，撰写了《目前政治工作建设上的一些问题》等多篇著作，为人民军队政治工作建设做出贡献。1943年回延安入中央党校学习。1945年6月被选为中共第七届中央候补委员。

抗日战争胜利后，任北平军事调处执行部中共代表团参谋长，协助叶剑英同国民党方面和美国方面的代表进行谈判。解放战争中，历任中共晋察冀中央局副书记、晋察冀军区副政委兼政治部主任、晋察冀野战军政委、华北军区政治部副主任兼第二兵团（后改为第十九兵团）政委，参与指挥正太、石家庄战役。在平津战役中与杨得志等率部在新保安围歼国民党第三十五军，对促成北平的和平解放起了重要作用。1949年春参与指挥太原战役。

1949年6月，负责筹建公安部。中华人民共和国成立后任公安部部长、政治法律委员会副主任、公安军司令员兼政委，开创国家的公安和国家安全事业，在十年内形成国家良好的社会治安秩序。

1955年被授予大将军衔。1959年4月任国务院副总理。9月任中共中央军委秘书长、人民解放军总参谋长、国防部副部长。1961年11月兼任国防工业办公室主任。他参与组织战备，指挥海防和边防作战，组织领导尖端武器及常规武器的研制和生产。1964年和贺龙等领导全军性的练兵和比武，取得很大成绩。他坚持军事和政治的辩证统一，提倡学习马列主义、毛泽东思想要联系实际，反对把学习毛泽东思想庸俗化。

1965年底被林彪等人诬陷，受到错误批判，被迫跳楼自杀，经历了第三次大难不死。"文化大革命"中受残酷迫害，左腿致残。

1977年复任中央军委秘书长，协助邓小平领导军队的整顿，积极参加和领导"实践是检验真理的标准"问题的讨论，提倡恢复和发扬实事求是的思想路线，为中共十一届三中全会的召开准备条件。是中共

第四章
邓小平评点中共将帅

第八届中央委员和中央书记处书记，第十一届中央委员。1978年7月出国治腿，8月3日不幸逝世。

逸闻趣事

罗瑞卿挨斗，邓小平打气

1965年挨批斗的罗瑞卿，心情是复杂的、痛苦的，经过一段痛苦的思考，在这年年底，他决定给他所信赖的周恩来、邓小平同志写信，并请他们转报毛泽东和中央常委，信中写道：

你们第一次向我宣布的主席、中央对我的看法的第一个五条以及你们第二次归纳群众意见对我批评的第二个五条（关系、作风、工作、政治、组织），我完全拥护并深为感动。我的错误、责任完全由我担负，主席、常委、中央没有任何责任。我一定忠诚老实对我的错误事实、性质、根源向党做彻底的、毫无保留的交代。一个人如果还要革命，还要跟党、跟毛主席革命到底，犯了错误，除了认识、检讨和坚决改正而外，还有什么别的办法？

还有另外三条（伸手、反动突出政治、封锁反对林副主席）或者四条（加挑拨）我确实没有。我有错误不承认，是没有党性，我没有错误乱承认，也是没有党性。我不能反对有同志对我怀疑，甚至很多同志怀疑。

但是没有的事我不能承认，请示中央严格审查。如果证明确有其事，那算我对党隐瞒，应该算是错上加错，或者罪上加罪。

关于伸手，就我所知道的，这次揭发的是两件材料。一件是说我向林副主席说老病的要让贤。我说过没有？如果说过，是在什么时候，什么情况下，指什么说的，我完全记不得了。不过，可以保证，我决没有暗示，要林副主席让贤之意。我没有这样坏，这样狂妄，这样愚蠢呀！

一件是说刘亚楼说了四条,这个我完全不知道。是这次事情后我才听说。

由此不难看出邓小平对罗瑞卿的关心和爱护。可罗瑞卿仍然安静不了,3月份的会议突然来了。

3月3日,邓小平和彭真根据中央安排,约见罗瑞卿,告诉他:关于政治挂帅问题,军队政治工作会议对你反映很强烈,常委考虑要开个会,彭真报告主席,主席说,他考虑也要开个会。会议将于明天开始。

接着,邓小平反复强调,要罗瑞卿做好充分的思想准备。他说:"我对挨斗争是有经验的,你要做充分的思想准备就是了。"显然,前面是他和彭真代表组织讲的,最后一句,则是他作为老战友给予的嘱咐。邓小平此处所说的"挨斗争",是指在中央苏区时,他因支持毛泽东的正确主张,被当做江西"罗明路线"的代表而挨整。毛泽东曾经说过,整邓小平是为了整他。后来的事实证明邓小平是正确的。邓小平讲这句话,明显包含着对罗瑞卿的同情,同时也是对罗瑞卿的鼓励。因为在当时的情况下,他只能讲到此为止。

十三、剿匪工作　干得不错——邓小平评点王震

邓小平评点原文

你在新疆抓地膜棉花种植,这个办法不错,要大力推广。

——中共中央文献研究室编:《回忆邓小平》(下),第452页

王胡子,你1950年剿匪,干得不错。

——中共中央文献研究室编:《回忆邓小平》(下),第453页

第四章
邓小平评点中共将帅

请王震同志牵头，约集有关部门领导同志对恢复生产建设兵团的必要性，作一系统的报告，代为中央拟一决议，以凭决定。

——中共中央文献研究室编：《回忆邓小平》（下），第463页

王胡子，你到新疆带了个好头。

——中共中央文献研究室编：《回忆邓小平》（下），第464页

📖 王震人物简介

王震（1908—1993），湖南浏阳人。1924年参加工作。1927年加入共青团，同年转入中国共产党。1929年参加中国工农红军。

土地革命战争时期，任粤汉铁路长岳段工会纠察队中队长，湘鄂赣边区赤卫队支队长兼政委，中国工农红军湘东独立一师团政委，师政治部主任、师政委兼第八军代政委，湘赣军区代司令员。参与领导湘赣革命根据地反"围剿"斗争，曾获三等红星奖章。后任第六军团

王震

政委，第二军团政委。参与开辟湘鄂川黔革命根据地。1935年参加长征。

抗日战争时期，任八路军一二〇师三五九旅副旅长、旅长兼政委。1941年初率三五九旅屯垦南泥湾。1942年兼任中共延安地委书记、延安军分区司令员、卫戍区司令员。1944年任八路军南下支队司令员。

解放战争时期，任中原军区第一副司令员兼参谋长，参与指挥中原突围。后任西北野战军第二纵队司令员兼政委、军长兼政委，第一野战军兵团司令员兼政委。参加了延安保卫战和青化砭、羊马河、蟠

龙等战役。

1949年率部挺进新疆。后任中共中央新疆分局书记，新疆军区第一副司令员、代司令员兼政委。1953年后任铁道兵司令员兼政委。1955年任解放军副总参谋长。1956年任国务院农垦部部长。1975年任国务院副总理。

1978年任中共中央军委常委。1982年任中共中央党校校长。1985年在中共中央顾问委员会第五次会议上被增选为中共中央顾问委员会副主任。1986年任中国中小学幼儿教师奖励基金会理事长。1988年当选为中华人民共和国副主席。还曾任中日友协名誉会长，中国国际友好联络会名誉会长，中国残疾人福利基金会名誉理事长。是中共第七届中央候补委员，第八至十届中央委员，第十一、十二届中央政治局委员，第十三、十四大代表，第一至五、七届全国人大代表。

1955年被授予上将军衔。曾获一级八一勋章、一级独立自由勋章、一级解放勋章。

1993年3月12日在广州逝世，终年85岁，逝世后捐献了眼角膜。同年4月5日骨灰撒放在新疆天山。同年10月15日塑像在黑龙江省密山市正式落成。

1994年3月，大型文献纪录片《王震将军》、大型画册《王震》、纪念专辑《尊师重教的典范——王震同志》发行。同年10月，铜像在新疆维吾尔自治区石河子市落成。1999年11月《王震传》（上卷）出版发行。

逸闻趣事

"尊重邓主席的命令！"

1991年，王震不慎摔伤骨折，卧床半年之久。1992年，王震病重，

第四章
邓小平评点中共将帅

需要切开气管治疗，他不同意，医生和家人都没有办法。无奈之际，家人只好求助邓小平家。得知消息，邓小平夫人带女儿毛毛很快去医院劝慰，说："小平同志很关心你，问候你，让你一定要服从医生。"

王震说不出话，用颤抖的手，一笔一画，郑重地写下几个字：

"尊重邓主席的命令！"

手术顺利，他奇迹般地战胜了病魔。

十四、胸襟开阔　能打仗——邓小平评点陈锡联

邓小平评点原文

锡联在马头镇拼了一次，一拼就是几百人伤亡。

——《邓小平文选》第3卷，第337页，《对二野历史的回顾》，1989.11.20

好几个战斗是陈锡联指挥的，……我们没有发现过下面有什么不对的，也没有纠正过任何纵队领导同志指挥的战斗。

——《邓小平文选》第3卷，第337页，
《对二野历史的回顾》，1989.11.20

锡联胸襟开阔，肚量大，能打仗。

——中共中央文献研究室编：《回忆邓小平》（上），
第112页

陈锡联人物简介

陈锡联（1915—1999），中国人民解放军高级将领。原名陈锡廉，字廉甫，湖北省黄安（今红安）县人。1929年在家乡参加（黄）陂

（黄）安南游击队，同年秋编入中国工农红军第11军。1930年加入中国共产主义青年团，同年转入中国共产党。1931年在红四方面军任连政治指导员，参加了鄂豫皖苏区历次反"围剿"。1933年起任红30军第88师263团营政治委员、团政治委员，红4军第10师副师长、第11师政治委员，参加了开辟川陕苏区和反"三路围攻"、反"六路围攻"作战。在历次作战中屡建战功，曾被李先念称赞为"打仗数第一"。长征中，曾率部担负掩护红四方面军北上和筹集粮秣的任务。后任红4军第10师师长、第11师政治委员。

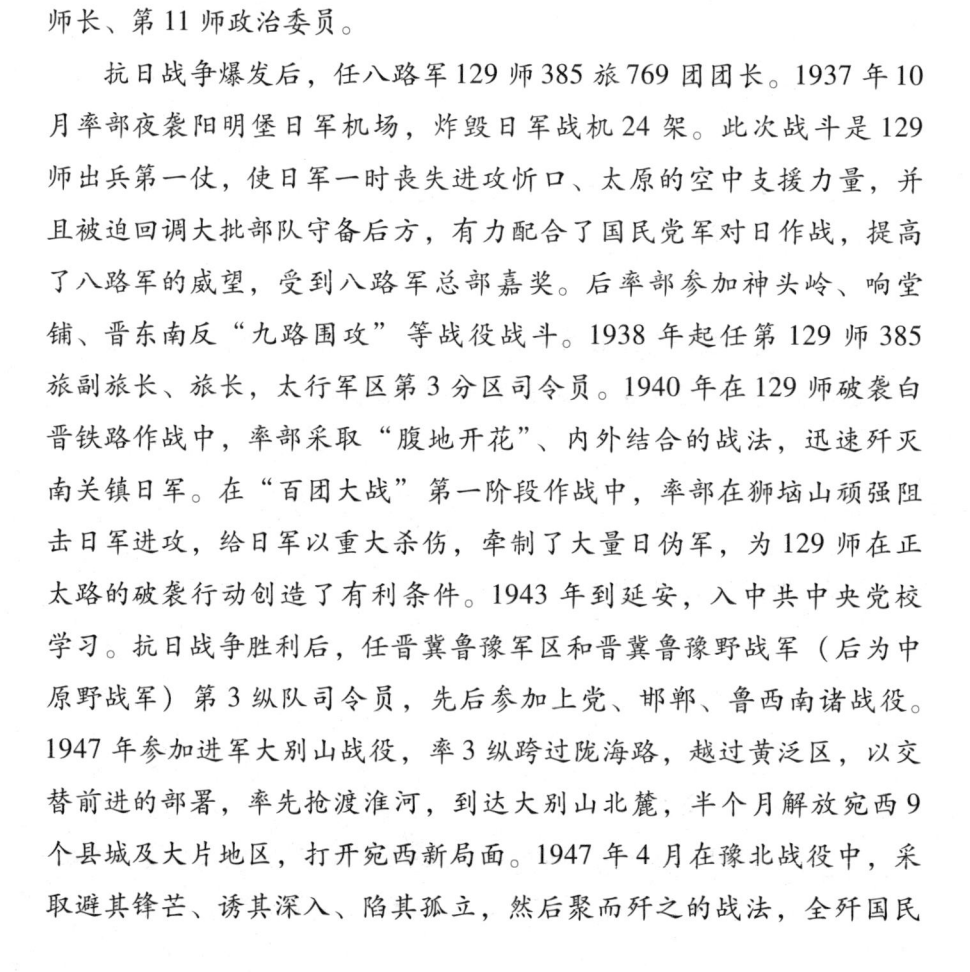

陈锡联

抗日战争爆发后，任八路军129师385旅769团团长。1937年10月率部夜袭阳明堡日军机场，炸毁日军战机24架。此次战斗是129师出兵第一仗，使日军一时丧失进攻忻口、太原的空中支援力量，并且被迫回调大批部队守备后方，有力配合了国民党军对日作战，提高了八路军的威望，受到八路军总部嘉奖。后率部参加神头岭、响堂铺、晋东南反"九路围攻"等战役战斗。1938年起任第129师385旅副旅长、旅长，太行军区第3分区司令员。1940年在129师破袭白晋铁路作战中，率部采取"腹地开花"、内外结合的战法，迅速歼灭南关镇日军。在"百团大战"第一阶段作战中，率部在狮垴山顽强阻击日军进攻，给日军以重大杀伤，牵制了大量日伪军，为129师在正太路的破袭行动创造了有利条件。1943年到延安，入中共中央党校学习。抗日战争胜利后，任晋冀鲁豫军区和晋冀鲁豫野战军（后为中原野战军）第3纵队司令员，先后参加上党、邯郸、鲁西南诸战役。1947年参加进军大别山战役，率3纵跨过陇海路，越过黄泛区，以交替前进的部署，率先抢渡淮河，到达大别山北麓，半个月解放宛西9个县城及大片地区，打开宛西新局面。1947年4月在豫北战役中，采取避其锋芒、诱其深入、陷其孤立，然后聚而歼之的战法，全歼国民

| 第四章 |
邓小平评点中共将帅

党军第 2 快速纵队，创造了以劣势装备歼灭一个机械化旅的范例。随后协同兄弟部队攻取豫北重镇汤阴，活捉国民党第 12 纵队司令孙殿英。淮海战役开始后，率中原野战军第 1、第 3 纵队和华东野战军第 13 纵队组成西线集团，受命攻占宿县。在作战中亲率各级指战员抵近前沿勘查，做出周密部署，研究攻坚战法。总攻发起后经一昼夜激战，全歼宿县守敌 1.2 万余人，使徐州刘峙集团完全陷入孤立。后协同兄弟部队在双堆集歼灭国民党军黄维兵团。1949 年 2 月任第二野战军第 3 兵团司令员，率部参加渡江战役，突破江防防线后截断浙赣线，迂回大西南，歼灭宋希濂集团，攻占国民党"陪都"重庆，兼任中共重庆市委第一书记、市长和川东军区司令员。

新中国成立后，1950 年调任人民解放军炮兵司令员，后兼任炮兵学院院长，主持制定炮兵发展规划，组织部队改装，进口和研制炮兵装备，为新中国炮兵的发展做了大量开创性工作。到 50 年代末期，炮兵达到了队伍壮大、编制合理、配套齐全、训练正规的要求，在抗美援朝、炮击金门作战中发挥了重要作用。在为我国第一个导弹试验基地选址过程中，带领专家组乘飞机穿越戈壁沙漠，多次出入无人区，掌握了大量第一手资料，为人民解放军战略导弹部队的创建做出重要贡献。1959 年起任沈阳军区司令员、中共中央东北局书记处书记、北京军区司令员、中共中央军委常务委员、国务院副总理。

是第一至第三届国防委员会委员，中共第八届中央候补委员、中央委员（1968 年递补），第九至第十一届中央委员和中央政治局委员。1980 年 1 月被免去中共中央政治局委员、国务院副总理和北京军区司令员职务。1982、1987 年被选为中共中央顾问委员会常务委员。1955 年被授予上将军衔，获一级八一勋章、一级独立自由勋章和一级解放勋章。1988 年获一级红星功勋荣誉章。

> 逸闻趣事

陈锡联夜袭阳明堡

1937年10月中旬的一天的夜里，部队按既定部署悄悄地出发了。

3营在第二次国内革命战争中能攻善守，以夜战见长，曾获得过"以一胜百"的奖旗。今天，他们投入新的战斗一定能得胜而归。陈锡联对3营充满信任。

在先前遇到的那位老乡的引导下，部队很快涉过了滹沱河，来到了机场外边。

机场里十分沉寂，此时敌人可能睡得正酣。3营的战士们爬过了铁丝网，神不知鬼不觉地摸进了机场。3营长赵崇德带着10连向机场西北角运动，准备袭击敌守卫部队的掩蔽部。11连直接向机场中央的机群扑去。

12连2排的战士们最先看到了飞机，只见飞机整齐地分3排停在那里。多少天来，战士们日夜盼望着打鬼子，现在猛然看到敌机就摆在眼前，真是又惊喜又愤恨，不知是谁悄声骂道："龟儿子，在天上你耍威风，现在，该我们来收拾你啦！"说着就要接近飞机。突然，西北方有个敌兵哇啦哇啦地呼叫起来，紧接着响起一连串清脆的枪声。原来是10连与敌哨兵遭遇了，就在这一瞬间，10连和11连在两个方向同时发起攻击，战士们高喊着冲杀声，勇猛地扑了上去，机枪、手榴弹一起倾泻，团团火光照亮了夜空。正在机群周围巡逻的敌哨兵慌忙赶来，和冲在前面的战士绕着飞机互相角逐。机舱里值勒的驾驶员被惊醒后，慌乱之中盲目开枪，后边的飞机上射出的子弹接连打到前面的机身上。

就在这时，敌人的守卫队嚎叫着向我军战士扑来。在20多架飞机中间，双方混战在一起，展开了白刃战。

几十分钟后，敌守卫队大部被歼灭，24架敌机燃烧在熊熊的烈火

第四章
邓小平评点中共将帅

之中。等驻在街里的香月师团的装甲车爬到机场时，3营已撤出战斗。

阳明堡战斗结束后，徐向前副师长从五台山来到了769团驻地。陈锡联、汪乃贵陪同徐向前来到机场附近的一座山上，他们举起望远镜观察硝烟刚刚散尽的阳明堡机场。汪乃贵对徐向前说："我们这次战斗只炸了二十来架飞机，没有抓到俘虏，自己却牺牲了一个营长和十几个战士，我们要向你作检讨。"

"检讨？我还要向党中央、毛主席和蒋委员长报告，给你们请功呢！你们炸毁那么多飞机，成绩是了不起的。但我们的营长和战士都是经过长征的红军，牺牲了十几名是个不小的损失，以后要总结经验教训。"徐向前说。

第五章
邓小平评点国民党人

一、以俄为师　寻求出路——邓小平评点孙中山

邓小平评点原文

中国从鸦片战争起沦为半殖民地半封建社会，中国人成了世界著名的"东亚病夫"。从那时起的近一个世纪，我国有识之士包括孙中山都在寻求中国的出路。孙中山开始就想学习西方，所谓西方即资本主义。后来，孙中山觉得资本主义西方不行了，提出"以俄为师"，学习十月革命后的俄国，开始了国共合作，导致北伐战争的胜利。

——《邓小平文选》第3卷第205—206页，
《用中国的历史教育青年》，1987.2.18

孙中山人物简介

孙中山（1866—1925）中国近代民主革命的伟大先行者。名文，字德明，号日新，后改逸仙；在日本从事革命活动时曾化名中山樵。诞

第五章
邓小平评点国民党人

生于1866年11月12日，广东香山（今中山市）翠亨村人。青少年时代受到广东人民斗争传统的影响，向往太平天国的革命事业。

1879年（光绪五年），孙中山随母赴檀香山。他的长兄孙眉资助孙中山先后在檀香山、广州、香港等地比较系统地接受西方式的近代教育。1883—1885年的中法战争中，孙中山目睹清政府的卖国、专制和腐败，开始产生反清和以资产阶级政治方案改造中国的思想，经常发表反清言论，同时与早期的

孙中山

改良主义者何启、郑观应等有所交往。1892年，孙中山毕业于香港西医书院，随后在澳门、广州等地一面行医，一面结纳反清秘密会社，准备创立革命团体。1894年，孙中山上书直隶总督、北洋大臣李鸿章，提出"人能尽其才，地能尽其利，物能尽其用，货能畅其流"的改革主张，但未被接受。

1894年11月，孙中山从上海去檀香山，组织兴中会，以"驱除鞑虏，恢复中国，创立合众政府"为誓词。1895年2月，在香港联合当地爱国知识分子的组织辅仁文社，建立香港兴中会。同年10月，兴中会密谋在广州起义，事泄失败。孙中山被迫亡命海外。1896年10月，在英国伦敦曾被清公使馆诱捕，经英国友人营救脱险。此后，孙中山详细考察欧美各国的经济政治状况，研究了多种流派的政治学说，并与欧美各国进步人士接触，产生了具有特色的民生主义理论，三民主义思想由此初步形成。1897年，孙中山赴日本，结交其朝野人士。1900年10月，派郑士良到广东惠州（今惠阳）三洲田发动起义。义军奋战半月，开始颇为得手，后因饷械不继而失败。

戊戌变法以后，因日本友好人士的活动，孙中山与康有为、梁启超

为代表的改良派曾商谈过合作问题，但因改良派坚持保皇、反对革命，合作未能实现。1904年孙中山在日本、檀香山、越南、暹罗（今泰国）、美国等地对华侨及留学生宣传革命，1905年在比、德、法等国的留学生中建立了革命团体，在此期间也与国内的革命团体和革命志士建立了联系。

1905年8月，孙中山与黄兴等人，以兴中会、华兴会等革命团体为基础，在日本东京创建全国性的资产阶级革命党同盟会，孙中山被推举为总理，他所提出的"驱除鞑虏，恢复中华，创立民国，平均地权"的革命宗旨被采纳为同盟会纲领。在同盟会机关报《民报》发刊词中，孙中山首次提出民族、民权、民生三大主义。同盟会的成立，有力地促进了全国革命运动的发展。

他派人到国内外各地发展组织、宣传革命。他自己也在1905—1906年间赴东南亚各地向华侨宣传和募集革命经费，在一些地方创立同盟会的支部。他广泛传播资产阶级民主共和思想，使更多的人投身于反清革命。孙中山成为中国革命民主派的旗帜。他领导的对改良派的批判，为辛亥革命的爆发作了有力的思想准备。1906—1911年，同盟会在华南各地组织多次武装起义，孙中山为起义制定战略方针，并在海外奔走，为起义筹募经费。1907年12月镇南关起义时还亲临前线参加战斗。各次起义都因缺乏群众基础、组织不够严密而失败，但革命党人前仆后继，英勇战斗，给清政府以沉重打击，给全国人民以极大的鼓舞；特别是1911年4月27日的广州黄花岗之役，在全国引起了巨大震动。

1911年10月10日，武昌起义爆发，各省纷纷响应。孙中山在美国得知消息后，12月下旬回国，即被17省代表推举为中华民国临时大总统。1912年1月1日，在南京宣布就职，组成中华民国临时政府。1912年2月12日，清朝宣统帝（溥仪）被迫宣布退位，结束长达2000多年

第五章
邓小平评点国民党人

的君主专制制度，建立了共和国。孙中山制定和公布一系列改革和进步的法令，3月11日，颁布带有资产阶级共和国宪法性质的《中华民国临时约法》。

由于受到帝国主义、封建主义的强大压力与革命党本身的涣散无力，孙中山被迫在清帝退位后，于1912年2月13日辞去临时大总统职，让位于袁世凯，4月1日正式解职。此后一年多，孙中山积极宣传民生主义，号召实行平均地权，提倡兴办实业；还亲自担任了全国铁路督办，力图筹借外资修筑铁路干线。但因政权落在袁世凯手中，孙中山的努力并未取得成果。1912年8月，同盟会改组成国民党，孙中山被推举为理事长。1913年3月，袁世凯刺杀国民党代理理事长宋教仁，孙中山主张武力讨袁。7月发动二次革命，失败后再度出亡日本。

1914年6月，孙中山在东京组织中华革命党，希望恢复和发扬同盟会的精神。袁世凯复辟帝制失败，孙中山于1915年5月初回到国内，继续为捍卫共和制度而斗争。旋又返日，10月25日在东京与宋庆龄结婚。1917年7月，因段祺瑞为首领的北洋军阀解散国会和废弃《临时约法》，孙中山联合西南军阀，在广州建立军政府，被推举为大元帅，进行护法战争。但孙中山在军政府内备受军阀、政客的排挤，不得不于1918年5月辞去大元帅职务，经日本赴上海。第一次护法战争的失败使孙中山认识到南北军阀都是一丘之貉。1918—1920年，孙中山完成过去已着手撰写的《建国方略》，对以往的革命经验进行总结，提出了改造和建设中国的宏伟计划。

1917年俄国十月革命胜利，孙中山于1918年夏致电列宁和苏维埃政府祝贺俄国革命的伟大胜利。1919年的五四运动，给予孙中山以很大的鼓舞，他高度评价和支持学生运动。孙中山从1920年开始与苏俄人士接触，1921年12月在桂林会见共产国际代表马林，讨论建立革命党和革命武装问题。1922年4月，又在广州与苏俄的全权代表会见，从幻想向帝国主义寻求援助转而希望联俄。

1919年8月,孙中山委派胡汉民、朱执信、廖仲恺等人在上海创办《建设》杂志,大力宣传民主革命理论。10月,宣布中华革命党改组为中国国民党。1920年8月,孙中山指示驻闽粤军回师广东,驱逐了桂系军阀。11月,孙中山回到广州,重举护法旗帜。1921年5月,在广州就任非常国会推举的非常大总统,接着出师广西,消灭了桂系军阀陆荣廷的势力,准备以两广为根据地北伐。掌握广东军队统率权的陈炯明,于1922年6月发动叛乱。孙中山脱险后率海军反击叛军,奋斗50余日,因待援无望,被迫离开广州赴上海。

陈炯明的叛变使孙中山陷于极为困难的境地,他决心接受共产国际和中国共产党的帮助,欢迎李大钊等共产党人以个人身分加入中国国民党。1923年1月,与苏联代表越飞发表《孙文越飞宣言》,奠定了联俄政策的基础,随即派廖仲恺赴日与越飞谈判。1923年1月,表示服从孙中山的滇、桂军队将陈炯明逐出广州,2月,孙中山从上海回到广州重建陆海军大本营,以大元帅名义统率各军,综理政务。与此同时,逐步加紧改组中国国民党的准备工作。8月,派出以蒋介石为首的孙逸仙博士代表团到苏联考察政治、党务和军事。10月,聘请苏联派来的鲍罗廷为顾问;接着,委任廖仲恺、谭平山等组成新的中国国民党临时中央执行委员会,负责筹备国民党的改组工作。

1924年1月,中国国民党第一次全国代表大会在广州召开,孙中山主持了大会。大会通过新的党纲、党章,在实际上确立了联俄、联共、扶助农工三大政策,选出有中国共产党人参加的中央领导机构。在大会通过的《中国国民党第一次全国代表大会宣言》中,孙中山对三民主义作了新的解释,充实了反帝反封建的内容。中国国民党第一次代表大会的召开,标志着孙中山的革命思想和革命事业发展到了一个新阶段。1924年5月,孙中山在广州黄埔长州岛创立陆军军官学校,为建

第五章
邓小平评点国民党人

立革命军队打下基础。

中国革命民主派的光辉旗帜孙中山早期曾努力争取日、英、法、美等国援助中国的革命和建设,但均无所获。他在斗争中认识到,要争取中国独立富强就必须努力推翻帝国主义。晚年,他同帝国主义进行了坚决的斗争。1923年12月,帝国主义各国因广东革命政府截留粤海关关余和要求收回海关主权,集中大批军舰到广州河面对孙中山进行恫吓。孙中山在关余事件中态度果断坚决,迫使帝国主义各国在1924年5月应允照付广东政府应得的关余。1924年10月,孙中山镇压了广州商团发动的武装叛乱。

1924年10月,奉系军阀的张作霖和直系将领冯玉祥联合推翻曹锟为总统的直系军阀政权。冯玉祥、段祺瑞、张作霖先后电邀孙中山北上共商国事。孙中山接受邀请,并提出废除不平等条约、召开国民会议作为解决时局的办法。11月,离广州北上,先抵上海,再绕道日本赴天津。12月底,扶病到达北京。1925年3月12日,因患肝癌在北京逝世。逝世前夕签署的遗嘱,包括《国事遗嘱》、《家事遗嘱》和《致苏俄遗书》三个文件。在国事遗嘱中,他总结了40年的革命经验,得出结论说:"必须唤起民众,及联合世界上以平等待我之民族,共同奋斗。"发出了"革命尚未成功,同志仍须努力"的号召。指出,要按他"所著《建国方略》、《建国大纲》、《三民主义》及《第一次全国代表大会宣言》,继续努力,以求贯彻"。在家事遗嘱中,说明将遗下的书籍、衣物、住宅等留给宋庆龄作为纪念,要求子女们继承他的革命遗志。在致苏俄遗书中,阐明他实行三大革命政策,坚持反帝爱国事业的坚定信念,表示"希望不久即将破晓,斯时苏联以良友及盟国而欣迎强盛独立之中国,两国在争世界被压迫民族自由之大战中,携手并进,以取得胜利"。1929年,遗体由北京移葬南京紫金山。

孙中山是中国伟大的民主革命先行者,为了改造中国耗尽毕生的精

力，在历史上建立了不可磨灭的功勋，在政治上也为后继者留下珍贵遗产。著有《建国方略》、《建国大纲》、《三民主义》等。其著述在逝世后多次被结集出版，有中华书局1986年出版的十一卷本《孙中山全集》，台北1969、1973、1985年出版的《国父全集》等。

逸闻趣事

"孙大炮"是门实炮

孙中山有个绰号，叫"孙大炮"。这是敌人给他起的，意思是中山先生只会吹牛。胡适亦曾看不起孙中山，认为他虽然能说会道，但肚里恐怕是空的。有次胡适故意去拜见先生，看到满架子的书，心里暗自好笑："孙文倒会装面子！"乘先生有事走开，便迅速从书架上抽出一本书来，想看看主人有没有翻阅过？打开一看，只见里面几乎每页都圈圈点点，不由吓了一跳。转而又想："这也许是碰巧。"便又抽出一本，还是如此。抽出一本又一本，竟没有一本不熔铸着先生的心血！胡适汗颜而归，事后悄悄对人说："孙文可是门不能轻视的实炮！"

孙中山拒称"万岁"

1912年4月，孙中山辞去临时大总统职务后，要回广州。他惦念黄花岗烈士林觉民等人的亲属，决定途经福州时去看望一下。当他从福州马尾港登岸时，立即受到民众夹道欢迎。等他乘轿进城时，简直是万人空巷，大家都想一睹自己敬仰已久的伟人风采。

人群中有人激动地喊道："大总统万岁！"这时孙中山急忙解释说："我已辞去大总统职务，现在是民国一公民，来此看望黄花岗烈士的家属，福建人民对革命贡献很大，72烈士中有19位是福建籍的。……从今以后，大家不要喊万岁了，'万岁'是皇帝，我们打倒了皇帝，怎么能允许再有皇帝呢？再说，推翻清王朝，结束了帝制，是无数先烈鲜血换来的，怎么可以归功于我一个人呢？"

二、态度温和　礼送出境——邓小平评点冯玉祥

邓小平评点原文

冯玉祥对共产党的态度是比较温和的，礼送出境。

——《伟人邓小平》（上），红旗出版社，第61页

冯玉祥人物简介

冯玉祥（1882—1948），字焕章。原籍安徽省巢县，一八八二年出生在河北省保定附近的一个贫苦农民家庭里。因家境贫寒，十一岁时，他即在清朝军队挂上了名，随后不久，中途辍学，投身兵营。

一九一一年，武昌起义爆发，冯玉祥在滦州任第二十镇第四十协第八十标第三营营长，举兵响应，并任义军参谋总长。后因兵败，被递解回籍。

冯玉祥

辛亥革命后，窃国大盗袁世凯篡夺了革命领导权，继而阴谋恢复帝制。冯玉祥积极地参加了倒袁的革命运动。一九一五年，蔡锷据云南组织护国军，出兵讨袁。冯玉祥虽在袁的新军中任职，非但拒与护国军迎战，且与蔡锷暗中联络，后又参与组织了四

川独立，与护国军联为一体，挫败了袁世凯称帝的阴谋。

袁世凯死后，黎元洪继任总统。冯玉祥被免去旅长职务，贬为保定府第六巡防营统领，以削其兵权。一九一七年六七月间，张勋率兵进紫禁城，演出了一场复辟的丑剧。冯玉祥闻讯，即率领旧部，与其他部队一起，奋起讨伐，攻破北京，驱走了张勋。随后，冯仍任旅长职务。第二年，在武穴，冯玉祥通电全国，反对内战。段祺瑞闻讯，令免冯职，冯拒不从命，与段抗争。

一九二二年，冯玉祥被擢升为陆军检阅使。其时，曹锟贿选总统，祸国殃民。冯即与部将协商，起兵讨伐曹锟和吴佩孚，并任国民军总司令。之后不久，冯玉祥力排众议，派兵将清废帝溥仪驱逐出皇宫，称快人心。接着，冯又提出了迎接孙中山先生北上的主张。在这之前，孙中山先生曾数次致书于冯，并赠所著三民主义、建国大纲等书，使冯玉祥深受教益，逐渐成为孙中山先生的忠实信徒。遗憾的是，孙中山先生北上时，冯玉祥已出任西北边防督办，而未能与孙先生见上一面。

冯驻兵西北时，有感于国内战祸频起，涂毒民众，遂又一次通电全国，力主罢兵息争。其间，冯即取道蒙古，赴苏联考察，并于赴苏途中加入中国国民党。在十月革命胜利后的苏联，冯玉祥受到了深刻的教益，对孙中山先生联俄、联共、扶助农工的三大政策，有了进一步的认识与理解。在此期间，国内爆发北伐战争，冯玉祥急驰归国，于五原集结旧部，传檄天下，响应北伐，并被推为国民军联军总司令。这就是历史上有名的"五原誓师"。

自此之后，冯玉祥与蒋介石换帖结盟，但始终受到蒋的排斥。一九三〇年，冯曾与阎锡山等起兵反蒋，没能成功。"九一八"事变后，全国范围内掀起了轰轰烈烈的抗日救亡运动。冯玉祥在张家口组织了抗日同盟军，起用著名抗日将领共产党员吉鸿昌等，给日本侵略者以有力打

第五章
邓小平评点国民党人

击。但是，由于蒋介石政府不抵抗政策的破坏，抗日同盟军孤军奋战，终于失败。冯因是国民党内主要的主战派，和蒋介石政见不合，遂移居泰山，读书习字，借以发泄胸中积愤。

一九三七年，卢沟桥事起，冯玉祥由泰山赴南京，力主抗日，并出任第三战区司令，后换任第六战区司令。抗日战争期间，冯辗转各地，巡视部队，呼吁抗战，并主持抗日募金运动，为战胜日寇做出了积极的贡献。日本帝国主义战败投降后，蒋介石祸心显露，大搞独裁，大打内战。冯与蒋矛盾日深，难以弥合，遂以考察水利为名，出使美国。为了断绝美国的援蒋内战，冯玉祥在美国四处演说，揭露蒋介石统治之黑暗，痛斥美国援蒋之不良行为。在明尼苏达州，他在两个星期内就演讲了二十七次。其反蒋爱国之心，可想而知！

当时，美国政府内有一些人企图收买冯玉祥，让他反蒋、反共，参与其分裂中国的阴谋。冯玉祥大义凛然地痛斥了这种无耻行径，坚定地表示了拥护"民主的联合政府"的意愿。

冯玉祥在美国的活动，引起了蒋介石的极度恐慌。蒋宣布开除冯的国民党党籍，断绝了他的财政来源。但冯将军坚贞不屈，毅然决定取道苏联返回祖国，参加新政治协商会议，继续为祖国的民主与和平奋斗。十分遗憾的是，当冯将军乘坐的"波贝达"号轮船驶至黑海途中，突然失火，冯玉祥将军与女公子不幸同罹于难，终年六十六岁。

正如周恩来总理所说，冯玉祥将军是一位从旧军人转变而成的坚定的民主主义战士。虽然和所有的历史人物一样，由于政治视野的局限，在他身上不可避免地存在这样那样的缺陷，但是，瑕不掩瑜，冯玉祥将军为中国民主事业的贡献，将是永垂不朽的。一九五三年，党和政府为冯将军在泰山举行了骨灰安葬仪式，毛主席、周总理、朱总司令分别写了挽幛，表达了对冯将军的哀悼和敬意。

> 逸闻趣事

吃烟头

冯玉祥素以治军严格而著称，他制定出了许多军令，其中一条就是"戒烟"。一天，冯玉祥高声宣布："从今天起，整个部队要实行戒烟。今后谁要是吸烟，我就叫他把烟头吃了。"

数日之后，一个倒霉蛋在角落里偷偷吸烟，被冯玉祥抓到，当即让他把烟头吃了。然而，士兵嘟囔着说："您那天接待客人时，我见您还吸了几口烟呢！"冯玉祥仔细一想，前几日的确抽了一支烟，他坦率地对士兵说："我冯玉祥上梁不正下梁歪。是我吸烟了！"说着从士兵手里抢过烟头，塞进自己的嘴里，咽进了肚子。

冯玉祥对士兵们说："以后待客，我也不吸烟了。把我屋里留着待客的烟卷，全搬出来烧了！"后来，那一箱卷烟真的被当众烧了。

冯将军与小贩

冯玉祥经常上街私访，体察民生疾苦。有一次，冯玉祥买了一碗丸子汤，边吃边和小贩聊天。他听小贩说，最近生意不好，细问下来，原来是从严治军的冯玉祥不准军政警人员上街吃喝，因此，小贩生意萧条，门可罗雀。

冯玉祥听罢连连点头，吃罢从口袋里掏出一把银元交给小贩，小贩非常惊奇并不敢接，冯大笑道："你的生意不好，你就收下吧！"说罢就起身告辞了。

小贩欲追还银元，旁边两个顾客低声说："别追啦，他不是别人，他就是冯总司令，你骂他，他不但不怪你，反而赏你这么多钱，真是'千古奇闻'呀！"

挖苦汪精卫

冯玉祥是一个非常守时的人,对那些不遵守时间的人深恶痛绝。1927年,汪精卫不守会议时间,开会经常缺席、迟到,冯玉祥一怒之下,编成一副对联送给了他:一桌子点心,半桌子水果,哪知民间疾苦;两点钟开会,四点钟到齐,岂是革命精神。

三、望以祖国统一大业为重——邓小平评点蒋介石

邓小平评点原文

我们是要完成前人没有完成的统一事业。如果国共两党能共同完成这件事,蒋氏父子他们的历史都会写得好一些。当然,实现和平统一需要一定时间。如果说不急,那是假话,我们上了年纪的人,总希望早日实现。

——《邓小平文选》第3卷第,31页,《中国大陆和台湾和平统一的设想》,1983.6.26

中国今天的形象,不是晚清政府、不是北洋军阀、也不是蒋氏父子创造出来的,是中华人民共和国改变了中国的形象。凡是中华儿女,不管穿什么服装,不管是什么立场,起码都有中华民族的自豪感。

——《邓小平文选》第3卷,第60页,《一个国家,两种制度》,1984.6.22、6.23

蒋介石人物简介

蒋介石(1887—1975)浙江奉化人。名中正,原名瑞元,谱名周泰,学名志清。1907年入保定全国陆军速成学堂。1908年留学日本。

1908年加入同盟会。1910年日本振武学校毕业后，入日本陆军第十三师团第十九联队为士官候补生，辛亥革命后追随孙中山，曾参加反对袁世凯的活动。1923年赴苏联考察军事政治。1924年回国后任黄埔军校校长，国民革命军第一军军长。1926年先后制造"中山舰事件"、"整理党务案"，打击共产党和革命势力。后任国民政府军事委员会主席，国民革命军总司令，国民党中央执行委员会常务委员会主席。率师北伐途中，于1927年发动了"4·12"政变，在各地清党，第一次国共合作公开破裂。1928年任南京国民政府主席，不断进行新军阀混战。1931年"9·18"事变后，任军事委员会委员长，推行"攘外必先安内"政策，围攻红军革命根据地。1936年"西安事变"后，被迫接受抗日主张，实行第二次国共合作。1938年任中国国民党总裁，三民主义青年团团长。

蒋介石

抗日战争期间，任国防最高委员会主席，同盟国中国战区最高统帅，掀起第三次反共高潮。1943年参加美、英、中三国开罗会议。抗日战争胜利后，与中共代表团在重庆进行和平谈判。1946年撕毁《停战协定》、《政协决议》，命令进攻解放区，单独召开制宪国民大会，通过宪法。1948年擅自召开第一届国民大会，当选"总统"。1949年1月21日，被迫发表《引退谋和文告》，由副总统李宗仁代行总统职权。

1949年败退台湾后，历任"总统"与国民党总裁。1975年4月5日于台北去世。

第五章
邓小平评点国民党人

逸闻趣事

华清池的枪声

1936年12月12日,这是一个令世界震惊的日子。

这天凌晨4点半钟,西安附近的临潼华清池突然响起了清脆的枪声。下榻于华清池的蒋介石睡得昏昏沉沉,正在值班的蒋介石守卫听见第一声枪声,便出于职业的敏感,飞快地奔进蒋介石的卧室,报告情况有变,请蒋介石赶快起身。还没有睡醒的蒋介石听见人声嘈杂,觉得事情不妙,连忙从床上跳起,抖抖索索穿上藏青色的缎子睡衣。

外面的枪声越来越近,一个卫士应声倒地。蒋介石在随从的搀扶下,从所住的五间厅的后窗户翻出,又翻过围墙,逃到山上。在翻墙时,年过半百的蒋介石又急又慌,浑身一点劲都没有,全靠贴身警卫把他驮起来,但跳墙时,蒋介石因落地不稳,重重地摔在了地上。又是卫士把他背起来,藏到骊山山腰的一个石缝里。

张学良的部队在孙铭九的带领下冲到蒋介石的卧室,只见蒋介石的皮包和假牙还在桌上,外衣和帽子还在衣架上,床头和地毯上,掉着两只白袜子。沿华清池墙根搜索的部队又在后墙下找到了一只鞋。孙铭九判断,蒋介石准是溜到山上了,便派人搜山。

两名东北军士兵看到一个大石头旁边有人影晃动,有点像是蒋介石,便大声喊了起来。隐藏在山洞里的蒋介石坐立不安,不时伸出头来,本想寻找一个更安全的地方,现在听到一喊,便赶快缩了回去。

"是不是委员长?赶快出来!不出来就开枪了!"

"我是委员长!"石缝后传出了回答,"你们不要开枪,不要开枪!"

孙铭九听到报告,赶忙跑上前去。只见蒋介石脸色苍白,赤着双脚,上穿一件古铜色的睡袍,下穿一条白色的睡裤,浑身都是泥土,手脚都被划破。见到孙铭九,蒋介石说:"你打死我吧……"

孙铭九立即回答:"不打死你,叫你抗日!"

听这么一说,蒋介石看了孙铭九一眼,很不情愿地问:"你们是哪里来的?"

"我们是东北军,是张副司令命令我们来保护委员长的。请委员长进城,领导我们抗日,打回东北去!"

蒋介石慢慢镇定下来,又拿出了委员长的架势,居高临下地问道:"哦,你是孙营长,你就是孙铭九?"

孙铭九立正回答:"是我。"

"你是个好青年……你把我打死好了,你打死我吧!"蒋介石拿腔作调地说。

孙铭九怕蒋介石不放心,连忙解释说:"副司令要委员长领导我们抗日,没有叫我打死委员长。委员长快下山进城吧,副司令在那儿等着你呢!"

这时的蒋介石已摸透孙铭九不会伤害他的底细,反倒耍起赖来。他坐在地上不起来,说是腰痛。官兵们要背他,他却要骑马。

孙铭九见将介石有意拖延,用目光示意左右卫士,将蒋介石从地上扶起,也不管他怎么叫痛,架着他便向山下走去。

华清池的大门旁,停着孙铭九乘坐的小汽车。蒋介石被架到门口后,一屁股坐在地上不走,其狼狈像可想而知。孙铭九叫卫士赶快将蒋介石架进车去,小车随即向西安城驶去。这就是震惊中外的西安事变。

四、以谈判对象视之——邓小平评点蒋经国

邓小平评点原文

我们是要完成前人没有完成的统一事业。如果国共两党能共同完成这

第五章
邓小平评点国民党人

件事，蒋氏父子他们的历史都会写得好一些。当然，实现和平统一需要一定时间。如果说不急，那是假话，我们上了年纪的人，总希望早日实现。

——《邓小平文选》第3卷，第31页，《中国大陆和台湾和平统一的设想》，1983.6.26

中国今天的形象，不是晚清政府、不是北洋军阀、也不是蒋氏父子创造出来的，是中华人民共和国改变了中国的形象。凡是中华儿女，不管穿什么服装，不管是什么立场，起码都有中华民族的自豪感。

——《邓小平文选》第3卷，第60页，《一个国家，两种制度》，1984.6.22、6.23

解决台湾问题要花时间，太急了不行。现在我们的方针还是以国民党当政者为谈判的对手。这一点，台湾的人有一种反映，说我们不重视台湾人民。最近国务院总理在国庆招待会上的讲话中，在"台湾当局"后面加了一句"和各界人士"，这是我加的。就是说，台湾问题接触面要宽，除了以国民党当局、以蒋经国为对手外，要广泛开展工作面。

——《邓小平文选》第3卷，第86页，《在中央顾问委员会第三次全体会议上的讲话》，1984.10.22

蒋经国人物简介

蒋经国（1910—1988），是蒋介石之子，又名建丰，俄语名字叫尼古拉，浙江奉化人，出生在辛亥革命爆发的1911年。1920年，蒋经国就学于上海有名的万竹小学。当时，蒋介石正追随孙中山在粤工作，就委托在上海经商的陈果夫对蒋经国予以照料。

1925年10月，蒋经国赴苏联留学，就读于莫斯科中山大学，不久加入苏联共产党。1927年，蒋介石发动"四一二"政变，公开反共反苏，使十七岁的蒋经国被贬到西伯利亚当列兵。

"四一二"反革命政变以后,蒋经国发表声明,声讨蒋介石背叛革命。1928年秋天,他又回到莫斯科,在列宁格勒托玛卡红军军校学习。1935年,蒋经国在苏联与矿场女工芬娜结合,芬娜后来改名叫蒋方良。1936年1月,蒋经国在苏联《真理报》发表谴责蒋介石的公开信。第二年,在中国抗日战争爆发前夕,他被获准回国。从1925年10月留学,到1937年回国,蒋经国在苏联一共生活了12个年头。

蒋经国

回国以后,他的父亲蒋介石先安排他在奉化溪口故乡,读《孟子》、《曾文正公(曾国藩)家书》这类的古书,叫他"补课"和"洗脑筋",还叫他阅读《总理全集》和《十五年以前之蒋介石先生》这类的书。

上海沦陷以后,蒋经国先在南昌做些一般的工作,1938年,被任命为赣县县长。1939年以后,他曾经历任江西第四行政区督察专员、区保安司令、防空司令、防护团长、三民主义青年团江西支团部主任、江西省政府委员等职,但一直未取得什么成绩。1944年1月,蒋经国担任了三青团中央干部学校教育长,并在这年10月参与了其父蒋介石发起的10万青年从军运动,任青年军总政治部主任。

1945年春天,蒋经国跟随当时国民党政府的行政院长宋子文赴苏联谈判,签订了《中苏友好同盟条约》。抗日战争胜利以后,蒋经国被任命为东北行营外交特派员。此后,他一直控制"三青团",成为国民党一个派系的首脑,是他父亲的得力助手。

1949年1月,蒋介石宣告"下野"以后,蒋经国陪着父亲退居溪口,后来在成都登机飞往台湾。在台湾他曾历任国民党台湾省党部主任委员、

第五章
邓小平评点国民党人

台湾国民党国防部总政治部主任，国防部副部长、部长，行政院副院长、院长等职。蒋介石病逝以后，1978年5月20日，蒋经国就任台湾第六任总统。1988年1月13日，在台北病逝。

蒋经国病逝以后，台湾成立了"蒋经国治丧委员会"，1月30日举行了遗体大殓仪式，后将遗体安放于桃园县大溪镇，准备将来运回大陆安葬。

我国领导人对蒋经国的不幸逝世深表哀悼，并在1月14日发表了谈话，肯定了蒋经国先生坚持一个中国，反对"台湾独立"，主张国家统一，表示要向历史作出交代，并为两岸关系的缓和作出一定的努力这一系列行动。

中共中央以及有关人士和蒋经国在大陆的亲属都向台北发去了唁电。

逸闻趣事

蒋经国与邓小平在中山大学

邓小平性格爽朗，富有组织才能和表达能力，在课余的各项社会政治活动中，经常有他的身影。作为旅欧党团负责人之一，他的经历和工作经验使他曾在中山大学旅莫支部负责一些工作。中山大学旅莫支部是直接由中共旅欧支部转来的党员建立起来的，原旅欧党团组织的一些党员担任了旅莫支部的领导工作，负责人是任卓宣。旅莫支部成立之初，其表现出来的组织严密、作风严谨、纪律严明等特点，深深地吸引了中山大学一大批进步青年，包括年仅16岁的蒋经国。20多年后，蒋经国在1937年写的回忆录《我在苏联的日子》中，回忆起中山大学生活时写道："中国共产党在莫斯科有个支部，它的组织与训练方法均安排的极为妥善。它的党员组织严密，并受到严格监督，永远遵照中央集权领导的指示行动。他们生活简朴，纪律严明。因此，有一阵子，我觉得对他们的活动比较有兴趣。在1925年12月,也就是我到俄国几个星期之后,我加入了'共青团'。"①

蒋经国加入共青团之后,与徐君虎(曾任全国政协委员,湖南省政协副主席)等分在了一个团小组,邓小平是团小组长。蒋经国对这位年纪不大、性格爽朗、举止活泼、经历丰富的团小组长,由衷地钦佩,很愿意和邓小平聊天。课余时间,他们经常在一起沿着莫斯科河畔散步,每当这时,蒋经国总要求邓小平讲讲在法国勤工俭学的生活和那些惊心动魄、带有传奇色彩的斗争故事。经过一段时间的观察,蒋经国发现邓小平、傅钟、任卓宣三人有一个共同特征,就是每个人的脖子上都围着一条蓝白道的大围巾。于是,在一次散步时,蒋经国问邓小平:"你们干吗老围着一条大围巾?"邓小平告诉他说:在法国留学的勤工俭学学生常去当清洁工,尤其是捡马粪,因为在法国就数拾马粪挣钱多,干一天就能维持几天的生活。法国的清洁工都围这样一条围巾,因此他们每人也有一条。原来,他们是为了不忘记在法国的艰苦生活,是以曾当过清洁工人而自豪啊!邓小平对蒋经国也有深刻的印象,几十年后多次谈到在中山大学有两位最年轻的同学,其中之一就是蒋经国,而且说蒋经国在中山大学"学得不错"。

---

① 蒋经国:《我在苏联的日子》,台北《传记文学》第54卷第4期,1989年4月。

第六章
邓小平评点新中国成立以来反面人物

一、这个人"不行"——邓小平评点康生

邓小平评点原文

康生这个人"不行"

——中共中央文献研究室编：《回忆邓小平》（上），第45页

康生人物简介

康生（1898—1975），原名张旺，字少卿，曾用名张宗可、张裕先、张叔平、张耘、赵容等；山东省胶南县人（现属山东青岛市黄岛区），1925年加入中国共产党，长期从事党的工作与领导工人运动。参加了"五卅"运动罢工委员会的工作，是1926年至1927年上海三次武装起义的领导人之一；在上海工作期间，任上海总工会干事，上海大学特支委员会书记，上海沪中、闸北、沪西、沪东等区委书记，江苏省委

委员、省委组织部长。

1930年六届三中全会被选为中央审查委员，后任中央组织部长。1933年起担任中共驻共产国际代表团的领导工作。1934年在党的六届五中全会上，被选为中央委员、政治局委员。

1937年回国后，历任中共中央书记处书记、中央党校校长、中央职工运动委员会主任、中央社会部长、中央情报部长、中央组织委员会副书记。在延安整风运动期间，任

康生

中央总学习委员会副主任。七大中央委员，七届一中全会政治局委员。

解放战争时期，历任中央华东局第二副书记，山东分局书记。

解放后，任山东军区政委、党委书记，山东省政府主席，政协全国委员会副主席，中央书记处书记，人大常委会副委员长，中央理论小组组长，《毛泽东选集》出版委员会副主任，中央文化革命小组顾问，中央组织宣传组组长等职务。

八大、九大和十大中央委员，八届一中全会他被选为政治局候补委员，八届十一中全会、九届、十届一中全会中央政治局委员和常委，十届一中全会中央委员会副主席。

1975年12月16日6时5分在北京病逝，终年77岁。

逸闻趣事

康生制造"二月兵变"假案

1966年7月，陈伯达、康生、江青到北京师范大学主持批判工作组大会，康生制造诬陷彭真的"二月兵变"假案。康生在讲话中诬陷

说:"今年2月,北京市彭真这个大黑帮,他们策划政变!策划在北大、人大,每个学校驻一营军队,这是千真万确的。他们在北大看过房子,这件事含有极大的阴谋。"事实真相是,2月,根据中央军委加强地方武装建设的决定,北京军区从外地调来一个团归北京卫戍区,平时担负民兵训练任务,维护社会主义秩序,战时作为扩编地方武装的基础。但是,由于该部队找不到营房,曾去北大、人大借过空房,但由于其他原因,部队并没有去住。7月的一天,北京大学一些学生和工作人员开会时,有人讲了2月间曾要住部队的事,并认为调动这么多军队很可能是要搞政变。北京大学团委干部丁健把议论的内容整理后写成大字报《触目惊心的二月兵变》。这一事情本来不难查清,但康生却借机大作文章。8月4日,他又在北大说:"彭真是否要搞政变?要!彭真是否要抓军队?要!"随后,康生又诬陷贺龙策划"二月兵变"。他在中央文革说:"贺龙私自调动军队搞'二月兵变'在北京区修的碉堡","在体育口阴谋组织政变队伍"。1968年4月27日,康生对中央专案第二办公室工作人员说:"体委是贺龙现行反革命活动的重要地点。他给体委发了枪、炮。炮安在什刹海,炮口对准中南海。海军、空军都有他的国防俱乐部,有无线电俱乐部。""二月兵变"这条诬陷的罪后,成为贺龙被立案审查的重要内容之一,但这一罪名始终未与贺龙见面。

康生捏造"赵健民特务案"

1968年1月,康生捏造"赵健民特务案",使云南大批干部群众受到迫害。赵健民是中共八届中央候补委员,云南省委书记处书记。1967年初,他在北京对康生谈了自己对"文化大革命"的看法,要求中央尽快召开九大或类似1962年的七千人大会来讨论文化大革命问题。1月21日,在北京京西宾馆,康生同谢富治以造反派组织捏造的材料当面诬陷赵健民为"叛徒"、"特务"。

康生说:"你是个叛徒","你的行为不是偶然的。一个叛徒,一个叛徒分子混进我们党里来,想乘文化大革命把边疆搞乱。国民党云南特务组,我看了他们的计划,你的行动就是执行他们的计划。……我凭40多年的革命经验,有这个敏感,……你对我们有刻骨的阶级仇恨。"赵健民据理反驳,并写了保证自己没有问题,要求中央审查的条子。康生指使谢富治当场将赵健民逮捕。

此后,赵健民被投入监狱达8年之久。云南省大批干部、群众被扣上"执行赵健民国民党特务组计划"的帽子,1.4万余人被迫害致死。

二、很自负、很虚伪——邓小平评点陈伯达

邓小平评点原文

对陈伯达,他的历史我一无所知,甚至他在延安写的三民主义概论我也不知道。我对陈的印象是,这个人很自负、很虚伪,从来没有自我批评。他会写东西,对于能写的别人,他是嫉妒的,他经常的口头禅是我是个书生,不行。这就是他唯一的自我批评。他看不起没有他参与过的文章或文件。如果他提出什么不确切的意见,而后来被批判了,他不再说就是。从来没有听他说他在哪件事搞错了。……陈伯达多年没有主持过什么工作。对他这样一个握笔杆子的人,总要原谅些。所以我对他的印象只是一般的。至于他主持"文化大革命"中的事情,特别是九届二中全会的事情,只是听了中央文件的传达后,才知道象这样一个坏蛋,以往那种表露不是什么奇怪的……

——薛庆超:《历史转折关头的邓小平》,
中原农民出版社

第六章

邓小平评点新中国成立以来反面人物

陈伯达人物简介

陈伯达（1904—1989）福建惠安人。早年曾就读于上海劳动大学。1927年加入中国共产党，在中共中央宣传部出版科工作。后去苏联入莫斯科中山大学学习。1929年回国。1930年任中共福建省委宣传部秘书，并在福建军阀张贞部当少校秘书。1935年参加编辑《华北烽火》。1937年任中共北平市委委员。同年去延安，先后担任中共中央党校中国问题研究室主任、马列学院编辑部主任、毛泽东的政治秘书等职。1945年在中共七大

陈伯达

上当选为中央候补委员。新中国成立后，任政务院文化教育委员会副主任，中共中央政治研究室主任，中国科学院副院长，马列学院副院长，第三届政协全国委员会常委，中共中央宣传部副部长、顾问，全国社会科学工作者协会副主任，《红旗》杂志总编辑，国家计委副主任。1956年在中共八大上当选为中央委员，在八届一中全会上当选为中央政治局候补委员。1966年在中共八届十一中全会上当选为中央政治局委员、常委。1969年，在中共九大上当选为中央委员，是九届中央政治局委员、政治局常委。"文化大革命"期间，任中央文革小组组长，积极参与林彪、江青反革命集团的阴谋活动，是林彪反革命集团案的主犯。1973年8月，中共十届一中全会通过决议：永远开除陈伯达的党籍，撤销其党内外一切职务。1980年11月20日至1981年1月25日期间，受到中华人民共和国最高人民法院特别法庭的公开审判，被判处有期徒刑18年，剥夺政治权利5年。1988年10月刑满释放。1989年9月20日病逝。

逸闻趣事

陈伯达造冤案

1967年12月陈伯达在唐山讲话捏造"冀东叛徒党"冤案。

陈伯达说："中共冀东党组织可能是国共合作的党，实际上可能是国民党在这里起作用，叛徒在这里起作用。""你们这里有日本人、国民党。你们要小心，要认识他们。他们想恢复国民党的天堂、日本的天堂、英国的天堂。"他还点名诬陷唐山市委第一书记杨远，原市长白芸和白芸的丈夫、当时唐山市一个果园的党委书记张达，以及吴良俊、方飞等人。在陈伯达的煽动下，唐山搞了一个所谓"杨白反党集团"，一方面上追所谓"杨白"的根子，另一方面下挖所谓"社会基础"。唐山地、市建立了280人参加的"冀东专案组"，用了近两年时间，把具有光荣革命传统的冀东党组织诬蔑成为"冀东叛徒特务反党集团"。因而受到审查的人在中央29个部和24个省市的干部共1604人，被定为叛徒、特务、国民党、走资派罪名的737人。唐山地、市遭受迫害的干部、群众8.4万人，2955人被迫害致死，763人致残。

三、零分以下——邓小平评点江青

邓小平评点原文

江青是反革命集团。

——《邓小平文选》第2卷，第293页，《对起草〈关于建国以来党的若干历史问题的决议〉的意见》，1980.3.19

奥：是否毛主席对江青的错误视而不见？江青是否像慈禧一样

第六章
邓小平评点新中国成立以来反面人物

的人？

邓：江青本人是打着毛主席的旗帜干坏事的。但毛主席和江青已分居多年。

奥：我们不知道。

邓：江青打着毛主席的旗帜搞，毛主席干预不力，这点，毛主席是有责任的。江青坏透了。怎么给"四人帮"定罪都不过分。"四人帮"伤害了成千上万的人。

奥：对江青你觉得应该怎么评价，给她打多少分？

邓：零分以下。

——《邓小平文选》第2卷，第352—353页，《答意大利记者奥琳埃娜·法拉奇问》，1980.8.21、8.23

江青人物简介

江青（1915—1991），原名李云鹤，山东诸城人，1929年春在济南入山东实验剧院。1933年加入中国共产党，5个月后失去党的关系。1934年在上海被国民党政府逮捕，获释后以蓝苹为艺名做过电影演员。1937年秋到延安，后恢复党籍，改名江青。1938年与毛泽东结婚。中华人民共和国建立后，曾任全国电影指导委员会委员，中共中央宣传部电影处处长等职。1963年起，以"京剧革命"为名，在文艺界煽动极"左"思潮。1965年，指使姚文元炮制《评新编历史剧〈海瑞罢官〉》，又与林彪联合写成《部队文艺工作座谈会纪要》，为文化大革命的发动制造舆论。

江青

1966年5月后，任中央文革小组第一副组长、代理组长，解放军文革小组顾问。在中共第九次、第十次全国代表大会上当选为中央政治局委员。

文化大革命期间，以推翻人民民主专政为目的，同张春桥、姚文元、王洪文结成"四人帮"，勾结林彪反革命集团，煽动打倒一切的极"左"思潮，进行篡夺党和国家最高权力的阴谋活动，造成10年之久的全国大动乱，使党、国家和人民遭受最严重的损失。1976年10月，中共中央政治局对江青进行隔离审查。

1977年7月，中共十届三中全会通过决议，永远开除江青党籍，撤销其党内外一切职务。1981年1月25日，中华人民共和国最高人民法院特别法庭以反革命集团首犯判处江青死刑，缓期二年执行。1983年1月，最高人民法院刑事审判庭作出裁定，对其依法减为无期徒刑，原判处剥夺政治权利终身不变。1991年5月14日自杀身亡。

逸闻趣事

小平当众驳斥江青

邓小平敢捅"马蜂窝"，敢摸老虎屁股，尤其是他敢于碰别人不敢碰的江青。江青倚仗她的特殊身份，惯于胡搅蛮缠，顺她者昌，逆她者亡，许多人惹她不起，敢怒不敢言。邓小平面对江青的胡作非为，敢于逆水行舟，曾与她进行多次面对面的交锋和较量，寸步不让。1975年9月，中央召开全国农业学大寨会议。

毛泽东对这次会议十分重视，要求中央政治局的同志尽量多参加，委托邓小平代表中央做重要报告。

邓小平讲话一开始，江青就无理干扰，寻衅滋事，胡乱插话，引起与会人员的义愤，理所当然地受到邓小平的当场斥责。

邓小平说："这次会议是很重要的，可以说是1962年七千人大会以后各级领导干部来得最多的一次重要会议。"江青插话："内容不一样。"邓小平说："重要性一样。"

当邓小平讲到部分县、地区粮食产量还不如解放初期时，江青截话："是少数"，邓小平提高嗓音很严肃地说："个别的也是不得了的事呀！就是个别的也值得很好注意呀！"

邓小平继续说："据22个省、市、自治区的统计，人民公社基本核算单位农业产值按人均为124元，最低的贵州倒数第一，只有60几元……社员有的还倒欠债！"江青又抢着说："有些债要取消了。"邓小平扫视江青一眼当即指出："那是政策问题，中央要另行研究。"

邓小平又说："四川倒数第二这行吗？"江青乱插话："八千万人口。"邓小平当即纠正："九千多万咯！""咯"字音高韵长。

会议本来没有安排江青的讲话。邓小平讲完后，她偏要讲，开口就批评各地不重视会议，"第一书记只来一个内蒙的尤太忠。"邓小平当即指出："各省市是按照中央通知办事，主管农业的书记来了就行。"

江青十分放肆，在会上谈一些与农业无关的事。她大讲什么"评水浒"，"水浒的要害是架空晁盖"。她还许诺要给大家发她"评水浒"的讲话，放她的录音。

会议从昔阳移到北京后，江青在会上的表演被报告给了毛泽东。毛泽东当即指示：稿子不要发，录音不要放。给了江青当头一棒，她只好暂时夹起了尾巴。

邓小平开会批评江青

根据毛泽东在1975年5月3日中央政治局会议上提出的意见，邓小平主持中央政治局于5月27日和6月3日两次举行会议，对"四人帮"进行批评。

在5月27日的会议上，邓小平针对江青一伙搞所谓"第十一次路

线斗争"、"批林批孔又批走后门"、"反经验主义,等三个问题,对他们提出质问和批评。

邓小平当面质问和批评"四人帮"说:主席提三个问题,钻出三件事。倒是要问一问,为什么?……你们批周总理、批叶帅,无限上钢,提到对马列的背叛,当面点了那么多人的名。来势相当猛。别的事不那么雷厉风行,这件事就那么雷厉风行!

邓小平还进一步阐明了会议的主题,指出,这次中央政治局会议,是根据毛主席的批示和讲话精神召开的。要安定团结,要"三要三不要"(即毛泽东提出的"要搞马列主义,不要搞修正主义;要团结,不要分裂;要光明正大,不要搞阴谋诡计"的三项基本原则。),首先政治局的同志要做到。

邓小平还说,主席多次批评宗派主义,搞"四人帮"。他问我们讨论得怎么样,有没有结果?要我们好好讨论。

针对"四人帮"攻击"4月21日会上的讲话过了头",是"突然袭击、围攻"等色厉内荏的谬论,邓小平义正词严地进行了批驳:我看连百分之四十也没有讲到。有没有百分之二十,也难讲。谈不上突然袭击,过头了……

6月3日,中央政治局继续举行会议。

会议继续5月3日的议题。

但会议一开始就遇到冷场。张春桥的记录本上写着"沉默、沉默,又沉默"。就在这时,叶剑英挺身而出,根据5月3日提出的会议议题,作了批评"四人帮"的长篇发言。

叶剑英在发言中主要讲了三个问题,第一要学习马列主义;第二要团结,不要分裂;第三要请示报告,严守纪律。在讲这三个问题时,叶剑英一一列举了"四人帮"违背毛泽东的指示,私自另搞一套的严重错误,严厉批评他们,用"反经验主义"代替"反对修正主义"。大搞

第六章
邓小平评点新中国成立以来反面人物

"四人帮"。几乎重大的问题都不请示,搞所谓"十一次路线斗争",事先未请示;"批走后门",也是事先未请示;"批经验主义",又是事先不请示,要主席来纠正。

叶剑英在发言中强调指出,要正确对待个人和组织的关系问题,严守纪律。以后凡是重大问题,都要提交政治局讨论。过去的错误,要引起严重注意。

叶剑英的发言,有理有据,正气凛然。

中央政治局其他一些委员也作了批判"四人帮"的发言。

王洪文迫于形势,不得不在6月3日的会议上作了一点很不深刻的"自我批评",但在实质上,在一些重大原则问题上,仍然是坚持错误,为自己和江青开脱。

在6月3日的会议上,迫于毛泽东的指示,迫于会议上形成的批评"四人帮"错误的强大压力,江青也不得不在会议上作了一点名曰"自我批评",实质上是在为自己的错误进行辩解的发言。江青在发言中说,自己在4月27日的中央政治局会议上自我批评不够,又有新的不恰当的地方,还要加深认识。上次会,有体温。我得消化一下。还得看一点东西。再作进一步检讨!

最后,邓小平宣布会议结束,讲多少算多少,向主席报告。

这次中央政治局会议以后,王洪文主持中央日常工作的空名也就结束了。5月27日和6月3日,邓小平主持召开的这两次中央政治局会议,是两次非常成功的会议。会议以批评"四人帮"为中心议题,中央政治局委员们当面对他们进行批评和质问。这不仅是"四人帮"进入中央政治局以来所未有过的事情,而且也是"文化大革命"9年以来前所未有的事情。会议狠狠打击了"四人帮"的嚣张气焰,使他们昔日的威风扫地以尽;会议在几个重大原则问题上,批评了"四人帮"的严重错误,使他们不得不低首检讨,作"自我批评";会议是以邓小

平、叶剑英为代表的中央政治局委员们对"四人帮"倒行逆施的一次有力反击，维护了党内政治生活的正确原则。

在毛泽东的多次严厉批评和中央政治局会议的集体批评下，江青不得不向毛泽东和中央政治局写出了书面检讨：

主席、在京的政治局各位同志：

我在 4 月 27 日政治局会议上的自我批评是不够的。经几次政治局会议上同志们的批评、帮助，思想触动很大，但是思想上一时转不过来。经过思想斗争，我认为会议基本上开的（得）好，政治局比过去团结了。

当我认识到"四人帮"是个客观存在，我才认识到有发展成分裂党中央的宗派主义的可能，我才认识到为什么主席从去年讲到今年，达三、四次之多？原来是一个重大原则问题，主席在原则问题上是从不让步的。

江 青
28/6　1975

中央政治局 5 月 27 日、6 月 3 日两次会议开过以后，毛泽东很快知悉了详细内容，听说会议批评了江青，毛泽东高兴地说，好呀！这个会开得好呀！就是要斗她一斗，她是从来不接受批评的。

当邓小平向毛泽东汇报 5 月 27、6 月 3 日两次中央政治局会议情况时，毛泽东对邓小平敢于坚持原则、批评"四人帮"的作法给予了充分的肯定，进行了鼓励和赞扬。

| 第六章 |
| 邓小平评点新中国成立以来反面人物 |

五、歪曲、篡改毛泽东思想——邓小平评点张春桥

邓小平评点原文

"四人帮",特别是所谓理论家张春桥,歪曲、篡改毛泽东思想。他们引用毛泽东同志的某些片言只语来骗人、吓唬人。

——《邓小平文选》第 2 卷,第 43 页,《完整地准确理解毛泽东思想》,1977.7.21

最近《人民日报》记者找了六位参加过一九七一年全国教育工作会议的同志座谈,写了一份材料,讲了《全国教育工作会议纪要》产生的经过,很可以看看。《纪要》是姚文元修改、张春桥定稿的。当时不少人对这个《纪要》有意见。《人民日报》记者写的这份材料说明了问题的真相。

——《邓小平文选》第 2 卷,第 66 页,《教育战线的拨乱反正问题》,1977.9.19

今天能够举行这样一个在我国科学史上空前的盛会,就清楚地说明:王洪文、张春桥、江青、姚文元"四人帮"肆意摧残科学事业、迫害知识分子的那种情景,一去不复返了。

——《邓小平文选》第 2 卷,第 85 页,《在全国科学大会开幕式上的讲话》,1978.3.18

张春桥人物简介

张春桥(1917—2005),山东菏泽巨野人,1932 年至 1934 年在山

东济南私立正谊中学读书。1933年春,张春桥加入国民党复兴社分子李树慈和马吉峰等人在济南成立的法西斯蒂组织华蒂社。由复兴社出资创办了《华蒂》月刊。"华蒂",就是"中华法西斯蒂"的意思。张春桥是华蒂社的发起人之一和"中坚"分子,积极为华蒂社发展组织、撰写文章,进行宣传。1935年5月,张春桥到上海,服务于复兴社特务崔万秋麾下从事文化运动。

张春桥

1936年3月15日,张春桥化名狄克,在《大晚报》副刊《火炬》上发表《我们要执行自我批评》的反动文章,攻击鲁迅。鲁迅在同年4月16日写了《三月的租界》一文,反击狄克。1937年9月,张春桥离开上海,返回济南,奉山东复兴社特务头子秦启荣之命,由复兴社特务赵福成掩护,1938年1月进入延安。

张春桥1936年4月在上海参加了中共叛徒宋振鼎组织的一个红旗党,即伪中共的"预备党员委员会"。这个组织成员,不少是从国民党苏州反省院出来的自首叛变分子、脱党分子。

不久,该组织被上海中共党组织发现,由吴仲超代表中共党组织明令予以解散,并责令宋振鼎通知了所有参加这个组织的人,也通知了张春桥。张春桥隐瞒了他的蓝衣社外围特务身份,隐瞒了他的家庭出身和他父亲的反动历史,于1938年在延安转正加入党内,仍把他参加"预备党员委员会"组织冒充为参加共产党党龄。

张春桥1940年赴晋察冀解放区,历任《晋察冀日报》副总编辑、《石门日报》社社长、石家庄市政府秘书长兼《石家庄日报》社长。1949年7月至9月任职新闻日报管委会委员。1949年随解放军进入上海。

| 第六章 |
邓小平评点新中国成立以来反面人物

在中华人民共和国成立以后任华东新闻出版局副局长（至1953年1月）。1951年11月至1955年1月任上海《解放日报》社副总编辑、社长兼总编辑，1955年1月至8月任《解放日报》社总编辑。

1958年，一篇《破除资产阶级法权思想》的文章深为毛泽东赞赏。1959年1月起任中共上海市委常委。1962年6月至1965年5月任中共上海市委政治研究室主任。1963年3月至1965年6月任中共上海市委宣传部部长。1963年12月至1965年3月任中共上海市委书记处候补书记。1965年3月至1967年1月任中共上海市委书记处书记，分管宣传文化工作。1966年5月起任中共中央华东局委员兼华东局宣传部部长。

1966年5月至1969年9月任中央文化革命领导小组副组长，1967年他与姚文元、王洪文一道制造上海"一月风暴"，在全国刮起夺权风。1967年2月至1976年10月任上海市革命委员会主任。1967年5月8日至1976年10月兼任上海警备区第一政治委员。1967年5月至1976年10月任中国人民解放军南京军区第一政治委员、军区党委第一书记（1967年10月起）。1969年4月起任中共中央政治局委员、中共中央军委委员。1970年11月至1976年10月任中共中央组织宣传组副组长，1971年1月至1976年10月任中共上海市委第一书记，1971年10月至1975年2月为中共中央军委办公会议成员。1973年8月起任中共中央政治局常委。1975年1月起任国务院副总理。1975年2月起任中共中央军委常委。1975年1月起任中国人民解放军总政治部主任、总政治部党委第一书记（1975年8月起）。

1975年他发表《论对资产阶级的全面专政》，被刊登在报刊上，甚至印成单行本全国发行。邓小平就文章向毛泽东提出意见，毛特意召开中央政治局会议，批评"四人帮"。

1976年，毛泽东去世；同年10月6日晚8点，华国锋联合叶剑英、汪东兴等，在中南海怀仁堂诱捕张春桥等人，史称"怀仁堂事变"。

"四人帮"出人意料地被捕后，张春桥在法庭上的表现特别引人注目。他一言不发，以默视法庭的态度完成了他最后的历史画像。

1981年1月25日，被中华人民共和国最高人民法院特别法庭作为"林彪、江青反革命集团案"的主犯判处死刑，缓期两年执行，剥夺政治权利终身。1983年1月25日，最高人民法院刑事审判庭作出裁定，鉴于张春桥在死刑缓期执行期间无抗拒改造恶劣情节，依法将对其原判处的死刑缓期2年执行减为无期徒刑，原判处的剥夺政治权利终身不变。1997年12月减为有期徒刑18年，剥夺政治权利10年。1998年1月送北京复兴医院保外就医，因癌症于2005年4月21日病逝。

逸闻趣事

"狄克"的末日

一九七六年是中国现代史上最为多事的一年。

一月，周恩来去世；二月，开始"批邓"；

三月，《文汇报》事件引发第三次炮打张春桥；

四月，天安门事件；

五月，"四人帮"喧喧闹闹纪念"文革"十周年；

六月，全国着手深挖天安门事件的"后台"；

七月，朱德去世；

八月，京、津、唐和松潘大地震，中国大地在撼动；

九月，毛泽东去世；

十月，终于爆发了中国的"十月革命"。

如此紧锣密鼓的时刻，张春桥给徐景贤挂了长途电话，说是需要一个秘书。

张春桥早已配有秘书。接到电话，徐景贤以为，一定是张春桥在北

第六章
邓小平评点新中国成立以来反面人物

京的事情太多，忙不过来，要增加一名秘书。

徐景贤真是"聪明一世，糊涂一时"，竟然"拎不清"。他从复旦大学物色了一位男教师，以为各方面的条件都不错，准备推荐给张春桥当秘书。徐景贤把此人的档案寄往北京。

几天之后，张春桥便把档案退回，附有一信给徐景贤。徐景贤看信之后，方知自己实在糊涂，怎不知张春桥的用意？！

张春桥的信，寥寥数语，说自己在北京太寂寞，想找一个伴……信中还叮嘱，阅毕即烧掉，不要保存此信。

为了保全自己的地位，张春桥独自住在北京。即便回到上海，也不回家，不与文静见面。他不再给文静去信，去电话，一切信息通过儿女"中转"。

在庆祝"五·一六通知"发表十周年——亦即"文革"十周年的那些日子里，五十九岁的张春桥常常感叹不已：十年前，他节节上升，欢天喜地；眼下，总理梦一次又一次化为幻影，已预感到末日的来临。

风雨飘摇之际，独居钓鱼台。偌大的房间，反而使张春桥觉得空虚、寂静。这时，他强烈地产生了一个念头：需要一个伴！

"徐老三"明白了张春桥的意图之后，便悄然在上海张罗起来。自然，张春桥的这个"伴"，必须政治历史干净，不可再有任何把柄落到别人手中。此外，还要年轻、漂亮、有文化、有政治头脑，而且女方要愿意做这个"伴"。

徐景贤毕竟头脑灵活，派人在上海医学院物色对象，借口是给"中央首长"挑选一名贴身护士……

"对象"总算找到了。照片、档案送往北京，张春桥也满意了。

就在这个护士打算动身去北京的前几天，任凭徐景贤一次次给张春桥挂电话，一直没有人接电话……一九七六年十月六日晚八时，华国锋发出通知，说是在中南海怀仁堂召开政治局会议。三辆红旗牌轿车，驶

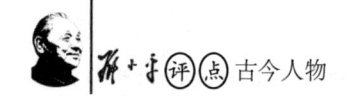

出钓鱼台。

当张春桥、王洪文、姚文元步入怀仁堂时,等待他们的是荷枪实弹的解放军战士。

坐镇现场指挥的,是叶剑英、华国锋和汪东兴。

江青在中南海就擒时,狂喊乱叫了一番,提出了一连串的"抗议"……

毛泽东去世之后,张春桥对形势分析了一番,托肖木向上海传话:"毛主席去世了,要有象毛主席那样有威望的领袖是不可能了。……现在比列宁去世时好,那时斯大林威信不高,托洛茨基做过红军总司令,威望比斯大林高。……"

张春桥的话,需要"翻译",方能明白:他,自比斯大林,而把华国锋比做托洛茨基。他以为自己的威信比华国锋要高,因此取华国锋而代之仍大有希望。"张春桥仍把上海视为"基地"。在徐景贤的笔记本上,亲笔记下了一九七六年九月二十八日张春桥派肖木传达的口信:

阶级斗争形势要经常研究,一方面要提高警惕,一方面要提高信心。马克思主义刚出来时,中国这么一个大国还没有人知道;后来到了列宁,中国懂得马列的也很少。现在毛泽东思想在中国在世界传播了,比起那时候来懂得的人不知道多多少,所以要树立信心。当然要看到曲折,看到资产阶级还有力量,问题是谁挂帅。

关于上海的工作,转告上海不要急,不要多出头,许多事让外地去搞,我们要把工作做得扎实一些。上海不搞,别人还会拿出几条来讲你。老实说,上海还没有真正经受过严重考验,林彪、邓小平要搞上海,都没有搞成。林彪搞成的话,上海有大考验,要打仗。

张春桥的这段话,同样需要"翻译"。他警告徐景贤,上海正面临着"大考验","要打仗"。

在十月初,在张春桥亲笔写下的提纲中,有着这样的句子:

"革命与专政。怎样革、怎样巩固政权。杀人。"

上海在准备着"打仗"、"杀人"。根据张春桥的"指示","要警惕党内出修正主义,在中央,在上层。"上海给民兵发了七万四千余件枪、炮,弹药一千多万发。

十月二日,奉毛远新之命,沈阳部队一个装甲师,朝首都北京进发。叶剑英闻讯,下令该师立即返回原处。

风闻,十月七、八、九日,北京将有"特大喜讯"。王洪文一口气拍了一百多张照片,以供登台时用。上海的红纸多被抢购一空,准备庆贺"大喜之日"。

毛泽东在病重之际,曾说过:"看来只有在腥风血雨中交班了,我死了以后会怎么样,只有上帝才能知道。"

已经蒙受十年浩劫的中国人民,怎么还受得了新的一场"腥风血雨"?

十月六日晚,不费一弹,不开一枪,"狄克"和他的伙伴,"和平"地进入了监牢……

六、迫害知识分子——邓小平评点姚文元

邓小平评点原文

最近《人民日报》记者找了六位参加过一九七一年全国教育工作会议的同志座谈,写了一份材料,讲了《全国教育工作会议纪要》产生的经过,很可以看看。《纪要》是姚文元修改、张春桥定稿的。当时不少人对这个《纪要》有意见。《人民日报》记者写的这份材料说明了问题的真相。

——《邓小平文选》第 2 卷,第 66 页,《教育战线的拨乱反正问题》,1977.9.19

今天能够举行这样一个在我国科学史上空前的盛会,就清楚地说明:王洪文、张春桥、江青、姚文元"四人帮"肆意摧残科学事业、迫害知识分子的那种情景,一去不复返了。

——《邓小平文选》第 2 卷,第 85 页,《在全国科学大会开幕式上的讲话》,1978.3.18

姚文元人物简介

姚文元(1931—2005),浙江诸暨人。大学毕业后从事宣传文化工作。1948 年加入中国共产党。先后任职于中国作家协会、上海市卢湾区团工委、中共卢湾区委宣传部、上海《解放日报》和中共上海市委政策研究室。1965 年 11 月在江青、张春桥授意、组织下,炮制出《评新编历史剧"海瑞罢官"》,为发动"文化大革命"制造舆论。1966 年"文化大革命"开始起,任中共中央文化革命领导小组成员。1967 年初,

姚文元

伙同张春桥、王洪文制造上海"一月风暴",在全国刮起夺权风。此后任上海市革命委员会副主任、中共上海市委第二书记。1969 年 4 月在中共九大上被选为中央委员。1973 年 8 月在中共十大上被选为中央委员、中央政治局委员,并任中共中央组织宣传组成员。他积极参与江青夺取党和国家最高权力的活动,是江青反革命集团核心人物之一。1974 年至 1975 年,他利用"批林批孔"指挥写作班子著文诬蔑重新出来工作的大批领导干部,掀起批"周公"运动,企图打倒周恩来等老一辈无产阶级革命家。1976 年又同江青、张春桥、王洪文一起,阴谋篡夺党和国家的最高权力。1976 年 10 月 7 日经中共中央政治局决定,被隔

离审查。1977年7月中共第十届三中全会决定，永远开除他的党籍，并撤销其党内外一切职务。1981年1月25日经中华人民共和国最高人民法院特别法庭判处有期徒刑20年，剥夺政治权利5年。1996年10月刑满释放。2005年12月23日病亡。

逸闻趣事

巴金怒斥"姚棍子"

在上海第二次文代会的讲坛上，巴金破例作了充满火药味的长篇讲话，题为《作家的勇气和责任心》。他的发言稿，经删改后，载于《上海文学》五月号。二十四年之后，当《巴金六十年文选，一九二七——一九八六》由上海文艺出版社出版时，巴金根据原稿，把当年被迫删去的文字补齐，成为完璧。

巴金的讲话的主题，便是拿出"作家的勇气和责任心"，批判了姚文元之流的棍子。

七、遇机会就折腾——邓小平评点王洪文

邓小平评点原文

今天能够举行这样一个在我国科学史上空前的盛会，就清楚地说明：王洪文、张春桥、江青、姚文元"四人帮"肆意摧残科学事业、迫害知识分子的那种情景，一去不复返了。

——《邓小平文选》第2卷，第85页，《在全国科学大会开幕式上的讲话》，1978.3.18

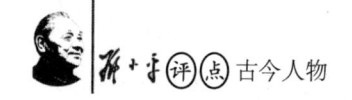

他们感到现在的一套对他们益处不大，所以对过去很留恋。经过工作，其中有些人可能转变过来，但不一定都能转过来。如果让转不过来的人掌权，这些人能听党的话吗？他们一遇机会就会出来翻腾的。一九七五年我主持中央工作，王洪文就说，十年后再看。现在也有十年后再看的问题。

——《邓小平文选》第2卷，第192页，《思想路线政治路线的实现要靠组织路线来保证》，1979.7.29

先不说百年大计，十年大计首先要想嘛。一九七五年我就想到过这个问题，那个时候毛主席要我来主持中央工作，王洪文就跑到上海去跟人说，十年后再看。当时我跟李先念同志谈过这个事情，十年后我们这些人变成什么样子了？从年龄来说，我们斗不过他们呀，在座的同志也斗不过他们。

——《邓小平文选》第2卷，第225页，《高级干部要带头发扬党的优良传统》，1979.11.2

王洪文人物简介

王洪文（1932—1992），吉林省长春人。1951年4月由长春市郊区人民政府征募参加中国人民志愿军，南渡鸭绿江编入中国人民志愿军第27军第80师，曾任警卫员、通讯员，参加了抗美援朝战争。1952年随部队调防江苏省无锡市。1956年复员后，在上海国棉十七厂担任保卫科干部。1966年11月6日在上海成为造反派"上海工人革命造反总司令部（简称工总司）"司令。1967年2月24日任上海市革命委员会副主任；4月，兼任上棉十七厂革委会主任；1968年1月，兼任市纺织局革委会第一召集人。1969年4月中共九大上选举王洪文为中央委员。1973年8月中共十大选举王洪文为中央委员，1973年8月中共十届一

| 第六章 |
邓小平评点新中国成立以来反面人物

中全会上当选政治局委员、政治局常委、中共中央副主席。他与江青、张春桥、姚文元结成"四人帮"。1976年10月被中共中央隔离审查。1977年7月中共十届三中全会通过《关于王洪文、张春桥、江青、姚文元反党集团的决议》，决定永远开除王洪文的党籍，撤销王洪文党内外的一切职务。1981年1月中华人民共和国最高人民法院特别法庭判处被告人王洪文无期徒刑，剥夺政治权利终身。1992年8月3日因肝病病逝于狱中。

王洪文

逸闻趣事

毛泽东提拔王洪文之谜

中国共产党第十次代表大会召开前夕的一天，毛泽东在中南海忽然问了张春桥一句话："王洪文会不会写文章？"毛泽东的话，使张春桥感到意外。他答道："王洪文也能写写。当然，比起姚文元来，要差得远。"几天之后，毛泽东更详细地向张春桥询问王洪文的情况。但是，毛泽东没有说明意图。

不几天后，毛泽东终于明确地提出，让王洪文到北京来。

1972年9月7日，王洪文奉命来到了北京。但他不知来干什么。毛泽东的召见，使王洪文深感意外。

在书房里，毛泽东紧紧地握着这个37岁的年轻人的手。79岁的毛泽东，由于"亲密战友"林彪的反叛，使他的心灵蒙受了很大的打击，老态明显地增加了。

毛泽东对王洪文问长问短，显得很热情，问他念过几年书，当过几

273

年兵，称赞王洪文集"工农兵于一身"——当过兵、务过农、做过工。

毛泽东犹如考官一般，提出了一个又一个问题，要王洪文谈观点，说见解。

临别时，毛泽东对王洪文说："你在北京多看点马列的书，多听听各种会议的意见……"

于是，王洪文在北京住了下来，但他觉得闷得发慌，不如在上海自在。他打电话给上海的马天水，他说："到北京以后。太寂寞了！有时，一整天开会，又累得很！这几天，一连出席七机部的会、河南的会、湖南的会。下午3时出去，夜里3时回来。我看不进书。调到上面来，真不习惯，巴不得早一点回上海。"

也就在这个时候，张春桥向毛泽东反映了王洪文想回上海去的念头。

"他怎么能回上海去呢？"毛泽东笑了，"我想提议他当副主席呢！不过，这只是我个人的看法，还没有经过政治局讨论。你不要传出去，也不要告诉王洪文。"1973年8月24日至28日，中国共产党第十次全国代表大会在北京举行。作政治报告的是周恩来，这是人们预料之中的。

当梳着小分头的王洪文走上主席台，作修改党章的报告时，国内外为之震惊了。

第七章
邓小平评点外国政治家

一、伟大的马克思主义者——邓小平评点列宁

邓小平评点原文

讲帝国主义,总还是列宁的《帝国主义是资本主义的最高阶段》;讲社会主义,列宁和斯大林都有,毛泽东同志也有重要的发展。

——《邓小平文选》第1卷,第284页,
《正确地宣传毛泽东思想》,1960.3.25

列宁、斯大林没有说过"凡是"。

——《邓小平文选》第2卷,第39页,《"两个凡是"
不符合马克思主义》,1977.5.24

列宁之所以是一个真正的伟大的马克思主义者,就在于他不是从书本里,而是从实际、逻辑、哲学思想、共产主义理想上找到革命道路,在一个落后的国家干成了十月社会主义革命。

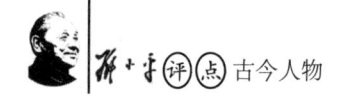

——《邓小平文选》第 3 卷，第 292 页，
《结束过去，开辟未来》，1989.5.16

列宁人物简介

列宁（1870—1924）弗拉基米尔·伊里奇·列宁，是全世界无产阶级的革命导师和领袖，马克思主义理论家，俄国共产党和苏维埃社会主义共和国联盟的主要创建人。原姓乌里扬诺夫，列宁是他后来用得最多的笔名，也是全世界最熟悉的名字之一。他出生在俄国伏尔加河边的辛比尔斯克。1887 年，弗拉基米尔中学毕业后，进喀山大学法律系学习。在喀山大学，列宁结识了一批有革命思想的学生。不久，他因参加学生运动而被捕、流放。押送他的警察对他说："小伙子，造反有什么好处？还不是向一堵石墙上撞吗？"列宁回答说："是的，但这是一堵朽墙，一撞就倒。"

列宁

1888 年，列宁从流放地回到喀山，当局不准他回大学。于是他就认真自修、研究马克思主义，认真研读了《资本论》等著作，并参加了马克思主义小组。1889 年，列宁移居萨马拉，埋头读了四年半的书；学了几门外语，并组织了当地第一个马克思主义小组。1895 年，列宁把彼得堡的 20 个马克思主义小组联合成工人阶级解放斗争协会，在俄国第一次实现了社会主义和工人运动的结合。在协会领导下，彼得堡工人掀起罢工高潮。同年 12 月，列宁被捕。在流放西伯利亚期间，他写了《俄国资本主义的发展》等著作。1900 年初，流放期满，7 月出国。

俄国 1905 年革命爆发后，列宁领导布尔什维克党制定了马克思主

第七章
邓小平评点外国政治家

义的路线。7月，他写了《社会民主党在民主革命中的两种策略》，清算了孟什维克的机会主义路线，指出这次革命是资产阶级民主革命，任务是推翻沙皇专制主义，建立民主共和国。无产阶级必须与农民结成联盟，领导这场革命。11月，列宁回到国内，直接领导斗争。

1905年革命失败后，列宁于1907年再次被迫出国。1908年他写成了《唯物主义与经验批判主义》。1912年，俄国社会民主工党在布拉格召开第六次代表会议。在列宁的领导下，大会把孟什维克清除出党，使布尔什维克正式成为一个独立的政党。

1917年，俄国二月革命推翻了沙皇政权。此后，俄国出现了苏维埃和资产阶级临时政府两个政权并存的局面。在这种错综复杂的历史紧要关头，4月3日，列宁从瑞士回到彼得格勒。第二天，列宁提出了著名的《四月提纲》。指出，推翻沙皇专制制度，标志着资产阶级民主革命的完成。现在进入革命的第二阶段，即社会主义革命阶段。它的任务是推翻资产阶级临时政府，建立苏维埃共和国。列宁的思想使千千万万工人、士兵提高了觉悟。临时政府把他视为眼中钉。7月，在临时政府的迫害下，列宁被迫转入地下。他密切注视着形势的发展，并于8、9月间写成了《国家与革命》。9月间，列宁制订了武装起义计划。

十月革命后，面对国内外万分险恶的环境，列宁以惊人的智慧、胆识和勇气，领导俄国人民战胜了一个又一个困难。1918年3月，苏维埃政权和德国缔结了《布列斯特和约》，为新生的无产阶级政权赢得了喘息的时间。1918年至1920年间，列宁领导俄国人民粉碎了14个帝国主义国家的联合武装干涉和国内多起大规模的反革命叛乱。1921年初，列宁提出并实施了新经济政策。

正当列宁领导俄国人民开始进行社会主义革命和社会主义建设之际，由于极度紧张的工作，列宁的健康状况日益恶化了。但他仍在顽强地工作。1923年11月20日，列宁在莫斯科苏维埃会上说："社会主

现在已经不是一个遥远的将来，或什么抽象的幻影，……我们把社会主义拖进日常生活中了，……新经济政策的俄国将变成社会主义的俄国。"这是他最后一次公开演说。1924年2月21日，列宁因脑溢血逝世。

逸闻趣事

列宁受伤

群众大会结束以后，弗拉基米尔·伊里奇走出了车间，在工厂大院里，他受了重伤，恐怖分子卡普兰秉承右翼社会革命党中央委员会的命令，刺伤了列宁。她瞄准列宁连开三枪，两枪打中了列宁，第三枪斜过去了，擦破了列宁大衣的背部。一九一七年四月，弗·伊·列宁从国外回到俄国时，就是穿着这件大衣的，一直到逝世为止。大衣上面，还留着恐怖分子的弹痕。

当晚，人民委员会全体委员都聚集在人民委员会的会议厅里出席例会，因为弗拉基米尔·伊里奇去参加群众大会了，例会由八点半改为九点钟。九点整，弗拉基米尔·伊里奇还没有到会，大家都感到不安。时间消逝着，恐怖也与之增长。突然，传来了一个可怕的消息：列宁受伤，送回家中去了。大家都一个劲儿向他家中跑去。平常，住所的门是紧闭的，现在却敞开着。哨兵惘然若失地站在窗旁。我同人民委员会全体委员一道，走进了列宁的住所。他躺在床上，大声地呻吟着。弗拉基米尔·伊里奇还不知道病情的危险，他只感到手臂上的伤处疼痛。但是，威胁列宁生命的，却是另一处弹伤。

列宁是被毒气达姆弹伤害的。

一九二二年四月，肩胛骨中的子弹，用手术取出来了，发现整个弹头是圆锥形的，锉开过。一九二二年夏天，在审讯右翼社会革命党人的

第七章
邓小平评点外国政治家

过程中得到证实，社会革命党人卡普兰使用的子弹是锉开后浸了剧烈毒剂的。玛·伊·乌里扬诺娃在回忆录《三颗子弹》中写道："一次绝无仅有的机会，替我们把他保存下来了。达姆弹没有爆炸，毒剂由于某种原因失去了效力。"

弗拉基米尔·伊里奇被送到克里姆林宫，汽车司机基尔建议用担架抬他，他拒绝了，虽然伤势很重，他仍然步行到三楼自己的住室。列宁受伤后回到克里姆林宫的情况，玛丽亚·伊里尼奇娜在回忆录中这样描写道："时间一点钟一点钟地过去了。我站在窗旁，怀着急迫的心情，注视着那辆熟悉的汽车驶回家来。终于，它急驰而来。这是怎么一回事呢？司机跳下车，打开车门。这是前所未有的事情。一些脸孔陌生的人走下汽车，搀扶着伊里奇。他没有穿外套和上衣，撑住同志们走着。我奔下楼，正碰到他们已经走上来了。伊里奇脸色苍白，自己走着，两旁由人扶住。司机基尔走在我们后面。伊里奇宽慰地回答我的问话说，只是手臂受了点儿轻伤。我跑去开门，整理好床铺，几分钟后，大家将伊里奇安置在上面躺着。"

很多医生都被召集到弗拉基米尔·伊里奇的住所来了，其中有维诺库罗夫、韦利奇金娜、魏斯布罗德、奥布赫、明茨，以后还请来了罗扎诺夫、马蒙诺夫。

弗·德·邦契-布鲁耶维奇主持医疗工作。显然，医生们都有些担心。他们害怕溢血扩张到肺部，这是有致命危险的。我们都默不作声，十分不安地在房里来回走动。除了弗拉基米尔·伊里奇的卧室外，总共有三个房间：餐室，娜捷施达·康士坦丁诺夫娜作为办公室用的小过道间，玛丽亚·伊里尼奇娜的卧室。娜捷施达·康士坦丁诺夫娜还没有回来。有的同志考虑到她健康情况很坏，有必要使她对于这次不幸的事情在思想上有所准备。因此，派了一个人民委员去接她，没有多久，他们便一起回来了。她外表上看起来很沉着、冷静，只是询问危险的程度，一如她在严重时刻所表现的那样。

伊里奇大声地呻吟着，他的房门是敞开的。我们尽量不弄出声响，眼巴巴地盯着房间里面。列宁就是在这呻吟不止，令人难以忍受的折磨和痛苦时刻里，也仍旧坚持着，并且似乎很理解同志们的不安情绪，他说道："没有什么，只在手臂上有一点儿痛。"

时间一小时一小时地消逝得使人痛苦。终于，病情的发展表明，直接危险期过去了。我们满怀希望。可是医生却说，三、四天之内，可能还会有复杂的病情出现，只有这几天平安地度过去了，才有把握谈到痊愈。同志们渐渐地离去了。留下值夜班的都是一些最接近的同志——有的人在弗拉基米尔·伊里奇的住所里，有的在人民委员会的房子里。弗拉基米尔·伊里奇大量流血，绷带不够用。克里姆林宫这时还没有建立医务所。弗拉基米尔·伊里奇秘书处的一个女工作人员安·彼·基扎斯，只好通宵赶着洗涤这些被血污染过的绷带。

痊愈的日子来得很慢。医生们担心受伤的手臂会比另一只健康的要短一些。为了防止这种情况，他们在手臂上装了一个机滑轮，按照一定的方位，把手臂拉直。这是使人疼痛和难受的，弗拉基米尔·伊里奇不愿意这样治疗，他说，他完全不需要两只手臂一般长短，而且甘愿一只手臂比另一只手臂长一些。可是，医生们仍然坚持这种正确的治疗方法。

痊愈后很长一段时期，弗拉基米尔·伊里奇的手臂还不能运用自如。有人建议他用受伤的手臂作体操。只要一有机会，他就以他那特有的坚韧性格来做这件事情。

我不止一次地看见在人民委员会举行会议的时候，弗拉基米尔·伊里奇站起来（他在开会时坐疲倦了，经常站起来），将手放在背后，活动一下手关节和手指头。以后，他便能完全满意地运用这只受伤的手臂了。

| 第七章 |
邓小平评点外国政治家

八月三十日晚上，全俄中央执行委员会发表了《告全体工人、农民、红军代表苏维埃、全国军队、全国人民书》："几小时前，发生了非常毒辣的谋刺列宁同志的事件……对于这种谋刺工人阶级领袖的阴谋，工人阶级定将以更加巩固地团结自己的力量来予以回击，定将以对付革命的一切敌人必须毫不留情的群众性的恐怖手段来予以回击。"

二、严重破坏社会主义法制——邓小平评点斯大林

邓小平评点原文

讲帝国主义，总还是列宁的《帝国主义是资本主义的最高阶段》；讲社会主义，列宁和斯大林都有，毛泽东同志也有重要的发展。

——《邓小平文选》第 1 卷，第 284 页，《正确地宣传毛泽东思想》，1960.3.25

列宁、斯大林没有说过"凡是"。

——《邓小平文选》第 2 卷，第 39 页，《"两个凡是"不符合马克思主义》，1977.5.24

我们今天再不健全社会主义制度，人们就会说，为什么资本主义制度所能解决的一些问题，社会主义制度反而不能解决呢？这种比较方法虽然不全面，但是我们不能因此而不加以重视。斯大林严重破坏社会主义法制，毛泽东同志就说过，这样的事件在英、法、美这样的西方国家不可能发生。

——《邓小平文选》第 2 卷，第 333 页，《党和国家领导制度的改革》，1980.8.18

约瑟夫·维萨里奥诺维奇·斯大林人物简介

约瑟夫·维萨里奥诺维奇·斯大林（1878—1953），原姓朱加什维利，生于格鲁吉亚的哥里，格鲁吉亚人，父亲是农民出身的皮鞋匠，母亲1937年7月去世，她是农奴的女儿。

1888年，斯大林进哥里教会小学读书，1894年，斯大林进入梯弗里斯（今第比利斯）东正教中学读书期间开始研读马克思的作品并参加革命活动。1898年加入俄国社会民主工党的梯弗里斯组织。1900年开始参加地下政治活动，在高加索一些工业中心组织罢工、示威。1903年俄国社会民主工党分化为孟什维克和布尔什维克两派后，他参加了布尔什维克派。

约瑟夫·维萨里奥诺维奇·斯大林

1904年12月领导巴库工人大罢工。从1902年4月至1913年3月间，他因参加革命活动而被捕7次，多次被流放和监禁。1912年2月被选入布尔什维克党中央委员会，主编党的机关报《真理报》，1913年7月至1917年3月又被流放到西伯利亚。

1917年5月至1952年10月连续当选为苏共中央政治局委员。他协助列宁组织和领导了1917年的十月社会主义革命。十月革命胜利后参加了以列宁为首的第一届人民委员会，历任民族事务人民委员（1917—1922）、国家监察部人民委员（1919—1922）。在反对外国武装干涉和国内战争时期，斯大林任苏维埃共和国革命军事委员会委员，列宁多次派他到最关键的战线去指挥作战，在保卫察里津战役中，在粉碎尤登尼奇、邓尼金和波兰贵族的战斗中，他大智大勇，为保卫苏维埃政

第七章
邓小平评点外国政治家

权建立了功绩,苏维埃中央执行委员会为此授予他红旗勋章。

1922年至1952年10月连续当选为党中央总书记,1941年起兼任苏联人民委员会(1946年改称苏联部长会议)主席。在1922年12月第一次全苏苏维埃代表大会上,作了关于成立苏维埃社会主义共和国联盟的报告。他提出了"在一个国家首先建立社会主义"的主张。1924年1月24日,列宁逝世,斯大林开始领导苏联社会主义建设。

1925年12月,联共(布)"十四大"召开,通过了社会主义工业化的总方针,把苏联从农业国变为工业国,由输入机器和设备的国家变成生产机器和设备的国家,重点发展重工业。1928年起进行计划经济建设,卫国战争前,实施了三个五年计划,前两个五年计划期间。形成了比较齐全的工业体系,实现了以重工业为中心的国家工业化。1937年,工业总产值跃居欧洲第一,世界第二。但苏联片面强调优先发展重工业,造成农业和轻工业的长期落后,最终又制约了重工业的发展;片面强调产值和产量,造成产品单调,质量低劣,忽视轻工业的发展造成消费品的供不应求,影响人民生活水平的提高。1927年12月,联共(布)"十五大"确立农业集体化方针。要把个体小农经济联合并改造为大规模集体经济。此后,新经济政策逐渐取消。农业集体化为工业化的实现提供了条件,但存在着严重问题和错误,违背了农民自愿加入的意愿,为积累资金,从农民身上取走的东西太多,农民生产积极性受到极大损害,与当时农村生产力水平低下的状况不相适应,从而破坏了农业生产力,使农业生产长期停滞落后,严重阻碍了苏联经济的发展。工业化和农业集体化的实现使生产资料公有制在国民经济中已经占绝对支配地位。

1936年,第八次苏维埃代表大会通过新宪法。规定苏联是共产党领导的工农社会主义国家。它的经济基础是社会主义经济制度和生产资料的社会主义所有制;它的政治基础是各级劳动者代表苏维埃。新宪法的颁布标志着社会主义基本制度在苏联的确立,也标志着斯大林创建的高度集中的政治经济体制的形成。特征是以行政命令来管理经济,否定价值规律,排斥商品和市场。它在政治方面的特征是:权力高度集中,党政不分,缺少群众监督,忽视民主和法制。斯大林模式在战争期间和国民经济恢复时期曾发挥过重要作用。但存在严重的缺陷和弊端。后来日益严重地阻碍了苏联国民经济和各项事业的发展。随着斯大林地位的牢固确立和苏联建设事业的发展,斯大林的威望空前提高,到30年代,对斯大林的个人崇拜已达到相当严重的程度。由于个人崇拜风气的盛行,斯大林的一些错误观点和做法对苏联的发展产生了很大的消极影响。1935—1938年间,进行了错误的大清洗运动(肃反运动),大批党、政、军优秀领导人和著名知识分子以至普通干部和群众被加以各种罪名,遭到残酷的镇压和迫害。社会主义民主和法制遭到粗暴的破坏和践踏;破坏了社会主义科学文化资源和各级干部资源。

1941年6月任国防委员会主席,同年8月任苏联武装力量最高总司令。1945年6月获最高军衔——苏联大元帅称号。德军进攻西欧期间,他成为同盟国最成功的统帅之一,苏联通过扩大自己的版图,建立起一条"东方战线"。1941年6月22日,德国投入190个师共550余万人,分3路向苏联发动突然袭击。1941年冬季德军兵临莫斯科城下期间,斯大林始终留在首都组织大反攻。苏联经过列宁格勒保卫战和莫斯科会战等战役,粉碎了德军的闪电进攻,在他的卓越指挥下,苏军先后赢得了斯大林格勒保卫战和库尔斯克战役的胜利,使当时德军的形势急转直下,兵锋指向德军。自1942年7月始,苏军在斯大林格勒地区与德军激战200天,歼敌150万。1944年,苏军又组织了10次战略性战役,把德军赶出苏联。尔后苏军继续西进,与东欧各国反法西斯武装配合,解放了东欧。他领导苏联人民最终战胜了纳粹德国。斯大林参加了盟国的几次首脑会议,包括和英国首相丘吉尔、美国总统罗斯福举行的

第七章
邓小平评点外国政治家

德黑兰会议和雅尔塔会议。1945年，中国抗日军民进行全面反攻，苏联红军也出兵中国东北，围歼日本主力关东军。

1952年10月联共（布）19大将中央政治局改组为苏共中央主席团时，他当选为中央主席团委员和中央书记处书记。1953年3月5日，斯大林因脑溢血病逝。

斯大林著有：《论苏联伟大卫国战争》、《马克思主义和语言学问题》、《苏联社会主义经济问题》等。

逸闻趣事

苏联对朝鲜的有偿军事援助

根据斯大林的提议，苏联方面很快就与金日成商定，苏联对北朝鲜的军事援助将采取有偿的方式来进行。北朝鲜以9吨黄金、40吨白银和15000吨其他矿石来换取价值13800万卢布、足够装备三个师的苏联武器弹药。根据金日成的要求，苏方还同意，北朝鲜可以提前使用原定要于1951年才提供的7000万卢布的国家贷款来装备自己的军队。

在北朝鲜为统一事业加速装备军队的同时，中国方面也在为解放台湾做积极准备。双方都投入了大量的人力、物力和金钱，只不过，毛泽东不了解，金日成投入的力量比他大得多。斯大林是唯一了解双方情况的人，他显然认为，金日成有必要就他的计划与毛泽东进行必要的沟通。正因为如此，在他批准金日成访问苏联的同时，他特别要求他的大使提醒金日成，在朝鲜统一问题上，金日成应当听听毛泽东的意见。

南北朝鲜之间的关系一直剑拔弩张，李承晚不时地发出战争叫嚣，北朝鲜经常有南朝鲜计划进攻北方的情报。这些情况，无论莫斯科还是北京，都知道得一清二楚。何况，毛泽东就是以武力方式统一中国的。因此，金日成确信毛泽东不会反对他的计划。在他出访莫斯科之前，他

通过北朝鲜驻中国大使通知毛泽东说,他希望就统一朝鲜问题对中国进行一次访问,与毛泽东交换意见。对此,毛泽东欣然表示同意,他告诉朝鲜大使说他欢迎金日成的来访,如果金日成对朝鲜统一已经有了计划,这种访问可以是秘密的;如果还没有具体计划最好进行一次正式的访问。由于这时北京在平壤既没有大使,也没有军事观察人员,因此,毛泽东丝毫也不了解北朝鲜统一工作的进程。他一面肯定以武力统一南方的必要性,一面仍旧提醒北朝鲜应当加强警惕,说北朝鲜目前应当首先做好一切军事上的准备工作,加强自身的力量,以应付可能的战争。

3月30日,金日成等人秘密访问了莫斯科。这次访问一直持续到4月25日才结束。在与斯大林的谈话中,金日成介绍说,由于苏联的帮助,朝鲜人民军事上已经取得了对南朝鲜的优势,再加上南朝鲜人民的支持,他现在应当说已经有足够的力量来统一朝鲜了。由于苏联情报系统这时得到麦克阿瑟将军给华盛顿的一份秘密报告,其中主张美国不要干预南北朝鲜之间发生的冲突,因此,斯大林也对形势感到乐观,相信现在是统一朝鲜的机会。

斯大林在这次会见中第一次对金日成的统一计划表示了肯定的态度,并称,如果说他在一年以前认为金日成的这个计划行不通的话,那么今天这样的计划就是可行的了。因为无论是朝鲜国内还是整个国际的局势都发生了重要的变化,资本主义目前不会对朝鲜内部的冲突问题进行直接的干涉。当然,他仍旧强调说,统一朝鲜的作战应当建立在对南朝鲜的进攻发动反攻的形式上。

他最后没有忘记提醒金日成,他的计划必须通报给毛泽东,如果毛泽东也同意的话,他不会有反对意见。

斯大林之所以始终向毛泽东封锁消息,直到最后才要求金日成去征求毛泽东的同意,很大程度上恐怕并不是一种精心策划的计谋。考虑到中共中央早就提出了请苏联帮助解放台湾的要求,毛泽东又亲自向斯大林本人提出请求,不难想象,斯大林很难摆平毛泽东与金日成的关系。与其从一开始就向毛泽东去解释这样选择的必要性,与毛泽东争论孰轻孰重,倒不如造成一个既成的事实,毛泽东无话好说。毕竟早在1949年7月刘少奇率团访苏时,双方就已经商量好,朝鲜问题仍由苏联方面负责,因而在朝鲜问题上,不事先与中方商量,也在情理之中,当然,即使这样做了,他也必须还给毛泽东一个形式上的"公平",尽管这种"公平"并不是毛泽东所希望的,但至少,在斯大林看来,让金日成去请求毛泽东的"同意",在心理上可以或多或少地给毛泽东以安慰。何况,朝鲜半岛的动荡对中国的影响最为直接,一旦出现任何意外,中国的态度都是最为重要的。如果毛泽东反对,那么,采取进攻行动无论如何都是冒险的。

斯大林的再三叮嘱,促使金日成从莫斯科返回平壤之后不久,就再次与毛泽东联系,要求访问北京。

三、打开两党关系新局面——邓小平评点铁托

邓小平评点原文

自从我们两党关系恢复以来,我们之间的关系是很密切的。铁托同志打开了两党关系的新局面,是他首先到中国来访问的。那个时候我们党的主席是华国锋同志,我是以老战士身份同铁托同志见面的,我们谈得很好,达成了共同的谅解,就是过去的事情都不谈了,一切向前看。

——《邓小平文选》第3卷,第236页,
《改革的步子要加快》,1987.6.12

约瑟夫·布罗兹·铁托人物简介

约瑟夫·布罗兹·铁托（1892—1980）生在克罗地亚的一个贫农家庭。他的童年生活非常艰苦，15岁就外出谋生，先后当过放牛娃、饭馆招待员和学徒工，并在国内及捷克、奥地利和德国当过五金工人。20岁时，他加入克罗地亚社会民主党。1913年，铁托应征入伍。在第一次世界大战中，他曾因鼓动反战而受处分，后被俄军俘获。1920年他回国参加了南斯拉夫共产党，组织工人开展革命斗争。

约瑟夫·布罗兹·铁托

在长期的革命斗争中，铁托曾3次被捕。1934年刑满出狱后，他继续从事革命活动，并当选为党中央政治局委员。1935年，铁托以巴尔干书记处候补书记身份，赴苏联参加共产国际的工作，这段经历使他在理论上有了很大提高。1938年，南斯拉夫共产党领导层出现问题，共产国际准备解散南共。铁托说服了主要领导人，在整党基础上保留了南共，他也随之成为党的主要领导人，从此南共走上了健康发展的道路。

在反对法西斯侵略者，争取自由解放的斗争中，领导南斯拉夫人民进行了英勇不屈的斗争。在塞尔维亚西部山区以乌日策为中心，建立了第一个解放区。1941年12月，在抗击德军的进攻中，铁托创建了第一支正规军——"第一无产阶级旅"。他领导这支队伍在没有外援的情况下，独立抗战二十几个月，粉碎了敌人的7次进攻。在苏捷斯卡战役中，铁托成为第二次世界大战期间唯一在战场上负伤的总司令。1943年11月，铁托被授予元帅称号。他不顾大国的反对，宣布反法西斯人民解放委员会为南斯拉夫临时政府。1年后,已发展到近百万人的人民解放军与苏联红军配合。

南斯拉夫总统铁托于1980年5月4日下午三点零五分(当地时间)在卢布尔雅那逝世。根据他生前的愿望,他的遗体被安葬在贝尔格莱德德迪涅的花房里。这个小小的花房,是他平时最喜欢去灌浇花草的地方。

逸闻趣事

东欧各国清除"铁托分子"运动

1948年6月28日,在布加勒斯特举行的欧洲九国共产党和工人党情报局会议开除南斯拉夫共产党后,东欧各国在苏联的压力下纷纷开展清除"铁托分子"的运动。波兰在消灭"民族主义倾向"的口号下,于1948—1949年间进行了3次清党。

约1/4的党员受到牵连,原总书记哥穆尔卡被逮捕,捷共总书记斯兰斯基等被指控为"托洛茨基—铁托分子",于1952年被判处死刑。罗马尼亚在1949年8月审讯了12名替"铁托集团"工作的"间谍",结果分别被判处死刑和监禁。1949年11月,保加利亚国家检察长指控部长会议副主席科斯托夫等人与铁托和英美间谍机关有联系,科斯托夫被判处死刑,其他10人分别判处8—15年徒刑及无期徒刑。阿尔巴尼亚劳动党中央书记科奇·佐治被宣布为铁托代理人并判处死刑。这场殃及东欧的运动后果严重。1948—1952年东欧各国被清洗者达250万人,其中被捕入狱者12.5万—25万人。1956年欧洲共产党工人党情报局解散后,除阿尔巴尼亚外,其他国家都对这一运动进行了重新审理,并分别予以平反或一定程度的平反。

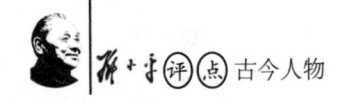

四、陈兵边境　威胁我国——邓小平评点赫鲁晓夫

邓小平评点原文

你们想了解中国的经验，中国的经验第一条就是自力更生为主。我们很多东西是靠自己搞出来的。苏联在斯大林时期对我们有些帮助，赫鲁晓夫上台后，不仅不帮助我们，反而对我们采取敌视的态度，以后苏联又在中苏边境陈兵百万，威胁我们。

——《邓小平文选》第3卷，第236页，《我国经济建设的历史经验》，1982.5.6

赫鲁晓夫同志，……你应该好好地尊重人家才对，不应该随便向他们施加压力。

——《邓小平笑谈世界风云》第145页，1960.9

赫鲁晓夫同志，关于对国际共产主义运动的看法，是当前各国兄弟党都面临的重要问题。各党都可以有自己的看法，不能以你划线。

——《邓小平笑谈世界风云》第148页，1960.9

赫鲁晓夫人物简介

赫鲁晓夫（1894—1971）苏联党和国家的领导人，苏共中央第一书记和苏联部长会议主席。1894年4月17日生于库尔斯克省卡利诺夫卡村，乌克兰人。15岁以前当过牧童和雇工，只受过初级教育。1918年参加共产党。国内战争时期在南方战线作战，担任过党支部书记。内战结束后，在尤佐夫卡（现顿涅茨克）的一个煤矿任党支部书记。

第七章
邓小平评点外国政治家

1922年秋进尤佐夫卡矿山技术学校工人专修班学习。1925年起，在斯大林诺任佩特罗夫斯科—马林斯基区的区委书记。1927年当选为联共（布）"十五大"代表。翌年调任乌克兰党中央组织部副部长，不久改任基辅市委组织部部长。1929—1931年，在莫斯科斯大林工学院学习，并任该院党委书记。1931年任莫斯科市鲍曼区区委第一书记；同年7月，改任该市红色普列斯尼亚区区委第一书记。1932年任莫斯科市委第二书记；1934年1月任市委第一书记和莫斯科州委第二书记；

赫鲁晓夫

1935年3月任莫斯科州委和市委第一书记。1934年当选为联共（布）中央委员；1938年当选为政治局候补委员，翌年升为政治局委员。1938年起任乌克兰党中央第一书记，领导了乌克兰的大清洗。卫国战争期间，任基辅特别军区、西南方面军、斯大林格勒方面军、南方面军和乌克兰第一方面军的军事委员会委员。1943年2月获陆军中将军衔。卫国战争结束后，任乌克兰党中央第一书记兼人民委员会（1946年3月起称部长会议）主席，领导乌克兰的重建工作。1947年曾一度被解除第一书记职务，但很快复职。1949年12月任联共（布）中央书记和莫斯科州委第一书记，在中央主管农业。1952年10月，任苏共中央主席团委员、中央委员会书记。1953年9月任苏共中央第一书记。1956年2月在苏共"二十大"上对防止现代战争的可能性、不同社会制度国家的和平共处，以及不同国家向社会主义过渡的形式等某些理论问题提出了新的看法，并作了《关于个人崇拜及其后果》的秘密报告。1961年在苏共"二十二大"上提出"全民国家"、"全民党"的理论以及苏联已进入全面展开共产主义建设时期的论断。1964年10月被解除

党内外职务。1971年9月11日病逝。赫鲁晓夫在担任苏联最高领导职务期间，批判斯大林个人崇拜，平反冤假错案，放宽农村政策，进行经济政治体制改革探索，调整对外政策，使苏联社会面貌发生了很大变化。但他培植个人崇拜、主观武断、朝令夕改，在对外政策方面迷恋大国政治，谋求美苏合作主宰世界，继续推行大党主义和大国沙文主义政策，造成了不良后果。

逸闻趣事

"我的幸运彩票"

20世纪20年代末期，年轻的赫鲁晓夫曾在苏联工业学院里学习和任职。当时，苏联领导人斯大林的第二任妻子娜杰日达·阿利卢耶娃也在工业学院学习。由于她是领导人的妻子，工业学院的许多师生一开始都很谨慎，很少和娜杰日达·阿利卢耶娃说什么话。但相处的时间久了，大家发现阿利卢耶娃其实个性温柔随和，平易近人，丝毫没有官太太的架子，对社会对民众都充满了关怀和同情。于是，大家和阿利卢耶娃的交往逐渐多了起来，和她聊天谈话的内容也越来越丰富了。

按照赫鲁晓夫自己的回忆，自己当初之所以受到斯大林的关注、垂青和提拔，是因为斯大林通过自己的妻子阿利卢耶娃了解到，"赫鲁晓夫同志"一直在工业学院里为维护斯大林的工业化和农业集体化的总路线而斗争。按照赫鲁晓夫自己的说法，斯大林的妻子阿利卢耶娃就是"我的幸运彩票"。

但后来的苏联历史学家们在访问依然健在的工业学院师生时，得知了完全不同的情况。

当时正值斯大林强制推行农业集体化的时期。大量不服从强制集体化的俄国农民被判刑和流放西伯利亚，许多人被镇压和枪决。特别是当

| 第七章 |
邓小平评点外国政治家

时操之过急，许多工作人员作风简单粗暴，造成了更多的悲剧……当时工业学院的许多师生也被动员，下乡去帮助推进农业集体化。因此，他们亲眼目睹许多可怕的事情：饥饿，孤儿，流放，枪决……他们回到学校之后，把这些情况都告诉了阿利卢耶娃。善良的阿利卢耶娃痛心之下，回家后对丈夫斯大林谈到了这个问题。

而斯大林则勃然大怒，喝问是谁向她传播"这些可耻的谣言"。

"但这怎么是谣言呢，大家都是这么对我说的啊！"阿利卢耶娃争辩着。

"学校里的每个人都对你这么说？"斯大林逼问道。

"只有一个人没这么说，他说这些都是敌人的谎言。他叫尼基塔·赫鲁晓夫。但我相信，他之所以这么说，并不是因为他坚持真理，而只是胆小怕事和奉承领导而已。"阿利卢耶娃说道。但她不知道，自己的丈夫斯大林已经记住尼基塔·赫鲁晓夫这个名字了。

随后，阿利卢耶娃就读的工业学院成为"大清洗"的重灾区，许多接触过阿利卢耶娃和向她述说实情的师生都被逮捕。

但是，赫鲁晓夫却开始官运亨通起来。在斯大林的关照和批示下，年轻的赫鲁晓夫很快成为学校党委的一把手，没过几年甚至成为莫斯科市的市委书记，一路顺畅。

"莫洛托夫的生日礼物"

曾仅次于斯大林的重要领导人莫洛托夫，他的妻子是犹太人。在1949年的一场苏联国内的反犹太人运动中，莫洛托夫的妻子也被逮捕（因为当时以色列已经建国，苏联方面担心自己国内犹太民族的稳定性，甚至莫须有地怀疑许多苏联犹太人都是潜在的叛徒）。对此，作为高官之一的莫洛托夫也是噤若寒蝉，不敢对妻子被捕做什么表示，更别提营救了。

但是，几年后斯大林去世了，一切自然就过去了。而且非常巧的是，为斯大林抬棺下葬的那一天，竟然正好是莫洛托夫的生日。于是，赫鲁晓夫在葬礼结束后就问莫洛托夫，想要什么样的生日礼物。

"还我妻子来"，莫洛托夫冷冷地说着，然后就径直离开了。

于是，他的妻子就被顺利释放了。先叫她去了秘密警察首脑贝利亚的办公室，宣布释放她的消息。贝利亚热情地张开双臂拥抱她，把这个可怜的女人吓得晕厥了过去……然后，让她换上新衣服，派汽车送她回家去，作为给莫洛托夫的"生日礼物"。

五、中美关系发展有所作为——邓小平评点里根

邓小平评点原文

在里根总统和夫人访问中国时，我们认识了。我们相互间的谈话是融洽的和坦率的。我愿意通过你们的电视台，转达我对里根总统和夫人的良好祝愿。我希望在里根总统执政期间，中美关系能有进一步的发展。

——《邓小平文选》第3卷，第169页，《答美国记者迈克·华莱士问》，1986.9.2

希望里根总统执政期间，能够使中美关系得到进一步发展，其中就包括美国在中国统一问题上能有所作为。我相信，美国特别是里根总统，在这个问题上是能有所作为的。

——《邓小平文选》第3卷，第170页，《答美国记者迈克·华莱士问》，1986.9.2

第七章
邓小平评点外国政治家

✎ 罗纳德·威尔逊·里根人物简介

罗纳德·威尔逊·里根（1911—2004），生于美国伊利诺伊州坦皮科城。父亲约翰·里根，母亲内丽·威尔逊。1928年考入尤雷卡学院攻读经济和社会学，1932年毕业获经济学和社会学学士学位。

毕业后，曾在艾奥瓦州电台任体育节目播音员五年。1937年进入好莱坞华纳兄弟电影公司开始影视演员的生涯。第二次世界大战期间应征入伍，在美国空军服役。退伍后重返好莱坞，在此后20多年的时间里，他曾先后在50部影片中担任角色。1947年至1952年和1959年至1960年先后两次任电影演员协会主席。1949年当选为电影业委员会主席。

罗纳德·威尔逊·里根

里根早年参加民主党。1962年，他改投共和党，并在政坛崭露头角。1966年至1974年连任两届加利福尼亚州州长。1968年和1976年两次争取共和党总统候选人的提名，但均未成功。1969年被选为共和党州长协会主席。

1980年11月，里根再度竞选总统获胜，当选为美国第49届总统，并于1981年1月20日宣誓就职。1984年11月，他竞选连任成功，当选为美国第50届总统，1989年1月，他结束总统任期。任职期间，里根对内积极推行经济复兴计划，主张缩减政府规模和权力，减少税收，降低通货膨胀率和削减社会福利。在国际问题上，他提出战略防御计划，对苏联采取强硬政策。里根与苏联领导人戈尔巴乔夫先后举行4次首脑会谈和会晤，并于1987年12月8日签署了彻底销毁和禁止两国中

程导弹条约。

里根卸任后，美国政府为表彰他在任期内所作出的贡献，于1993年授予他总统自由勋章。1994年11月5日，里根通过电视向公众宣布，他患了老年痴呆症，并从此淡出美国政坛。2002年5月16日，美国国会授予他金质奖章。2004年2月6日，美国加利福尼亚州决定将里根的生日定为"里根日"。

2004年6月5日，里根在加利福尼亚的家中去世，享年93岁。里根曾连续两届出任美国总统，是美国历史上当选和就职时年龄最大的总统，也是最长寿的总统。

逸闻趣事

里根同邓小平的会晤

1984年4月，美国第40任总统里根和他的夫人南希应邀到中国访问，并首次见到了邓小平。这也是迄今为止他们唯一的一次会见。这次会见，邓小平给里根留下了深刻的印象。

4月28日，邓小平同里根进行了会谈，邓小平对里根说："我期待同阁下见面已两年了。我们当面就一些问题交换意见是有益的。"

里根对此表示完全赞同。

邓小平转而对里根夫人说："你为了我们的大熊猫，做了不少事情。谢谢你！"

南希说："我很高兴这样做，我得到了美国儿童的帮助。"

邓小平对南希说，这次你来访问的时间太短了。作为朋友，彼此需要有更多的了解。

南希说，中国有许多地方她都想去，有许多东西都想看，这次旅行是太短暂了。

第七章
邓小平评点外国政治家

邓小平对里根说，我们是同一个年代的人。再过三个月，我就八十岁了。

里根说，再过七年，我也八十岁了。

邓小平说："我都是七十多岁的人，各自都有几十年的政治生涯。因此，我很高兴能有机会与总统交换意见。"

里根说："我也很高兴。我长时期以来期待着这个机会。"

轻松的寒暄和交谈之后，邓小平和里根便开始了正式会谈，会谈的气氛顿时变得紧张起来。

邓小平严肃地对里根说，中美关系中的关键问题是台湾问题，希望美国领导人和美国政府认真考虑中国人民的民族感情。

他说，中国政府为解决台湾问题作了最大努力，就是在不放弃主权原则的前提下允许在一个国家内部存在两种制度。

邓小平希望美国不要做妨碍中国大陆同台湾统一的事情。他说，海峡两岸可以逐步增加接触，通过谈判实现和平统一。统一后，台湾的制度不变，台湾人民的利益不会受到损害。台湾同美国、日本可以继续保持现有的关系。他说，我相信我们这个办法是行得通的。台湾问题解决了，中国同美国之间的疙瘩也就解开了。

邓小平说，中美两国虽然前一段时间吵了一些架，但近来两国关系的发展是好的。他说，中美两国在一些国际问题上有共同点，但也有分歧点。中美两国都有发展合作的愿望。我们希望今后两国领导人和政府人员加强交往，更多地交换意见，以便继续发展我们之间的关系。

会谈中，里根向邓小平介绍了美国政府关于裁军、中东、南北关系等问题的立场。

会谈结束后，邓小平设午宴招待里根夫妇。

里根后来在回忆录中是这样描绘他与邓小平会见的情形的：

第二天是我访问中的大事。我同中国的最高领导人邓小平会晤。他个子矮小，但肩膀宽厚，有一双乌黑并令人难忘的眼睛。当我们见面时，邓表现出调侃式的幽默。南希跟随我出席了正式介绍仪式，邓笑着邀请南希将来独自再回到中国，好让他带南希到处看看。但后来，当我们谈起正事时，他的笑容消失了。并且随即开始就一大堆假想的过错而指责美国：说我们支持以色列，他声称这使得整个中东局势变得不稳定，责怪我们对发展中国家的态度，他还提到我们与苏联在核武器协议上无法达成一致意见。

　　作为主人，他开始第一枪。接着轮到我了。我竭尽全力反驳他说的每一件事，纠正他的事实以及数据，不管他是不是主人，因为是他首先发难，所以我不会让他感到轻松。尔后，我惊奇地发现他又突然变得热情起来，笑容又浮现在他的脸上，并且他似乎想调和一下刚才紧张的气氛，使之变得融洽一些。然而这并不能使他不提及我们与台湾的友好关系问题，他认为这是对中国内政的干涉。我告诉他，中华人民共和国和台湾之间的裂缝是个要由中国人来解决的问题，只是美国想让它通过和平的方式解决罢了。他的国家的任何军事企图都将无法挽回地损害我们两国的关系。

　　当我们暂停后就餐时，我们先前争论时的紧张气氛转换成了亲切和愉快的社交仪式，到处都在碰杯，那时，我自忖我了解他，他也了解我。

　　1986年9月2日，邓小平在接受美国哥伦比亚广播公司"六十分钟"节目记者迈克·华莱士的电视采访时，通过这个节目向里根夫妇转达了他的问候，并再一次谈到了他对中美关系的看法。

华莱士对邓小平说:"里根总统和夫人对我的节目很有兴趣,差不多每个星期天都看这个节目。在我的采访节目播出时,他们一定会观看。不知你有什么话对里根总统说?"

邓小平在沙发上欠了欠身,说:"在里根总统和夫人访问中国时,我们认识了。我们相互间的谈话是融洽的和坦率的。我愿意通过你们的电视台,转达我对里根总统和夫人的良好祝愿。我义务去做对中美关系发展有利的一切事情。"

邓小平说:"我认为美国应该在这个问题上采取更明智的态度。"

华莱士:"什么态度?"

邓小平说:"很遗憾地说,在卡特执政的后期,美国国会通过了《与台湾关系法》,这就变成了中美关系的一个很大的障碍。

刚才我说,希望里根总统执政期间,能够使中美关系得到进一步发展。其中就包括美国在中国统一问题上能有所作为。我相信,美国特别是里根总统,在这个问题上是能有所作为的……"

大洋彼岸的里根总统坐在电视机前听到邓小平来自远方的问题以及他对中美关系的透彻分析,大概不会无动于衷吧?

六、朝鲜无产阶级革命家的杰出代表——邓小平评点金日成

邓小平评点原文

金日成主席是朝鲜无产阶级革命家的杰出代表。几十年来,他领导朝鲜人民进行艰苦卓绝的斗争,反对外来侵略,争取民族解放,捍卫革命成果,建设社会主义,取得了伟大的胜利和光辉的成就。在国际上。他坚持独立自主,主持正义,反对外来干涉。致力于发展各国人民之间的友好关系。为加强第三世界团结,维护世界和平和安全,做出了重要

的贡献。

——《邓小平与 20 世纪政治人物》，第 319 页，
1982.9.21

金日成主席同中国有着特别亲密的关系。早年他曾以自己的革命活动支援了中国的革命。新中国诞生后，他又多次访问我国，同毛泽东主席、周恩来总理以及我们党和国家许多其他领导人结下了十分珍贵的友谊。

——《邓小平与 20 世纪政治人物》，第 320 页，
1982.9.21

金日成同志的一生是为朝鲜民族解放、人民幸福献身的一生；也是为缔造和发展中朝友好奋斗的一生。

——《邓小平与 20 世纪政治人物》，第 322 页，
1994.7.8

金日成人物简介

金日成（1912—1994），朝鲜已故领袖金正日的父亲，现任领袖金正恩的祖父。1912 年 4 月 15 日，金日成生于朝鲜平安南道大同郡古平面南里（今平壤市万景台）一个农户家庭。本贯为全州金氏，父亲为金亨稷，母亲为康盘石。外祖父康敦煜是长老会牧师。1925 年，他随父亲逃亡到中国，在吉林省抚松县第一小学就读了一年，其后进入吉林市毓文中学。1931 年加入中国共产党。1945 年，从苏联乘坐军舰返回朝鲜北部，1948 年 9 月 9 日，他在苏联的支持下建立了朝鲜民主主义人民共和国，并被选为朝鲜劳动党的委员长和朝鲜内阁首相，成为朝鲜最高领导人，任朝鲜民主主义人民共和国主席、朝鲜国防委员会委员长、

| 第七章 |

邓小平评点外国政治家

朝鲜人民军最高司令官。1992年被授予大元帅军衔，1994年去世于官邸锦绣山议事堂。朝鲜1998年修改的宪法规定他为"共和国永远的主席"。

逸闻趣事

金日成与邓小平的交往

金日成

1981年4月，金日成率部访问中国。邓小平陪同他。

4月18日下午，在沈阳友谊宾馆，邓小平和金日成进行了单独会谈。邓小平谈到了正在起草中的《关于建国以来党的若干历史问题的决议》。他说，写若干历史问题的决议，有三个目的：

一是树立毛泽东思想旗帜；二是恰如其分地讲清错误；三是向前看。邓小平特别谈到对毛主席的评价，对毛泽东思想的评价，"在党内、在人民中是个很大的问题"。

1982年4月27日，邓小平和胡耀邦内部访问朝鲜，同金日成举行会谈。

会谈中，邓小平向金日成介绍了中国关于解决香港问题的立场和态度。邓小平说，香港问题现在已经提到日程上了，因为英国比较急，香港各方的人士都比较急。当前国际上进行投资需要有15年的稳定，要保持15年的稳定才投资。我们找了一些香港的知名人士，到北京来商议这个问题。前提是个主权问题。现在我们定的方针是到1997年不只是新界，整个香港都收回。英国的盘子是放在能够继续维持英国的统治这点上，这不行。如果这样，所有中国人不管哪个当政都不会同意。所以，我跟他们说，到1997年，香港、九龙、新界的主权中国全收回。在这个前提下，维持香港自由港、国际金融中心的地位。香港的社会制

度不变,生活方式也不变。香港由香港人自己管理,由香港的爱国者组成地方政府,作为中国的特别行政区。

1982年9月金日成主席访问中国。

此时中国共产党召开了第十二次全国代表大会。

9月17日上午,邓小平前往钓鱼台国宾馆看望金日成。

金日成在宾馆楼门口迎接邓小平,他们的友谊之手又紧紧地握在一起。

在亲切的交谈中,金日成祝贺中共十二大取得圆满成功。他说:"你们的大会开幕词和胡耀邦同志的报告,我都看了,讲得很好。十二大是团结的大会,胜利的大会。"

邓小平简单扼要地向金日成介绍了十二大的情况并说:"十二大是把建设引向胜利。"

中共十二大的主题是要全面开创社会主义现代化建设的新局面。金日成此行的一个重要目的,是要了解和学习中国社会主义现代化建设的经验。这次邓小平建议金日成去四川看一看,金日成主席虽然多次访问过中国,到过不少地方,但没有去过四川。四川是中国的一个重要省份,十一届三中全会以后认真贯彻党中央的各项政策,较早地实现了安定团结,工农业生产取得了可喜的成绩。四川的人口在全国第一。金日成早就想去四川看看了,这次可以说是如愿以偿。

邓小平陪同金日成去四川。

9月18日,在去四川途中的火车上,两位老朋友又亲切交谈。

邓小平说:"十二大以后,我国政治形势更加稳定,可以更好地一心一意搞建设了。十二大提出的奋斗目标,是20年翻两番。""前十年打好基础,后十年高速发展。"

邓小平还向金日成谈到了中国共产党批评"两个凡是",实行工作重点转移的问题。他说:"我在东北三省到处说,要一心一意搞建

第七章
邓小平评点外国政治家

设。国家这么大，这么穷，不努力发展生产，日子怎么过？我们人民的生活如此困难，怎么体现出社会主义的优越性？'四人帮'叫嚷要搞'穷社会主义'、'穷共产主义'，胡说共产主义主要是精神方面的。简直是荒谬之极！""社会主义必须大力发展生产力，逐步消灭贫穷。""不断提高人民的生活水平。否则，社会主义怎么能战胜资本主义？""不努力搞生产，经济如何发展？社会主义、共产主义的优越性如何体现？""因此，我强调提出，要迅速地、坚决地把工作重点转移到经济建设上来。"

这两位共产主义者交换了对社会主义的认识。

9月20日，邓小平陪同金日成到成都参观访问。早在1980年7月邓小平在成都视察时，农村沼气开发建设以及沼气利用给农村带来的变化，在邓小平心中留下了深刻的印象。此次陪同金日成参观，邓小平有心让金日成等朝鲜客人也看一看农村的沼气开发利用。

9月21日上午，邓小平陪同金日成等乘车来到成都市郊双流县自家公社顺风大队第二生产队。邓小平对金日成说："今天请你看看农村的沼气。"

这个生产队掩映在一片竹林丛中，迎接在村口的数百名男女老少，挥动着中朝两国国旗和花束，高呼："欢迎！欢迎！欢迎金日成主席！"

邓小平陪同金日成来到了生产队长家里。这是一栋用砖和水泥新砌的两层小楼，共有八间房，面积200平方米。金日成走进宽敞的厨房，站在镶着瓷砖的锅台前，观看使用沼气的炉灶、炉具，还弯下腰仔细查看沼气管子是如何通进来的。邓小平兴致勃勃地向金日成介绍沼气开发建设利用的情况。

在沼气灯点亮以后，金日成称赞说："这个东西很好。"

邓小平接着说："这东西很简单，可解决了农村的大问题。光这个省，每年就可节约煤炭600多万吨。"

听到这里，金日成转身把随行的平壤市党委责任书记徐允锡叫到面前，要他仔细看看，并说"这个东西的确很简单"。

参观完了，工作人员见邓小平和金日成等贵宾一直走走看看，邓小平又一直讲解，一定很累了，便向邓小平说，请坐一坐，休息一下。邓小平笑着摆摆手，"不坐，不坐。"说着又对金日成说："再看看沼气池。"

他们又来到了社员周道根家屋后的一口沼气池旁，打开池盖后，陪同的四川省委第一书记谭启龙告诉金日成："这里边是人粪、猪粪和草，发酵以后产生沼气。"

邓小平说："沼气能煮饭，还能发电。一家搞一个池子能煮饭照明，几家联起来就能发电。搞沼气还能改善环境卫生，提高肥效。"

金日成高兴地说："这个很好。我们朝鲜有条件，有人粪、牛粪，还有草，我们也可以搞。"说完，又询问了沼气的造价等情况。

当金日成看到一户社员家仓房里堆满粮食时，问道："怎么家家都这么多稻谷？"

当天，成都市人民举行了热烈欢迎金日成主席的大会。

金日成主席在会上发表了热情洋溢的讲话。他说："邓小平同志尽管各项工作十分繁忙，仍然不顾路途遥远，专程陪同我们来到成都，我对此表示深切的谢意。我们高兴地看到远离首都的四川省也由于正确贯彻执行了中国共产党的路线和政策，一切都发生了新的变化，正在建设成为一个人民生活幸福美满的地方。"

金日成还说："今天中国共产党提出的社会主义建设纲领是一个革命的路线，它反映了过去经济、技术落后的国家在建设社会主义的过程中必须解决的必然要求。我们认为中国共产党从中国的实际出发进行社会主义现代化建设，根据中国的实际情况，依靠中国人民自己的力量进行一切工作，是完全符合革命发展的，合乎规律的要求和符合人民利益的正确的政策。"

邓小平也在会上说:"有机会同金日成主席一道参加这个大会,感到十分高兴。""金日成主席是朝鲜无产阶级革命家的杰出代表。几十年来,他领导朝鲜人民进行艰苦卓绝的斗争,反对外来侵略,争取民族解放。捍卫革命成果,建设社会主义,取得了伟大的胜利和光辉的成就。在国际上,他坚持独立自主,主持正义。反对外来干涉,致力于发展各国人民之间的友好关系,为加强第三世界团结,维护世界和平和安全,做出了重要的贡献。"

"金日成主席同中国有着特别亲密的关系,早年他曾以自己的革命活动支援了中国的革命。新中国诞生后,他又多次访问我国,同毛泽东主席、周恩来总理以及我们党和国家许多其他领导人结下了十分珍贵的友谊。"

邓小平最后说:"中朝关系不同一般,它有着悠久的传统,深深扎根于两国人民的心坎。""我们深信,金日成主席的这次访问,将为进一步加强和发展两党、两国的关系做出新的贡献。"

9月22日,邓小平赶回北京,准备24日和来访的英国首相玛格丽特·撒切尔夫人会谈,由担任中共中央总书记的胡耀邦代替他陪同金日成主席继续参观访问。

一年以后,金日成又一次内部访问中国。

邓小平同他进行了会谈,并向他通报了中英关于香港问题的谈判情况,阐述了中国的立场和方针。金日成听后表示赞成。

1987年5月22日,邓小平在钓鱼台国宾馆会见金日成。

说不清这是他们之间的第几次见面。

这天一早,北京下了一场中雨。

雨后的钓鱼台,空气格外清新,草木分外苍翠。几盏大红灯笼高悬在一座覆盖着蓝色琉璃瓦的乳白色宾馆楼前。左侧有一株金日成主席1959年访华时亲手栽种的云杉,如今正披着一簇簇嫩绿的新叶。

当金日成主席的座车来到门口时,邓小平迎上前去,紧紧握住金日成的手说:"非常欢迎您!"接着,两位领导人热情拥抱。

宾主落座后,金日成满面笑容地对邓小平说:"你身体跟两年前一样健康,我们都很高兴。""看见你身体这样好,我们也都很高兴。"接着,邓小平和金日成双方通报了国内情况,并就共同关心的国际问题交换了意见。

邓小平对金日成说:"我们之间相互了解是最深的。"

会见结束后,邓小平和金日成一边散步,一边亲切交谈,来到了流水潺潺、绿荫如盖的养源斋。邓小平在这里宴请金日成一行。

1989年11月5日至7日,应中共中央邀请,金日成对我国进行非正式访问。

当金日成乘坐专列抵达北京时,邓小平前往车站迎接。

金日成看到85岁高龄的邓小平还到车站迎接他,十分激动,快步上前,和邓小平紧紧拥抱。

此前不久,邓小平于9月4日向中共中央政治局提出,辞去党和国家军委主席这最后一个职务。

11月6日,邓小平和金日成举行了会谈。老朋友相会,格外亲切。

邓小平对金日成说:"我们是朋友之间的来往,所以一般的礼仪都可以简化。""是的,简单一点。"金日成完全同意。

"我们的关系确实不一般",邓小平说,"今年除了一些重要的国家首脑来华时我出来见见面以外,其他一般就不见了,也不出席宴会,也不去机场,也不经常出面谈话。"邓小平告诉金日成:"我们今天开始开中央全会,有两项议程,其中一个就是批准我退休的请求。这个事情我做了多年的工作,这次列入了议事日程,已经取得政治局和政治局常委会同志们的同意,在中央委员会中还要做一些工作。这个问题我至少提了七、八次,每次大家都不赞成,没有办法,所以十三大我来了一个半退，就是不进入中央委员会，只保留一个中央军委主席的职务。现在是我退休的时机了。我在这个时机退下来最好。"邓小平还向金日成介绍了中共中央总书记江泽民同志的情况。他说，江泽民同志这四个多月的中央工作很扎实，而且这个人比较民主。

双方各自通报了国内情况，并就进一步发展中朝两党、两国之间的友好关系和国际形势等共同关心的问题交换了意见。

金日成对中国共产党和中国人民坚持四项基本原则，坚持改革开放，为建设具有中国特色的社会主义而进行的努力表示坚决支持。

邓小平对朝鲜劳动党、政府和朝鲜人民为争取祖国自主和平统一、缓和朝鲜半岛局势而进行的斗争表示坚决支持。

这是邓小平和金日成的最后一次会面。

1994年7月8日，金日成主席与世长辞。噩耗传来，90高龄的邓小平深为悲痛，致唁电表示沉痛的哀悼。唁电全文如下：

朝鲜劳动党中央委员会：

惊悉金日成主席不幸病逝，深感痛惜。

金日成同志的一生是为朝鲜民族解放、人民幸福献身的一生。也是为缔造和发展中朝友好奋斗的一生。金日成同志的逝世使朝鲜人民失去了伟大领袖，也使我失去了一位亲密的战友和同志。

我谨向朝鲜劳动党中央、向朝鲜民主主义人民共和国政府和全体人民致以最深切的哀悼。

邓小平

1994年7月9日于北京

七、明智勇敢　胸襟开阔——邓小平评点尼克松

邓小平评点原文

中美关系打开新的一页是从共和党开始的，那是尼克松先生、基辛格先生执政的时候。

——《邓小平文选》第2卷，第375页，《发展中美关系的原则立场》，1981.1.4

从一九四九年中华人民共和国成立到一九七二年，二十三年间，中美关系处于敌对状态。在你担任总统的时候，改变了这个状况。我非常赞赏你的看法，考虑国与国之间的关系主要应该从国家自身的战略利益出发。着眼于自身长远的战略利益，同时也尊重对方的利益，而不去计较历史的恩怨，不去计较社会制度和意识形态的差别，并且国家不分大小强弱都相互尊重，平等相待。这样，什么问题都可以妥善解决。用这样的思想来处理国家关系，没有战略勇气是不行的。所以，你一九七二年的中国之行，不仅是明智的，而且是非常勇敢的行动。我知道你是反对共产主义的，而我是共产主义者。我们都是以自己的国家利益为最高准则来谈问题和处理问题的。在这样的大问题上，我们都是现实的，尊重对方的，胸襟开阔的。

——《邓小平文选》第3卷，第330页，《结束严峻的中美关系要由美国采取主动》，1989.10.31

查德·米尔豪斯·尼克松人物简介

查德·米尔豪斯·尼克松（1913—1994），美国第37位总统。1913

| 第七章 |
邓小平评点外国政治家

年1月9日生于美国加利福尼亚州洛杉矶附近的约巴林达镇，爱尔兰人后裔。

1946年，尼克松当选为美国众议院共和党议员，开始步入政界。1950年当选为美国联邦参议员。1952年，他作为艾森豪威尔的竞选伙伴，当选为美国副总统，任副总统4年。1968年尼克松击败民主党人汉弗莱和独立竞选人华莱士，当选为美国第46届总统。作为中美外交关系破冰的重要人士为广大中国人所熟知。尼克松是登上《时代周刊》封面次数最多的人物，共43次成为《时代周刊》封面人物，并于1968年和1972年两度荣登"时代周刊年度风云人物"。

查德·米尔豪斯·尼克松

1994年4月18日傍晚，尼克松在新泽西家中突患中风，当即被送往康奈尔中心急救。21日下午起，他陷入"深度昏迷状态"。22日在纽约康奈尔医疗中心逝世，享年81岁。

逸闻趣事

国会中的"反共斗士"

1946年加科福尼亚州举行国会议员改选。该州第十二选区的共和党人为了击败民主党对手杰里·沃勒斯，正在物色一名新的众议员人选。他们几次想把他搞下台都未成功。共和党人这次重振旗鼓，成立一个百人委员会来挑选一名候选人与沃勒斯比高低。在惠蒂尔学院院长的推荐下，以惠蒂尔美洲银行经理佩里为代表的权势集团看上了尼克松（尼克松的父母都是共和党人，尼克松本人1938年6月登记为共和党员）。当佩里打电话给当时还在海军中服役的尼克松，征询他是否有意

回乡参加竞选时，尼克松欣然同意。1946年初，尼克松脱了戎装，回到加利福尼亚州准备在即将来临的这场斗争中显露身手。

竞选运动开始后，沃勒斯一度遥遥领先，但尼克松利用美国统治阶级在国际国内掀起的反共逆流，在竞选中一次又一次地迫使沃勒斯参加公开辩论，在舌战中他使选民们怀疑沃勒斯是"共产党的代理人"。最后，他击败了沃勒斯，1946年11月当选为加利福尼亚州的国会众议员，开始进入政界。

在国会中，他以"反共斗士"著称，1947年他建议对美国共产党领袖以"集体藐视政府法令罪"起诉，并参与对好莱坞进步人士的迫害，以及起草限制美共活动法案。1948年，他与议员蒙特起草宣布共产党为非法的提案，并主持调查所谓的"希斯间谍案"，其时尼克松已被任命为臭名昭著的众议院非美活动委员会小组委员会主席。希斯是美国务院的一名官员，由于尼克松的一手操纵，最后以所谓的"亲共"罪被判入狱。

1948年11月尼克松再度当选为众议员。

1950年尼克松在竞选参议员时又采取以往手法，把他的对手海伦。道格拉斯夫人说成是"共产党分子"，并获胜当选为参议员。尼克松的政敌对他在竞选中所采取的诬陷手法痛恨异常，他们给尼克松起了个绰号"诡计多端的狄克"（狄克是理查德的略称）。尼克松在参议院仍然以反共著称，他攻击杜鲁门政府对共产党国家斗争不力，主张对中国和苏联持强硬态度。

八、重新打开中美友好之门——邓小平评点基辛格

邓小平评点原文

中美关系打开新的一页是从共和党开始的，那是尼克松先生、基辛

| 第七章 |
邓小平评点外国政治家

格先生执政的时候。

——《邓小平文选》第 2 卷，第 375 页，
《发展中美关系的原则立场》，1981.1.4

你是我会见最多的外国朋友之一。你是重新打开中美友好之门的人，中国人民是不会忘记的。

——《邓小平与 20 世纪政治人物》第 351 页，1987.9

基辛格人物简介

基辛格，当代美国著名外交家、国际问题专家，1973 年诺贝尔和平奖获得者。曾任美国尼克松政府国家安全事务助理、国务卿，福特政府国务卿。

基辛格 1923 年 5 月 27 日生于德国费尔特市的一个犹太家庭，1938 年因逃避纳粹对犹太人的迫害，随父母迁居纽约。

1957 年，基辛格出版了《核武器与对外政策》一书，该书首次提出了有限战争的理论，从而使基辛格在学术界和对外政策研究领域一炮而红。同年，哈佛大学决定聘用基辛格，授予他讲师等级。1957—1969 年，基辛格历任哈佛大学讲师、副教授、教授。与此同时，他还在校外担任洛克菲勒兄弟基金会特别研究计划主任、国际问题中心成员、国家安全委员会和兰德公司顾问等兼职。

基辛格

在 1968 年的总统竞选中，基辛格担任了纳尔逊·洛克菲勒的外交政策顾问，但是后来尼克松却战胜了洛克菲勒，获得了共和党总统候选人提名并最终赢得了大选。

1969年1月，基辛格离开了哈佛校园，到华盛顿走马上任，实现了由文人战略家到政策制定人的转变。

1969—1973年，基辛格任尼克松政府国家安全事务助理，并兼任国家安全委员会主任到1975年。1973—1977年，他兼任美国国务卿，获得了了一个外来移民所能得到的最高政治职务。

1983年任美国广播公司新闻分析员。1983年7月，里根总统曾任命他为中美洲政策两党委员会主席。

1986年，基辛格荣获自由奖章。1986年9月任美印委员会主席。1987年3月任美国—中国协会两主席之一。在1989年以后中美关系处于危机的时候，基辛格曾多次访问中国，并呼吁保持中美之间的正常交往。2002年3月5日，基辛格博士在华盛顿国家记者俱乐部发表演讲，介绍中美建交30年来的历程，并展望中美关系的未来。2002年11月27日，基辛格被美国总统布什任命为调查"9·11"事件的一个独立委员会的主席，12月14日，基辛格辞去该委员会主席职务。

逸闻趣事

基辛格与邓小平

1989年10月10日，邓小平在北京人民大会堂会见了美国前国务卿亨利·基辛格博士。

这是邓小平辞去中央军委主席后会见的第一个外国客人，这是在中美关系面临严重危机的时刻。

当基辛格博士来到会见大厅时，邓小平身着深灰色中山装，精神矍铄、满面笑容地迎上前去同他热情握手。他当着几十名中外记者的面对基辛格说："博士，你好。咱们是朋友之间的见面。

你大概知道，我已经退下来了。中国需要建立一个废除领导职务终

第七章
邓小平评点外国政治家

身制的制度，中国现在很稳定，我也很放心。"

基辛格博士说："你看起来精神很好，今后你在中国的发展仍起着巨大的作用，正像你在过去所起的作用那样。你是中国改革的总设计师。"

"我仍是中华人民共和国的公民，中国共产党的党员，在需要的时候，我还要尽一个普通公民和党员的义务。你现在不当国务卿了，不也还在为国际事务奔忙吗？"邓小平笑着回答。

基辛格对邓小平说："你是做的比说的多的少数几位政治家之一，你使中国发生了历史性变化。"

接着，邓小平和基辛格愉快地回顾了他们相识多年来的友好交往……

1975年10月，基辛格和邓小平在北京会面。

这是基辛格第八次访问中国。

这一次，基辛格是带着重要使命而来的。他是为美国总统福特年底正式访华来做准备工作的。这时，毛泽东的健康状况不太好。毛泽东在接见他时，用手指指头部说："这个部分还行，我能吃能睡"，然后又用手拍拍腿说："这些部分运转不行了，我走路感觉无力，肺也有毛病。总之，我感到不行了。"邓小平作为中国方面的主要代表接待了基辛格。他在人民大会堂南门接待厅和基辛格举行了三次长时间的会谈。

在会谈过程中，基辛格曾对邓小平说，中美两国之间的关系是建立在健全的基础之上的，因为两国都对对方无所求。

邓小平说，我们非常欣赏尼克松总统在会见毛主席时首先讲的话。他说，他是出自美国自身的利益到中国来的，中方欣赏尼克松迈出了这勇敢的一步。我们理解他这个话的真实性，不是一种外交语言。就是说，他是出于美国自身的利益同中国打交道的。

说到这里，基辛格脸红了并略显尴尬。

邓小平还说，毛主席多次强调，中美之间当然有双边问题。

但更重要的是国际问题。在对待国际问题上，我们认为，总要从政治角度考虑，才能把问题看得更清楚，才能在某些方面达到协调。正是这一点上，我们欣赏尼克松总统作为一个政治家的风度。

当毛泽东了解到基辛格的这种观点后，在第二天会见基辛格时指出"如果双方都无所求的话，那为什么我们要接待你和你们的总统？"

当时担任美国驻中国联络处主任，并参加邓小平和基辛格会谈的布什在他的回忆录中这样写道：

"邓小平在同外国领导人会见时显得既刚毅又慈善。但他同基辛格会谈时的情绪有些激愤，谈判的口气很强硬。他的抱怨听起来有些不可思议，他抱怨美国在面对苏联对世界的威胁时表现得太软弱。"

邓小平同毛泽东及其他中国领导人一样，对美国同苏联的缓和政策的发展方向很关心。他指责美国对苏联的政策就如同1938年英国和法国在慕尼黑对希特勒的政策——"绥靖政策"。

基辛格克制着自己，始终保持镇静。他回答说："一个国家每年将1100亿美元用于防务，能说他实行慕尼黑政策吗？请让我提醒你们，当你们和苏联还是盟友时我们就已经在抗击苏联的扩张主义了。"

这是一场针锋相对的交锋，它充分说明最高级会谈需要事先召开预备会。最后，大家把美中两国之间的分歧抛到一边。基辛格说："我认为在总统访华期间不应让别国感到我们两国在争吵。"邓小平同意这个意见，说："还有时间做进一步具体的讨论。"

——如果说1975年10月邓小平和基辛格的会面有点剑拔弩张的话，那么1979年1月邓小平访美时他们之间的接触则是和颜悦色了。

1979年1月邓小平访美时，在美国总统卡特举行的盛大国宴上，应邓小平的要求，特别邀请了美国前总统尼克松和前国务卿基辛格出席。在邓小平的答词中特别提到了基辛格等为中美关系正常化做出了重大的贡献。2月上旬邓小平在西雅图参观访问时，专门会晤了亨利·基

第七章
邓小平评点外国政治家

辛格。会晤结束后，基辛格风趣地对记者们说："我们同意使中国同我本人之间的关系正常化。"他这句话引起了全场哄堂大笑。

他和邓小平之间的关系又加深了一步。

1979年美国《时代》周刊第一期撰文说"盛传前国务卿亨利·基辛格曾称邓小平为'令人讨厌的小个子'，对此，基辛格矢口否认。上星期，在接受《时代》周刊采访时，基辛格告诉记者他对邓的印象：很显然，他非常能干，具有超常的意志和魄力。对于政治，他极为精通并游刃有余。当我1975年见到他时，邓对外交事务还知之不多，但他学得很快。总之，邓是一个不可低估的人物，他的影响将是巨大的。"

此后，基辛格多次访问中国，每次都受到邓小平的亲切会见。

1982年9月30日，邓小平会见来华访问的基辛格博士。老朋友相见，分外高兴。

这时中国共产党刚刚召开了第十二次全国代表大会。邓小平向他介绍说："我现在把自己放到顾问委员会里边去，是顾问委员会主任，退到第二线，让一些比较年轻的人到第一线来。"

基辛格称道，我想社会主义国家只有中国的领导人这么有远见做出这种安排。基辛格愉快地向邓小平介绍了他这次访华的观感："现在人们的思想更加明确了。我注意到人们的衣着比过去好了，消费品也比过去丰富了。"邓小平说："我们最大的变化是农村。农民收入成倍、数倍地增加。我们三中全会制定的农村政策见效了。城市也有变化，主要是人民的精神面貌变了，对社会主义建设的信心增强了，对党和政府更信任了，这将对整个国家产生深远的影响。"

在谈到中美关系时，邓小平说，十年来中美关系的发展总的说是好的，但近两年发生了一些波折。就中国来说，无论是现在，还是今后，我们还要保持这种政策的连续性。我们重视同美国发展关系，并且认为这种关系必须建立在相互信任的基础上才能向前发展。

基辛格还说:"我看到你同意大利女记者法拉奇的谈话。在世界上所有领导人当中,你是唯一同法拉奇谈话能取胜于她的人。"

邓小平笑着问道:"她同你也谈过?"

基辛格略带惭愧地说,她把我完全"毁灭"了,我是受害者,我看了你们的那次谈话,很受感动。

1985年11月,基辛格访问中国。此时,中国的改革开放进一步向纵深发展,并不断取得了新的成果。

邓小平说:"上次见面是1982年吧,差不多三年了,时间过得真快。对你来说三年没有关系,可是对我来说就珍贵了。"基辛格说,你现在看上去比我上次见到时还要健康。

邓小平笑着回答道:"自然规律违背不了,我的秘诀没有别的,就尽量少做事,让别人去做。"基辛格说:"我们相识已有10年了,特别是过去六年中你们取得了很大的成就。"邓小平介绍说:"去年我们的步子快了一些,速度太高,影响到其他方面的平衡,经过今年大半年的调整,效果比预期的要好。改革是一个新事物,出点差错不要紧。"基辛格称赞道:"像这样大规模的改革是任何人都没有尝试过的,世界上还没有别的国家尝试过把计划经济和市场经济结合起来。"邓小平说:"确实是个重大的试验。"基辛格认为,这是一个有历史意义的事情,如果成功了,就将从哲学上同时向计划经济国家和市场经济国家提出问题。

邓小平说:"我们的经验是要发展社会主义的生产力,必须改革,这是唯一的道路。"

两年后,也就是1987年9月,基辛格又一次访问中国,并见到了邓小平。

已经记不清这是他们之间第几次见面了。

基辛格说:"每次见到你,你都显得更年轻。"邓小平说:"你是我

第七章
邓小平评点外国政治家

会见的最多的外国朋友之一。"基辛格深有感触地对邓小平说:"当你第一次率领代表团出席联大特别会议时,美国专家都在猜测:邓小平到底是一个什么样的人?现在我们都十分清楚了。每次见到你时,你前一次谈到要做的事情都做到了。"邓小平愉快地对基辛格说:"我访美时受到你的盛情款待,你是重新打开中美友好之门的人,中国人民是不会忘记的。"邓小平在介绍中国的改革开放时说:"搞改革胆子要大,步子要稳。"

基辛格还谈到了他来中国前看到了各种有关中国国内形势的报道,来华之后发现中国国内的形势要比报道中讲的平静得多,并请邓小平对今后几个月的国内形势做出预测。

邓小平谈到:年初有些学生上街闹事,要求"全盘西化",我们迅速处理了这个问题,中国的政局是非常稳定的,这种稳定是可靠的。中国要搞经济建设,没有一个稳定的局势是不可能的。

邓小平赞扬基辛格倡议建立了"美国—中国协会"。他说:"这是一个非常重要的组织,它的目标是明确的,相信它会为推动中美友谊起到越来越大的作用。"基辛格说:"成立美中协会的目的是促进美中友好,推动美中关系的不断发展,鼓励美商到中国投资。美中友好关系符合我们两国的利益,我感到特别自豪的是,自从中美关系的大门打开以来,美国历届总统,包括共和党的总统和民主党的总统都在朝这个方面继续努力。因此,我可以说,美中关系是三种永久性的关系。"后来,基辛格在同一位外国政治家的谈话中这样评价邓小平:他是中国推行改革的领袖。他着手共产党领袖从未搞过的改革,解放了农村经济,把粮食进口国变成粮食富余国。作为老一代的革命家,不允许共产党的地位下降,并且要将经济改革搞下去。

九、中国的真正的朋友——邓小平评点李光耀

邓小平评点原文

李光耀是中国的真正的朋友，而且是个诤友。

——《邓小平笑谈世界风云》第 136 页，1988.9.17

李光耀人物简介

李光耀，新加坡华人，祖籍广东省梅州市大埔县。汉族客家人。自幼就接受英式教育，12 岁（1935 年）时考入当地顶尖的英校莱佛士书院（初中部），18 岁（1940 年）时考入原校的高中部，但在日军占领新加坡后中断学业。战争结束后，李光耀荣获大英帝国女王奖学金，并开始赴英国留学。

在留学英国初期，李光耀就读于伦敦经济学院，并在学习时受到导师拉斯基的社会主义理论影响，逐渐展现反殖民统治倾向，但在之后却一直以"反共者"著称。他曾在

李光耀

他的回忆录中表示，"之所以讨厌共产党人，根源在于他们采用列宁主义（领袖集权）的方法，不在于他们的马克思主义理想。"在伦敦经济学院学习三个月后，李光耀转到剑桥大学攻读法律，并于 1949 年毕业，获得"双重第一荣誉学位"，1950 年 6 月在伦敦获得执业律师资格。

1950 年 9 月，李光耀与以前在莱佛士书院的同学柯玉芝结婚，柯玉芝是一位颇有名望的律师，祖籍中国福建省同安县。李光耀与妻子柯

第七章

邓小平评点外国政治家

玉芝共育有三个子女：长子李显龙，次子李显扬，女儿李玮玲。

1950年，还在英国的李光耀加入了一个由旅居当地的东南亚人所组成的，以争取马来亚独立为目标的团体"马来亚论坛"。同年8月，李光耀回到新加坡，开始从事律师工作。1952年，李光耀因为代表"新加坡罢工的邮差"与政府谈判而名声大噪，在工会中建立了群众基础，从而为其将来的从政之路奠定了基石。

1954年10月，李光耀与一些从英国回来的华人、当地受华文教育的左派学生和工会领袖成立人民行动党，参加次年举行的首届选举。这次选举中，李光耀本人顺利当选立法议院议员，开始与新加坡方面的马来西亚共产党（"马共"）负责人林清祥等合作，为新加坡争取自治地位。

1959年6月3日，新加坡自治邦成立，而人民行动党也在自治邦政府的首次选举中成为立法议院第一大党，由李光耀出任自治邦政府总理。此后，李光耀一直希望与马来亚合并成立"马来西亚"，从而为新加坡经济发展提供保障，最后还可以铲除在当地日渐壮大的"马共"势力。

1961年，以李光耀为首的"反共分子"与党内的"亲共分子"决裂。1963年7月，李光耀在伦敦与马来亚东姑阿都拉曼（东姑拉曼）政府达成协议，"新马"正式合并。合并后的马来西亚联邦政府与李光耀主导的新加坡自治邦政府采取行动，逮捕了新加坡的多名"马共"高层。

"新马"合并后，马来西亚联邦政府与新加坡自治邦政府在经济等多项政策上很快就产生严重的分歧。1964年，新加坡发生种族骚乱，李光耀政府借此指责马来西亚首相东姑阿都拉曼与联邦政府试图推行"种族沙文主义"，企图使马来人在联邦内享有特殊的高等待遇，并在幕后煽动在新加坡的马来人反对新加坡自治邦政府。而联邦政府高层则对此十分反感，也因随后双方多次协商未果，导致新加坡最终在1965年被驱逐出马来西亚联邦，并于8月9日被迫宣布独立。

新加坡独立后，李光耀积极推动经济改革与发展，在其任内推动了开发裕廊工业园区、创立公积金制度、成立廉政公署、进行教育改革等多项政策，成功使新加坡在30年内发展成为亚洲最富裕繁荣的国家之一。

1990年，李光耀辞去总理职务，但是留任内阁资政直至2011年5月。他始终提倡"亚洲价值观"，认为亚洲国家不需要完全依照西方的价值观行事。李光耀因此也一直对西方国家对他专制的批评不加理会，认为西方民主不能强加给亚洲人民。

逸闻趣事

李光耀急流勇退

奇迹不是吹出来的，而是靠脚踏实地的努力去干出来的。对于李光耀来讲，这是切身的体验。

新加坡不但从年龄上讲是一个年轻的国家，它甚至没有李光耀当总理的时间长，而且它更是一个真正一穷二白的国家。这个仅有633平方公里的岛国，地下几乎没有任何矿藏，地上也无农田，不仅粮食、工业用品依赖进口，而且连喝的水、填海造地用的土方和石块都是从国外买来的，人民生活困苦。独立前的新加坡，到处杂草丛生，蚊蝇遍地，脏乱不堪，疾病流行。老百姓面临着要迁徙他处的境地。

穷则思变，李光耀以实用主义的原则，提出了"生存战略"，推行一系列行之有效的政治、经济、社会和文化政策。从1965年该国获得独立到1990年的25年中，新加坡确实发生了翻天覆地的变化。其经济平均每年以7.2%—8%的速度增长。1990年，新加坡国民生产总值达400亿美元，人均为1.19万美元，名列世界前茅。外汇储备达270亿美

第七章
邓小平评点外国政治家

元，这对于一个只有 280 多万人口的小国来说，是一个何等巨大的数字。1990 年其进出口贸易额达 1140 亿美元，为世界第十五大贸易国。目前的新加坡已成为世界第三大炼油中心，亚太地区的重要贸易和旅游中心，东南亚金融中心，世界第二大转口港。这个昔日荒落的渔乡，而今一跃成为亚洲新兴的工业国家、亚洲"四小龙"之一。新加坡在总理李光耀的领导下，不但创造了高度发达的物质文明，而且建立了为世人敬佩和瞩目的精神文明。今日的新加坡，到处是繁花似锦，绿草如茵，市容整洁，空气清新，被赞誉为"花园之国"。

新加坡人民遵纪守法，文明礼貌，服务优雅，犯罪率极低，社会秩序良好。他们重视本民族语言和历史教育，提倡爱国精神，弘扬东方文化，反对"极端个人主义"。新加坡，是一个名副其实的东方之珠。

新加坡之所以获得如此巨大的成就，其功臣应首推政府总理李光耀。

到 1990 年 11 月为止，李光耀一直是新加坡唯一的总理。如果把作为任州总理（当时还是马来西亚的一个州）的时间也计算在内，那么，他在这个岗位上共任职 31 年。如从该国独立之日算起，也有整整的 25 年。

1988 年，人民行动党在议会大选中获得决定性胜利后（只 1 个议席被他党夺去）不久，党的领导集体决定，选择第一副总理吴作栋为李光耀的接班人。1990 年 11 月 27 日，在李光耀 67 岁生日过后两个月，他就决定把权力交给第二代领导人。这样。47 岁的第一副总理吴作栋接任他的"政治导师"李光耀的班，成为新加坡历史上的第二任政府总理。

没有人要求李光耀退休，无论从他的政治威望，年龄和身体条件上讲，他仍然能作为一个最高决策者留在总理的位子上。但从一个政治家的高度上考虑问题，李光耀毫不犹豫地决定激流勇退。他清楚地意识

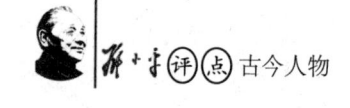

到：如果他现在不退休，未来的新加坡的继承就会有问题。因为第一，没有足够的时间去锻炼新的领袖；其次，即使新加坡的领导人能够治理国家，人民也不熟悉他们的作法；另外，自己的做事风格、解决问题的方式，是第二代领导人无法照此模仿的。因此，李光耀早在70年代中期开始就在精心培养接班人。现在，尽管李光耀离开了总理的职位，仍然被吴作栋委任为内阁高级部长，但这并不是李光耀恋权的表现，而是辅佐新的领导人走上正轨的现实需要。1993年，在人民行动党新一届大会上，李光耀把权力很大的秘书长一职移交给了吴作栋，为自己彻底退出政坛，作好了进一步的准备。

中国的真正的朋友

李光耀祖籍中国广东省大埔县，1929年9月16日出生于新加坡。1959年6月担任新成立的新加坡自治政府总理，时年三十多岁，是世界上少有的年轻总理之一，并在新加坡连续执政达三十年之久。

李光耀一直十分重视中国在亚洲及太平洋地区的地位和作用。在同中国的交往中，他不仅是一位友好使者，还是中国的"真正的朋友，而且是个诤友"。他曾先后于1976年、1980年、1985年和1988年四度访问中国，在后三次的访问中，他都受到了邓小平的接见。邓小平也于1978年访问新加坡，受到了李光耀的热烈欢迎。同邓小平的四次会见，给李光耀留下了深刻的印象。

1978年11月12日，邓小平抵新加坡进行正式友好访问。

这次访问也是对李光耀总理1976年访华的回访。这也是他们两人的首次会面。同日，李光耀在总统和总理官邸设宴欢欢迎邓小平。邓小平在宴会上发表了热情洋溢的讲话，称赞新加坡人民在李光耀总理领导下，在发展国民经济方面取得了显著的成绩。他说，1976年5月，李光耀总理访问中国，为中、新两国友好关系的发展作出了积极的贡献。

第七章
邓小平评点外国政治家

他相信通过两国领导人的互访，两国的友好关系和两国人民的深厚情谊将会得到进一步发展。中国政府和中国人民坚决反对任何国家在世界任何地区谋求霸权，同时一再郑重声明，中国现在不称霸，将来强盛起来也永远不称霸，永远不做侵略、干涉、控制、威胁、颠覆其他国家的超级大国。

在这次访问期间，邓小平和李光耀还分别于12日和13日举行了两次会谈，就共同关心和感兴趣的问题，特别是就东南亚的形势交换了意见。他们都认为，进一步发展中国和新加坡两国之间的贸易关系有着广阔的前景。他们强调对霸权主义在非洲、中东、亚洲特别是对东南亚地区的侵略行径要提高警惕。

邓小平在新加坡访问期间，十分注意新加坡这些年发生的重要变化、得到了很大的启发，他让人们注意研究"新加坡现象"，并下决心克服一切阻力，实行对外开放。

1979年1月下旬，邓小平在访问美国时说："太平洋再也不应该是隔开我们的障碍，而应该是联系我们的纽带。"李光耀总理在他的官邸里看到邓小平访美的电视报道后说，我感到中国的大门再也关不上了。

到1980年11月，李光耀总理第二次访华时，中国已进入了一个改革、开放的新时期。11月11日，邓小平同李光耀进行了会谈。李光耀十分赞赏中国共产党十一届三中全会有关四个现代化和改革开放的基本国策，认为"中国四个现代化成功对整个亚洲及地处东南亚的新加坡都有好处。中国经济成长将为整个区域制造稳定和刺激贸易与投资"。"中国繁荣了，各国就多了一个好的贸易伙伴。"

1985年9月，李光耀总理第三次访华。这也是他和邓小平的第三次会面。

李光耀说，同他五年前访华时相比，邓小平主任的身体更健康，精神更饱满，思路更敏捷了。

邓小平说，中国的事情安排得顺当，因此他的心情很好，无忧无虑。

李光耀接着说，这样我理解了，你们有很多人，您有强有力的臂膀，因此您那样的轻松自如。

李光耀说，从他上次访华以来的五年中，中国的变化很多，是向好的方向发展。

邓小平说，国内情况比较好。邓小平还向李光耀介绍了正在召开的中国共产党的全国代表会议的情况。他说，这次会议将使中央领导机构的成员年轻化。这项工作七年前就开始了，但那时还不够理想，所以这次要进一步调整，这件事情以后还要继续下去。

在谈到柬埔寨问题时，邓小平指出，越南说要在五年内全部撤出侵柬越军，但它的条件是要消灭民柬的抵抗力量。有人认为越南的态度有所松动，事实上越南不会放弃吞并柬埔寨的政策。

越南把几十万越南人移居柬埔寨的做法比以色列在约旦河西岸建立定居点更加恶毒。邓小平希望东盟国家同中国和国际社会进一步加强合作，创造政治解决柬埔寨问题的条件。

在这次访华期间，李光耀提出，中、新两国发展经济合作应采取循序渐进的方法，"先集中在几项合作项目上期望在一、二年内见效，两三年内在新领域达到更高目标。"

1988年9月17日李光耀第四次访华，在会见过程中，邓小平向客人介绍中国国内形势时说，中国十年发展十年改革成绩是不错的。当然，在良好的发展过程中也有一些问题。我们对存在的问题是谨慎对待的。现在正总结十年的经验，制定进一步发展的政策。规划和措施也要进一步落实。邓小平认为，出现这样那样的问题是我们预料之中的事。因为我们缺乏经验，但本领是可以学会的，其中包括向新加坡学习，我们的总目标是不会改变的。邓小平询问李光耀这次来访有何观感，李光耀说这次访问与上次时隔3年，我发现中国发生了很大的变化。

李光耀曾向记者透露，在会谈中，邓小平表示了："侵略者必没有好下场。"李鹏在讨论国际问题中也提出"在战争中人人都是战败者"的看法。他认为"这是一个很重大的改变"，并且强调："无论从他们的谈话态度或内容看，他们是真心诚意地希望和平"，"中国的这种真诚希望和平的态度是值得他的亚洲邻国注意的。"

的确，在这次同李光耀的会谈中，邓小平关于国际事务敏锐而独到的见解给李光耀留下了深刻的印象。

邓小平在同李光耀的会谈中强调指出，集团政治已到了该结束的时候了。霸权主义也到了该结束的时候了。目前世界从对抗转向对话，由紧张转向缓和的趋势今后还会发展。其中的道理就是超级大国谁也不敢发动战争，谁搞霸权主义，谁侵略别的国家，最终都得收缩回来。绝对优势也没有用。到头来还得搞和平共处五项原则。

李光耀听完邓小平的谈话后，以十分钦佩的心情说，您对国际事务富有经验，对当前国际形势的论断和对中国对外政策基本原则的阐述非常重要。

十、比较了解中国的——邓小平评点布什

邓小平评点原文

布什先生就是我熟悉的朋友之一。

——《邓小平笑谈世界风云》第379页，1980.11.15

你是比较了解中国的。

——《邓小平笑谈世界风云》第72页，1982.5.8

邓小平评点古今人物

你在北京任联络处主任期间就为推动中美关系的发展起了作用。后来你又四次访华，每次都为中美关系的发展带来好消息。

——《邓小平与20世纪政治人物》第387页，1989.2.26

布什人物简介

布什，1924年6月12日生于马萨诸塞州密尔顿。1942年菲利普斯学院毕业前参加空军。第二次世界大战期间，参加海军当飞行员，二战中表现英勇。退伍后到耶鲁大学攻读经济学，1948年获经济学学士学位。大学毕业后，到得克萨斯州经营石油业。1951年与人创办布什—奥弗比石油开发公司。1953年至1959年是扎帕塔石油公司的创办人和董事。1956年至1964年是休斯敦扎帕塔近海石油公司总经理。1945年布什与芭芭拉结婚，有四子二女。1964年，布什参加得克萨斯州参议员竞选失败。1966年竞选国会众议员成功。1970年竞选参议员失败，被尼克松总统任命为驻联合国代表。1972年任共和党全国委员会主席。1974年任驻中国联络处主任。1975年任中央情报局局长，1977年辞职。1979年被共和党提名副总统候选人并在竞选中获胜，1984年连任。1988年竞选总统成功。布什执政后，内政平平，但外交十分活沃。他提出"超越遏制"战略。在布什任期内，东欧剧变，苏联解体，世界格局发生了根本变化。布什提出"新大西洋（600558）主义"，调整与盟国关系。1991年，发起"沙漠风暴"的军事进攻得胜。布什以此为契机，提出了建立"世界新秩序"的主张。1992年，布什谋求连任失败。

布什

第七章
邓小平评点外国政治家

逸闻趣事

糟糕的国内政绩

虽然布什在全球到处兜售美国的价值观、推行美国的模式。虽然他也为自己在这方面的成绩感到由衷的高兴、万分的喜悦，但是当他审视自己领导的美国时，他的这种高兴、这份喜悦就不能不大打折扣了——除了日益严重的各种社会问题令他束手无策之外，国内的经济状况更是令人担忧。

其实，美国的经济问题照后来的克林顿总统所说，是"冰冻三尺，非一日之寒。"由于美国在50、60年代竭力推行以凯恩斯主义为核心的国家垄断资本主义，在短期发展之后便留下了长期难以解决的"滞胀"问题，从而严重阻碍了美国经济的发展。到了里根时期，政府始终推行一条旨在控制通货膨胀的紧缩货币政策，严格控制货币发行量和信贷。但是里根政府期间的财政政策是扩张性的，为了美苏军备竞赛的需要，军费开支不断增加，再加上实行减税政策和危机期间财政收入的不断减少，致使政府的财政赤字骤增。1982年财政赤字首破1000亿美元大关，达到1280亿美元。此后几年财政赤字又连续增加，1986年达到2210亿美元。1988年、1989年虽有所下降，但也在1500亿美元左右。为了弥补财政赤字，政府又不得不大举借款，连年财政赤字使国家债台高筑，1985年美国从世界上头号债权国变成了债务国。大举借债，同时又造成了高利率、高汇率。虽然里根1989年得以光荣引退，但其"里根经济学"把美国经济搞得一团糟，高赤字、高国债、高利率、高汇率，搅在一起，像一锅难吃的粥让布什无法下咽。

毫无疑问，经济问题是布什当政的首要问题，也是最根本问题。不解决这个根本问题，在激烈的国际竞争中，只能越来越落伍。

然而，一向以精明老到著称的布什却恰恰在这根本的问题上犯了致命的错误——他不该只顾忙于国外事务而忽视了国内日益严重的经济问题。直到1990年2月，也就是说在他上台一年零一个月之后，他才比较明确地阐述了他的政府的经济战略。这对于只有短短的4年任期来说，未免提出得太晚了！

1990年7月，美国在出现了持续90多个月的低速增长之后，又进入了战后第9次经济衰退。虽然海湾战争给美国经济带来了某些复苏的迹象，1991年4月美国工业指数开始回升，失业率逐步下降。但这种战争的刺激作用并未持续多久，1991年10月一连串的坏消息又接踵而至：制造业增长速度放慢、零售市场疲软、银行贷款下降、申请失业补贴的人数猛增、高价耐用商品订货连续两个月下降、住宅销售情况也很不景气。美国联邦储备委员会主席格林斯潘也一反原来的乐观预测，明确表示他不能确定目前的经济停滞何时结束，甚至悲观地认为不能排除要到90年代的后5年才有结束的可能。

经济的再次逆转，特别是许多大公司纷纷宣布裁员关厂的计划之后，美国选民对布什政府的不满情绪陡然上升。1991年11月初，布什的前司法部长迪克·索恩伯勒清楚地向布什发出了一个信号，即美国的经济问题已经伤害到美国人的生活，民主党已经利用经济问题把他描绘为一位不关心国内问题的总统。民意测验也显示选民们对他的支持率已由海湾战争胜利后的90%以上猛降到46%。

虽然1992年大选期间，布什总统不顾疲劳奔命于全国、竭力兜售自己的政策主张，宣传他4年期间的业绩，特别是在外交上的业绩，甚至对其对手克林顿个人生活和越战服兵役等问题大做文章，但收效不大，因为美国人更关心的则是自己的生活。而在这方面，布什总统的确找不到值得炫耀的东西。布什执政4年期间，美国经济运行状况一直不佳，经济增长率是战后以来美国最低的4年。

因此，在大选期间，民主党总统候选人克林顿始终咬住美国国内的经济问题，向布什发起了猛烈进攻。克林顿利用各种场合和机会就美国经济的"三升高、三下降"的现象来抨击布什总统的无能。"三升高"就是美国赤字、债务、失业率的升高。1992年美国财政年度的赤字为2902亿美元,国会预算办公室预测1993年将达到3100亿美元。美国的国债已达3万亿美元。相当于国民生产总值的51.1%,50年来首次超过了国民经济的一半,1992年财政年度美国仅支付国债利息就达1900亿美元。美国的失业率也长期在7%以上居高不下。"三下降"是指美国人均国民生产总值下降、工业生产下降、竞争力下降。对此克林顿嘲讽布什说:"凡是该下降的都上升了,凡是该上升的又都下降了。"

最后,在问鼎总统宝座的这场角逐中,布什终于失败了,克林顿则以较大的优势赢得了胜利。对此结局,布什虽始料不及,但又无可奈何。到底是美国人太现实,还是自己认不清形势呢?布什也说不清楚。

十一、为两国关系正常化作出贡献——邓小平评点卡特

邓小平评点原文

在卡特总统任内,中美关系有了新的发展,但在他任期的后一阶段,有一个《与台湾关系法》。

——《邓小平文选》第2卷,第375页,《发展中美关系的原则立场》,1981.1.4

卡特在位的时候,承诺从台湾撤军,同时又通过了一个《与台湾关系法》,这个《与台湾关系法》就是干涉中国内政。

——《邓小平文选》第3卷,第86页,《在中央顾问委员会第三次全体会议上的讲话》,1984.10.22

我们高度评价卡特总统、万斯国务卿和布热津斯基博士为两国关系正常化所做的宝贵贡献。

——《邓小平与20世纪政治人物》第360页，1979.1.29

卡特人物简介

卡特，1924年10月1日生于佐治亚州普兰斯。1941年至1943年先后在佐治亚州西南大学和理工学院读书。1943年入马里兰州美国海军军官学校（即安纳波利斯海军学院）学习，1947年获理学士学位。1946年至1953年在美国海军服役。1953年父亲去世，他退役在家乡经营卡特农场、卡特仓库等业务，并从事政治活动。当过基督教南方浸礼会执事、主日学校教师。吉米·卡特1955年至1962年任佐治亚州萨姆特县学校董事会董事长，1962年至1966年任佐治亚州参议员。在此期间还先后担任过平原发展公司、萨姆特县发展公司总经理，佐治亚州中西部计划和发展委员会以及佐治亚州改进作物协会主席等职。1970年至1074年任佐治亚州州长。1974年任民主党全国委员会议员竞选委员会主席。1977年01月20日宣誓就任美国第39任总统。1980年争取连任落选。1982年起在亚特兰大的埃默里大学任名誉教授。

卡特在担任美国总统期间，中美两国正式建立了外交关系。卡特在埃及与以色列的和谈并签署戴维营协议中起到了重要作用。1990年7月4日获费城自由勋章。1995年1月10日获得1994年度联合国教科文组织设立的费利克斯·乌弗埃—博瓦尼和平奖。1997年11月，印度英·甘地纪念基金会授予他1997年度英·甘地奖，以奖励他为全球和平、裁军和发展所作的贡献。1998年12月10日，获当年度联合国人权

第七章
邓小平评点外国政治家

奖。2002年10月11日，挪威诺贝尔委员会决定把当年度诺贝尔和平奖授予卡特，以表彰他为促进世界和平所作出的努力。2009年1月来华出席中美建交30周年纪念活动。2010年9月来华出席中国国际友好城市大会和第四届中国芷江国际和平文化节。

逸闻趣事

卡特与邓小平

1979年1月1日，在中美关系史上是个不平常的日子。敌视和对抗了20多年的世界上的两个大国实现了关系正常化，建立了外交关系。

此时的美国总统是吉米·卡特。由于在他任内实现了与中国关系正常化而轰动世界，所以他也和尼克松总统一样：在中国成为一个家喻户晓的人物。

还是在中美建交谈判中，卡特总统向邓小平发出了访美邀请。

中美建交20多天后，中华人民共和国国务院副总理邓小平应邀赴美。

访问美国是邓小平的夙愿。

1978年11月29日，邓小平在人民大会堂会见日本公明党第七次访华团时就对竹入义胜说："我现在还有一个愿望，就是想到华盛顿去，不晓得能否实现。美国人总是说你为什么不到华盛顿去？那里有台湾的大使馆，我怎么去。只有中美关系实现了正常化，我们中国领导人就可以去。在国际事务上，我只要完成这件事就可以见马克思了。"

邓小平还说："这要看美国政府、卡特总统的决心了。中日和平友好条约下决心后，一秒钟就解决了。中美关系正常化加一倍，两秒钟总可以吧。"

今天，美国政府、卡特总统终于下决心了。

邓小平也如愿以偿。

1月28日这天正好是中国农历的大年初一。

邓小平和夫人卓琳健步登上了中国民航公司的一架波音707客机。

这是中华人民共和国成立后，中国领导人对美国的第一次访问。

卡特总统对邓小平的这次来访十分重视，并做了精心的准备，三个星期前他详细审阅了所有接待计划的细节，包括国宴的菜单在内。

在安排同邓小平会晤的准备工作中，他还发表了一篇向中国广播的电视讲话，向中国人民着重说明新关系对中美两国、对太平洋地区和全世界的意义。他说，美国人民对我们的决定是多么高兴，说邓小平副主席和夫人及其一行将受到的热烈欢迎可以证明美国人民的这种喜悦心情。他还说，他的两位共和党的前任总统尼克松和福特，以及中国的前领导人毛泽东和周恩来都对达成新协议做了奠基工作。这件事情本身就说明中美两国领导人之间的相互支持是广泛的。这一电视节目也曾在中国一再播放，以至后来卡特访华时，走在大街上的行人马上能认出他来。

卡特还破例以接待国家元首的礼仪规格接待了邓小平副总理。

这是邓小平和卡特的第一次会面。

1月29日上午，白宫的南草坪披上了节日的盛装。五星红旗第一次悬挂在白宫前面的旗杆上，和美国国旗一起飘扬。10点整，卡特总统在这里为邓小平访美举行了正式的欢迎仪式，美国政府许多高级官员和一千多名挥舞着小型的中美两国国旗的群众参加了欢迎仪式。人群中不时爆发出阵阵掌声和欢呼声。

邓小平和夫人卓琳在卡特夫妇的陪同下登上了铺有红地毯的讲台。这时，军乐队奏起了中美两国国歌，鸣礼炮十九响。这是把邓小平作为一个友好国家和政府首脑接待的。

在检阅了仪仗队后，卡特致词。随后，邓小平致答词。他高度评价

第七章
邓小平评点外国政治家

了中美关系正常化的意义，赞美了两个伟大的国家和两国伟大的人民，并意味深长地说："世界人民的当务之急，就是要加倍努力维护世界和平、安全和稳定。我们两国有不可推卸的责任，通过共同努力对此做出应有的贡献。"

当时，美国政府正在同苏联进行第二阶段限制战略武器的谈判，不愿当着中国人的面公开谴责苏联的霸权主义。但邓小平在答词中，还是把这个问题含蓄地、策略地端了出来。

欢迎仪式后，邓小平和卡特走进白宫椭圆形办公室，开始进行两国最高级会谈。

会谈开始，双方首先就国际形势发表意见。邓小平让卡特先谈。卡特说，目前国际形势有三个积极因素，这就是美国保持强大和稳定；世界人民越来越多地要求改善生活条件，新兴国家要求发展自己，希望免除外来统治，保持独立；世界权力从少数领袖、少数国家转移到更多国家。但也有两个不利因素：一是从东南亚到印度洋到非洲，许多地区存在着不稳定的局势；二是苏联的军事力量在迅速增长。

会谈进行了1小时20分钟。邓小平由万斯陪同用完午餐后，来到国务院休息室。这时，一群记者蜂拥而至，纷纷询问邓小平同卡特谈论了些什么问题，邓小平以他那特有的诙谐幽默的语气回答说："我们无所不谈，上至天文，下至地理。"记者们的提问虽然被这句话挡得严严实实，但他们却对邓小平表现出来的幽默和智慧发出了由衷的叹服。

饭后，邓小平和卡特的第二次会谈开始，主要涉及美苏第二阶段战略武器条约问题。卡特在日记中写道：邓说，他开始不反对时代的不住变化。使科学技术的进步适应我们的需要——学会控制它们——在尽量缩小它们潜在的不利作用的同时从中得到利益，这样就更好了。卡特说："我知道，中国人民和你，副总理先生，十分理解这些事情。你们雄心勃勃地致力于现代化的工作证实了这一点。美国人民祝愿你们的努力获得成功,并且盼望同你们进行合作。"与卡特的祝词相比,邓小平的答词却要冷静、沉稳、具体得多。他说:"我们两国曾在30年间处于相互隔绝和对立状态,现在这种不正常的局面终于过去了。在这个时刻,我们特别怀念生前为实现中美关系正常化开辟了道路的毛泽东主席和周恩来总理。我们也自然地想到前总统尼克松先生和福特先生、基辛格博士、美国参众两院的许多议员先生和各界朋友所做的努力。我们高度评价卡特总统、万斯国务卿和布热津斯基博士为两国关系正常化所做出的宝贵贡献。"很显然,邓小平在答词中也讲到了两国的友谊,但他没有用动人词藻来掩饰两国的差异,同时他也没有忘记中美两国共同面对的苏联霸权主义,在谈到这个问题时,他充分运用了求同存异的原则,他说:"我们两国社会制度不同,意识形态不同。但是,两国政府都意识到,两国人民的利益和世界和平的利益要求我们从国际形势的全局,用长远的战略观点来看待两国关系。正因为这样,我们双方顺利地达成了实现关系正常化的协议。不仅如此。双方还在关于建交的联合公报中庄严地做出承诺,任何一方都不应当谋求霸权,并且反对任何其他国家或国家集团建立这种霸权的努力。这一承诺既约束了我们自己,也使我们对世界的和平和稳定增添了责任感。"宴会结束后,邓小平夫妇在卡特夫妇的陪同下,出席了在肯尼迪中心举办的文艺晚会。

晚会上,群星荟萃,高潮迭起。著名钢琴家鲁道夫塞金、歌唱家及六弦琴演奏家约翰·丹佛的表演令人陶醉;精彩的现代芭蕾舞让观众如梦如痴;哈莱姆环球游览者职业文娱球队的篮球表演则博得了全场热烈的喝采。据说,安排这支球队表演是为了满足邓小平对篮球运动的爱好。晚会的最后一个节目是一群天真活泼的儿童唱起了中国歌曲,从而使晚会的轻松愉快气氛达到了最高潮。演出结束时,邓小平和夫人,卡特夫妇和他们的女儿艾米一起登台与演员们见面。

第二天上午9点,邓小平和卡特举行第三次会谈。这次历时两个多

第七章
邓小平评点外国政治家

小时的会谈结束后,邓小平和卡特当着许多记者的面热烈握手。他们面带微笑地从总统办公楼出来,一起走进玫瑰园。在记者向他们询问会谈的结果时,卡特说:"副总理和我明天还要会面,签署即将达成的一些协议。我们的讨论是深远、坦率、诚恳、亲切而和谐的,极其有益和有建设性的。"当两国领导人再次握手时,邓小平兴奋地说:"现在两国人民都在握手"。邓小平这句富有感情、意味深长的话也深深地打动了卡特。此时,他把邓小平的手握得更紧了。

1月31日上午,邓小平同卡特在白宫东厅签署了有关领事馆、贸易以及科学、技术、文化交流等方面的协定。

在协定签字之后,卡特总统首先致词并宣布:在不久的将来,美国将在上海和广州开设领事馆,中国将在休斯敦和旧金山开设领事馆,数百名美国学生将去中国学习,数百名中国学生将到美国进修。

邓小平致词说:"我们刚刚完成了一项有意义的工作,但是这不是一个结束,而是一个开始。""我相信,各个国家之间的往来和了解不断加深,应能有助于我们的这个世界安全一些、稳定一些、和平一些。因此,我们刚刚完成的工作不但有利于中美人民,也有利于世界人民。"当天晚上,邓小平和夫人卓琳在中国驻美联络处举行答谢宴会,感谢美国政府对他在华盛顿访问期间所给予的盛情款待。邓小平一行告别了卡特,第二天便飞往美国著名的汽车城亚特兰大进行访问。在随后的几天里,他们又访问了休斯敦、西雅图等地,于2月5日上午圆满结束了对美国为期八天的正式访问,乘专机离开西雅图经日本回国。邓小平在离美时致卡特总统的电文中说:

卡特总统:"在我结束对贵国的正式友好访问,即将离开你们美丽国家的时候,我对你和卡特夫人以及贵国政府给予我们一行的盛情款待再次表示衷心感谢。"

"我这次对贵国的访问取得了圆满的成功。我同你的会谈,同美国各界朋友的相互了解,加深了中美两国人民之间的友谊。中美两国关系将会在新的历史条件下得到重大的发展。我相信,这对于我们两国,对于整个世界,都具有重要的意义。"

"我等待着不久的将来在我国欢迎你和卡特夫人。"

十二、锋芒毕露　立场强硬——邓小平评点撒切尔夫人

邓小平评点原文

两年前撒切尔夫人来谈,当时她坚持历史上的条约按国际法仍然有效,一九九七年后英国要继续管理香港。我跟她说,主权问题是不能谈判的,中国一九九七年要收回整个香港。至于用什么方式收回,我们决定谈判。我说谈判要两年,太短了不行,但是不迟于两年必须解决这个问题,到时候中国要正式宣布一九九七年收回香港。结果真的是谈了两年。开始她提出谈判的题目就是一个归属问题。我说是三个问题:第一个是主权问题,总要双方就香港归还中国达成协议;第二个是一九九七年我们恢复行使主权之后怎么样管理香港,也就是在香港实行什么样的制度的问题;第三个是十五年过渡期间的安排问题,也就是怎样为中国恢复行使主权创造条件。她同意谈这些问题。两年谈判,差不多一年多的时间是拖在归属和主权问题上,她没有让。当时我还跟她说,如果在十五年的过渡期间香港发生意外的事情,发生动乱,中英双方根本谈不拢,中国将重新考虑收回香港的时间和方式。所以,解决香港问题,我们的调子就是那时定下来的,以后实际上就是按这个调子走的。

——《邓小平文选》第 3 卷,第 84—85 页,《在中央顾问委员会第三次全体会议上的讲话》,1984.10.22

| 第七章 |
邓小平评点外国政治家

玛格丽特·希尔达·撒切尔人物简介

玛格丽特·希尔达·撒切尔（1925—1913），生于英格兰林肯郡格兰瑟姆市。1943年进牛津大学萨默维尔女子学院攻读化学。大学时代参加保守党，并担任牛津大学保守党协会主席。

撒切尔夫人1959年当选为保守党下院议员。1961任年金和国民保险部政务次官。1964年任下院保守党前座发言人。1970年任教育和科学大臣。1975年2月当选为保守党领袖。1979年5月保守党大选获胜，撒切尔夫人出任首相，成为英国历史上第一位女首相。1983年6月和1987年6月连任首相。1990年11月辞去首相职务。1992年6月被封为终身贵族。1993年5月任威廉—玛丽学院第二十一任名誉院长。2005年10月13日，撒切尔夫人80大寿，不管是多年的朋友还是曾经的政敌，很多人专门发来生日祝福，高度评价她，英国女王和布莱尔首相等嘉宾都出席她的生日庆祝会。

玛格丽特·希尔达·撒切尔

撒切尔夫人著有回忆录《唐宁街岁月》；曾荣获英国最高勋章——"嘉德骑士"勋章。

逸闻趣事

铁娘子跌跤

1982年9月22日，北京首都机场、天安门广场和钓鱼台国宾馆上空，米字旗和五星红旗交相飘扬，贯穿东西的长安街上多处挂上了欢迎

彩旗。明眼的北京人，一看就知道，一定是有重要的英国领导人来访。此前作为中国共产党中央的机关报《人民日报》，报道了英国首相玛格丽特·撒切尔夫人将于9月22日访问中国的消息。

22日下午1点20分，一架英国皇家空军专机在北京首都机场徐徐降落。走下飞机的是有"铁娘子"之称的英国首相撒切尔夫人。

中国外交部副部长章文晋及其夫人、外交部西欧司司长王本祚、香港总督尤德爵士、有世界"船王"之称的香港巨富包玉刚等前往机场迎接。

几乎与此同时，位于北京西郊的军用机场也有一架专机降落，走下飞机的是邓小平。

他是陪同朝鲜民主主义人民共和国主席金日成去四川访问，匆匆赶回北京准备后天和撒切尔夫人会谈的。

1979年出任英国首相兼首席财政大臣的撒切尔夫人，在香港问题上受到的压力很大。

随着1997年的日益临近，英国政府不断派其代表试探中国关于解决香港问题的立场和态度。

23日，撒切尔夫人就迫不及待地与中国方面开始讨论香港问题。

会谈一开始，她便摆出强硬的态度，坚持三个条约仍然有效。

中国领导人正式通知英方：中国政府决定在1997年收回整个香港地区，同时阐明中国收回香港后将采取特殊政策，包括设立香港特别行政区，由香港当地中国人管理，现行的社会、经济制度和生活方式不变等等。

撒切尔夫人还提出，如果中国同意英国1997年后继续管理香港，英国可以考虑中国提出的主权要求。

看来，到了非彻底摊牌不可的时候了。

24日上午，邓小平在人民大会堂福建厅会见撒切尔夫人。

第七章
邓小平评点外国政治家

对于这次会谈，双方都感到了这是一次摊牌的接触，一开始气氛就令人紧张。

这天上午，撒切尔夫人身着蓝底红点丝质西装套裙，脚蹬黑色高跟鞋，手挽黑色手袋，颈项上戴着一条珍珠项链，显得雍容华贵，仪态万千。她是先到人民大会堂新疆厅会晤邓颖超，然后再往与之隔邻的福建厅和邓小平会谈。

参加这次会谈的英方代表是：香港总督尤德、首相首席私人秘书巴特勒、英国驻中国大使柯利达。

中国方面有：国务委员兼外交部长黄华、外交部副部长章文晋、中国驻英国大使柯华。

会谈正式开始。撒切尔夫人摆出一副先声夺人的架势，对邓小平说，必须遵守有关香港问题的三个条约。条约虽然写在纸上，但任何手段都不可能消除它存在的事实。

邓小平听到这句话，表情非常严肃地对撒切尔夫人说："主权问题不是一个可以讨论的问题。现在时机已经成熟了，应该明确肯定：1997年中国将收回香港。就是说，中国要收回的不仅是新界，而且包括香港岛、九龙。"邓小平表示，中国在这个问题上没有回旋余地。中国和英国就是在这个前提下来进行谈判，商讨解决香港问题的方式和办法。

和全中国人民一样，邓小平对帝国主义列强强加给中国人民的不平等条约倍感耻辱。他坚决地说："如果中华人民共和国成立48年后还不把香港收回，任何一个中国领导人和政府都不能向中国人民交代，甚至也不能向世界人民交代。如果不收回，就意味着中国政府是晚清政府，中国领导人是李鸿章。"

李鸿章是晚清军政重臣，1870年起任直隶总督兼北洋大臣。他曾代表清政府主持签订了中英《烟台条约》《中法新约》《中日马关条约》《中俄密约》及《辛丑条约》等一系列割地赔款、丧权辱国的不平

等条约。

邓小平表示:"现在,当然不是今天。但也不迟于一、二年的时间,中国就要正式宣布收回香港这个决策。我们可以再等一、二年宣布,但肯定不能延长更长的时间了。"邓小平说这番话,表达了中国领导人恢复行使对香港主权的强烈决心。

撒切尔夫人听后,无可奈何地摇了摇头。

接着,撒切尔夫人提出谈判的题目就是一个归属问题。

邓小平马上反驳道:"是三个问题:第一个是主权问题,总要双方就香港归还中国达成协议;第二是1997年我们恢复行使主权之后怎么样管理香港,也就是在香港实行什么样的制度的问题;第三个是15年过渡期间的安排问题,也就是怎样为恢复行使主权创造条件。"原本打算用谈主权问题来迫使中国最终同意以主权换治权的撒切尔夫人,此时在邓小平面前,她不得不承认失败,表示同意邓小平提出的三个问题。

当然,撒切尔夫人岂肯善罢甘休,要不然怎么会有"铁娘子"之称呢?

撒切尔夫人话锋又转到保持香港繁荣的问题上。她认为。香港只有在英国的管辖下才能继续繁荣。说这话时,多少流露出盛气凌人的表情。

邓小平说:"保持香港的繁荣,我们希望取得英国的合作。但这不是说,香港继续保持繁荣必须在英国的管辖之下才能实现。香港继续保持繁荣,根本上取决于中国收回香港后,在中国的管辖之下,实行适合于香港的政策。"

说到这里,撒切尔夫人又用多少带有点要挟的口气说:"如果香港不能继续保持繁荣,对中国的四个现代化建设将会带来很大的影响。"

邓小平十分自信地表示:"我认为,影响不能说没有,但说会在很大程度上影响中国的建设,这个估计不正确。如果中国把四化建设能否

第七章
邓小平评点外国政治家

实现放在香港是否繁荣上,那么这个决策本身就是不正确的。"

最后,撒切尔夫人拿出了她的撒手锏,用威胁的口吻说,"如果中国宣布收回香港,将会给香港带来灾难性的影响。"

邓小平坚定地说:"我还要告诉夫人,中国政府在做出这个决策的时候,各种可能都估计到了。……如果在15年的过渡时期内香港发生严重的波动,怎么办?那时,中国政府将被迫不得不对收回的时间和方式另作考虑。如果说宣布要收回香港就会像夫人说的'带来灾难性的影响',那我们要勇敢地面对这个灾难,做出决策。"

撒切尔夫人听后,无言以对。

最后,邓小平建议双方达成这样一个协议,即双方同意通过外交途径开始进行香港问题的磋商。

撒切尔夫人表示同意。

难怪外电评述这次会晤时说,撒切尔夫人是锋芒毕露,邓小平是绵中藏针。撒切尔夫人尽管受邱吉尔影响极深,有"铁娘子"之称,尽管她坚持"鲜明的传统保守主义哲学和强硬的经济政策",但在邓小平面前,她毕竟还年轻……

一个半小时的会谈时间已过,场外记者焦急地盼望着邓小平、撒切尔夫人的出现,但是里面的谈判仍在紧张进行。

又过了50分钟,才见撒切尔夫人落寞地从门口走出来,脸色凝重。她快步走下人民大会堂大门石阶,抬眼望见石阶下方的记者,突然绽开笑脸,拧过头来向记者点头示意。也许,她想努力把倒海翻江的内心世界掩饰得像深潭一样平静。当她走到倒数第二级石阶时,其高跟鞋与石阶相绊,使身体顿失平衡,栽倒在石阶地下,以致皮鞋、手袋也被摔到了一边。幸好她已将到平地,摔得不重,有惊无险。

在旁的英国驻华大使柯利达、一名军人及一名穿灰色中山装的工作人员睹状,马上在第一时间全力将撒切尔夫人扶起,另外已有人为她拾

起掉在一边的手袋，并拍去了沾在上边的灰尘。虽然这时撒切尔夫人颇为狼狈，但她不愧为"铁娘子"，起身后神态自若，看不出"惊魂甫定"的迹象，接过别人递过来的手袋时还不忘道谢。随后，她轻挽裙摆钻入停在石阶下的红旗牌小轿车内，坐好后又向记者挥手微笑，似乎叫记者不要为她跌的这一跤担心，充分显露出其处变不惊的"女强人"本色。

事后，外国电视台在播放中英关于香港问题谈判的情况时，总少不了这个镜头。

这在香港，在大陆，也都成为人们街谈巷议的话题。

会谈结束了。

撒切尔夫人在当天下午向中外记者发布声明说：

今天两国领导人在友好的气氛中就香港前途问题进行了深入的讨论，双方领导人就此问题阐述了各自的立场。双方本着维持香港繁荣和稳定的共同目的，同意在这次访问后通过外交途径进行商谈。

中国新华社发布这一声明的同时，还加上了一段话：

"至于中国政府关于收回整个香港地区主权的立场是明确的、众所周知的。"

邓小平后来多次提到这次会谈时说："我们的调子就是那时定下来的，以后实际上就是按这个调子走的。"

这次会谈后，根据双方达成的协议，中英两国开始通过外交途径就解决香港问题进行商谈。

1983年7月开始了第一轮谈判。但在前四轮的谈判中，由于英方仍然坚持1997年英国继续管治香港的立场，致使会谈毫无进展。1983年9月英国前首相希思来访时，邓小平请其转告撒切尔夫人：英国想用主权来换治权是行不通的，劝告英方改变态度，以免出现到1984年9月中国不得不单方面公布解决香港问题方针政策的局面。10月撒切尔

第七章
邓小平评点外国政治家

夫人来信提出,双方可在中国建议的基础上探讨香港的持久性安排。于是会谈重新开始。至1984年9月,双方经过前后22轮谈判,终于达成协议。中英双方同意用联合声明的形式,采用如下表达方式,即中国政府声明:"中华人民共和国政府决定于1997年7月1日对香港恢复行使主权。"英国政府声明:"联合王国政府于1997年7月1日将香港交还中华人民共和国。"9月26日中英草签了《中英联合声明》和三个附件,至此,为时两年的中英两国政府关于香港问题的谈判圆满结束。

1984年12月19日,中英两国政府首脑在北京正式签署关于香港问题的联合声明。

英国首相撒切尔夫人于12月18日在外交大臣杰弗里·豪的陪同下再度来到北京,对中国进行正式访问,并签署《中英联合声明》。

12月19日,邓小平再次会见撒切尔夫人。

此次的会见已不同于上次,气氛显得热烈友好。

邓小平在人民大会堂笑容满面地与撒切尔夫人握手,并高兴地说:"我们两国的领导人就香港问题达成协议,为各自的国家和人民做了一件非常有意义的事情。香港问题已经有近一个半世纪的历史。这个问题不解决,在我们两国和两国人民之间总是存在着阴影。现在这个阴影消除了,我们两国之间的合作和两国人民之间的友好前景光明。"

撒切尔夫人对邓小平这一评价表示完全赞同。她说:"回顾我两年多以前初次在这里同你见面以来,我们已经取得了多么大的成就,双方的了解也加深了。"

撒切尔夫人还特别说到,从历史的观点看,"一国两制"是最富天才的创造,这个构想看起来是个简单的想法,但却是充满想象力的构想,是解决香港问题的关键,是我们达成协议的关键。

邓小平接着说:"如果'一国两制'的构想是一个对国际上有意义的想法的话,那要归功于马克思主义的辩证唯物主义和历史唯物主义,

343

用毛泽东主席的话来讲就是实事求是。这个构想是在中国的实际情况下提出来的。"

谈到人们对"一国两制"能否行得通、中国在签署《中英联合声明》后是否能始终如一地执行的疑虑，邓小平对撒切尔夫人说："我们不仅要告诉阁下和在座的英国朋友，也要告诉全世界的人：中国是信守自己的诺言的。"

撒切尔夫人听后，表示坚信"一国两制"的构想是行得通的。

接着，邓小平又讲述到，采用和平方式解决香港问题，就必须考虑到香港的实际情况，也考虑到中国的实际情况和英国的实际情况，就是说，我们解决问题的办法要使三方面都接受。三方面都能接受的只能是"一国两制"，允许香港继续实行资本主义，保留自由港和金融中心的地位，除此之外没有其他办法。邓小平还向撒切尔夫人讲述了1997年后保持香港现行的资本主义制度50年不变的道理。并请撒切尔夫人告诉国际上和香港的人士，就是中国的主体、10亿人口的地区坚定不移地实行社会主义。主体是很大的主体，社会主义是在10亿人口地区的社会主义。这是个前提，没有这个前提不行。在这个前提下，可以容许在自己身边，在小地区和小范围内实行资本主义。

邓小平还同撒切尔夫人就共同关心的国际局势交换了意见。

撒切尔夫人对当前的核军备、外层空间武器的竞赛表示严重的关切。

邓小平说："我们希望美苏关于裁减核武器的谈判能取得进展，希望能打破僵局，因为这是符合全世界人民利益的。当前战争的危险依然存在，但和平力量也在发展壮大，不仅第三世界而且东西欧的人民都反对战争。"

邓小平还对撒切尔夫人为和平所做的努力表示赞赏。

当天下午5时30分，在人民大会堂西大厅隆重举行了中英关于香港问题联合声明的正式签字仪式。

中国总理和撒切尔夫人分别在长桌本国国旗一侧就座，用中国的台式英雄金笔，各自代表本国政府在联合声明上签字。

邓小平出席了签字仪式。

当两国领导人交换声明文本时，大厅里爆发出热烈的掌声。随后，两国领导人发表讲话。

撒切尔夫人说："这是一个具有历史意义的时刻，邓小平主席能够出席各自政府签署关于香港前途的联合声明，在香港的生活史上，在英中关系的历程中，以及国际外交史上都是一个里程碑。联合声明为从现在起到1997年和1997年以后继续保持香港的稳定、繁荣和发展提供了坚实的基础。"

撒切尔夫人赞扬中国领导人对双方谈判采取的高瞻远瞩的态度。并盛赞"一国两制"。她说"一国两制"的构想是没有先例的，它为香港的特殊历史环境提供了富有想象力的答案。

谈到《中英联合声明》，撒切尔夫人说，"这是香港人民往后赖以向前发展的基础，香港会成为一个比现在更加繁荣的地方。今天，我们荣幸地同中国朋友一起，参加一个独特的仪式，我们应该有一种创造历史的感觉，应该有一种自豪感，并对未来充满信心。"

讲话结束后，邓小平手举香槟酒杯，高兴地走到撒切尔夫人面前，和撒切尔夫人碰杯，共祝中英双方完成了一件影响深远、具有历史意义的大事。

10年之后，在庆祝《中英联合声明》签订10周年的时候，撒切尔夫人又一次来到中国。她说，《中英联合声明》签订的基础就是邓小平的"一国两制"。

十三、中国的老朋友——邓小平评点穆巴拉克

邓小平评点原文

阁下是访问我国的第一位埃及总统。我们两国关系历来很好。
——《邓小平与20世纪政治人物》第474页，1983.4.1

我们个人之间是老朋友，……本来我已经退休了不再见客人了。但是个别的老朋友不见也不好。
——《邓小平与20世纪政治人物》第476页，1990.5.31

穆罕默德·胡斯尼·穆巴拉克人物简介

穆罕默德·胡斯尼·穆巴拉克，1928年5月4日，穆巴拉克生于埃及曼努菲亚省米塞利赫村一个农民家庭。1949年和1950年先后毕业于埃及军事学院和空军学院，后在埃及空军学院任教官，曾3次赴苏联学习，历任轰炸机中队长、空军基地司令、空军参谋长等职。1967年10月，他任埃及空军学院院长，1969年6月任空军参谋长，他参加第三次中东战争并指挥空战，1972年4月出任埃及空军司令，并在同年5月兼任埃及国防部副部长。1973年1月被阿拉伯国家联盟防御理事会任命为埃及、叙利亚和约旦三战线空军司令。1973年10月晋升

穆罕默德·胡斯尼·穆巴拉克

| 第七章 |
| 邓小平评点外国政治家 |

为空军中将，并荣获"西奈之星"最高军事奖章。1974年4月，穆巴拉克晋升为空军上将。1975年4月任埃及副总统兼埃及军工署署长和原子能最高委员会委员。1978年他出任埃及民族民主党副主席，1980年5月兼任该党总书记。1981年10月，穆巴拉克当选为埃及第4任总统，任期6年，并兼总理和武装部队最高统帅。1982年1月他辞去总理一职，并当选为执政的民族民主党主席，1998年7月再次当选该党主席。1987年10月穆巴拉克蝉联总统，1993年10月和1999年10月分别再次当选为总统。1989年7月，穆巴拉克担任第25届非洲统一组织执行主席。2005年9月，穆巴拉克在埃及历史上首次有多名候选人参加的总统选举中赢得压倒性胜利，第五次当选埃及总统，于当年9月27日宣誓就职。2009年7月，他在第15届不结盟运动首脑会议上当选为不结盟运动主席。2011年2月10日，穆巴拉克发表电视讲话，宣布根据宪法会将部分权力移交给副总统苏莱曼，但他本人不会辞去总统一职。2011年2月11日，埃及副总统奥马尔·苏莱曼发表简短电视声明，宣布总统穆巴拉克决定辞职。2011年4月13日，埃及总检察长下令拘留穆巴拉克父子三人15天，要求他们就涉嫌腐败、滥用职权等指控配合检方进行调查，5月24日，埃及总检察长向刑事法院起诉穆巴拉克及其两个儿子，当年8月3日，埃及前总统穆巴拉克在位于开罗的一家法庭上置身铁笼内接受审判。2012年6月2日，埃及开罗刑事法庭主审法官里法特宣布，判处84岁高龄的前总统穆巴拉克无期徒刑、终身监禁。

逸闻趣事

穆巴拉克为邓小平传话

邓小平与埃及总统穆巴拉克有过多次交往，并在往来中建立了友

谊，成为老朋友。他们的初次见面是在 1980 年。

1 月 5 日下午，一架专机从远方滑向跑道，停在了宽阔的首都机场。飞机上走下了时任埃及副总统的穆巴拉克和夫人一行。

他们开始对中国进行为期五天的访问。

1 月的北京，是冬季最冷的时候，北风刺骨，寒气袭人。而国务院副总理邓小平和夫人卓琳等为恭迎远方的客人，早已等候在机场上……当穆巴拉克走下舷梯后，邓小平走上前去握着他的手说："欢迎你。"

穆巴拉克说："我很高兴再次访问你们这个伟大而友好的国家。"他虽然是首次见到邓小平，但中国对他说来，并不陌生。

这已是他第二次访问中国了。

寒暄过后，穆巴拉克在邓小平的陪同下，检阅了中国人民解放军陆海空三军仪仗队；之后，穆巴拉克一行下榻于钓鱼台国宾馆。

次日上午，邓小平在人民大会堂同穆巴拉克举行了会谈。

整个会谈，充满诚挚、友好的气氛。谈话一开始，穆巴拉克首先说道："我真诚感谢中国领导人对我们热情友好的接待。我这次受萨达特总统的委托，将就中东局势和其他国际问题向中国领导人阐明埃及的立场，并同你们交换意见。"邓小平说："在国际事务中的许多问题上，我们的看法是一致的或是近似的。在当前国际风云变幻多端的情况下，我们两国领导人在一起交换意见是很必要的。"随后，两国领导人就国际和国内关心的问题交换了意见。

邓小平高度评价和赞扬了埃及政府对苏联侵略阿富汗的暴行所采取的严正立场。

在谈到中东问题时，邓小平指出："形势的发展越来越有利于阿拉伯人民和巴勒斯坦人民的正义事业，相信你们的目标一定能实现。"穆巴拉克也说明了自己的看法："面对世界上发生的一些以亚洲的中心地区、中东和非洲为舞台的极为严重的事件，我们不能袖手旁观，因为这

第七章
邓小平评点外国政治家

不仅妨害了所有第三世界国家的战略安全，而且破坏了国际大家庭奉行的处理国与国之间以及各国人民之间关系的许多原则，威胁着发展中国家的稳定和安全，使这些国家以及其他许多国家产生紧张感和不安感，而此刻他们正十分需要集中力量进行建设和发展，以便在工业和技术方面缩小同发达国家的差距，开发自然资源和人力资源，从而为本国世世代代人民带来最充分的安全和繁荣。"对于中国在国际舞台上所奉行的政策，穆巴拉克给予了高度赞扬，中国人民倾其全力支持反对帝国主义控制和国际剥削的解放运动。人们将来书写当代世界生活中这一严峻时期的历史时，一定会提到：伟大的中国曾经根据原则和信仰，无私地支持第三世界各国人民的斗争，提供了她力所能及的物质和道义支援，她从不采取别人使用的手段，向第三世界人民施加压力，或者乘人需要支持和援助时而从中谋取私利。

1月9日，穆巴拉克一行离开北京抵达沈阳访问。邓小平等人亲自到机场送行。

1990年5月13日，时年86岁的邓小平又见到了远道而来的穆巴拉克。邓小平已很长时间没有会见外宾了，这次老朋友来，他热情接见穆巴拉克。

一见面，穆巴拉克就说："非常高兴能够见到你，你是我们的老朋友了，我每次来必须要见到你。"

邓小平握着穆巴拉克的手说："我们个人之间是老朋友，前两三天香港报纸说我已经不在了，我很高兴你见到的是一个活人。"

宾主就坐后，邓小平指着身旁的邓榕说："我耳朵不行了。所以带了个耳朵来，这是我女儿。"

邓榕微笑着朝穆巴拉克点点头。

穆巴拉克说："我非常高兴到中国来，并见到你。你是埃及的老朋友，我们是老关系了。祝你健康长寿。"停顿了一下，他又接着说：

"我见你是以朋友身份，而不是客人。我们埃及人对你怀有深深的敬意。非常高兴能见到你这位伟大的朋友和领袖人物。"邓小平说："谢谢！本来我已经退休了，不再见客人了，但是个别的老朋友不见也不好。"随后，两位老朋友开始对两国关系及目前国际上人们十分关注的问题进行了交谈。

邓小平首先说："我们重视埃及在国际上，特别是在中东和非洲所起的重要作用。过去见面时说过，我们对你执政后埃及的中东政策最能理解。在你们遇到很多困难时，我见过很多阿拉伯政治家和朋友，总是劝他们要与埃及搞好团结。最终解决中东问题，离开埃及不行。埃及是最大的阿拉伯国家，历史最悠久。"穆巴拉克为邓小平这番真诚的话语所深深感动。他说："埃中领导人会晤总是坦诚的。我们在本地区和世界上有不少朋友，但与中国朋友在一起说话最真诚。"当邓小平听说穆巴拉克来访中国之前，布什曾打电话请穆巴拉克代他向邓小平问候一事后，邓小平对穆巴拉克说："也请你转达我对他的问候。你们有电话联系，请告诉他，不要因东欧的事情过分兴奋，不要用同样的方式处理中国问题和中美关系。否则，很难不发生摩擦，甚至导致冲突，对两国都不利。"穆巴拉克回答说："我将转告。"邓小平又说："告诉布什，我同他多次见面，谈的最多的，最关键的问题是中国要稳定，乱不得。中国乱起来，不仅是中国的问题，也不仅是亚洲、太平洋地区的问题，会影响整个世界。中国一乱，是个什么局面？是一个内战的局面，不知要死多少人。周围国家都要受影响。如难民问题，10亿人口要吃饭。乱导致生产衰落，难民成亿地往外跑，怎么办？中国不能乱，要千方百计、一心一意致力于发展与稳定。这是中国人的责任，也是世界政治家们的责任。我对香港记者说过，你们不是同情那些闹动乱的人吗？中国一乱，跑100万人到香港怎么办？香港还能继续发展吗？"邓小平这里说的"动乱"，就是指1989年一些别有用心的人蛊惑人心，煽动不明

第七章
邓小平评点外国政治家

真相的人攻击党和国家领导人，借机反对共产党的领导，反对社会主义道路，宣扬资产阶级自由化思想，组织各种非法活动，最终发展成为反革命暴乱，在这场动乱和反革命暴乱期间，美国也无端地卷了进来。1989年10月，美国前总统尼克松在中美关系非常严峻的时刻到中国访问。邓小平坦率地对尼克松说：北京不久前发生的动乱和反革命暴乱。首先是由国际上反共反社会主义的思潮煽动起来的。很遗憾，美国在这个问题上卷入得太深了，并且不断地责骂中国。中国是真正的受害者。中国没有做任何一件对不起美国的事。可以各有各的看法，但不能要我们接受别人的错误指责。

邓小平曾请尼克松转告布什总统：结束过去，美国应该采取主动，也只能由美国采取主动。美国是可以采取一些主动行动的，中国不可能主动。因为强的是美国，弱的是中国，受害的是中国。

今天，邓小平又请穆巴拉克转告布什，中国乱是世界性的灾难。世界政治家们不能让中国乱，什么人权、民主问题，都管不住这些问题。不同的社会制度应在和平共处五项原则基础上和平相处、相互合作。互不干涉是最根本的原则。

讲到人权问题，邓小平又说，为什么1972年正发生"文化大革命"灾难的时候，那时连我本人的人权也说不上，美国不谈人权问题，愿意同中国发展关系？现在中国搞改革、开放，致力发展，摆脱贫困，却提出人权问题，这是什么道理，无法理解。可见人权问题是个借口。请布什从中国角度考虑这个问题。

最后，邓小平又叮嘱穆巴拉克："希望你将这些话转告布什。我们都要采取负责的态度。我现在不管事了，但心放不下，只要处理好中美关系，我们的后人，全世界的人，包括美国人，当然我不是指那些国会议员，都会感谢我们的。"穆巴拉克表示，将把这些谈话内容原原本本转达给布什。

十四、使国家由动乱走向稳定——邓小平评点科拉松·阿基诺

邓小平评点原文

你当选为菲律宾总统后，处境比较困难，但你处理得很好。使菲律宾由动乱走向比较稳定。我相信你会干得很好。

——《邓小平笑谈世界风云》，第224页，1988.4.16

中菲两国和两国人民是好朋友，而且还有着特殊亲戚关系。我们之间有一些疙瘩，不难解开。

——《邓小平笑谈世界风云》，第224页，1988.4.16

科拉松·阿基诺人物简介

科拉松·阿基诺1933年1月25日生于菲律宾马尼拉市，祖籍中国福建省龙海县鸿渐村。13岁时赴美留学，后获学士学位。1954年她与年轻的政治家阿基诺结成良缘。此后，他们开始了长达30年的共同生活，1983年8月21日，阿基诺从国外回来在首都机场遇害。丈夫被暗杀后，阿基诺夫人登上政治舞台，积极投身并领导了反对马科斯政权的政治运动。1985年12月，她作为反对党候选人参加总统选举，得到各阶层选民的广泛支持。1986年2月16日，她组织数十万人集会，抗议执政党选举舞

科拉松·阿基诺

弊。22日，菲国防部长恩里莱等人宣布脱离马科斯政权，转而支持阿基诺夫人，这为加速马科斯政权的倒台起到了关键的作用。25日，阿基诺夫人在国家电视台发表讲话，宣布正式接管全国权力，成为菲律宾和亚洲国家历史上第一位女总统。1988年4月，阿基诺夫人曾以总统身份访问中国。

逸闻趣事

科拉松·阿基诺同邓小平的会晤

1986年2月，科拉松·阿基诺当选为菲律宾总统，这是菲律宾第一位女总统。1988年4月，科拉松·阿基诺来华访问，受到邓小平同志的亲切接见。

在4月16日同科拉松·阿基诺的会谈中，邓小平对阿基诺夫人说，就是退休了，你来，我还会，也应该见你。不但你和我们国家领导人之间的关系，而且我们也有一种特殊的亲戚关系，我们中间有一些疙瘩，不难解开。邓小平这里所说"疙瘩"主要是指关于南沙群岛的争议问题，邓小平一直设想通过共同开发来解决这个争议。他还说，中国希望有一个稳定和繁荣富强的菲律宾。中菲两国都应该抓紧利用和平的环境发展自己的经济。中国希望世界和平、地区和平，特别希望同包括东盟国家在内的亚洲国家发展友好关系，成为更好的朋友。

在会谈中，邓小平对国际问题的分析、对亚洲问题的独到的见解，尤其是他谈笑风生、平易近人、幽默机智的风采更使科拉松·阿基诺久久难忘。在后来回忆起她同邓小平的这次会谈时，科拉松·阿基诺用了六个字：友好、愉快、幽默。她说：

1988年4月16日邓小平主席和我在友好、愉快、幽默的

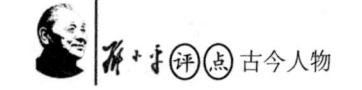

气氛中进行了 50 分钟的会晤。会晤在人民大会堂福建厅举行。近百名中外记者早就聚在那里等候。会晤时，记者们被允许旁听了 10 多分钟。

邓小平向我介绍了中国的发展和建设情况。他强调指出，中国希望世界和平，希望地区和平，特别希望同亚洲国家、东盟国家发展友好关系，成为更好的朋友。

他衷心希望中菲两国都抓紧利用和平的国际环境发展自己的经济。他不仅希望菲律宾繁荣、稳定、富强，而且希望东盟国家都能发展起来。

我介绍了菲律宾的发展情况后说，我看到了中国的改革取得了很大成功，希望从中学到东西。

入座后，我就对邓小平说："你看上去非常健康。"

邓小平回答说："我 84 岁了。去年，我提出完全退休，大家不赞成。我现在是半退休。"

我说："我很高兴你没有完全退休。否则，我不可能有这样好的机会同你见面。"

邓小平笑着说："即使我退休了，我也会同你见面的。因为中菲两国和两国人民是好朋友，而且还有着特殊的亲戚关系。"

邓小平对我说："你当选为菲律宾总统后，处境比较困难，但你处理得很好，使菲律宾由动乱走向比较稳定。我相信你会干得很好。中国希望有一个稳定、繁荣、富强的菲律宾。"

他还说："我们之间有一些疙瘩不难解决。特别是你在国内非常繁忙的情况下抽出时间来访问中国，我们非常感谢。"

我谈到菲律宾局势时说："经历了 5 次政变后，我仍旧是

第七章
邓小平评点外国政治家

菲律宾总统。这一事实可以告诉全世界，我们的局势是稳定的。"

我们高度评价和平共处五项原则，认为这一原则十分重要，经得起时间的考验，富有生命力。双方一致表示将积极努力，进一步发展两国的友好合作关系。

上午10时，当我来到福建厅时，身穿黑色中山装的邓小平健步走上前来握着我的手说："欢迎你，我很高兴见到您。"接着，邓小平问："你的女儿呢？"

当我的两个女儿从随行人员队伍中走到邓小平跟前时，邓小平微笑着问："你们可不可以叫我邓爷爷啊？"

两个女儿都点了点头。邓小平高兴地说："那我们就认亲了。"

这时，聚集在厅门口的记者们立即用笔或手中的相机录下了这一动人的场面。

会晤开始后不久，邓小平问我："我能抽烟吗？"

我说："我不能对你说不能抽，因为我不是你这个国家的领导人。但在我们菲律宾内阁开始时是不能抽烟的。"话音刚落，厅内爆发出一阵笑声，邓小平接着说："在七届人大的一次会议上，我违反了一个规则。我习惯地拿出一支香烟，一位代表给我递了一张条子，提出了批评。我马上接受，没办法。"说完，他爽朗地笑了。

第八章
邓小平评点其他名人

一、文章写得很好——邓小平评点胡乔木

邓小平评点原文

关于"文化大革命"这一部分，要写得概括。胡乔木同志的意见，我是赞成的。

——《邓小平文选》第 2 卷，第 299 页，《对起草〈关于建国以来党的若干历史问题的决议〉的意见》，1981.3.18

要找一些像胡乔木那样的老人马，出任国务院顾问。这些人要像过去钓鱼台的写作班子那样，写一些重要理论文章。

——叶永烈：《胡乔木》，中共中央文献出版社，第 191 页

不要叫顾问了。打算成立一个政治研究室，名单由你（指胡乔木，编者注）提议。邓力群和你一起工作。

第八章
邓小平评点其他名人

——叶永烈：《胡乔木》，中共中央文献出版社，第 192 页

毛选的稿子，文字上一概由你个人负责，你定了稿，再由我送给主席审查。

——叶永烈：《胡乔木》，中共中央文献出版社，第 192 页

胡乔木人物简介

胡乔木（1912—1992）。本名胡鼎新，"乔木"是笔名。江苏盐城人。清华大学、浙江大学肄业。1930 年加入中国共产主义青年团。1932 年转入中国共产党。曾任共青团北平西郊区委书记，共青团北平市委宣传部部长。参与领导北平学生和工人的抗日爱国运动。1935 年后，任中国社会科学家联盟书记，中国左翼文化界总同盟书记，中共江苏省临时工委委员。1937 年后，任安吴青训班副主任，中共中央青委委员中国青年联合会办事处宣传部部长。1941 年任毛泽东秘书，中共中央政治局秘书。1945 年参与起草了《关于若干历史问题的决议》。1948 年后任新华通讯社社长。

胡乔木

建国后，历任新华社社长（1949 年 10 月 1 日至 10 月 19 日），新闻总署署长，中共中央宣传部副部长，政务院文化教育委员会秘书长，中共中央副秘书长。参与起草了第一部《中华人民共和国宪法》（1954 年）。1956 年当选为中共第八届中央委员、中央书记处候补书记。1975

年后任国务院政治研究室负责人。1977年后任中国社会科学院院长、顾问、名誉院长，中共中央副秘书长，毛泽东著作编辑出版委员会办公室主任，中共中央党史研究室主任。1978年补选为中共第十一届中央委员。1980年当选为中共中央书记处书记。1982年当选为中共第十二届中央政治局委员。主持起草了《中国共产党中央委员会关于建国以来党的若干历史问题的决议》等重要文件。1987年当选为中共中央顾问委员会常委。曾任中共中央党史工作领导小组副组长，中央文献研究室主任。是第一、二、三、五届全国人大常委。著有：《中国共产党的三十年》、《胡乔木文集》、《关于人道主义和异化问题》、诗集《人比月亮更美丽》。

1992年9月28日在北京逝世，终年81岁。遗体于10月4日火化。按照生前遗愿，10月26日将骨灰撒在延安地区。1994年，《回忆胡乔木》、《胡乔木文集》出版发行。

逸闻趣事

胡乔木与三大纪律八项注意

1960年底，针对当时城乡干部队伍的状况和存在的问题，毛泽东指示胡乔木起草一个适用于党政干部的"三大纪律八项注意"。1961年1月8日，胡乔木把拟定的初稿报送毛泽东。并在信中写道："关于在全国党政干部中适用的'三大纪律八项注意'，研究了各省的一些类似的规定和宪法、刑法草案、党章等，并与许多同志交换了意见，现在拟了一个稿子送上。"

胡乔木起草的初稿内容是：三大纪律：（一）有事同群众商量，永远同群众共甘苦；（二）重要问题事先请示，事后报告；（三）自己有错误要检讨改正，别人作坏事要批评揭发。八项注意：（一）保护人民

| 第八章 |
邓小平评点其他名人

安全，打人要法办，打死人要抵命；（二）保护人民自由，随便罚人抓人关人搜查要法办；（三）保护人民财产，侵占损害人民财产要赔偿；（四）保护公共财产，贪污盗窃假公济私要赔偿；（五）用人要经过组织，不许任用私人；（六）对人要讲公道，不许陷害好人包庇坏人；（七）对上级要讲实话，不许假报成绩隐瞒缺点；（八）对下级要讲民主，不许压制批评压制上告。

毛泽东对胡乔木提出的初稿进行了修改。他在1月9日听取中央工作会议汇报时说："关于干部的三大纪律八项注意，要写得简单明了，使人容易记忆，同时要避免反面作用。想了一下，提出第一次修正稿。""题目叫《党政干部三大纪律、八项注意》，以区别于军队的三大纪律、八项注意。"

毛泽东修改后的内容是：三大纪律：（一）一切从实际出发。（二）提高政治水平。（三）实行民主集中制。八项注意：（一）同劳动。（二）同食堂。（三）说话和气。（四）买卖公平。（五）借东西要还。（六）坏了东西要赔。（七）没有调查没有发言权。（八）工作要同群众商量。

经过中央工作会议的讨论，对个别条款进行了调整，1月27日中共中央发出了《关于〈党政干部三大纪律、八项注意（草案第二次修正稿）〉的指示》，将第二次修正稿发至党内支部，要求全党"立即照此实行"。

第二次修正稿内容是：三大纪律：（一）一切从实际出发。（二）正确执行党的政策。（三）实行民主集中制。八项注意：（一）同劳动，同食堂。（二）待人和气。（三）办事公道。（四）买卖公平。（五）如实反映情况。（六）提高政治水平。（七）工作要同群众商量。（八）没有调查没有发言权。

1962年9月27日，中央八届十中全会通过的《农村人民公社工作

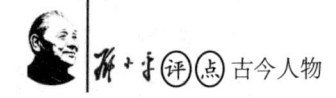

条例修正草案》将《党政干部三大纪律、八项注意》最后定稿为：三大纪律：（一）认真执行党中央的政策和国家的法令，积极参加社会主义建设。（二）实行民主集中制。（三）如实反映情况。八项注意：（一）关心群众生活。（二）参加集体劳动。（三）以平等的态度对人。（四）工作要同群众商量，办事要公道。（五）同群众打成一片，不特殊化。（六）没有调查，没有发言权。（七）按照实际情况办事。（八）提高无产阶级的阶级觉悟，提高政治水平。

二、有影响　应珍视——邓小平评点老舍

邓小平评点原文

对老舍这样有影响的人，应当珍视。由统战部或北京市委迅速作出结论，不可拖延。

——中共中央文献研究室、中央电视台编：《邓小平》解说词，第132页

老舍人物简介

老舍（1899—1966），满族，原名舒庆春，字舍予，生于北京。父亲是一名满族的护军，阵亡在八国联军攻打北京城的炮火中。母亲也是旗人。靠替人洗衣裳做活计维持一家人的生活。

1913年考入北京师范学校。1918年毕业后任北京市方家胡同小学校长。1922年任南开中学国文教员。同年发表了第一篇短篇小说《小铃儿》。1924年赴英国，任伦敦大学东方学院中文讲师。教学之余，读了大量外国文学作品，并正式开始创作生涯。陆续发表《老张的哲学》

| 第八章 |
邓小平评点其他名人

《赵子曰》和《二马》三部描写市民生活的讽刺长篇小说。1930年回到祖国，任济南齐鲁大学文学院副教授，并编辑《齐鲁月刊》。

1934年夏到青岛山东大学任中国文学系教授。1936年夏辞去教职，专事文学创作。抗日战争爆发后，到武汉、重庆主持中华全国文艺界抗敌协会的工作，任常务理事、总务组长，并组织出版会刊《抗战文艺》。1946年3月应美国国务院邀请赴美讲学一年，期满后，留美写作。1949年底返回北京。曾任

老舍

政务院文教委员会委员、政协全国委员会常务委员、中国文联副主席、中国作家协会副主席及书记处书记、中国民间文艺研究会副主席、中国剧协和中国曲协理事、北京市文联主席等职。1966年被"四人帮"迫害致死。

老舍一生勤奋笔耕，创作甚丰，20世纪30年代就成为最有成就的作家之一，著有长篇小说《小坡的生日》《猫城记》《离婚》《牛天赐传》《骆驼祥子》等，短篇小说集《赶集》等。其《骆驼祥子》问世后蜚声文坛，曾先后被译成十几种外文。40年代的作品有：长篇小说《火葬》《四世同堂》等，中篇小说《我这一辈子》，短篇小说集《贫血集》《月牙集》，以及通俗文艺作品集《三四一》等。中华人民共和国建立后的作品，主要有长篇小说《正红旗下》，长篇报告文学《无名高地有了名》，散文杂文集《福星集》，剧本《龙须沟》《茶馆》等。老舍文学创作历时40年，作品多以城市人民生活为题材，爱憎分明，有强烈的正义感。人物性格鲜明，细节刻画真实。能纯熟地驾驭语言，善于准确地运用北京话表现人物、描写事件，使作品具有浓郁的地方色彩和强烈的生活气息。老舍以讽刺幽默和诙谐轻松的风格，赢得了人民

的喜爱，1951年北京市人民政府授予他"人民艺术家"的光荣称号。

逸闻趣事

改稿子

楼适夷有次去看望老舍，问他最近写些什么。满族出身的老舍笑着说："我正在当'奴才'，给我们的'皇帝'润色稿子呢。"一阵大笑，方知老舍正接受一项新任务——为中国末代皇帝溥仪修改他的自传：《我的前半生》。

救 赵

赵景深写信向老舍催稿，在信笺上写了个大大的"赵"字，并用红笔圈起来，旁边写一行小字："老赵被围，速发救兵！"老舍接到信一看，就在他的信上画了一支枪，直刺红圈，也在旁边写了一行字："元帅休慌，末将来也！"并附了一封信："元帅发来紧急令，内无粮草外无兵！小将提枪上了马，青年界上走一程。呔！马来！参见元帅，带来多少人马？两千来个字，还都是老弱残兵！后帐休息！得令！正是：旌旗明日月，杀气满山头！"

大 葱

老舍写山东的大葱：看山东的大葱得像看运动员，不能看脸，要看腿，济南的白葱起码三尺来长吧，粗呢，比手腕多着一两圈……小曲儿里时常用葱尖比美人的手指，那可不是山东的老葱，而是春葱，要是美妇人的十指都和老葱一般儿，一旦妇女革命，打倒男人，一个嘴巴子还不把男人的半个脸打飞！

| 第八章 |
邓小平评点其他名人

三、书写得很好——邓小平评点姚雪垠

✂ 邓小平评点原文

你的书写得很好。对党对人民做了重要贡献，有什么困难中来替你解决。

——《邓小平的历程》（下），第192页，
解放军文艺出版社

📝 姚雪垠人物简介

姚雪垠（1910—1999），现代小说家。原名姚冠三，河南省南阳市邓州市一个破落地主家庭。父亲上过开封优级师范。由于家境窘困，母亲准备在他出生时溺婴，幸为曾祖母所救。从小爱听外祖母讲故事，还由此激发了想象能力和文学兴趣。

邓县地处豫西南，环境闭塞落后，水旱灾害与瘟疫频仍。加上封建军阀压迫，农民无以为生，或外出逃荒，或铤而走险，土匪遍地。姚雪垠9岁那年，土匪攻破寨子，姚家房屋和衣物都被烧光，从此随父母逃到邓县城内居住。在县城里，先读了一年多私塾，又上了三年教会办的高等小学，背诵过大量古文并习作文言。暇时爱听艺人说《施公案》、《彭公案》、《三国志演义》等书。

姚雪垠

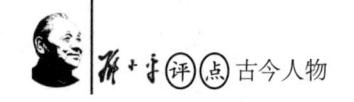

1924 年小学毕业后，去信阳上中学。同年冬，由于第二次直奉战争爆发，学校提前放假。回乡途中，与二哥和其他两名学生一起被李水沫的土匪队伍作为"肉票"抓去，旋又被一个土匪小头目认为义子。在土匪中生活约 100 天的这段特殊经历，成为他后来创作自传性小说《长夜》的基本素材。

此后四年多，除去樊城鸿文书院读书的几个月外，基本上失学在家。利用这段时间，阅读了许多"五四"新文学作品，也读了一些俄国作家的小说，培养了对新文学的兴趣，增强了对半殖民地半封建社会现实的不满。家庭的缺少温暖与社会的黑暗重重，形成了姚雪垠的叛逆性格。为了追求新的生活，曾两次到具有进步色彩的军队中去当兵。由于在现实生活中看不到出路，滋生了苦闷感伤的情绪。1929 年夏，考入河南大学法学院预科。与此同时，在《河南日报》副刊用"雪痕"的笔名发表处女作《两个孤坟》和其他作品，这些小说写了下层劳动者受封建势力迫害致死的悲惨故事，表现了鲜明的民主主义倾向。入学后不久，即参加进步活动，和开始阅读马克思主义著作，还读了清代朴学家、《古史辨》派和郭沫若等唯物史观派的一些代表性论著，立志成为马克思主义的史学家或文学家。1931 年暑假被学校当局以"思想错误，言行荒谬"的罪名开除。从此结束学生生活，在北平等地以投稿、教书、编辑为生。到抗战爆发前夕，先后在《文学季刊》、《新小说》、《光明》、北平《晨报》、天津《大公报》上发表了《野祭》、《碉堡风波》、《生死路》、《选举志》等 10 多篇小说，这些作品展现了内地农村黑暗混乱的现实图景，和被压迫者奋力反抗的斗争画面。此外，编过《大陆文艺》、《今日》两种刊物，在《芒种》、《申报》上发表杂感，还刊出散文散文诗、文学论文多篇。这些文章同样表现了作者对现实的关切，有敏锐的时代感。由于受文艺大众化、大众语讨论的影响，1936 年曾收集家乡口语，编为《南阳语汇》。

第八章
邓小平评点其他名人

抗战爆发后,从北平辗转来到开封,与别人合办《风雨》周刊,任主编;在此前后,还发表论文、杂感数十篇。并曾赴徐州前线采访,随后写成书简体报告文学《战地书简》。

1938年春去武汉,不久参加第五战区文化工作委员会,从事抗日的进步的文化活动。在《自由中国》、《文艺阵地》上发表短篇小说《白龙港》、《差半车麦秸》。次年又在《文艺新闻》上刊出气氛悲壮的《红灯笼的故事》。后两篇曾在国内产生较大影响,并被译为英、俄文。《差半车麦秸》和稍后的中篇小说《牛全德与红萝卜》之所以受到文学界的重视原因之一,是成功地运用活泼生动的群众口语,写出了农民在抗战中的觉醒与变化。1939年起,姚雪垠在辗转鄂、皖、蜀等地的过程中,以主要精力创作中长篇小说,写有《春暖花开的时候》、《戎马恋》、《新苗》、《重逢》等。这些作品多以抗战初期知识青年从事抗日救亡活动为题材,写出了年轻一代高昂的救国热情,并从侧面触及了国民党军政机构的黑暗腐败与地方封建势力的猖獗,揭示了抗战阵营内部的复杂斗争。笔法转向委婉细腻,语言更为活泼多样。但有的作品在青年男女爱情生活方面用了过多的笔墨,冲淡乃至削弱了表现时代的主题。这个时期,他也写了不少文学论文,如《论现阶段的文学主题》、《通俗文艺短论》、《文艺反映论》、《屈原的文学遗产》等,其中一部分曾集为《小说是怎样写成的》一书出版。此外,还印行了《M站》、《春到前线》、《差半车麦秸》等短篇集。

抗战胜利前后,姚雪垠转向故乡与童年的题材,完成了自传性长篇小说《长夜》,并写了《我的老祖母》、《外祖母的命运》、《大嫂》等一组散文。《长夜》以20年代军阀混战时豫西山区农村为背景,描写了李水沫这支土匪队伍的传奇式的生活,塑造了一些有血有肉的"强人"形象,真实有力地揭示出许多农民在破产和饥饿的绝境中沦为盗贼的社会根源,同时也表现了他们身上蕴藏着反抗恶势力的巨大潜在力量。象《长夜》这样以写实主义笔法真实描写绿林人物和绿林生活的长篇小说,是"五四"以后的新文学中绝无仅有的,此书译为法文后,姚雪垠被授予马赛纪念勋章。他的小说从早年起,就透露出一种强悍的气质:1929年发表的《强儿》刻划一种坚强的性格,30年代中期的若干作品也多次写到一些敢作敢为的人物。把一批"强人"形象送进新文学的人物画廊,发掘和表现强悍的美,是姚雪垠对中国现代文学作出的一个独特贡献。解放战争时期,姚雪垠在上海还写了记述爱国科学家的传记文学《记卢镕轩》和短篇小说《人性的恢复》等。1948年以后,先在高行农业学校,继在私立大夏大学教书,同时发表了《明初的锦衣卫》、《崇祯皇帝传》等学术论著,这为他后来创作《李自成》准备了条件。

1951年,姚雪垠去浙东参加土改,因不懂当地语言,无法了解风土人情,于是萌生返豫之念。这年夏天,他回郑州从事专业创作。1953年因中南地区作家协会成立,迁居武汉。除写了少量报告文学、短篇小说、散文、杂感外,创作上处于苦闷的时期,只在50年代中期发表了《试论〈儒林外史〉的思想性》、《现实主义问题讨论中的一点质疑》等论文。1957年被错划为"极右分子"后,在逆境中开始创作长篇历史小说《李自成》。

逸闻趣事

姚雪垠与邓小平

1977年11月2日,这时粉碎"四人帮"已1年有余,邓小平出任中共中央副主席。当时的中共中央宣传部部长张平化专程到姚雪垠家中告诉他:"邓小平副主席说你的书写得很好!昨天下午,他亲自嘱咐我务必前来看看你,问你还有什么困难没有?"

第八章
邓小平评点其他名人

张平化还说:"邓小平副主席还说你对党和人民做了重要贡献,有什么困难中央替你解决。"

事后,姚雪垠给邓小平写了一封信,表示要努力写好这部小说,未提及困难问题。

过后不久,在多人劝说之下,姚雪垠给邓小平又写了一封信,要求解决他全家及助手户口迁京和在北京分配他一套住房的问题。邓小平在这封信上批示同意他的要求。问题很快获得解决,从武汉迁入北京,他很快住进复兴门外大街新建公寓6间1套的住房。

四、真正的共产主义者——邓小平评点雷锋

邓小平评点原文

有个战士坐车,一位妇女抱着娃娃,他不让座,娃娃哭了他也不理。旁边有位老人说,雷锋叔叔不在了。从这个事情上是可以看出问题的。

——《邓小平文选》第2卷,第18页,
《军队整顿的任务》,1975.7.14

谁愿当一个真正的共产主义者,就应该向雷锋同志的品德和风格学习。

——《人民日报》1963年3月5日,邓小平为雷锋同志题词

雷锋人物简介

雷锋(1940—1962),原名雷正兴,1940年出生在湖南省望城县一个贫苦农家。父亲在湖南农民运动中当过自卫队长,后遭国民党和日寇

毒打致死。母亲张元潢在受到地主的凌辱后，于1947年中秋之夜悬梁自尽。雷锋不满7岁就成了孤儿，被好心的六叔奶奶收养。幼年雷锋上附近蛇形山砍柴时，被地主婆用刀在左手背上连砍三刀。所以，他从小对黑暗社会充满仇恨。

1949年8月，湖南解放时，小雷锋便找到路过的解放军连长要求当兵。连长没同意，但把一支钢笔送给他。1950年，雷锋当了儿童团长，积极参加土改。同年夏，乡政府保送他免费读书，后来加入少先队。1956年夏天，他小学毕业后在乡政府当了通信员，不久调到望城县委当公务员，被评为机关模范工作者，并于1957年加入共青团。1958年春，雷锋到团山湖农场，只用了一周的时间就学会了开拖拉机。同年9月，雷锋响应支援鞍钢的号召，到鞍山做了一名推土机手。翌年8月，他又来到条件艰苦的弓长岭焦化厂参加基础建设，曾带领伙伴们冒雨奋战保住了7200袋水泥免受损失，当时的《辽阳日报》报道了这一事迹。在鞍山和焦化厂工作期间，他曾3次被评为先进工作者，5次被评为标兵，18次被评为红旗手，并荣获"青年社会主义建设积极分子"的光荣称号。

1959年12月征兵开始，雷锋迫切要求参军，焦化厂领导舍不得放他走。雷锋跑了几十里路来到辽阳市兵役局（现人武部）表明参军的决心。他身高只有1.54米，体重不足55公斤，均不符合征兵条件，但因政治素质过硬和有经验技术，最后被破例批准入伍。

雷锋入伍后，他被编入工程兵某部运输连四班当汽车兵。1960年11月，他加入了中国共产党。他入伍后表现突出，沈阳军区《前线报》开辟了"向雷锋学习"的专栏。在不到三年的时间里，他荣立二等功

| 第八章 |

邓小平评点其他名人

一次、三等功两次，被评为节约标兵，荣获"模范共青团员"，出席过沈阳部队共青团代表会议。1961年，雷锋晋升为班长，被选为抚顺市人民代表。1962年8月15日，他因事故不幸殉职。

逸闻趣事

学习雷锋运动

雷锋，1956年高小毕业后，在乡人民政府和县委当通信员、公务员，被评为工作模范。1957年加入共产主义青年团。以后参加过水利工程、农场和鞍钢等建设，多次被评为劳动模范和先进生产者。1960年参军，编入工程兵某部运输连四班。他一心为公，助人为乐，曾荣立二等功一次，三等功两次，被评为节约标兵和模范共青团员。1960年11月加入中国共产党，次年被选为抚顺市人民代表。1962年8月15日，因公殉职。1963年1月7日，国防部命名他生前所在班为"雷锋班"。沈阳部队领导机关隆重举行了命名大会。被誉为"毛主席的好战士"的雷锋烈士生前事迹展览馆也在同一天开幕。展览馆里陈列着中国人民解放军总参谋长罗瑞卿的题词："伟大的战士——雷锋同志永垂不朽"，和中共中央东北局第一书记宋任穷的题词："革命精神永垂不朽。"2月7日《人民日报》发表辽宁省开展学习雷锋活动的新闻，刊登雷锋生前先进事迹和日记摘抄，同时发表评论员文章：《伟大的普通一兵》。2月15日，人民解放军总政治部，共青团中央分别发出了通知，号召广泛开展"学习雷锋"的活动。

3月5日《人民日报》发表毛泽东的题词："向雷锋同志学习。"随后，又发表了其他领导人的题词。刘少奇题词："学习雷锋平凡而伟大的共产主义精神。"周恩来题词："向雷锋同志学习爱憎分明的阶级立场，言行一致的革命精神，公而忘私的共产主义风格，奋不顾身

的无产阶级斗志。"朱德题词："学习雷锋，做毛主席的好战士。"邓小平题词："谁愿当一个真正的共产主义者，就应该向雷锋同志的品德和风格学习。"毛泽东等党中央领导同志关于学习雷锋的题词的发表，使学习雷锋的活动在全国广泛开展起来。从1963年2月上旬到3月中旬，28个省、市、自治区的主要报纸发表了有关雷锋的报道、论述文章，总计达160多万字。从3月19日至6月12日，解放军总政治部和团中央联合举办的雷锋模范事迹展览会，观众达80多万人次，留言2.2万多条。学雷锋、画雷锋、演雷锋、唱雷锋的活动在全国迅速形成热潮。

五、哀兵必胜——邓小平评点聂卫平

邓小平评点原文

哀兵必胜

——《邓小平交往录》，第346页，四川人民出版社、新疆人民出版社

聂卫平人物简介

聂卫平，河北深县人，1952年8月17日生。中国围棋协会副主席兼技术委员会主任，中国棋院技术顾问，我国建国以来杰出教练员。10岁开始学棋。获6次全国个人赛冠军，8次"新体育杯"冠军，第2届"棋王"，第5届、第6届"天元"，首届"国手战"冠军，6次全国"十强赛"冠军，首届"应氏杯"赛亚军，1990年"富士通杯"亚军。第5届中日围棋天元战优胜。进入第4届、第5届东洋证券杯四强、第

| 第八章 |
邓小平评点其他名人

6届亚军。获《新民围棋》特别棋战——聂马七番棋优胜（4比3胜马晓春九段）。获第9届天元战挑战权，1995年宝胜电缆杯冠军。获第5届、第9届CCTV杯赛冠军，1998年海天杯元老赛冠军。1982年被授予九段，1988年被中国围棋协会授予围棋"棋圣"称号。著有《我的围棋之路》、《聂卫平自战百局》等书。

聂卫平

逸闻趣事

聂卫平和邓小平

也许是共同爱好的缘故，也许是邓小平对围棋赛的关心，聂卫平有幸成为邓小平家的座上客，有机会和他打桥牌、喝酒，因而得到了邓小平特有的关怀。

在聂卫平的围棋生涯中，每至关键时刻，他心中敬爱的邓小平同志对他的关怀和激励就像一座雄伟的高山，矗立在他的背后，顿时使他产生了无穷的力量和勇气、谁也摧毁不了的顽强和自信。

第一届中日围棋擂台赛在中日双方各阶层人士都认为日本必胜的情况下，中国却赢了。日本围棋界人士的脸面上总有些下不来，因此，第二届擂台赛日本请出了当时成为九段以后未和中国棋手交过锋的超一流棋手武宫正树、大竹英雄作为双保险，以必定获胜的决心和中国队再赛一场。赛前《新体育》杂志进行了预测，在9955封中国读者的来信中，仍有占56%的5460人认为是日本队获胜。后来，当中国队赛得只剩下聂卫平一个人的时候，日本队参赛的人数损失还不到半数，主力阵容根本就没有出场。此时，聂卫平接战的是刚刚战胜了中国棋手马晓春

的日本年轻的八段新秀片冈聪。形势十分严峻，对聂卫平来讲每一盘都是决赛，而日本棋手却有5次夺得最后胜利的机会。压力之大可想而知。

决赛前的一个休息日，邓小平邀请聂卫平等几个国家体委的同志打桥牌。吃饭的时候，邓小平举起酒杯要和聂卫平干一杯。

因为要迎接比赛，聂卫平临时戒了酒，就没有举杯，并马上解释说："我戒酒了。"邓小平脸上出现了疑问。因为以前聂卫平和邓小平碰过几次杯，都一饮而尽，酒量少说也有七八两。说完缘故，聂卫平就请围棋队的另一同志代他饮了这杯酒。邓小平关心地问起了比赛的形势，聂卫平详细地作了汇报。当汇报到中国队只剩下聂卫平一个人，而日本队还有五位八、九段高手时，邓小平沉思了片刻，只说了两个字"哀兵"。谈话到此便结束了。聂卫平原想邓小平可能要鼓励他几句，或者指示些什么，但是邓小平什么都没有讲。

解放战争时期，刘邓大军挺进中原，邓小平作为前委书记，运筹帷幄，决胜千里，取得了淮海战役的伟大胜利，英名传遍全世界。

现在，邓小平又带领中国人民改革开放，成为全世界都敬仰的伟人。在大多数人士都认为聂卫平不可能取胜的情况下，邓小平却高屋建瓴地作出了在擂台赛这个事物发展变化的过程中，中国围棋队不但可能赢而且会赢的估计。"必胜"是紧随着"哀兵"的，但是邓小平却不讲出来。聂卫平后来揣摩其深意：可能是将这两个字留下让他用事实来回答。想到这里，聂卫平心中马上涌上了一股热流，全世界公认的伟人都认为我能赢，还不大获全胜？他浑身充满了信心和勇气。围棋是一项长时间的竞智对抗比赛，在一定条件下，精神因素将起决定性的作用。这是聂卫平取得第二届中日围棋擂台赛五连胜非常重要的原因。比赛的结果，恰如邓小平所预料的那样，尽管这五盘棋盘盘都有风险，但是聂卫平最终取得了胜利——"哀兵"必胜嘛！

| 第八章 |
邓小平评点其他名人

在聂卫平的生活中，和邓小平还有几次接触，使他感受到了邓小平人格的其他侧面。凡是初次见过邓小平的人，他们都会有一个共同的印象——这就是伟人，都会感觉到一种在常人身上见不到的恢宏大度的气概，都会对邓小平沉稳的举止、深邃的思想、敏捷的头脑留下深刻的印象。邓小平说话不多，却自然有一种威严。

但和邓小平接触多了，又感到他是一位非常爽快、慈祥的前辈。

有一次在北戴河，邓小平在那里休假。国家体委在秦皇岛有个训练基地，那年轮到中国围棋队去那里训练和避暑。有一天，聂卫平去看望邓小平。聊完天，聂卫平感到邓小平这段时间可能不太忙，就悄悄和他的秘书商量，能不能让围棋队其他同志也一同去看望他。因为大家都非常敬仰邓小平，十分羡慕聂卫平能有机会和邓小平在一起打桥牌。聂卫平把这一想法刚说完，马上又有些后悔，心想：邓小平同志对党、政、军的方方面面都要管，这要求未免太过分了吧！没想到，邓小平的秘书很快就请示回来，告诉他说可以。不久，围棋队的同志们就荣幸地得到了邓小平的接见。聂卫平把国内的围棋名手一一介绍给邓小平。当介绍到刘小光在擂台赛中有四连胜的战绩时，邓小平说："来，干一杯。"于是，刘小光成了国家围棋队第三个有幸和邓小平碰过杯的人。本来大家都有些紧张和拘束，这一碰杯，一下打消了普通百姓和国家领袖之间的距离感，在原本十分敬仰的感情中又增添了亲切的气氛。

聂卫平以前认为：身居高位的邓小平每天头脑中装满了国家大事，一般市民所关心的中日擂台赛他可能无暇顾及。后来在北戴河，他曾见到邓小平指点他的孙儿们下围棋，方知道邓小平在围棋方面还颇有造诣，并十分关心围棋擂台赛，观看了所有中央电视台的实况转播。第二届擂台赛聂卫平和日本队副帅武宫正树的那盘棋，邓小平就是从转播中得知其获胜消息的。邓小平让秘书打电话到聂卫平的家里向他表示祝

贺。遗憾的是聂卫平比赛结束后忙着和武宫正树进行局后研究，没能亲自接到电话。但是，这件事聂卫平一直记在心里，常常感慨邓小平的伟大之处——不仅在于有雄才大略，而且在很微小的事情上也始终和人民同呼吸共命运，百姓们喜闻乐见的事他也同样高兴。聂卫平想：这不仅是他一个人的幸福，也是全国人民的幸福！

第九章
我是实事求是派——邓小平评价邓小平

邓小平评点原文及解析

一、邓小平晚年对自己的十次评价

邓小平是一个曾经深刻影响而且仍在继续影响当代中国历史走向的重要历史人物，欲做一全面中肯之评价，显非易事。然管中可以窥豹，邓小平晚年曾有过诸多自我评价，对今人鉴往知来，当深具参考价值。下面列举十条邓小平亲口说出的对自己的评价。

1. "我就犯过错误……我们应该承认，不犯错误的人是没有的"

1980年2月29日邓小平在十一届五中全会第三次会议上发表讲话。其中谈到："不要造成一个印象，好像别人都完全正确，唯独一个人不正确。这个话我有资格讲，因为我就犯过错误。一九五七年反右派，我们是积极分子，反右派扩大化我就有责任，我是总书记呀。一九五八年大跃进，我们头脑也热，在座的老同志恐怕头脑热的也不少。这些问题不是一个人的问题。我们应该承认，不犯错误的人是没有的。拿我来说，能够四六开，百分之六十做的是好事，百分之四十不那么好，就够

满意了，大部分好嘛。"①

2. "我自己能够对半开就不错了。但有一点可以讲，我一生问心无愧"

1980年8月邓小平接受意大利女记者法拉奇采访。法拉奇问："你对自己怎么评价？"邓小平回答道："我自己能够对半开就不错了。但有一点可以讲，我一生问心无愧。你一定要记下我的话，我是犯了不少错误的，包括毛泽东同志犯的有些错误，我也有份，只是可以说，也是好心犯的错误。不犯错误的人没有。不能把过去的错误都算成是毛主席一个人的。"②

3. "我这个人不太喜欢讲自己的事情"

1980年11月邓小平接受美国《基督教科学箴言报》总编辑访问。当被问及"你是否要写回忆录？"时，邓小平回答道："没有时间，而且我这个人不太喜欢讲自己的事情。当然我革命几十年也干了些事，但还谈不上自己有什么了不起。我们现在要做的事情是要逐步把工作交给年富力强的人。"③

4. "'文化大革命'前……的一些错误我也要负责的"

1985年10月邓小平会见美国企业家代表团，被问及"如果今后你不在了，你希望人民如何来怀念你？"。邓小平回到道："永远不要过分突出我个

---

① 邓小平：《坚持党的路线，改进工作方法》（1980/2/29），《邓小平文选》（第2卷），人民出版社1983年版，第277页。

② 1980年8月21日、23日邓小平接受意大利记者奥琳埃娜·法拉奇的采访，转引自该书编辑组：《邓小平与外国首脑及记者会谈录》，台海出版社2011年版，第373页。

③ 1980年11月15日邓小平会见美国《基督教科学箴言报》总编辑厄尔·费尔时的谈话，转引自中央文献研究室、邓小平研究组：《邓小平自述》，国际文化出版公司2009年版，第226页。

第九章
我是实事求是派——邓小平评价邓小平

人。我所做的事，无非反映了中国人民和中国共产党人的愿望。党的这些政策也是集体制定的。在'文化大革命'前，我也是党的主要领导人之一，那时候的一些错误我也要负责的，世界上没有完人嘛。"①

5. "我从来不赞成给我写传"

1986年9月邓小平接受美国记者华莱士采访，被问及"到现在为止，还没有看到在中国的任何公众场合挂你的照片，这是为什么？"邓小平回到道："我们不提倡这个。个人是集体的一分子。任何事情都不是一个人做得出来的。所以就我个人来说，我从来不赞成给我写传。我这个人，多年来做了不少好事，但也做了一些错事。'文化大革命'前，我们也有一些过失，比如'大跃进'这个事情，当然我不是主要的提倡者，但我没有反对过，说明我在这个错误中有份。如果要写传，应该写自己办的好事，也应该写自己办的不好的事，甚至是错事。"②

6. "比较实际地说，我是实事求是派"

1987年7月邓小平会见孟加拉国总统艾尔沙德时谈到："国际上一些人在猜测我是哪一派。最近我对一位外国朋友说，说我是改革派是真的，可是我也反对资产阶级自由化。如果说反对资产阶级自由化就是保守派，那么也可以说我是保守派。比较实际地说，我是实事求是派。"③

---

① 1985年10月23日邓小平会见美国时代公司组织的美国高级企业家代表团时的谈话，转引自《邓小平自述》。

② 1986年9月2日邓小平接受美国哥伦比亚广播公司《六十分钟》节目记者迈克·华莱士电视采访时的谈话，收录于《邓小平文选》（第三卷），第173页。

③ 1987年7月4日邓小平会见孟加拉国总统艾尔沙德时的谈话，转引自《十二大以来重要文献选编（下）》，中央文献出版社2011年版，第364页。

7. "我曾经'三下三上',坦率地说,'下'并不是由于做了错事"①

8. "三十年代在江西的时候,人家说我是毛派,本来没有那回事,没有什么毛派"

1989年5月邓小平"同两位中央负责同志"谈话时说道:"我们这个党,严格地说来没有形成过这一派或那一派。三十年代在江西的时候,人家说我是毛派,本来没有那回事,没有什么毛派。能容忍各方面、团结各方面是一个关键性的问题。自我评论,我不是完人,也犯过很多错误,不是不犯错误的人,但是我问心无愧,其中一点就是从来不搞小圈子。过去我调任这样那样的工作,就是一个人,连勤务员都不带。小圈子那个东西害死人呐!很多失误就从这里出来,错误就从这里犯起。"②

9. "第二代领导集体……很多事情基本上是做得好的,但也有失误"

1989年11月邓小平在同金日成谈话时说道:"我们第一代领导集体是毛泽东、刘少奇、周恩来、朱德,以后又包括陈云同志,包括我,那个时候还有林彪。这个领导集体的内核是毛主席。……从我们党的十一届三中全会以后,开始产生了第二代领导集体,包括我在内,还有陈云同志、李先念同志,还有叶帅。这也是一个有力量的领导集体。在第二代领导集体的领导下,我们党和国家做了很多事情。很多事情基本上是做得好的,但也有失误,甚至是重要的失误。两个

---

① 1988年9月5日会见捷克斯洛伐克总统古斯塔夫·胡萨克时的谈话,收录于《邓小平文选》(第三卷),第271页。

② 1989年5月31日邓小平同两位中央负责同志的谈话,转引自《邓小平自述》,第230页。

第九章
我是实事求是派——邓小平评价邓小平

总书记失职,不是重要的失误吗,这些失误纠正起来比较顺利,但也需要总结经验。"①

10.《邓小平文选》第三卷"是一本比较好的书,没有空话,要快出"、"这是个政治交代的东西"

1993年夏,邓小平就《邓小平文选》第三卷的出版事宜,有过多次指示。其中特别提到:"这是一本比较好的书,没有空话,要快出。""文选印成清样后,发一二十位同志看看,请他们提意见。实际上,这是个政治交代的东西。""算完成了一件事。我的文选第三卷为什么要严肃地多找点人看看,就是因为其中讲到的事都是我们一直在做的事,不能动摇。就是要坚持,不能改变这条路线,特别是不能使之不知不觉地动摇,变为事实。"②

二、邓小平历史客观评价

习近平谈邓小平及邓小平理论论述摘编

编者按: 党的十八大以来,习近平同志在不同场合对邓小平作为中国改革开放总设计师、中国特色社会主义道路开创者的历史功绩、历史地位有过许多重要评价。在邓小平同志诞辰110周年纪念日到来之际,我们制作图解,供网友参考。

---

① 1989年11月6日邓小平同内部访问的朝鲜劳动党中央委员会总书记、国家主席金日成的谈话,转引自《邓小平自述》,第231-232页。
② 中央文献研究室邓小平研究组:《邓小平自述》,第233-234页。

2012

　　以邓小平同志为核心的党的第二代中央领导集体，成功开创了中国特色社会主义。

——《紧紧围绕坚持和发展中国特色社会主义学习宣传贯彻党的十八大精神》

(11月17日)

　　上世纪七十年代末，十年内乱后的中国，经济濒于崩溃，人民温饱都成问题。面对这样的严峻形势，邓小平同志一针见血地指出："如果现在再不实行改革，我们的现代化事业和社会主义事业就会被葬送。"振聋发聩啊！

——《在广东考察工作时的讲话》　　(12月7日至11日)

　　如果没有邓小平同志指导我们党作出改革开放的历史性决策，我们国家要取得今天的发展成就是不可想象的。可以说，改革开放是我们党的历史上一次伟大觉醒，正是这个伟大觉醒孕育了新时期从理论到实践的伟大创造。中国发展的实践证明，当年邓小平同志指导我们党作出改革开放的决策是英明的、正确的，邓小平同志不愧为中国改革开放的总设计师，不愧为中国特色社会主义道路的开创者。

——《在广东考察工作时的讲话》　　(12月7日至11日)

　　我要再一次强调"空谈误国，实干兴邦"这个口号。这个响亮的口号就是邓小平同志在一九九二年视察南方途中提出来的。

——《在广东考察工作时的讲话》　　(12月7日至11日)

　　邓小平同志在上个世纪八十年代曾经说过："改革的意义，是为下一个十年和下世纪的前五十年奠定良好的持续发展的基础。没有改革就没有今后的持续发展。所以，改革不只是看三年五年，而是要看二十年，要看下世纪的前五十年。这件事必须坚决干下去。"邓小平同志看得很远、想得很深。

——《在十八届中央政治局第二次集体学习时的讲话》

(12月7日至11日)

第九章
我是实事求是派——邓小平评价邓小平

2013

邓小平同志开创了中国特色社会主义，第一次比较系统地初步回答了在中国这样经济文化比较落后的国家如何建设社会主义、如何巩固和发展社会主义的一系列基本问题，用新的思想观点，继承和发展了马克思主义，开拓了马克思主义新境界，把对社会主义的认识提高到新的科学水平。

——《在新进中央委员会的委员、候补委员学习贯彻党的十八大精神研讨班上的讲话》

（1月5日）

不能用改革开放后的历史时期否定改革开放前的历史时期，也不能用改革开放前的历史时期否定改革开放后的历史时期。要坚持实事求是的思想路线，分清主流和支流，坚持真理，修正错误，发扬经验，吸取教训，在这个基础上把党和人民事业继续推向前进。

——《在新进中央委员会的委员、候补委员学习贯彻党的十八大精神研讨班上的讲话》

（1月5日）

一九九二年，邓小平同志在南方谈话中说："不坚持社会主义，不改革开放，不发展经济，不改善人民生活，只能是死路一条。回过头来看，我们对邓小平同志这番话就有更深的理解了。"

——《关于〈中共中央关于全面深化改革若干重大问题的决定〉的说明》

（11月9日）

邓小平同志说：革命是解放生产力，改革也是解放生产力，"社会主义基本制度确立以后，还要从根本上改变束缚生产力发展的经济体制，建立起充满生机和活力的社会主义经济体制，促进生产力的发展"。我们要通过深化改革，让一切劳动、知识、技术、管理、资本等要素的活力竞相迸发，让一切创造社会财富的源泉充分涌流。同时，要处理好活力和有序的关系，社会发展需要充满活力，但这种活力又必须是有序活动的。死水一潭不行，暗流汹涌也不行。

——《切实把思想统一到党的十八届三中全会精神上来》

（11月12日）

2014

改革开放以后，在邓小平先生领导下，我们从中国国情和时代要求出发，探索和开拓国家发展道路，形成了中国特色社会主义，提出要建设社会主义市场经济、民主政治、先进文化、和谐社会、生态文明，维护社会公平正义，促进人的全面发展，坚持和平发展，全面建成小康社会，进而实现现代化，逐步实现全体人民共同富裕。

——《在布鲁日欧洲学院的演讲》　　　　　（4月1日）

邓小平同志的一生，同中国共产党、中国人民解放军、中华人民共和国创建和发展的历史进程紧紧相连，同中国革命、建设、改革的历史进程紧紧相连，同中华民族抗争、独立、振兴的历史进程紧紧相连，是光辉的一生、战斗的一生、伟大的一生。

——《在纪念邓小平同志诞辰110周年座谈会上的讲话》

（8月20日）

邓小平同志对党和人民的贡献，是历史性的，也是世界性的。正是由于有邓小平同志的卓越领导，正是由于有邓小平同志大力倡导和全力推进的改革开放，中国特色社会主义才能欣欣向荣，中国人民才能过上小康生活，中华民族和中华人民共和国才能以新的姿态屹立于世界东方。

——《在纪念邓小平同志诞辰110周年座谈会上的讲话》

（8月20日）

邓小平同志为中华民族独立、繁荣、振兴和中国人民解放、自由、幸福奋斗的辉煌人生和伟大贡献，将永远书写在祖国辽阔的大地之上。邓小平同志始终在人民中间，也始终在人民心间。在这里，我们要说：小平您好！祖国和人民永远怀念您！

——《在纪念邓小平同志诞辰110周年座谈会上的讲话》

（8月20日）

| 第九章 |

我是实事求是派——邓小平评价邓小平

2014

> 我们纪念邓小平同志,就要学习他对共产主义远大理想和中国特色社会主义信念无比坚定的崇高品格;就要学习他对人民无比热爱的伟大情怀;就要学习他始终坚持实事求是的理论品质;就要学习他不断开拓创新的政治勇气;就要学习他高瞻远瞩的战略思维;就要学习他坦荡无私的博大胸襟。
>
> ——《在纪念邓小平同志诞辰110周年座谈会上的讲话》
>
> (8月20日)

> 邓小平同志曾经嘱托全党:"从现在起到下世纪中叶,将是很要紧的时期,我们要埋头苦干。我们肩膀上的担子重,责任大啊!"今天,历史的接力棒传到了我们手里,责任重于泰山。全党一定要紧密团结起来,敢于担当、埋头苦干,团结带领全国各族人民,以与时俱进、时不我待的精神不断夺取新胜利,不断完善和发展中国特色社会主义,不断为人类和平与发展的崇高事业作出新的更大的贡献。
>
> ——《在纪念邓小平同志诞辰110周年座谈会上的讲话》
>
> (8月20日)

在纪念邓小平同志诞辰110周年座谈会上的讲话

(2014年8月20日)

习近平

同志们,朋友们:

今天,我们在这里隆重集会,纪念敬爱的邓小平同志诞辰110周年,深切缅怀他为党、为祖国、为人民建立的不朽功勋,追思和学习他为党和人民事业不懈奋斗的崇高风范,进一步激励全党全国各族人民在新的时代条件下把中国特色社会主义事业推向前进。

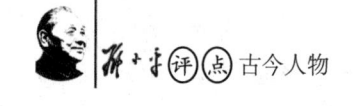

邓小平同志是全党全军全国各族人民公认的享有崇高威望的卓越领导人，伟大的马克思主义者，伟大的无产阶级革命家、政治家、军事家、外交家，久经考验的共产主义战士，中国社会主义改革开放和现代化建设的总设计师，中国特色社会主义道路的开创者，邓小平理论的主要创立者。

110年前，邓小平同志出生在四川省广安县协兴乡牌坊村。当时，中国正处于半殖民地半封建社会的黑暗之中，中国正遭受着帝国主义列强的欺凌和封建统治的压迫，社会动荡不已，人民饥寒交迫，民族危在旦夕。面对深重的民族灾难和激烈的社会矛盾，为改变中华民族的悲惨命运，中国人民和无数仁人志士进行着艰辛探索和顽强抗争。那个风雨如晦的年代，孕育了邓小平同志救国救民的理想和追求。他16岁远渡重洋勤工俭学，并在那里接受了马克思主义，加入中国共产党，从此矢志不渝为党和人民事业奋斗了70多年。

邓小平同志的一生，同中国共产党、中国人民解放军、中华人民共和国创建和发展的历史进程紧紧相连，同中国革命、建设、改革的历史进程紧紧相连，同中华民族抗争、独立、振兴的历史进程紧紧相连，是光辉的一生、战斗的一生、伟大的一生。

新民主主义革命时期，邓小平同志为党领导的民族独立和人民解放事业建立了卓越功勋，是中华人民共和国的开国元勋。新民主主义革命时期，邓小平同志作为毛泽东同志的亲密战友，始终坚持正确路线，以充沛的革命热情，先后担任党和军队许多重要领导职务，为创建发展新型人民军队、赢得革命战争胜利作出了重要贡献。北伐战争期间，他从苏联回国直接参加革命斗争。土地革命战争期间，他先后在上海极端险恶的环境下从事地下工作，在广西领导发动百色起义和龙州起义、创立左右江革命根据地，参加艰苦卓绝的长征，亲历标志着党的历史伟大转折的遵义会议。抗日战争和解放战争期间，他坚决执行党中央和毛泽东

第九章
我是实事求是派——邓小平评价邓小平

同志的战略决策，军政兼任、勇挑重担，不畏艰险、出奇制胜，一直处在战略全局的关键位置，处在对敌斗争的最前线。特别是先后同刘伯承、陈毅等同志一起，开辟晋冀鲁豫抗日根据地，率部千里跃进大别山，组织实施淮海战役和渡江战役，进军解放大西南，建立了赫赫战功。

在社会主义革命和建设时期，邓小平同志为胜利完成社会主义革命、探索我国社会主义建设道路作出了杰出贡献。新中国成立初期，邓小平同志主政西南，不久就参加中央领导工作，先后担任中共中央秘书长、中共中央政治局委员、政府副总理。1956年党的八届一中全会上，他当选中共中央政治局常委、中共中央总书记，成为以毛泽东同志为核心的党的第一代中央领导集体的重要成员。此后10年间，他负责党中央大量日常工作，为探索适合我国情况的社会主义建设道路、为克服经济困难提出许多正确主张，进行了卓有成效的工作。"文化大革命"开始后不久，他受到错误批判和斗争，被剥夺一切职务，直到1973年复出。1975年他开始主持党、国家、军队日常工作，为扭转"文化大革命"造成的严重混乱局面，开展大刀阔斧的全面整顿，同"四人帮"进行针锋相对的斗争。不久，他再次被错误撤职、批判。

在改革开放新时期，邓小平同志成为党的第二代中央领导集体的核心，为开创中国特色社会主义作出了历史性贡献。"文化大革命"结束，"中国向何处去"又成为摆在中国人民面前头等重要的问题。邓小平同志以他的远见卓识、丰富政治经验、高超领导艺术，强调实事求是是毛泽东思想的精髓，旗帜鲜明反对"两个凡是"的错误观点，支持和领导开展真理标准问题的讨论，推动进行各方面的拨乱反正。在邓小平同志指导下，1978年12月召开的党的十一届三中全会，重新确立了解放思想、实事求是的思想路线，停止使用"以阶级斗争为纲"的错误提法，确定把全党工作的着重点转移到社会主义现代化建设上来，作

出实行改革开放的重大决策，实现了党的历史上具有深远意义的伟大转折。

党的十一届三中全会以后，邓小平同志始终站在时代要求、国家发展、人民期待的高度，同中央领导集体一起，领导我们党作出一系列重大决策，把改革开放和社会主义现代化建设一步一步推向前进。邓小平同志指导我们党系统总结建国以来的历史经验，解决了科学评价毛泽东同志的历史地位和毛泽东思想的科学体系、根据新的实际和发展要求确立中国社会主义现代化建设的正确道路这样两个相互联系的重大历史课题，彻底否定了"文化大革命"的错误实践和理论，坚决顶住否定毛泽东同志和毛泽东思想的错误思潮，为党和国家发展确定了正确方向。邓小平同志紧紧抓住"什么是社会主义、怎样建设社会主义"这个基本问题，响亮提出"走自己的道路，建设有中国特色的社会主义"的伟大号召，领导我们党在新中国成立以来革命和建设实践的基础上，成功走出了一条中国特色社会主义新道路。邓小平同志强调必须坚持以经济建设为中心，坚持四项基本原则，坚持改革开放，领导我们党制定了党在社会主义初级阶段的基本路线。邓小平同志指导我们党正确认识我国所处的发展阶段和根本任务，制定了现代化建设"三步走"发展战略。邓小平同志突出强调"改革是中国的第二次革命"，领导我们党有步骤地展开各方面体制改革，勇敢打开对外开放的大门。邓小平同志反复强调"两手抓、两手都要硬"，必须抓好社会主义精神文明建设和民主法制建设，实现社会全面进步。他创造性提出"一国两制"科学构想，指导我们实现香港、澳门平稳过渡和顺利回归，推动海峡两岸关系打开新局面。邓小平同志明确提出和平与发展是当代世界的两大问题，领导我们党及时调整各方面政策，为改革开放和社会主义现代化建设创造了难得历史机遇和良好外部环境。邓小平同志强调加强党的领导必须改善党的领导，必须聚精会神抓党的建设，使党的建设充满新的生机活

第九章
我是实事求是派——邓小平评价邓小平

力。正是这些重大思想理论和实践，使20世纪的中国又一次发生天翻地覆的变化。

邓小平同志对党和人民的贡献，是历史性的，也是世界性的。正是由于有邓小平同志的卓越领导，正是由于有邓小平同志大力倡导和全力推进的改革开放，中国特色社会主义才能欣欣向荣，中国人民才能过上小康生活，中华民族和中华人民共和国才能以新的姿态屹立于世界东方。

邓小平同志的贡献，不仅改变了中国人民的历史命运，而且改变了世界的历史进程。邓小平同志赢得了中国人民衷心爱戴，也赢得了世界人民广泛尊敬。

像我们党的其他老一辈革命家一样，邓小平同志之所以能够为祖国和人民建立彪炳史册的功勋，就在于他看清了世界和中国的发展大势，深刻了解中国人民和中华民族的深沉愿望，把握住中国发展的历史规律，紧紧依靠党和人民建立了前所未有的历史性伟业。正如江泽民同志、胡锦涛同志指出的那样：如果没有邓小平同志，中国人民就不可能有今天的新生活，中国就不可能有今天改革开放的新局面和社会主义现代化的光明前景。

邓小平同志为中华民族独立、繁荣、振兴和中国人民解放、自由、幸福奋斗的辉煌人生和伟大贡献，将永远书写在祖国辽阔的大地之上。邓小平同志始终在人民中间，也始终在人民心间。在这里，我们要说：小平您好！祖国和人民永远怀念您！

同志们、朋友们！

伟大的时代造就伟大的人物。邓小平同志就是从中国人民和中华民族近代以来伟大斗争中产生的伟人，是我们大家衷心热爱的伟人。我们很多同志都曾经在他的领导和指导下工作过，他的崇高风范对我们来说是那样熟悉、那样亲切。邓小平同志崇高鲜明又独具魅力的革命风范，

将激励我们在实现"两个一百年"奋斗目标、实现中华民族伟大复兴中国梦的征程上奋勇前进。

——我们纪念邓小平同志，就要学习他对共产主义远大理想和中国特色社会主义信念无比坚定的崇高品格。信念坚定，是邓小平同志一生最鲜明的政治品格，也永远是中国共产党人应该挺起的精神脊梁。

早在苏联求学期间，邓小平同志就立志"更坚决的把我的身子交给我们的党，交给本阶级"。在此后70多年的革命生涯中，无论个人处境如何艰难，无论革命道路如何坎坷，邓小平同志都坚信马克思主义的科学性和真理性，坚信社会主义、共产主义的光明前景。他说："对马克思主义的信仰，是中国革命胜利的一种精神动力。"面对革命战争的枪林弹雨，他浴血奋战、视死如归；面对新中国建设的艰难局面，他励精图治、百折不挠；面对"文化大革命"的十年内乱，他信念执着、从不消沉；面对国际国内政治风波，他冷静观察、从容应对，坚信马克思主义、坚守共产主义理想，坚持在社会主义道路上推进我国现代化事业。

1992年，88岁高龄的邓小平同志在南方谈话中说："我坚信，世界上赞成马克思主义的人会多起来的，因为马克思主义是科学。它运用历史唯物主义揭示了人类社会发展的规律。""不要惊慌失措，不要认为马克思主义就消失了，没用了，失败了。哪有这回事！"

邓小平同志对理想信念的重要性具有深刻认识，他说："我认为，最重要的是人的团结，要团结就要有共同的理想和坚定的信念。我们过去几十年艰苦奋斗，就是靠用坚定的信念把人民团结起来，为人民自己的利益而奋斗。"

革命理想高于天。没有一大批具有坚定共产主义理想的中华儿女，就没有中国共产党，也就没有新中国，更没有今天我国的发展进步。要把我国发展得更好，离不开理想信念的力量。我们共产党人锤炼党性，

| 第九章 |

我是实事求是派——邓小平评价邓小平

首要的就是坚定共产主义远大理想和中国特色社会主义共同理想。我们要学习邓小平同志矢志不渝为社会主义、共产主义而奋斗的执着精神，坚定中国特色社会主义道路自信、理论自信、制度自信，坚忍不拔、风雨无阻朝着我们的目标奋勇前进。

——我们纪念邓小平同志，就要学习他对人民无比热爱的伟大情怀。热爱人民，是邓小平同志一生最深厚的情感寄托，也永远是中国共产党人应该坚守的力量源泉。

邓小平同志曾经写道："我是中国人民的儿子，我深情地爱着我的祖国和人民。"邓小平同志从对人民的挚爱，延伸到对党、对祖国的挚爱。他说过："我的生命是属于党、属于国家的。"这质朴的语言，集中表达了邓小平同志对党、对祖国、对人民的大爱。

邓小平同志高度重视人民群众的地位和作用，他强调："群众是我们力量的源泉，群众路线和群众观点是我们的传家宝。党的组织、党员和党的干部，必须同群众打成一片，绝对不能同群众相对立。如果哪个党组织严重脱离群众而不能坚决改正，那就丧失了力量的源泉，就一定要失败，就会被人民抛弃。"在他的一生中，无论身居要职还是身陷困苦，都始终与人民群众同甘共苦，努力为党和国家分忧解难。

邓小平同志孜孜以求的是增进人民福祉。他多次讲："贫穷不是社会主义，社会主义要消灭贫穷。不发展生产力，不提高人民的生活水平，不能说是符合社会主义要求的。"他领导改革开放和社会主义现代化建设，心中想着的就是最广大人民。

邓小平同志坚持从人民创造历史的活动中吸取思想营养和前进力量。他说："改革开放中许许多多的东西，都是群众在实践中提出来的"，"绝不是一个人脑筋就可以钻出什么新东西来"，"这是群众的智慧，集体的智慧"。他反复强调，要把人民拥护不拥护、赞成不赞成、高兴不高兴、答应不答应作为制定方针政策和作出决断的出发点和归宿。邓小平同志始终以人民利益为最高准则来开展领导工作。

爱祖国、爱人民，是最深沉、最有力量的情感，是博大之爱。我们要学习邓小平同志对祖国、对人民的深情大爱，始终为人民利益而奋斗，任何时候任何条件下都忠于祖国、忠于人民，脚踏实地践行党的宗旨，把自己的一生交给党和人民，为党和人民事业鞠躬尽瘁、死而后已。

——我们纪念邓小平同志，就要学习他始终坚持实事求是的理论品质。实事求是，是邓小平同志一生最重要的思想特点，也永远是中国共产党人应该遵循的思想方法。

邓小平同志坚持党的思想路线，坚持一切从实际出发，常说自己是"实事求是派"，反复强调"拿事实来说话"，"实事求是是马克思主义的精髓。要提倡这个，不要提倡本本。我们改革开放的成功，不是靠本本，而是靠实践，靠实事求是。""要取信于民，要干出实绩"。"领导者必须多干实事。"邓小平同志以一生的实践证明，他是一位高瞻远瞩的思想家、政治家、战略家，也是一位求实、务实、踏实的实干家。

上个世纪60年代初期，面对国家困难，邓小平同志提醒各级干部要"实事求是地说明情况"。当时为了推动恢复和发展农业生产，他说："生产关系究竟以什么形式为最好，恐怕要采取这样一种态度，就是哪种形式在哪个地方能够比较容易比较快地恢复和发展农业生产，就采取哪种形式；群众愿意采取哪种形式，就应该采取哪种形式，不合法的使它合法起来。"

进入改革开放新时期，邓小平同志更加强调坚持彻底的求真务实精神。他说："我读的书并不多，就是一条，相信毛主席讲的实事求是。过去我们打仗靠这个，现在搞建设、搞改革也靠这个。"他强调，要把是否有利于发展社会主义社会的生产力、是否有利于增强社会主义国家

第九章
我是实事求是派——邓小平评价邓小平

的综合国力、是否有利于提高人民的生活水平作为判断一切工作是非得失的标准。正是因为具有这种彻底的求真务实精神,邓小平同志果断从容处理了党和国家面对的一系列重大问题,指导党和人民劈波斩浪,开创了党和国家事业新局面。

事实是真理的依据,实干是成就事业的必由之路。这也是"空谈误国,实干兴邦"的真谛。我国革命、建设、改革的历史反复证明,只有制定符合实际的政策措施,采取符合实际的工作方法,党和人民事业才能走上正确轨道,才能取得人民满意的成效。我们要学习邓小平同志善于运用辩证唯物主义和历史唯物主义观察世界、处理问题的思想方法和领导艺术,掌握真实情况,把握客观规律,发扬务实高效、不尚空谈的工作作风,踏踏实实把党的基本理论、基本路线、基本纲领、基本经验、基本要求贯彻落实好。

——我们纪念邓小平同志,就要学习他不断开拓创新的政治勇气。开拓创新,是邓小平同志一生最鲜明的领导风范,也永远是中国共产党人应该具有的历史担当。

综观邓小平同志 70 多年的革命生涯,可以清楚地看到,他身上始终洋溢着一种革故鼎新、一往无前的勇气,一种善于创造性思维、善于打开新局面的锐气。

1975 年,邓小平同志在领导全国大刀阔斧的整顿工作期间,斩钉截铁地说:"现在问题相当多,要解决,没有一股劲不行。要敢字当头,横下一条心。" 1977 年复出后,面对长期形成的思想禁锢状况,邓小平同志鲜明提出,不能"书上没有的,文件上没有的,领导人没有讲过的,就不敢多说一句话,多做一件事,一切照抄照搬照转"。他谆谆告诫我们:"世界形势日新月异,特别是现代科学技术发展很快。现在的一年抵得上过去古老社会几十年、上百年甚至更长的时间。不以新的思想、观点去继承、发展马克思主义,不是真正的马克思主义者。""一个党，一个国家，一个民族，如果一切从本本出发，思想僵化，迷信盛行，那它就不能前进，它的生机就停止了，就要亡党亡国。"

邓小平同志强调："改革开放胆子要大一些，敢于试验，不能像小脚女人一样。看准了的，就大胆地试，大胆地闯"，"走不出一条新路，就干不出新的事业"。邓小平同志第一次比较系统地初步回答了在中国这样经济文化比较落后的国家如何建设社会主义、如何巩固和发展社会主义的一系列基本问题，深刻揭示了社会主义的本质，实现了马克思主义同中国实际相结合的又一次历史性飞跃。邓小平同志的南方谈话，从理论上深刻回答了长期困扰和束缚人们思想的许多重大问题，推动改革开放和社会主义现代化建设进入新阶段。正是在邓小平同志倡导和支持下，改革大潮汇聚成时代洪流，使中国人民的面貌、社会主义中国的面貌、中国共产党的面貌发生了历史性变化。

越是伟大的事业，往往越是充满艰难险阻，越是需要开拓创新。中国特色社会主义是前无古人的伟大事业，改革开放和社会主义现代化建设还有很长的路要走。在前进道路上，我们将进行许多具有新的历史特点的伟大斗争。我们要学习邓小平同志敢于开拓创新的政治勇气，细心观察新的实践和新的发展，尊重地方、基层、群众首创精神，果断作出决策，把开拓创新作为一种常态，不断用发展着的马克思主义指导新的实践，又从实践中作出新的理论概括，敢破敢立、敢闯敢试，义无反顾把改革开放不断向前推进。

——我们纪念邓小平同志，就要学习他高瞻远瞩的战略思维。战略思维，是邓小平同志一生最恢宏的革命气度，也永远是中国共产党人应该树立的思维方式。

邓小平同志思想敏锐、目光远大，多谋善断、举要驭繁，总是站在国内大局和国际大局相互联系的高度审视中国和世界的发展，善于从全

| 第九章 |
我是实事求是派——邓小平评价邓小平

局上思考问题，善于在关键时刻作出战略决策。进入改革开放新时期，邓小平同志洞察国内外发展大势，作出了一系列事关党和国家事业长远发展、事关社会主义前途命运的重大战略决策。

邓小平同志深刻分析当今时代特征和世界大势，指出："现在的世界是开放的世界"，"总结历史经验，中国长期处于停滞和落后状态的一个重要原因是闭关自守。经验证明，关起门来搞建设是不能成功的，中国的发展离不开世界。"同时，邓小平同志高度珍惜并坚决维护中国人民经过长期奋斗得来的独立自主权利，告诫人们："中国的事情要按照中国的情况来办，要依靠中国人自己的力量来办。独立自主，自力更生，无论过去、现在和将来，都是我们的立足点。""任何外国不要指望中国做他们的附庸，不要指望中国会吞下损害我国利益的苦果。"

邓小平同志高度关注世界和平与发展问题，提出"应当把发展问题提到全人类的高度来认识，要从这个高度去观察问题和解决问题"。他关注广大发展中国家的命运，强调我们搞的是主张和平的社会主义，"中国和所有第三世界国家的命运是共同的。中国永远不会称霸，永远不会欺负别人，永远站在第三世界一边。"他强调，要反对任何形式的霸权主义，维护世界和平。

战略问题是一个政党、一个国家的根本性问题。战略上判断得准确，战略上谋划得科学，战略上赢得主动，党和人民事业就大有希望。我们要学习邓小平同志"放眼世界，放眼未来，也放眼当前，放眼一切方面"的世界眼光和战略思维，学习他善于抓住关键、纲举目张的思想方法和工作方法，站在时代前沿观察思考问题，把党和人民事业放到历史长河和全球视野中来谋划，以小见大、见微知著，在解决突出问题中实现战略突破，在把握战略全局中推进各项工作。

——我们纪念邓小平同志，就要学习他坦荡无私的博大胸襟。坦荡无私，是邓小平同志一生最光辉的人格魅力，也永远是中国共产党人应该锤炼的品质修养。

邓小平同志始终以劳动人民的一员看待自己，始终以共产党员的标准要求自己，不屈不挠面对困难，有情有义对待同志，一以贯之严格自律，自始至终谦虚谨慎，为我们树立了共产党人自觉加强党性修养的光辉典范。

邓小平同志始终把党和国家前途命运放在心中最高的位置，从不计较个人得失。他说："我自从十八岁加入革命队伍，就是想把革命干成功，没有任何别的考虑"。他一生"三落三起"都是因为敢于坚持真理、修正错误，每次被错误批判打倒都豁达乐观、沉着坚韧，对未来充满希望；每次复出重新回到工作岗位都无私无畏、以顽强的意志排除各种干扰，坚定不移推动正确路线方针政策的形成和实践。"文化大革命"结束后，邓小平同志再度出来工作，依然表示："我出来工作，可以有两种态度，一个是做官，一个是做点工作。我想，谁叫你当共产党人呢，既然当了，就不能够做官，不能够有私心杂念，不能够有别的选择。"邓小平同志真正做到了心底无私天地宽。

邓小平同志客观公正对待党的历史、对待同志、对待自己，谦逊随和，平易近人，善于同人合作共事。革命战争年代，他同刘伯承同志共事13年，形成亲密无间的革命友谊。他善于团结和使用同自己意见不同的人一道工作，从不以个人恩怨待人处事。他说："要抛弃个人恩怨来选择人，反对过自己的人也要用。"邓小平同志一贯反对特权、反对腐败，对亲属和身边工作人员总是严格要求。

邓小平同志功高至伟却从不居功自傲。他多次讲："永远不要过分突出我个人。我所做的事，无非反映了中国人民和中国共产党人的愿望"。他以唯物主义者的精神看待生死问题，对家人说："我哪天去，哪天走，不关紧要。自然规律违背不得，你们要想透这个问题。"他逝

| 第九章 |

我是实事求是派——邓小平评价邓小平

世后，按照他的遗愿，把角膜捐献给了医院，遗体供医学解剖，骨灰撒入大海，奉献了自己的一切。

共产党人拥有人格力量，才能无愧于自己的称号，才能赢得人民赞誉。我们要学习邓小平同志公而忘私、无私无畏的博大胸怀，加强党性修养，严于律己、宽以待人，正确对待组织，正确对待同志，正确对待自己，正确对待权力，积极践行社会主义核心价值观，为党和人民事业赤诚奉献，以身作则推动营造风清气正的党风、政风和社会风气。

同志们、朋友们！

邓小平同志留给我们的最重要的思想和政治遗产，就是他带领党和人民开创的中国特色社会主义，就是他创立的邓小平理论。马克思说："人们自己创造自己的历史，但是他们并不是随心所欲地创造，并不是在他们自己选定的条件下创造，而是在直接碰到的、既定的、从过去承继下来的条件下创造。"邓小平同志最鲜明的思想和实践特点，就是从实际出发、从世界大势出发、从国情出发，始终坚持我们党一贯倡导的实事求是、群众路线、独立自主。

中国特色社会主义是适合中国国情、符合中国特点、顺应时代发展要求的理论和实践，所以才能取得成功，并将继续取得成功。邓小平同志说："特别是像我们这样第三世界的发展中国家，没有民族自尊心，不珍惜自己民族的独立，国家是立不起来的。"我们的国权，我们的国格，我们的民族自尊心，我们的民族独立，关键是道路、理论、制度的独立。

中华民族创造了具有5000多年悠久历史的辉煌文明，中国人民在中国共产党领导下创造了建设社会主义的辉煌成就，我们应该在这个基础上继续创造。我们自己不足、不好的东西，要努力改革。外国有益、好的东西，我们要虚心学习。但是，不能全盘照搬外国，更不能接受外

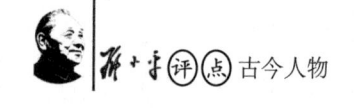

国不好的东西；不能妄自菲薄，不能数典忘祖。

邓小平同志说过，中华人民共和国的成立，"中国取得了一个资格：人们不敢轻视我们"。所以，新民主主义革命的胜利成果决不能丢失，社会主义革命和建设的成就决不能否定，改革开放和社会主义现代化建设的方向决不能动摇。这是党和人民在当今世界安身立命、风雨前行的资格。中国近代以来的全部历史告诉我们，中国的事情必须按照中国的特点、中国的实际来办，这是解决中国所有问题的正确之道。

同志们、朋友们！

邓小平同志离开我们17年来，国际形势风云变幻，国内改革发展任务艰巨繁重，在以江泽民同志为核心的党的第三代中央领导集体、以胡锦涛同志为总书记的党中央领导下，我们党团结带领全国各族人民，坚持党的十一届三中全会以来的路线方针政策不动摇，推动党和国家各项事业不断取得新的伟大成就。党的十八大以来，党中央团结带领全国各族人民，全面贯彻党的十八大和十八届三中全会精神，高举中国特色社会主义伟大旗帜，坚持以马克思列宁主义、毛泽东思想、邓小平理论、"三个代表"重要思想、科学发展观为指导，统筹国内国际两个大局，全面深化改革，推动经济持续健康发展，全面加强作风建设，努力开创中国特色社会主义事业更加广阔的前景。

邓小平同志为我们擘画的社会主义现代化蓝图正在一步步变成美好现实，我们伟大的祖国正在一天天走向繁荣富强，中华民族正在一步步走向伟大复兴。对此，我们感到无比自豪。

此时此刻，我们必须牢记邓小平同志语重心长说过的这段话："我们搞社会主义才几十年，还处在初级阶段。巩固和发展社会主义制度，还需要一个很长的历史阶段，需要我们几代人、十几代人，甚至几十代人坚持不懈地努力奋斗"；"社会主义的本质，是解放生产力，发展生

第九章
我是实事求是派——邓小平评价邓小平

产力,消灭剥削,消除两极分化,最终达到共同富裕。"实现社会主义现代化,实现祖国完全统一,实现中华民族伟大复兴,这是毛泽东同志、邓小平同志等老一辈革命家和千百万革命先辈的深切夙愿,是全体中华儿女的共同心愿。

邓小平同志曾经嘱托全党:"从现在起到下世纪中叶,将是很要紧的时期,我们要埋头苦干。我们肩膀上的担子重,责任大啊!"今天,历史的接力棒传到了我们手里,责任重于泰山。全党一定要紧密团结起来,敢于担当、埋头苦干,团结带领全国各族人民,以与时俱进、时不我待的精神不断夺取新胜利,不断完善和发展中国特色社会主义,不断为人类和平与发展的崇高事业作出新的更大的贡献。

我们相信,在20世纪赢得了伟大历史性胜利的中国共产党和中国人民,必将在21世纪赢得更伟大的历史性胜利!

逸闻趣事

毛泽东"看邓小平的报告好像吃冰糖葫芦"

殷 开

写报告,是领导干部的经常性工作之一,是总结经验的好方法,也是上级了解下级工作情况的重要途径。毛泽东曾说过一句话:"看邓小平的报告好像吃冰糖葫芦。"这句话生动形象地表现了毛泽东对邓小平所写报告的喜爱。在他对邓小平报告的批示中,经常有"此报很好"、"内容极好"、"极可宝贵"、"非常好"之类的赞语。邓小平写报告有什么特点呢?试举几例。

1944年7月,毛泽东给7个地方的中央局或中央分局负责人发了一封电报,列举了"请予电复"的十个问题,内容涉及各抗日根据地工作的各方面内容。此举既有调查研究、集思广益之意，也可起到观察、考量领导干部的作用。时任北方局代理书记的邓小平在报告中逐条回复。12月9日，毛泽东在报告上批示："此报很好，请转发平原、山东、华中、湖北、东江各处。"25日，他又致电邓小平："关于十个问题的答复早已收到，内容极好。除抄给此间许多同志阅读外，并转发各地参考。我完全同意你们的路线，望坚持贯彻下去。"

邓小平的复电七百余字，分十条列出，恰好对应毛泽东的十个问题，毛泽东问得具体、明确，邓小平答复得简洁、清楚。例如，毛泽东就抗日统一战线政策的执行问题，询问"对于党外人士的团结、'三三制'的推行是否生长了一种'左'的现象？……同时，右的现象是些什么？"邓小平答复："减租、减息、简政和反奸以来，对团结党外人士，发生了一些'左'的偏向。"接着提出："调整办法是：开生产运动、生产劳动等会时，请参议员和一些经营生产好的士绅参加。……党内整风，克服宗派主义，讨论统一领导和三三制政策的运用。"

又例如，对于毛泽东提出的大生产运动后的人民负担和军民生活问题，邓小平的回答是："估计太行只能减轻人民负担百分之十。今年收成不坏，人民负担能力尚无问题。军队生活，现在比大灾荒时期略好。"寥寥数语，直奔主题，毫无赘言，读来十分畅快。

在革命战争年代，党中央十分重视各地方负责人亲自动手写的工作报告，这些报告是中央与地方之间上下沟通、交流情况的重要形式。1948年1月，为了适应解放战争形势的迅速发展，中共中央发出《关于建立报告制度》的指示，规定各中央局和分局由书记负责，自己动手每两个月向中央和中央主席作一次综合报告。邓小平时任中原局书记，带领晋冀鲁豫野战军在大别山区刚站住脚，战斗环境紧张而艰险，但他严格执行了这一指示。从那时起直到1952年调中央工作，除特殊情况向中央申明原因外，他坚持约两个月向中央写一次书面报告。毛泽

第九章
我是实事求是派——邓小平评价邓小平

东曾表扬说:"书记在前线亦是可以做报告的,邓小平同志在大别山那样紧张的环境亦做了几次很好的报告。"

中共中央关于《一九四八年的土地改革和整党工作》的指示出台前,毛泽东曾多次同各大区的领导同志包括邓小平交换意见,了解情况,吸收他们的思想。对当时新解放区的工作,邓小平提出了许多重要见解,为毛泽东所采纳。他的这些见解,都是以报告的形式送到毛泽东手中。1948年1月,毛泽东询问邓小平有关新解放区的各项政策问题,邓小平数电答复,令毛泽东十分满意。如2月17日毛泽东批转邓小平《新区土改政策之补充意见》的按语中说:"小平所述大别山经验极可宝贵,望各地各军采纳应用。"3月14日,毛泽东又批转了邓小平3月8日给中央的书面报告,说:小平同志的这些负责的自我检讨是非常好的,有了这样的自我检讨,就有使广大干部逐步学会党的策略观点和政策观点的可能。批语中还指出:要求你们作综合报告,"就是要求你们将这种策略与政策的规定、策略与政策在实行后的结果及根据这种结果而作出的你们的自我检讨(这些就是你们日常工作的主要工作)向我们作报告"。

新中国成立初期邓小平主政西南时,他所写的综合报告和请示,也得到毛泽东的称赞,有不少被中央转发给其他地方作参考。

综观毛泽东赞赏和批转过的邓小平的工作报告,从中可以看出这样一些特点:

第一,目的和主题明确,简明扼要地写出上级需要了解的内容。前面所述的邓小平对毛泽东十个问题的复电就是如此。毛泽东从来就反对那些空话连篇、言之无物的报告,在上世纪70年代他曾对一位领导同志说:有的文件,头几页你就别看,没意思,就看中间是什么内容就行了。而邓小平的报告总是紧扣主题,一二三四,清清楚楚,都是毛泽东和党中央想要了解的内容。

第二，语言精练朴实、干净利索。这是邓小平一贯的讲话和行文风格。他所写的报告大都只有一两千字，有话则长，无事则短。如他在西南工作期间，1951年给中央的五、六两月的综合报告，谈了土改、镇反、党内思想工作、经济工作、干部培养五个方面的问题，全文共2200字，最少的一个方面仅百余字。1951年七、八两月的综合报告也是谈了五方面问题，仅1100字，最少的一个方面只有几十字，以"我们在工作中最感困难的是干部问题，主要是领导骨干问题，这是我们本身一时难于解决的"一句就概括完毕。

第三，报告写得合乎实际、切实可行。例如，邓小平在1950年11月7日给中共中央的报告中，具体分析了西南各主要少数民族的情况，认为这些地区实行土改必须具备"第一，认真实行了区域自治或联合政府（在县联合政府下，也有区乡的区域自治）。第二，必须是少数民族人民大多数赞成，自己举手通过"。在步骤上，"应坚持先汉后彝，以促进彝族人民的觉悟"。15日，毛泽东阅后复电："各项意见都是正确的，请即按此施行。"

1956年在党的八大上，毛泽东力荐邓小平出任总书记。他说：邓小平同志"比较有才干，比较能办事。……我今天给他宣传几句。他说他不行，我看行。顺不顺要看大家的舆论如何，我观察是比较顺的"。1952年邓小平调往中央以前，毛泽东同邓小平的直接接触和见面交往并不多，他对邓小平的"观察"很多是通过看他写的东西来进行的。文章也是一面镜子，从中是可以看出一个人的思想、风格和智慧来的。

（摘自《党的文献》2010年第5期）

能作宣传及组织工作——邓小平一个鲜为人知的自我评价

1926年1月，根据组织安排，年方22岁的邓小平和十几名同龄青

| 第九章 |

我是实事求是派——邓小平评价邓小平

年由法国赶赴莫斯科中山大学学习。同年6月，在填写该校一份《党员批评计划案》时，他在"做什么工作最适合"一栏中这样写道："能作宣传及组织工作。"邓小平一生戎马倥偬、治国理政。这个中肯的评价，在邓小平后来的革命生涯中得到了印证。然而，这个自我评价和其它一些评价，如"我是中国人民的儿子，我深深地爱着我的祖国和人民"的自我评价，"改革开放总设计师"的党内外评价相比，鲜为人知。

在战争环境中，宣传工作须臾不可缺少，对此，邓小平驾轻就熟

在赴法勤工俭学期间，邓小平已经显露出善于搞宣传工作的特长。其时，他一边做杂工，一边参加旅欧共青团机关刊物《少年》（后改名为《赤光》）杂志的编辑工作。他负责刻蜡版和油印，并用本名和化名发表文章。因刻字工整，印刷清晰，装订简雅，他被大家称为"油印博士"。他勤于思考，思维敏捷，口才流利，发表的文章充满激情、言辞犀利。也因此，1926年在莫斯科中山大学学习期间，他被编在了以"理论家小组"著称的小组里。作为中共党小组组长，他经常作为共产党的代表，同国民党右派进行辩论，结果是得到大家的一致赞赏。

这些经历使邓小平在长期的革命斗争中，与宣传工作结下不解之缘。在中央苏区时，他领导创办了中共瑞金县委机关报《瑞金红旗》，担任过几个月的中共江西省委宣传部部长。在1933年因遭受错误路线的打击而陷于人生最困厄时，又重操"油印博士"的旧业，主编起《红星》报来。《红星》报是中革委的机关报，在仅有几名工作人员的情况下，邓小平亲自组稿、采写、编辑、印刷、发行。1934年10月红军长征时，邓小平带领《红星》报编辑部"跟着走"，在战斗和行军途中，坚持编辑出版报纸，为团结和鼓舞红军斗志发挥了应有的作用。邓小平担任《红星》报主编期间，是他人生中第一次遭受到的最不顺利

的时期，但却是他搞宣传工作"最专业"的时期。

遵义会议后，在毛泽东提名下，邓小平重新回到部队任职。他担任的第一个职务是从宣传部门开始的，即红一军团政治部宣传部部长。此后，由于出色的工作，一直升至八路军129师政治委员。从这时起，作为政治主官，邓小平和军事主官刘伯承一起并肩战斗13年，互相尊重，默契配合，一起研究制定战略战术，共同指挥战役战斗，带出一支威名远扬的刘邓大军，留下"刘邓不可分"的佳话。军队政治工作的经历，奠定了邓小平作为一名伟大的军事家的基础。

政治主官的职责之一就是要做好宣传工作。这是因为，在战争环境中，宣传工作须臾不可缺少。对此，邓小平自然驾轻就熟。在千里挺进大别山之时，当刘邓收到毛泽东打来的机密电报，说陕北"甚为困难"。刘邓二话没说，立即行动，坚决地搞长距离无后方作战。这是一副重担，困难可想而知。在当时特殊的背景下，政治动员和宣传鼓动就显得极为重要和迫切。邓小平是怎么做的呢？首先，他指示部队要加强政治动员，并且亲自做动员报告。他说："反攻确实辛苦，并且是持久性的，争取得好，就快些。厌倦不应该，真正把革命干成功，辛苦是值得的。今天我们需得拿出英雄气概，拼命地干，前赴后继，英勇奋斗，一定可以干成功。"其次，他明确提出了"走到大别山就是胜利"的宣传口号。无疑，这些宣传鼓动工作对创建和巩固大别山根据地起到了重要作用。

进城以后，邓小平的职务变了，工作内容变了，但他对宣传工作的重视没有改变，而且更加强了。比如，1951年1月他在西南区宣传工作会议上就强调"宣传工作是一切革命工作的粮草"，"我们不宣传，敌人就要宣传"。再比如，1975年邓小平复出抓全面整顿时，针对"四人帮"在舆论宣传方面的乌烟瘴气，他解放了党内一些受迫害的"笔杆子"，在思想理论方面组织撰写文件和文章，配合各个领域的整顿。

第九章
我是实事求是派——邓小平评价邓小平

当时形成了三个文件《论全党全国各项工作的总纲》、《关于加快工业发展的若干问题》和《中国科学院工作汇报提纲》。这三个文件虽然被"四人帮"污蔑为"三株大毒草",但恰恰是由于印发批判,而使更多的人了解到邓小平的真正主张,从而为党中央一举粉碎"四人帮"奠定思想舆论基础。这恐怕是"四人帮"始料不及的。

在瞬息万变的作战中,邓小平的组织能力和协调能力受到毛泽东的倚重

邓小平说自己能作组织工作。的确,这是他的特长。党组织对他的鉴定也是如此。1926年5月,来苏联访问的冯玉祥希望苏方选拔几十名优秀共产党员到他的部队做政治工作。邓小平被列入选派人员名单,党组织对他的鉴定是:"非常积极,有能力,是一名优秀的组织工作者。""该同志最适合做组织工作。"

最能体现邓小平组织工作能力的是他一生担任过三次中共中央秘书长的职务。第一次是1927年年底。当时正处在大革命失败后的白色恐怖时期,23岁的邓小平作为中央政治局的秘书坚守岗位,作会议记录,安排会务等,工作非常干练。因此,他被任命为中共中央秘书长,协助周恩来等处理中央日常工作。这时的"秘书长"一职当然不能同后来我们所常说的秘书长的职务相提并论,但邓小平本人还是很看重这个经历的,晚年时多次提到。1984年3月25日,他在会见日本首相中曾根康弘时说:"我一九二七年从苏联回国,年底就当中共中央秘书长,二十三岁,谈不上能力,谈不上知识,但也可以干下去。"他在同年10月中顾委会上谈到提拔年青人时说:"一九二七年底我第一次当中央秘书长时二十三岁,也是大官啦,啥也不懂,也可以呀!"

第二次是遵义会议前后,邓小平被调离《红星》报,担任中央秘书长。他负责毛泽东行军打仗期间的日常安排。这是毛泽东对邓小平信任,也是发挥他的特长,对他的"知人善任"。邓小平多年后曾回忆这段经历。1981年7月19日，邓小平会见美国前总统国家安全事务助理兹比格涅夫·布热津斯基时说："遵义会议以后，我当了党中央秘书长。这个职务我先后当过三次。""长征时我们受到很大损失，请毛主席出来，又叫我当中央秘书长。""长征过程中，张闻天和我总是同毛主席共住一间屋。房子有时是地主的，富丽堂皇，有时就是一间草棚。所以那一段时期，毛主席的指挥、决策，我是清楚的。"这说明，在瞬息万变的作战中，邓小平的组织能力和协调能力卓越超群，受到毛泽东的倚重。这也算是邓小平在长征中作出的特殊贡献吧！只是这一点长期不为人们所知。

第三次是1954年4月27日毛泽东主持召开中共中央政治局扩大会议决定任命的，这次会议还任命邓小平兼任中共中央组织部部长。邓小平党中央秘书长的职务保留到1956年9月党的八大。但实际上，他担任党中央秘书长性质的工作应该从1952年8月进京时算起，直至1966年"文化大革命"爆发，长达14年之久。

毛泽东对邓小平的组织能力是非常赞赏的。1953年3月3日，毛泽东在一份文件上这样批示："凡政府方面要经中央批准的事件，请小平多管一些。"在毛泽东的大力支持下，同月，邓小平又被任命为中央选举委员会秘书长，具体负责第一届全国人民代表大会及地方各级人民代表大会的基层选举工作。这次普选是我国历史上空前的规模巨大的民主运动，也是我国人民政治生活中具有历史意义的伟大事件，直接为县以上各级人民代表大会奠定了基础。邓小平在其中所发挥出的组织才干有目共睹，他也由此获得了广泛赞许。

从某种角度讲，邓小平能作宣传工作的最大标志是邓小平理论的形成

1978年党的十一届三中全会以后，作为党的第二代中央领导集体的核心、改革开放的总设计师，邓小平带领全党开辟了一条中国特色社

| 第九章 |

我是实事求是派——邓小平评价邓小平

会主义的新道路。在这项前无古人的新事业中,邓小平一如既往,非常重视宣传和组织工作。

关于宣传思想工作。比如,他提出党的思想路线拨乱反正的重大历史任务;领导和推动真理标准问题的全国大讨论;提出要反对"左"的和右的两种错误倾向,有什么反什么,哪种倾向突出就重点反对哪种倾向等等。特别是两个宣言书,即1978年12月13日《解放思想,实事求是,团结一致向前看》开辟新时期新道路、开创建设中国特色社会主义新理论的宣言书和1992年的南方谈话,把改革开放和现代化建设推进到新阶段的又一个解放思想、实事求是的宣言书。从某种角度讲,邓小平能作宣传工作的最大标志是邓小平理论的形成,它为我们把中国特色社会主义事业大踏步向前推进提供了强大的思想武器和理论指导,具有划时代的意义。

在改革开放的新时期,邓小平同样非常重视组织工作。这个时期,他的精力主要放在选拔接班人上。他多次说:"老同志现在的责任很多,第一位的责任是什么?就是认真选拔好接班人。选得合格,选得好,我们就交了账了,这一辈子的事情就差不多了。"这个问题的起因还得追溯到1975年邓小平主持中央工作时,那时,王洪文回到上海说,十年后再看。这句话对邓小平刺激很大,因为王洪文要和老干部比年龄,熬时间,伺机夺权。因此,新时期伊始,邓小平反复强调组织路线的重要性,指出:"一定要趁着我们在的时候挑选好接班人,把那些表现好的同志用起来,培养几年,亲自看他们成长起来。选不准的,还可以换嘛。""这个问题解决不了,我们见不了马克思。"

总之,邓小平的一生波澜壮阔、光辉伟大,从形式上讲,他做的事情概括起来就是宣传和组织工作。这和他年轻时对自己适合做什么工作的评价是相吻合的。

(来源:《北京日报》2016年12月14日)

伟人的嘱托：习近平引用的40句邓小平经典论述

潘婧瑶

编者按：2014年8月20日，习近平同志在纪念邓小平同志诞辰110周年座谈会上讲话，其中引用了大量邓小平同志的经典论述，号召全党学习邓小平同志的崇高品格和理论品质。人民网记者分类整理了讲话中所提及的40句邓小平同志的经典论述。

谈革命信念

"更坚决的把我的身子交给我们的党，交给本阶级。"

"对马克思主义的信仰，是中国革命胜利的一种精神动力。"

"我坚信，世界上赞成马克思主义的人会多起来的，因为马克思主义是科学。它运用历史唯物主义揭示了人类社会发展的规律。"

"不要惊慌失措，不要认为马克思主义就消失了，没用了，失败了。哪有这回事！"

"我认为，最重要的是人的团结，要团结就要有共同的理想和坚定的信念。我们过去几十年艰苦奋斗，就是靠用坚定的信念把人民团结起来，为人民自己的利益而奋斗。"

谈爱国爱民

"我是中国人民的儿子，我深情地爱着我的祖国和人民。"

"我的生命是属于党、属于国家的。"

"群众是我们力量的源泉，群众路线和群众观点是我们的传家宝。党的组织、党员和党的干部，必须同群众打成一片，绝对不能同群众相对立。如果哪个党组织严重脱离群众而不能坚决改正，那就丧失了力量的源泉，就一定要失败，就会被人民抛弃。"

"改革开放中许许多多的东西，都是群众在实践中提出来的。"

"绝不是一个人脑筋就可以钻出什么新东西来。""这是群众的智慧，集体的智慧。"

谈工作态度

"我自从十八岁加入革命队伍，就是想把革命干成功，没有任何别的考虑。"

"我出来工作，可以有两种态度，一个是做官，一个是做点工作。我想，谁叫你当共产党人呢，既然当了，就不能够做官，不能够有私心杂念，不能够有别的选择。"

"要抛弃个人恩怨来选择人，反对过自己的人也要用。"

"永远不要过分突出我个人。我所做的事，无非反映了中国人民和中国共产党人的愿望。"

"要取信于民，要干出实绩。"

"领导者必须多干实事。"

"我哪天去，哪天走，不关紧要。自然规律违背不得，你们要想透这个问题。"

"从现在起到下世纪中叶，将是很要紧的时期，我们要埋头苦干。我们肩膀上的担子重，责任大啊！"

谈改革创新

"改革是中国的第二次革命。"

"现在问题相当多，要解决，没有一股劲不行。要敢字当头，横下一条心。"

"不能书上没有的，文件上没有的，领导人没有讲过的，就不敢多说一句话，多做一件事，一切照抄照搬照转。"

"一个党，一个国家，一个民族，如果一切从本本出发，思想僵化，迷信盛行，那它就不能前进，它的生机就停止了，就要亡党亡国。"

"改革开放胆子要大一些，敢于试验，不能像小脚女人一样。看准了的，就大胆地试，大胆地闯。"

走不出一条新路，就干不出新的事业。"

谈对外开放

"现在的世界是开放的世界。"

"总结历史经验，中国长期处于停滞和落后状态的一个重要原因是闭关自守。经验证明，关起门来搞建设是不能成功的，中国的发展离不开世界。"

"世界形势日新月异，特别是现代科学技术发展很快。现在的一年抵得上过去古老社会几十年、上百年甚至更长的时间。不以新的思想、观点去继承、发展马克思主义，不是真正的马克思主义者。"

"放眼世界，放眼未来，也放眼当前，放眼一切方面。"

谈和平发展

"中国和所有第三世界国家的命运是共同的。中国永远不会称霸，永远不会欺负别人，永远站在第三世界一边。"

"中国的事情要按照中国的情况来办，要依靠中国人自己的力量来办。独立自主，自力更生，无论过去、现在和将来，都是我们的立足点。"

"任何外国不要指望中国做他们的附庸，不要指望中国会吞下损害我国利益的苦果。"

"特别是像我们这样第三世界的发展中国家，没有民族自尊心，不珍惜自己民族的独立，国家是立不起来的。"

"应当把发展问题提到全人类的高度来认识，要从这个高度去观察问题和解决问题。"

第九章
我是实事求是派——邓小平评价邓小平

谈实事求是

"实事求是是马克思主义的精髓。要提倡这个,不要提倡本本。我们改革开放的成功,不是靠本本,而是靠实践,靠实事求是。"

"生产关系究竟以什么形式为最好,恐怕要采取这样一种态度,就是哪种形式在哪个地方能够比较容易比较快地恢复和发展农业生产,就采取哪种形式;群众愿意采取哪种形式,就应该采取哪种形式,不合法的使它合法起来。"

"我读的书并不多,就是一条,相信毛主席讲的实事求是。过去我们打仗靠这个,现在搞建设、搞改革也靠这个。"

谈社会主义

"贫穷不是社会主义,社会主义要消灭贫穷。不发展生产力,不提高人民的生活水平,不能说是符合社会主义要求的。"

"我们搞社会主义才几十年,还处在初级阶段。巩固和发展社会主义制度,还需要一个很长的历史阶段,需要我们几代人、十几代人,甚至几十代人坚持不懈地努力奋斗。"

"社会主义的本质,是解放生产力,发展生产力,消灭剥削,消除两极分化,最终达到共同富裕。"

"要把是否有利于发展社会主义社会的生产力、是否有利于增强社会主义国家的综合国力、是否有利于提高人民的生活水平作为判断一切工作是非得失的标准。"

(来源:人民网-时政频道 2014 年 8 月 21 日)